闽台传统聚落空间形态研究丛书

张　杰　主编

闽台传统聚落保护与旅游开发

庞　骏　张　杰　著

东南大学出版社
SOUTHEAST UNIVERSITY PRESS
·南京·

内 容 摘 要

当前如何处理好聚落保护与旅游开发的平衡点，不仅是一个理论问题，更是一个重大实践问题。本书从我国聚落保护现实出发，运用自组织理论搭建聚落空间保护与旅游开发的基本叙述框架，对聚落保护与旅游开发的要素特征进行基础研究，在此基础上探索其旅游开发的机制和路径；比较闽台聚落保护与开发的特点和差异，结合闽台聚落保护与开发中存在的问题，提出一些聚落发展的策略、设想、路径等。

本书可供建筑学、城市规划、遗产保护与旅游开发专业的研究者阅读参考。

图书在版编目(CIP)数据

闽台传统聚落保护与旅游开发 / 庞骏，张杰著. —
南京 ：东南大学出版社，2018.5
(闽台传统聚落空间形态研究丛书 /张杰主编)
ISBN 978-7-5641-7720-1

Ⅰ. ①闽… Ⅱ. ①庞… ②张… Ⅲ. ①民居-保护-关系-旅游资源开发-研究-福建②民居-保护-关系-旅游资源开发-研究-台湾 Ⅳ. ①TU241.5②F592.75

中国版本图书馆 CIP 数据核字(2018)第 077848 号

闽台传统聚落保护与旅游开发

出版发行	东南大学出版社
出 版 人	江建中
责任编辑	杨 凡
网　　址	http://www.seupress.com
社　　址	南京市四牌楼 2 号
邮　　编	210096
经　　销	全国新华书店
排　　版	南京锦虹图文制作中心
印　　刷	南京玉河印刷厂
开　　本	889mm×1194mm 1/16
印　　张	12.25
字　　数	408 千
版　　次	2018 年 5 月第 1 版
印　　次	2018 年 5 月第 1 次印刷
书　　号	ISBN 978-7-5641-7720-1
定　　价	55.00 元

本社图书若有印装质量问题，请直接与营销部联系，电话：025—83791830。

目　录

绪 论

0.1 闽台聚落保护与旅游开发面临的问题

我国自改革开放以来,经济与社会空前发展,城市化现象正以前所未有的速度改变着城市与聚落的面貌,各地的乡村聚落面临着巨大冲击,原有的乡土风貌也受到极大影响。面对这一现实,我们应该采取何种手段对传统聚落加以保护就显得十分紧迫而必要。

中共第十六届五中全会提出了全面建设社会主义新农村,在《中共中央 国务院关于推进社会主义新农村建设的若干意见》(2005 年 12 月 31 日)文件中明确提出了全面推进社会主义新农村建设的八项建议,并要求突出乡村特色、地方特色和民俗特色,保护具有历史价值的古村落和古民宅。党的"十八大"报告指出:"解决好农业、农村、农民问题是全党工作重中之重,城乡发展一体化是解决'三农'问题的根本途径。"新农村建设需要乡村规划理论与实践上的探索,社会主义新农村建设需要留住乡韵乡愁。只有首先保住聚落,才能留住乡韵乡愁。

以上是乡村聚落保护与发展的时代大前提。

我们认为聚落保护的核心是保护原汁原味的"乡村性"环境,即保护乡村自然和人文环境及其特色。当前聚落保护的一个突出的误区是:只保护建筑不保护人文,只保护物化形式不保护文化理念。这种外科手术式的保护手法在短期内对聚落文化的负面影响不明显,但若要聚落保持可持续发展,就显得捉襟见肘了。

聚落的主要特征有二:

(1) 乡村性(即乡土性)。包括资源的乡村性、景观的乡村性、范围的乡村性和经营的乡村性。乡村旅游的资源是具有吸引力的乡村自然和文化,包括以农业生产为核心的土地资源、生物资源、景观资源以及民俗文化资源等。乡村景观是城市景观以外的具有人类聚居及其相关行为的人文景观与自然景观的复合体。乡村景观的人类活动强度较低,自然属性较强,其核心在于以农业为主的生产景观和粗放的土地利用景观以及乡村特有的田园风光。就我国而言,乡村应指按国家行政建制设市的城市市区和县城以外的广大区域,包括城市郊区、建制镇及其他农村地区,但与农业生产、农村生活不相干的风景名胜区、自然保护区、森林公园等特殊环境保护地带开展的旅游不属于乡村旅游的范畴。显然,区别于城市的乡村性是当代乡村的最本质特征——回归自然,回归传统。

(2) 农业文化性。现代城市已进入工业文明和后工业文明时期,而传统农业文化还基本保留在乡村地区。具有悠久历史的农业文化无论在物质文化、制度文化还是在精神文化层面都与工业文化存在巨大反差。而最突出、最直观的是乡村地区人与自然的亲近和谐以及生活工作的休闲性和丰富性。聚落作为传统农业文化的保留地,具有原始、古朴、真实、自然的独特性,不仅契合了现代旅游者回归自然、返璞归真的需求和愿望,也显示出乡土地域文化的独特性。

乡村性和农业文化性是聚落区别于城市的两个主要特征,无论是聚落保护还是开发都需要围绕这两个特征来探索。目前,乡村性和农业文化性都在旅游发展中变味,旅游发展导致乡村城市化、商业化、飞地化,如皖南世界级的文化名村宏村、西递 80%以上的村民不从事农业生产,甚至不住村里外迁离村。城市人或外地人通过承包、租赁、购买方式获得经营权，逐渐主宰了乡村旅游的经营和市场。正如台湾学者黄昭瑾的研究所指出的那样，台湾乡村旅游的教训之一就是把主客关系变为主仆关系❶，由于奉行“以客为主”“顾客是上帝”等商业经营观念，使得社会性的主客关系变为商业服务性的主仆关系，乡村原有的生活和文化打破，乡村性特色逐渐丧失。如果一个个聚落、村庄变成一个个纯商业市场，那跟城里人逛商场、橱窗购物又有何区别呢？游客感受不到原生态的乡村文化，这样的乡村旅游发展究竟是成功还是失败呢？因此，目前乡村聚落保护与旅游开发面临的最大问题是：既要保护聚落的原真性社会文化和自然环境，又要发展乡村经济，在多种开发方式中乡村旅游成为发展乡村经济的重要途径。

我国福建闽南地区的特殊性还在于一方面这些地区是我国经济较发达的地区，乡镇企业繁荣发展，而旅游带来的效益还不如办厂，致使对聚落的保护不重视。另一方面地域宗族观念、家乡观念浓厚，海外华侨对家乡、姓氏、族源的寻根情感又促使他们对传统乡村和文化投入保护，尤其是老一辈人对乡村建筑、乡村文化有很高的认同。台湾地区的聚落保护与发展由于具有特殊的政治文化背景而与大陆的进程和路径差别极大，这些差异正是本书所关注的话题。

0.2　关于乡村聚落旅游

乡村聚落旅游是以农村（或靠近农村的镇）、农业为基础，以大中城市居民为主要市场，以满足城市居民的观光、体验、休闲、度假等需求为目的的旅游业态，是紧密连结农业、农产品加工业、现代服务业的新型产业形态。乡村旅游的积极作用已被世界各国政府所认识。在欧美许多国家，乡村旅游早已被认为是一种阻止农业衰退和增加农村收入的有效手段。“二战”以后，乡村旅游开发在世界各地发展非常迅速。英国的学者认为：乡村旅游不仅是基于农业的旅游活动，还是一个多层面的旅游活动，它除了包括基于农业的假日旅游外，还包括特殊兴趣的自然旅游、生态旅游、教育旅游、文化与传统旅游以及一些区域的民俗旅游活动等❷。

我国的乡村聚落旅游得到国家和各级政府的推动和扶持。自国家旅游局确定 2006 年为“中国乡村旅游年”以来，乡村旅游越来越受到关注。截至 2012 年年底，全国共有近 9 万个村庄开展了乡村旅游，全国乡村旅游经营户超过 170 万家，其中农家乐 150 万家，从业人员达 2 600 万人❸。“十二五”期间（不含 2015 年），全国通过发展旅游带动了 10%以上贫困人口脱贫，旅游脱贫人数达 1 000 万人以上。据研究数据显示，2014 年，全年国内旅游人数 36.3 亿人次，旅游总收入高达 3.25 万亿元，两项指标年增长速度均超过 10%，其中国内乡村游客数量 12 亿人次，占全部游客人数的 1/3 左右，旅游收入高达 3 200 亿元，全国乡村旅游接待点（农家乐以上）逾 200 万家。从数据中，我们清楚地看到，乡村旅游已成为国内旅游业内一支不可忽视的力量。

2017 年年初，国家旅游局制定的“515 战略”提出，要全力推进乡村旅游和旅游扶贫、旅游致富工作。各省份响应号召，加大旅游扶贫力度，将旅游扶贫当做扶贫攻坚的“突破口”，成效显著。其中福建出台《福建省乡村旅游扶贫工程实施方案（2016—2020 年）》提出，5 年内在全省建档立卡贫困村中选取约 250 个省级旅游扶贫开发重点村，每年扶持约 50 个重点村，充分发挥旅游业的综合带动作用，将其打造成具有一定知名度的乡村旅游特色村，加快贫困村群众脱贫致富步伐❹。可见，快速发展的乡村旅游，是带动

---

❶ 黄昭瑾. 休闲农业园区之理念与营造[A]//海峡两岸观光休闲农业与乡村民俗旅游研讨会论文集（下）[C]，2002.

❷ Lane B. Will rural tourism succeed? [A]// Hardy S, Hart T, Shaw T. The Role of Tourism in the Urban and Regional Economy. London: Regional Studies Association, 1991.

❸ 俞俭，黎昌政. 我国乡村旅游接待研究 7 亿人次营业收入逾 2 000 亿[EB/OL]. [2012-10-27]. http://www.news.xinhuanet.com/fortune/201210/27/c_113518134.htm.

❹ 旅游成绩单：旅游扶贫成为中国扶贫攻坚新主力军[EB/OL]. [2015-12-21]http://travel.people.com.cn/n1/2015/1221/c41570-27954253.html.

我国贫困人口脱贫致富的重要方式，承担着发展乡村经济的重担。当然，只有那些乡村旅游资源丰富的村落才能发展旅游业。乡村旅游可持续发展的关键就是要保持其稀缺的乡村性，即以农家为主的小规模经营、个人所有、社区参与、文化与环境的可持续等特征。

0.3 本书的主要内容

本书从我国聚落保护现实出发，运用自组织理论搭建聚落空间保护与旅游开发的基本叙述框架，对聚落保护与旅游开发的要素特征进行基础研究，在此基础上探索其旅游开发的机制和路径；比较闽台聚落保护与开发的特点和差异，结合闽台聚落保护与开发中存在的问题，提出一些聚落发展的策略、设想、路径等。

第1章　闽台聚落保护与开发研究现状

1.1　基本概念和理论

1.1.1　聚落概念

聚落是在一定地域内发生的社会活动和社会关系、特定的生活方式和由共同成员的人群所组成的相对独立的地域社会，由传统地缘和血缘为纽带形成了同质性的文化。本书的研究对象聚落，是指在历史时期形成的、保留有明显的历史文化特征且历史风貌相对完整的古村落、古集镇及古城街区等，镇、乡村是聚落最主要的两大构成。我国现有的250个国家历史文化名镇、169个国家历史文化名村都是聚落的典型代表。具体而言，聚落分为两类：一是历史时期形成的、具有典型"文脉"特征且风貌保存较好的历史文化聚落，主要指乡村聚落；二是聚落形态虽然发生了历史变化，但仍保留有较明显的历史记忆和风貌特征的历史文化聚落，主要指镇、古城历史地段。这两类聚落是历史时期人类活动和自然环境相互作用的结果，它们从不同侧面记录了当时社会经济、政治、文化、民俗等信息。乡村聚落中有普通村落和古村落之分，古村落是指国内迄今为止已有五六百年以上历史，村落地域基本未变，村落环境、建筑保存较好，历史文脉得以传承的村庄、聚落。古村落尤以拥有丰富的历史文化遗产，包括物质和非物质的和鲜明的地方特色为村落特色。聚落的概念内涵比乡村、古村落、镇的概念内涵更大。

在当代社会经济高速发展的背景下，聚落的生存和发展受到了强烈的冲击。如何开展聚落文化遗产的保护与发展的工作，如何合理利用相关历史文化资源、传承聚落特色成为我们亟须面对和解决的现实问题。

1.1.2　聚落空间演化与自组织理论

本书主要运用聚落空间演化理论和自组织理论进行聚落空间保护与开发的理论研究。聚落空间包括物理景观空间、包含着社会制度和社会关系的人文空间（即社会环境、社会空间）、社会精神或象征空间。聚落空间研究方面具有代表性的是空间演化理论，黄凯南提出的演化理论认为共同演化主要有以下5方面的特征。(1) 互为因果。互动者和复制者之间互为因果、相互影响、相互适应。(2) 路径依赖。事物原有的发展路径对其演化过程具有重要影响。在报酬递增规律的作用下，即使有更优的演化路径，既定的演化路径也很难改变。(3) 演化路径复杂。共同演化的事物之间存在复杂的因果关系，一个事物的变化可能会导致其他多个事物发生改变，事物之间的影响是非线性因果关系。(4) 自我强化机制。在报酬递增机制的作用下，共同演化的事物之间的演化机制是具有自我强化的正反馈机制。(5) 多层级共同演化。事物之间的共同演化不仅在同一层级发生，而且可能在不同层级之间发生[1]。演化理论已经运用于经济学、地理学、城市规划学中，它将聚落保护与开发变为一个依靠规则而自然选择的生物体的自然演化，不失为一种新的理论研究模型架构。演化理论的一个中心思想——多样性产生变迁[2]。

自组织理论是20世纪60年代末期开始建立并发展起来的一种系统理论。它的研究对象主要是复杂

---

[1] 黄凯南.共同演化理论研究评述[J].中国地质大学学报（社会科学版），2008(4)：97－101.

[2] 引自：理查德·R 纳尔逊，悉尼·G 温特.经济变迁的演化理论[M].北京：商务印书馆，1997.

自组织系统(生命系统、社会系统)的形成和发展机制问题,即在一定条件下,系统如何自动地由无序走向有序,由低级有序走向高级有序。它主要由三个部分组成:耗散结构理论(Dissipative Structure Theory)、协同学(Synergertios)、突变论(Calastrophe Theory)。其中耗散结构理论内容大意是,耗散结构是一个开放的、非平衡的系统,由于不断地同外界进行物质与能量的交换,产生自组织现象,使系统实现由混沌无序的状态向有序的方向转化,并产生新的物质形态。这种自组织现象在事物的发展过程中普遍存在,物质的进化、生物的生长周期、生物群的"社会分工"等都是自组织的结果,也是文化生态系统自我修复、完善、再修复的过程。聚落作为一个开放、复杂的社会巨系统,明显地具有耗散结构的特征,具有自组织现象和自我进化功能。

1.1.3　闽台地名概念说明

"闽"指福建省,"台"指台湾当局实际控制下的台湾省以及福建省的金门、马祖、马丘等岛屿。本书涉及台湾省地名皆为中国主权领土,书中出现的一些制度,如"国家公园"是国际通用学术概念,在具体到"金门国家公园"名称使用时,并非指其为国家级公园,仅指金门县保护等级较高的一种管理制度。望读者明鉴,避免混淆视听。

1.2　国内外聚落研究现状

1.2.1　国外研究现状

欧、美、日等发达国家和地区的学者主要从聚落遗产保护与开发方面进行研究。欧洲主要发达国家如英、法、德、意等国家较早开始关注聚落保护,其遗产保护范围涵括从优秀的个人艺术品、文物古迹到可作为社会历史文化见证的历史建筑、一般建筑,进而到城镇、村落等,遗产保护已成为主流热潮。政府成立并完善了有系统立法的专门机构来保护文化遗产,保护工作者也从少数专家演变为全民参与,遗产活化研究不断开拓,遗产开发的经济效益得以彰显。英国学者霍尔和约翰·彭德尔伯格等人理论与实证的系列研究❶,辛哈·萨克塞纳的整合式乡村旅游营销体现了最新研究成果❷。美国学者赛姆的乡村活化研究❸可为早期研究的代表。日本第二次世界大战前主要以《史迹名胜天然纪念物保存法》《国家保存法》等保护制度为中心,保护范围从建筑扩大到土地;第二次世界大战后制定了《文化财保护法》,保护范围扩大到历史村落、普通传统民居,同时期也引进了无形文化财的保护法,开始从单纯保护走向保护与再利用的新阶段,也注重了文化财的精神文化保护。

台湾地区 20 世纪 70 年代经济起飞,社会和居住方式发生巨变,借鉴欧洲、日本的聚落保护经验与自我探索自那时开始了。两岸学者形成了丰硕的研究成果,下面以时间顺序略举几例。谢园的嘉义县吴凤乡达邦曹族文化村规划是较早的聚落保护与规划案例❹。闫亚明对台湾传统建筑的基型与衍化现象进行

---

❶ Hall P. Innovation, economics and evolution: theoretical perspective on changing technology in economic systems[M]. London: Harvester Wheat Sheaf, 1994.

Geoff McBoyle. Green tourism and scottish distilleries[J]. Tourism Management, 1996, 17(4): 255 - 263.

John Pendleburg. The conservation of historic areas in the UK: A case study of "Grainger Town", Newcastle upon Tyne[J]. Cities, 1999, 16(6): 423 - 434.

❷ Gunjan Saxena. Integrated rural tourism a border case study—marketing rural tourism: experience and enterprise[M]. [s. l.]: Edward Elgar Publishing, 2016.

❸ Sem J. Using tourism and travel as a community and rural revitalisation strategy[M]. Minneapolis: University of Minnesota, 1989.

❹ 谢园. 嘉义县吴凤乡达邦曹族文化村规划研究[J]. 台北:中原大学建筑系景观建筑研究室, 1986.

了研究[1]，张燕比较了日本“造乡运动”和台湾“社区营造”的区别，指出经济的追求和文化的维护同样重要[2]；林嘉书运用传统文化堪舆理论探索对台湾的漳州祖祠和文化现象研究[3]、蔡显恭对金门传统民居琼林聚落再利用的具体研究[4]、吴素萍对屏东县新埤乡建功村的聚落拓垦与社区营造历程研究[5]、覃俊翰的借鉴台湾经验的历史街区保护视角下的容积移转制度研究也是比较好的研究视角和对台湾地区经验的反思[6]。专著研究方面贡献更大，如戴志坚的《闽台民居建筑的渊源与形态》[7]，从聚落形态学的“原型”理论出发，通过大量的历史材料和逻辑论证，从历史的信息中诠释了闽台民居建筑的渊源和形态形成的关系，对于从历史地理学角度开展聚落形态学研究很有启发。黄少廷的《古厝台湾：住宅风貌》[8]，唐次妹的《清代台湾城镇研究》[9]，李乾朗、闫亚宁、徐裕健合著的《台湾民居》[10]，苏黎明的《家族缘：闽南与台湾》[11]，涂志伟的《台湾涉漳旧地名与聚落开发》等[12]，都对台湾聚落进行比较深入的研究，并从多方面展开对聚落保护与开发的研究，对台湾与大陆闽粤文化的渊源关系也进行了深入细致的考察，其研究成果是本书参考和借鉴的重要学术资源。

1.2.2 国内聚落研究现状

因基本国情的特殊性，我国对聚落的认识和保护与发达国家相较存在较大的差异。

改革开发以来，随着国家经济大发展，乡村聚落保护与旅游在我国形成新热点，对于聚落保护与旅游研究也全面展开。国内学者对旅游资源条件好的乡村聚落中的古村落旅游研究较为集中，1990年代末至今其一直是研究的热点问题，也形成较可观的研究成果，如黟县西递、宏村、张谷英村、党家村、八卦村、郭洞村、窑村、苍坡村等。这些研究主要采取个案研究的方式，探讨了古村落传统居住形态和现代的生活方式的冲突、农耕社会的落后和经济转型的矛盾等问题，提出了古村落保护和发展中不可避免的矛盾和困难。古村落旅游研究中关于村落的发展与遗产（包括非物质文化遗产）保护、利益相关者权利等问题的研究最受关注。

朱光亚先生对安徽黄山脚下的呈坎村、温州永昌堡等聚落保护的体会，发表于《古村落的保护与发展》中，较早涉及了聚落保护与发展问题，认为最根本的发展问题是生产方式和经营内容问题。“从呈坎方式到永昌堡方式正是中国江南农村正在发生的不可逆转的城镇化进程的缩影，伴随着此过程的经济结构的变化给古村落带来的影响是深刻和巨大的。最明显的，当农民转变为亦工亦农的工人及大小老板等等之后，他们对村庄的用地规划、住宅面积指标的要求都会与原来有所不同。而产业的变化则对环境带来了影响，古村落的保护只能在顺应这一历史趋势的前提下做工作才会有成效。”[13]李立的《乡村聚落：形态、类型与演变》一书从聚落形态学和类型学角度对乡村聚落的系统进行研究，对乡村聚落形态的特征、聚落结构类型、形态结构的演变、城镇化背景下的乡村聚落多元形态的特征等问题，有较详细的探讨[14]。赵勇的《中国历史文化名镇名村保护理论与方法》[15]是目前最为系统的论述历史文化名镇名村保护理论与

---

[1] 闫亚明．台湾传统建筑的基型与衍化现象[D]．南京：东南大学，1996.
[2] 张燕．经济的追求和文化的维护同样重要——日本“造乡运动”和台湾“社区营造”的启迪[J]．装饰，1996(1)：50-53.
[3] 林嘉书．生命的风水——台湾人的漳州祖祠[M]．台北：海峡学术出版社，2002.
[4] 蔡显恭．金门传统民居再利用之研究——以琼林聚落为例[D]．台南：成功大学建筑研究所，2006.
[5] 吴素萍．屏东县新埤乡建功村的聚落拓垦与社区营造历程[D]．高雄：高雄师范大学，2007.
[6] 覃俊翰．借鉴台湾经验的历史街区保护视角下的容积移转制度研究[D]．广州：华南理工大学，2012.
[7] 戴志坚．闽台民居建筑的渊源与形态[M]．福州：福建人民出版社，2003.
[8] 黄少廷．古厝台湾：住宅风貌[M]．台北：台湾书房出版有限公司，2008.
[9] 唐次妹．清代台湾城镇研究[M]．北京：九州出版社，2008.
[10] 李乾朗，闫亚宁，徐裕健．台湾民居[M]．北京：中国建筑工业出版社，2009.
[11] 苏黎明．家族缘：闽南与台湾[M]．厦门：厦门大学出版社，2011.
[12] 涂志伟．台湾涉漳旧地名与聚落开发（上下）[M]．厦门：厦门大学出版社，2012.
[13] 朱光亚，黄滋．古村落保护与发展问题[J]．建筑学报，1999(4)：56-47.
[14] 李立．乡村聚落：形态、类型与演变[M]．南京：东南大学出版社，2007.
[15] 赵勇．中国历史文化名镇名村保护理论与方法[M]．北京：中国建筑工业出版社，2008.

方法的著作。刘沛林采用"景观信息链理论"❶,进行历史文化保护地和旅游文化旅游地的规划工作,创新了历史文化聚落保护与旅游规划的理论和方法,其研究成果《中国南方聚落景观区划及其利用价值》和《中国聚落景观区划及其景观基因识别要素研究》❷,取得了很好的实践效果。

笔者近十年来也进行了一系列相关研究❸,尝试多学科的综合研究,以求解决遗产保护与开发中的实际问题。

1.3　闽台聚落保护的理论探讨

1.3.1　聚落的乡土特征与现实困境

聚落是传统农业地区人们为满足自然经济条件下生产生活需要而创造的物质对象,是自然经济方式的物化体现,体现的是传统社会文化特征,对其价值的认识离不开对特定社会环境的把握。正如拉普卜特所说,"人类的建造活动并不仅仅是为了操控物质环境,更重要的是通过对于物质环境的控制,来实现内心的社会和宗教环境——那是一个文化意义上的理想家园。"❹他强调人类的建造活动不仅仅是一种物质功能体现,同时也是一种历史文化观念长期积淀和呈现的物质演化过程,是一种文化生态系统的不断延续。因此,对闽台聚落文化遗产保护的探索,还需要对闽台地区传统社会形态先作宏观考察。

首先,作为聚落物质空间最根本的建筑空间承载着社会文化传统及演变。传统聚落建筑的基本特征在于其长期以来作为聚落居民生产、生活的人工环境要素,它们是聚落适应本地自然条件的产物;另一方面,在适应的过程中形成的一套适用方式孕育了一种社会文化传统,这种传统又制约着聚落居民性格的塑造、习惯的养成。其中,最为典型的是宗族建筑与设施,作为聚落社会长期以来比较典型的传统观念的宗族意识,诸如漳州漳浦洪坑村戴氏家庙、晋江福全许氏宗族墓、五店市的蔡氏宗祠、金门琼林蔡氏祠堂、桃园县大溪镇黄氏家庙江夏堂、彰化县孔庙等的存在,无疑发挥了重要的聚族作用。聚落成员(尤其是男性成员)在幼年时代,即会由父辈安排参与家族祭祀的活动,有制度化的祭祀礼拜活动在祠堂举行,同族人群济济一堂,每个人在其中都有自己的定位(辈分、职责等),都扮演者特定的角色,在追念先祖功业庄严肃穆的仪式中,个体感受到的不仅是先辈的荣耀与荫蔽,更有家族归属感的真切体验。宗祠里年复一年、周而复始的宗族仪式活动,在潜移默化的过程中不断强化着个体成员的宗族认同意识,培育着同族个体之间的协同能力。聚落成员死后的丧葬安排同样存在一套完整的程式,比如参与的人数、不同辈分个体的服饰安排、逝者埋葬的位置以及遗产的分割等,无不存在密切的对应关系。因此,祭奠、安置逝者只是一种形式,在这一过程中,不论是对逝者的评价(盖棺定论)还是生者之间不同的角色分配、权责分工等,同样是在强化聚落成员之间的整合过程。据此,看似平常的传统建筑设施,都曾经在满足聚落现实需要的基础上,发挥过培育聚落传统的文化功能,承担着聚落文化生态系统中传统文化"孵育器"的功能。而现实社会,随着现代文明的发展与西式思维理念的介入,传统礼仪制度被近百年来的西式教育所替代,民族自信心的丢弃,闽台地区的宗族、血缘纽带关系的断裂与削弱,促使宗族纽带的外在表现:祠堂、族谱、族田等形态被形式化与演绎化,祠堂的祭祀与族谱的修缮仅仅成为一种召集族人的方式,而非凝聚与教育;族田也因土地制度的嬗变以及土地收益的大大削弱而荡然无存。在这一现实的面前,宗族认同意识与教育功能大大降低,因此,聚落遗产的保护,不仅仅要保护宗族的外在形态如祠堂建筑本身,而且要

---

❶ 刘沛林."景观信息链理论"及其在文化旅游地规划中的运用[J].经济地理,2008(6):1035-1039.

❷ 申秀英,刘沛林,等.中国南方聚落景观区划及其利用价值[J].地理研究,2006,25(3):485-494.
刘沛林,刘春腊,等.中国聚落景观区划及其景观基因识别要素研究[J].地理学报,2010,65(12):1496-1506.

❸ 相关研究:张杰,庞骏,董卫.古村落空间演变的文献学解读——以南阁村保护性规划设计的调研为例[J].规划师,2004(1):11-13;张杰.海防古所——福全历史文化名村空间解析[M].南京:东南大学出版社,2014;张杰.穿越永宁卫[M].福州:海峡文艺出版社,2016.

❹ 引自:阿摩斯·拉普卜特.宅形与文化[M].常青,等,译.北京:中国建筑工业出版社,2007:156.

复兴其内在的文化，强化其社会实践功能。

以同宗同族为血缘纽带的长期聚居的聚落社会空间的内部有序整合是基层社会建设的根本目标。传统社会在这方面的探索积累了较为系统的经验，曾为聚落社会的长期稳定发展提供了制度保障，如永宁卫城的铺境制度、宗法制度及台湾金门水头聚落的房屋建造制度等等。今天的社会制度发生了质的变化，特别是大陆以土地所有制——地权关系改变(私有产权转化为两种不同形式的公有：国有和集体所有)为基础，原来建筑其上的传统社会自我生发出来的制度安排失去了存在的条件；自上而下的国家治理模式加上"分产到户"的生产经营模式，造成聚落乡土社会自我整合的机会与能力的削弱甚至丧失，以致聚落作为遗产进行保护的社会基层组织失去了有效基础和动力。故此，合理的聚落遗产保护，需要全面检讨当前的制度环境，寻找问题的内在原因，才有可能确定解决问题的着力点。

其次，随着工业化的发展，工商文明带来的城市化前景，不但打破了聚落自给自足的经济模式，而且从根本上激活了聚落居民对物质生活的消费欲望。住宅内部的功能细化更为复杂，原有的复合空间逐渐向单一空间转变。聚落社会生产力的发展以及对外部资源的进一步利用(外出打工、做小商小贩赚钱)，使得大部分聚落居民都具备改善居住条件的实力，加上对城市生活方式的刻意模仿，聚落的住房不仅要求空间增大，而且还需要对空间做细致的功能区分，如卧室、客厅、餐厅、浴室等功能迅速被居民吸纳，并在实际的房屋改造或新建过程中得以充分体现。生活需求的复杂多样化趋势，彻底改变了聚落居民对聚落设施的传统要求，简单模式适应复杂功能的复合性建筑迅速被淘汰出局，传统建筑设施已经远不能满足居民日益扩张的多样性需要的尴尬日益突出，其被改造、被毁灭的威胁急切而又真实。

在当代，聚落的文化生态系统已经发生了一些质的变化。但是，整个聚落甚至整个社会都还没有来得及深入考虑怎么应对这种变化，其目的还只是改变聚落的乡村经济面貌，一心求变或直奔城市化成为政府和原住民努力的主方向。这种求变求富是一种文化应激式反应，本质上仍是聚落社会的传统经验性适应方式的延续。但由于当前聚落所面临的已经不再是相对封闭的、差序格局能够把握的传统社会，而是一种全新的、变化无常的、半陌生人的社会，因此，这种延续只是一种权宜，聚落的遗产保护需要探寻新的多种途径，复兴聚落的文化，修补其文化生态系统，而非仅仅是聚落的单纯物质空间。

1.3.2 文化遗产视角下的聚落保护

文化遗产保护的出发点在于保存人类社会发展历史过程中留存下来的见证物，目的在于保留有价值的历史信息。由此，遗产保护存在两方面的内容：(1) 必须有客观的物质存在，即见证实体，这一点体现的是遗产对象的客观属性；(2) 遗产认定是理性权衡的结果，权衡的主体存在主观的价值判断标准，这是文化遗产保护存在价值差异的根本原因。因此，文化遗产保护事业就是一项立足于客观基础之上的文化价值保护工作。而对于当代聚落而言，其中的问题更为复杂，涉及的利益相关方更为现实，面对的问题更为尖锐。这些都已经超出了聚落社会经验模式的应对范围。

自 1970 年代，以美国为代表的遗产保护法规逐渐走向成熟过程中，有研究者在批评了当时考古工作者在历史保护中的专业局限后曾总结到：历史保护的根本原因是为了维护文化多样性，即建筑环境中的多样性、人类经验记录的多样性、有效生活方式的多样性。这是(历史保护)基本原理，基于此，需要我们能够去识别鉴定，我们具备的理念与训练可以为历史保护事业在管理定位方面提供帮助[1]。这表面上是在批评考古工作在历史保护领域内的专业局限，实际上是在强调历史保护合理程序的重要意义。它表明在当时的历史条件下，人们已经认识到文化遗产保护的有效开展，仅仅依靠单一的专业力量而缺乏有效的程序规范是不够的，因为这项事业是一项社会公共事业，需要动员社会各方面力量理性参与。

随着聚落社会生存环境的急速变动，聚落中多数传统建筑作为实用功能设施已经越来越不能满足聚落居民日益增长的物质文化需求，功能性淘汰的趋势无可避免；其作为聚落长期以来生产生活的基本构

[1] Sem J. Using tourism and travel as a community and rural revitalisation strategy[M]. Minneapolis: University of Minnesota, 1989.

成要素，其所承载的文化精神也由此逐步被世人淡忘。这就要求当代人有必要对聚落及其价值进行重新界定，以便开展有效的保护。聚落是人类的作品又是历史的创造，如果不对这一构成人类自身生存核心价值的传统加以保护，那么整个人类的遗产保护事业将失去意义。聚落文化遗产作为一种独特的遗产保护对象，其价值已经超出了原有的聚落社会本身。因此，作为遗产的保护不仅需要原住民、政府部门的支持与配合，更需要专业研究人员与机构的积极参与。

聚落文化生态系统构成一个自我循环的有机系统，在没有外部干扰或者外部干扰的力量没有超过聚落文化自我修复能力的情况下，其原生状态将长期持续。但是随着工商业文明所承载的城市化的冲击，其影响力已经远远超出了聚落文化的自我修复能力范围，因此，面对已经消失或者即将消失的聚落空间，保护聚落成为当代人的历史使命。

聚落的居民是聚落现实社会中的主人，即便聚落的诸多使用功能在不断退化，聚落社会自身的发展在不断削弱其使用功能，但其自身所承载的文化价值并没有获得居民及其外来者的充分认可，人们能够看到的只是老房子在逐渐衰老，曾经的住屋需要更新才能够满足现实的多样性生活需要。习惯于运用经验思维模式做出判断的聚落研究者没有足够的理性工具来把握聚落空间所具备的潜在资源优势，即缺乏对整个聚落、聚落内的传统建筑、历史环境要素等作为遗产的价值认识，聚落遗产保护还没有得到理性的发掘。

尤为突出的是，随着社会组织、社会资本等外部力量的介入，改变了聚落作为传统文化适应方式的性质，实际上已经将其转化为一种独特的文化资源，而这种资源的功能在满足聚落社会发展需要的同时，也能够为聚落外社会公众提供文化多样性的需要。这一切的实现也需要理性的考量。

综上所述，将聚落作为文化遗产的重要组成部分加以妥善保护，一方面是维护文化多样性的需要，乡村文化弥足珍贵；另一方面也是尊重聚落社区传统、唤起原生聚落的文化自信的重要途径之一。当代演化理论的一个中心思想就是多样性产生变迁[1]，文化演化理论亦如此。文化多样性是文化生态系统的显著特征，单个民族或族群的特殊性构成了整个文化系统的多样性，只有文化多样性保持与延续，文化系统的自然生长、演化才能长久。

---

❶ 理查德 · R 纳尔逊，悉尼 · G 温特. 经济变迁的演化理论[M]. 北京：商务印书馆，1997.

第 2 章 闽台文化孕育下的聚落形态特征

文化生态学是一门综合、整体、全面、动态的社会文化研究,而不是孤立地考察文化因素的某一项内容或某一方面。文化生态学认为人既是自然的产物,又是社会的产物,因此要把文化放到整个社会环境中去考察其形成、发展以及变异的过程。由于社会制度、组织形式等也为文化的产生、发展提供了不同的社会环境,影响了文化的创造,所以,文化生态学主张从自然、社会、文化的整体结构、作用及相互关系来研究不同社会、民族文化发展的特殊形态和模式。只有把各种复杂的文化因素联系起来,才能够说明环境因素对文化产生和发展的影响,以及不同的文化类型和文化模式与环境之间的关系。这种强调从全局去考虑文化因素与环境之间、文化因素之间关系的视角,为闽台聚落的保护与发展提供了广阔的思路。

文化生态学研究的是特定环境背景中人类的行为和文化,考察人类如何与其周围环境适应以及环境如何在一定程度塑造文化,即人类文化如何在其环境背景下发展,而人类的生产生活方式又在如何影响着文化及其相关方面。要揭开闽台聚落的形态特征,首先须考察其地域特色及闽台文化的特色。

2.1 闽台聚落地域生态特征

一般而言,影响人类最初选择聚居点的影响因素主要有两个:其一是生产生活因素,人们总是选择有利于生活和生产的地方;其二是安全因素,即具有天然防御功能的地方。选址之后,人类聚落就会遵循自然生态群落的进化规律,不断有新成员加入聚落,聚落群体或接受新成员规模逐渐变大或排斥新成员。新成员也可能出于其他因素的考虑,在旧的聚落周围发展新的聚居地,等发展到一定程度必然引起新旧聚落的冲突,其结果或者是其中一个聚落比另一个高级,或者是组合形成更大的聚落系统。

2.1.1 福建地理环境特征

福建地处我国东南一隅,远离中原腹地,东面临台湾海峡与台湾省相望,三面环山,全省东西宽约 540 公里,南北长约 550 公里。陆域的北、西、南三面分别与浙江、江西、广东三省为邻。

福建是全国面积较小的省份之一。全省陆域土地面积 12.38 万平方公里,山地占 53.38%,丘陵占 29.01%,其余为水面和平原,所以素有“东南山国”和“八山一水一分田”之称❶。

福建的自然地理环境主要特点为:

(1) 山岭众多,素有“东南山国”之称。福建境内有两列山脉。一列为武夷山脉,位于福建西北部与江西交界处,绵延达 530 公里,海拔 700～1 500 米。武夷山市西南的黄岗山,海拔 2 158 米,是武夷山最高峰,也是我国大陆东南的最高峰,是闽江水系、汀江水系与鄱阳湖水系的天然分水岭。浙江省西南部的仙霞岭与武夷山脉相衔接,其支脉向东南伸入浦城一带,成为闽、浙两省水系的分水岭。在武夷山脉和仙霞岭支脉中,有许多与山脉直交或斜交的垭口,以“关”“隘”“口”命名,是闽赣和闽浙间的交通孔道和军事要冲。著名的有浦城的枫岭关、崇安的分水关和桐木关、光泽的铁牛关和杉关、邵武的黄土关、建宁的甘家隘、宁化的姑岭隘、长汀的古城口以及武平的黄土隘。另一列山脉为鹫峰山—戴云山—博平岭。它斜贯福建中部,长约 550 公里。闽江以北是鹫峰山,海拔 700～1 000 米,长约 100 公里,向东北延伸与浙江的

❶ 引自:何绵山. 闽台文化探略[M]. 厦门:厦门大学出版社,2005:1.

洞宫山脉、括苍山脉连接。闽江与九龙江之间的戴云山脉，海拔700～1 500米，长约300公里，是本列山脉的主体部分，主峰戴云山在德化县境内，海拔1 856米。九龙江以南是博平岭，它北起漳平，向西南延伸入广东省境内，海拔700～1 500米，在福建境内长约100公里。这一列山脉是福建境内一些河流的发源地，如闽江、大樟溪、晋江、交溪、木兰溪、九龙江西溪等。

(2) 海岸绵长，素有“闽海雄风”之称[1]。福建的海岸线曲折，多深水良港。海岸线直线距离仅535公里，而实际长度达3 324公里，仅次于山东而居全国第二，海岸曲率达1∶6.2，居全国之冠。港湾较多，较大的港湾有22个，最大的是兴化湾、三都澳。福州的马尾港、泉州的后渚港、漳州的月港、厦门的厦门港是四大古港。福州港早在汉代就与越南通航。泉州港在三国、西晋时也有海船往来，唐时外商云集，有“市井十洲人”之称。元代的泉州港成为世界上最大的商港，与埃及的亚历山大港齐名，海运遍及亚洲各国，远及东非、欧洲的一些港口。明代的漳州港已成为国际性商港。清初，厦门港以它优越的港口条件取代漳、泉二港，成为闽南最大的国际港口。19世纪中期鸦片战争以后，福州、厦门成为“五口通商”条约中规定的对外口岸。这些独特的地理位置对培养闽海人顽强拼搏、勇于开拓的挑战性格具有决定的意义。

(3) 江河纵横，素有“闽水泱泱”之称。整个福建省内有29个水系，663条河流，大小河流总长达1万公里，流域面积在50平方公里以上的河流有597条，其河网密度每平方公里为100米，密度之大，全国罕见。福建省的河流较大的有闽江、九龙江、汀江、晋江、木兰溪、岱溪、交溪、霍童溪等。溪流大多“短而壮”且纵横交错。最大特色是这些水系多自成一体。除交溪发源于浙江入海于福建，汀江发源于福建入海于广东外，绝大部分河流都是发源于福建并在本省入海。这就决定了福建的河流流域面积不大、流程较短、水流湍急的特点。在这些河口多形成平原地貌，比较出名的有九龙江口的漳州平原、晋江口的泉州平原、木兰溪口的莆仙平原和闽江出海口的福州平原。由于福建山脉、河流这些独有的特点，决定了人们交流来往多限于河谷、平原地带。这也是福建文化、语言、风俗、建筑风格独特的自然地理原因之一。

台湾位于我国大陆架东南缘的海上，与福建隔海相望，由台湾岛、澎湖列岛、钓鱼岛、赤尾屿、兰屿、火烧岛等岛屿组成，共有大小岛屿86个，被称为“多岛之省”，台湾面积3.6万平方公里。其中，台湾岛南北长394公里，东西最宽144公里，环岛周长1 139公里。东部和中部大多是高山和丘陵，山地约占总面积的2/3。中央山脉、雪山山脉、玉山山脉、阿里山脉和台东山脉像五条巨龙蜿蜒起伏，自东北至西南平行伏卧在台湾岛上，统称台湾山脉。山岳高峻雄伟，海拔3 500米以上的山峰有50多座。玉山是台湾岛第一高峰，也是我国东南沿海的最高峰，海拔为3 997米。台湾山脉向东西两侧倾斜，在西部形成较为宽阔的平地，多为平原、盆地和丘陵。平原约占全岛面积的1/3，主要有4处：台南平原、屏东平原、宜兰平原和台东纵谷平原。盆地主要有3处：台北盆地、台中盆地和埔里盆地群。在东部则几乎是与海面垂直的断崖，平原相当狭小，所以一般把台湾山脉的西缘称为前山，把台湾山脉东侧的狭小平原称为后山或山后。不大的台湾岛有如此高大的山脉，其地形的陡峭可想而知。由此造成的各地河流成网，河流短促而湍急。河口港湾众多，成为台湾地理的一大景观，如鸡笼[光绪元年(1875年)后改称基隆]、红毛港、鹿港、笨港(后改称北港)、安平、打狗(日据后改称高雄)、东港等都是著名的港口，也是早期闽粤移民的落脚点。

2.1.2　福建自然气候特征

福建的气候条件受海洋影响较大。由于海洋的调节作用，气温的年较差与日较差远较同纬度的内陆小，年较差一般在14～22 ℃之间，日较差一般在8～10 ℃之间。冬季较温和，较少出现严寒和破坏性低温；夏季较凉爽，除内陆一些山间盆地外，很少出现酷暑。全省各地年平均气温在17～22 ℃。最热月7—8月，月平均气温多在28 ℃左右；最冷月1—2月，月平均气温多在6～13 ℃。除闽西北地区和一些海拔较高山地外，各地全年霜日一般在20天以下。内陆地区绝大多数地方无霜期在260～300天之间，沿海地区无霜期在300天以上，闽东南地区几乎全年无霜。全省绝大部分地方最冷月平均气温5 ℃以上，沿海

[1] 引自：何绵山．闽台文化探略[M]．厦门：厦门大学出版社，2005：1－2.

地区多在 10 ℃以上。

在这种夏季长、冬季短，没有严寒的气候条件下，闽南地区的聚落建筑主要是按夏季气候条件设计的，因此为了组织通风，室内外空间多互相连通，门窗洞口开得较大，并且大多数厅堂及堂屋的屏风隔扇多做成可拆卸的。为了克服夏天因湿度大而带来的闷热，当地匠师采取了避免太阳直晒和加强通风两个办法。一是房屋进深大，出檐深，广设外廊，使阳光不能直射室内，取得阴凉的室内效果。另外一个是在房间的前后左右都设有小天井和“冷巷”，加速空气对流，使房间阴凉。再从建筑群体的布局设计上看，街巷尺度狭窄，建筑密度大，太阳不能直射，也达到了遮阳防晒的效果。

福建由于靠近夏季风的源地，受台风影响大，时间长，程度较深，因而成为全国多雨省份之一。全省大部分地区年降水量在 1 100～2 000 毫米之间，逐月相对湿度一般在 75%～85%之间。从年内分配上看，降水主要集中在春季，3—6 月降水量占全年降水量 50%～60%；7—9 月由于多台风，降水量占全年降水量的 20%～35%。为了排水，房屋做成坡顶，坡度 30 度左右。房屋出檐较深，楼房分层处设腰檐。围墙、风火山墙上部做瓦顶，在山墙的门窗洞口上设雨披等。这些都是保障房屋顺利排水和保证墙面不被雨淋的有效设施。由于夏季空气湿度大，尤其在梅雨季节，物品容易发霉腐烂，石头上面出现冷凝水，影响房间的使用。通常在建筑中采用卧室房间地面架空、住宅中设阁楼放置日用品和木柱底下设石柱础等方法来防潮。

福建省各地区风速差异较大。沿海一带年平均风速达每秒 5 米，个别地区因处于突出部位的孤立山地，风速更大，如福鼎的福瑶岛海拔 508 米，年平均风速高达每秒 7.5 米。内陆盆地如三明、龙岩、南平地区年平均风速都在每秒 2 米以下。每年在夏秋之季常有台风侵袭，对建筑物危害极大。沿海地区为了抵抗风力侵袭，在迎风面民居多建单层，屋面不做出檐而为硬山压顶，为四坡屋面，瓦上用石头压牢或用筒瓦压顶，屋顶周边用蛎壳粘住。在建筑布局上迎合海风吹来方向，以疏导风的方向，并取得良好的通风效果。

台湾地跨北回归线，属亚热带和热带气候地区。全岛的气候特点是高温、多雨、多风。因受中央山脉地形影响，西部地区以大安溪为界，以北受东北季风影响较大，以南受西南季风影响较大。年平均气温在 22 ℃左右。

台湾是我国东南沿海降水量最多的地区，平原地区年平均降雨量多在 2 000 毫米以上，北端的基隆年平均降雨量达 2 910 毫米，每年有 214 天下雨。台湾也是我国受台风影响最为严重的省份，每年夏季至秋季为台风季节。每逢台风侵袭时就带来暴雨，日降雨量多达 200 毫米。暴雨造成的洪灾和泥石流对当地人们生活危害极大。此种气候条件与闽、粤两省沿海的气候条件极其相似，这也是闽粤民居建筑不经过大的修改就能够适应台湾地理气候条件的重要因素。

2.2 福建闽文化特征与聚落形态特征

2.2.1 闽文化历史发展钩沉

福建文化，即闽文化，其发展和演变经历了漫长的历程。距今 18 万年以前，福建中部的三明境内就有原始人类出现。距今 4 万至 8 万年前，闽南的漳州也有原始人生活，留下多处旧石器遗址群，并越过台湾海峡，成为在距今 2 万至 3 万年前的台湾“左镇人”的祖先[1]。距今 1 万年前，在福建的武夷山、三明、清流、泉州、厦门、漳州、东山、宁德、龙岩等地区都发现原始人活动的遗迹。这些远古人类往往以洞穴为家，过着狩猎、捕捞和采集生活。由于群体的发展和生存的需要，他们居无定所，常常迁徙。大约在距今 4 000 至 1 万年前，福建先民的分布范围已经遍及全省各地，新石器时代遗址分布的特点是“大分散，小聚

[1] 引自：龙玉柱. 漳州史前文化[M]. 福州：福建人民出版社，1991：157.

居”，表明福建先民逐步由迁徙不定的、以游猎和采集为主的生活走向定居的、以原始农业为主、以采集和捕捞为辅的生活。因此，在福建各地不但产生了具有代表性的新石器时代文化，而且逐步形成古代原始民族——闽族。在青铜时代，福建各地已有古老民族“闽族”出现。他们有众多的支系或族团，由此形成不断迁徙、开垦，在蛮荒之地逐步建立起一个又一个居民点，其范围遍及福建各地，并且进入今福建毗邻的周边地区，如浙南、赣东北、粤东等地。

春秋时期，越国被楚国所亡后，大批越人南迁，进入闽中之后，他们与当地土著闽人结合而形成闽越族。无诸作为勾践子孙，凭借才干和实力，逐步消灭割据局面，统一闽中各地的主要闽族支系和于越族武装，并乘战国之世、诸侯争立的机会，自封“闽越王”，建立闽越国，并奉祀越国先祖。这些措施，既加强了越人的统治地位，又加速了闽、越两族的融合。

秦始皇在扫灭六国之后，建立起了强大的中央集权及郡县制度，福建地区设立了闽中郡，在中国版图上第一次出现了福建行政区。汉高祖五年（前 202 年），闽越国的建立揭开了福建文明史的第一页。秦汉两朝中央政府虽然先后在福建设立闽中郡和闽越国，但均实行“以闽治闽”的方略，此时，汉文化在福建的影响还较少❶。

东汉末年，中原战乱兴起，人们四处逃亡。闽中既为人烟稀少的边陲之地，不少逃亡的中原汉民，便开始大量入闽。三国时期，占据东吴的孙吴集团把福建作为东吴的后方基地，先后五次派遣军队入闽，带动了大批北方汉民入闽。经过东汉末、三国时期北方人民的南迁，在闽中的闽江流域及沿海地区，北方汉人的移民社会已经初具规模，这一时期闽中的人口数量大约在 10 万至 20 万人之间。两晋南北朝时期，北方汉人陆续迁入福建，出现第一次汉人入闽高潮，其中规模较大的有三次：第一次发生在西晋末永嘉年间（307—312 年），为了躲避战乱，北方汉人大批入闽。清乾隆《福州府志》卷七十五有所谓入闽八姓“林、黄、陈、郑、詹、丘、何、胡是也”之说，此亦即“中原八姓，衣冠南渡”之始。第二次发生在东晋末年，卢循率农民起义军攻入晋安，在福建活动达三年之久。起义失败后，其余部散居在福建、广东沿海。第三次发生在南朝萧梁末年，侯景之乱，建康沦陷，福建成了避乱之所，南朝末期移民的数量很多，由于民族冲突与融合加剧，移民的处境悲惨。

从汉代至魏晋南北朝时期，北方汉人入闽的主要路线大致有以下几条：(1) 由浙江常山境内的广济驿上岸，转入旱路，绕道江西铅山至福建崇安经分水关（在今武夷山）入闽。这条沿山线距离较长，但路途较为平坦。(2) 由江西临川、黎川越东兴岭经杉关入闽。杉关一带地势较为平坦，路途较远。(3) 由浙江江山的清湖上岸，转入旱路，经二八都至福建浦城仙霞关入闽。这条“仙霞古道—南浦溪”线路较铅山线短，但路途险峻。(4) 由海路入闽。这一时期北方汉民的入闽，不仅增加了众多的劳动力，而且带来先进的农业生产工具和技术，使闽中的许多地区得到开辟耕作，社会经济逐渐发展。

唐代前期，出现第二次北方汉人入闽高潮。唐初，九龙江流域爆发所谓“蛮獠”的“啸乱”，唐高宗麟德年间（664—665 年），朝廷派曾镇府驻扎九龙江东岸。总章二年（669 年），复派陈政、陈元光率府兵 3 600 多名，从征将士自副将许天正以下 123 员入闽。平定叛乱后，朝廷准陈元光之请，在泉、潮之间置漳州，委陈元光任漳州刺史，把所属军队分布于闽南各地。陈军将士所到之处，且守且耕，招徕流亡，就地垦殖，建立村落。据统计，先后两批府兵共约 7 000 余人，可考姓氏计有 60 余种，还有随军家眷可考姓氏者 40 余种，这数十姓府兵将士及其家眷，繁衍生息，形成了唐代开发九龙江流域的骨干力量，逐渐缩小了与泉州等地社会经济发展上的差距。如果说第一次北方汉人入闽高潮主要是灾荒和战乱移民为主的话，那么这一次入闽高潮则是以军事屯垦移民为主，陈元光也被后世尊奉为“开漳圣王”。

唐末五代，中原战乱加剧，军阀各据一方，民不聊生，北方士民再次南迁，形成汉人入闽的第三次高潮。其中尤以王潮、王审知兄弟率部入闽的数量为巨。光启元年（885 年），王氏部队进入福建，并逐渐控制整个福建，后来其子弟建立了闽国，是在福建建立的第一个地方性割据政权。这次入闽的北方汉民主

❶ 引自：杨琮. 闽越国文化[M]. 福州：福建人民出版社，1998：7.

要由几部分组成：一是随王潮、王审知兄弟入闽的军队和家族，利用政治上的优势，各自在福建寻找合适的地点定居下来，从而成为地方上的显姓；二是众多北方的政客、士子、文人入闽；三是漂泊不定的僧人；四是北方各地的士民，其中包括仕宦、流卒、商贾及一般的贫民。

宋代，中国的经济重心继续南移，北方汉人大量向南方迁徙，已成为当时人口发展的一种趋向。自北宋以来，北方汉民在和平环境里迁移入闽的数量有明显的增长。北宋、南宋之交及宋元之交的战乱，促使许多北方汉民纷纷迁移入闽。宋元时期北方汉民入闽后，相当一部分散居于闽西、闽北地区，促使这一地区人口数量显著增长，进而促进闽西、闽北山区经济、社会的迅速开发。在“海上丝绸之路”兴盛的宋元时代，外国人大批移居福建，众多的“蕃客”侨居在泉州、福州等沿海港口，形成“蕃坊”“蕃人巷”；他们还在侨居地建“蕃学”，传“蕃文”，播“蕃俗”；有些长期侨居的“蕃客”还与本地人通婚，出现“夷夏杂处”的局面，成为宋元福建移民史上的一大特色。

明清时期，随着北方移民不断入闽和人口的繁衍，福建人稠地狭的矛盾越来越突出，所谓“闽中有可耕之人，无可耕之地”。因此，这个时期的福建人口流动出现两大新的特点：第一个特点是结束了一千多年以输入人口为主的迁徙史，开始以输出人口为主的迁徙史。输出入口的主要地区有：向国内周边省份迁徙、向台湾迁徙、向海外移民（移民琉球、东南亚、日本）。第二个特点是省内的再次迁徙活动异常活跃。从汉晋到明清的 1 000 多年时间里，北方汉民迁徙入闽的脚步从未停歇过。闽北是北方汉民入闽时最先到达的地点，但由于闽北山区山高林密，交通不便，生产及生活条件较为恶劣，从北方移居来的部分汉民，往往又从闽北地区向闽江下游及沿海平原地带等生活条件较为优越的区域转徙，随着这些区域的开发和社会经济的发展，人口的数量急剧增长，农业开发逐渐趋于饱和状态，人口与土地之间的紧张关系促使平原和沿海先开发区的居民逐渐向省内那些自然条件较为恶劣的未开发区迁移。

鸦片战争之后，光绪十九年(1893 年)，清政府正式废除海禁，允许人们自由出入国境，对闽人移民海外产生巨大影响。这个时期，闽人移民东南亚和欧美等国家和地区形成高潮，光绪十七年至民国十九年(1891—1930 年)，出国人数多达 116.8 万人。

2.2.2 闽文化影响下的聚落形态特征

中原移民有力地推动了福建社会经济文化的发展。秦汉之前，福建经济远远落后于中原地区。而由于福建偏处东南，自然条件优越，又远离频繁动乱的中原，社会相对安定；它像一块强力磁铁吸引着北方汉民，从汉晋开始，北方汉民不断迁入福建，前后延续 1 000 多年。移民大大加速福建的开发进程，至宋代，福建大多数地区得到开发，社会经济不但走出长期落后的境地，而且奇迹般地在短时间内跻身于全国发达地区行列，成为东南全盛之邦。

移民过程，给福建地区带来了先进的中原文化。秦汉之前，福建为蛮荒之地，居住着闽越土著。其最重要的文化标志是以蛇为图腾和断发文身风俗，“信鬼神，重淫祀”，巫术充斥整个社会。直到隋唐五代时，这一原始蒙昧才有了明显的改观。一方面，随着汉人不断移民福建，汉族与土著民族之间的融合速度加快。另一方面，北方移民不断入闽促使了福建人口的迅速增长，有力地推动经济的发展，从而为文化的发展提供了物质条件，加上地方官注重兴办教育、网罗人才，使福建文化长期落后中原的局面有所改观。

宋代时期，随着全国经济重心的南移，福建社会、经济、文化进入大发展时期。据统计，宋代福建有县学、州学 56 所，书院 75 所，还有数以百计的书堂，学校书堂遍布城乡。教育的发达和读书风气的形成，使福建科举鼎盛，人才辈出。据不完全统计，宋代福建进士多达 7 038 人，占全国进士总数 35 093 人的五分之一；宋代宰相共 134 人，福建籍宰相有 18 人，居全国第三位；被《宋史》收入的福建名人有 179 人，为全国之冠。宋代福建还涌现了一大批名扬中外的杰出人才，如儒家理学的集大成者朱熹、天文学家苏颂、法医家宋慈、史学家郑樵和袁枢、书法家蔡襄等，还有著名的诗人杨亿、慢词大师柳永、诗论家严羽、文学家刘克庄等，可谓福建自宋以后厚积薄发，人才辈出。

福建文化对中国乃至世界作出最大贡献的是闽学。闽学指以南宋朱熹为代表的福建朱子学派，发端于史称“海滨四先生”（又称“闽中四先生”）的陈襄、郑穆、陈烈、周希孟等，他们都是福州人。将乐的杨时、沙县的罗从彦和南平的李侗(史称“南剑三先生”)则是闽学的先驱。胡安国、胡寅、胡宁、胡宏、胡宪等“胡氏五贤”对闽学产生过重要的影响和启迪。而朱熹则是闽学的集大成者,朱熹学说的形成标志着闽学的确立。朱熹的思想体系博大精深,他以儒家的伦理学说为核心,糅合了佛教、道教及诸子学说,建立起以“理”为中心,囊括自然、社会、人生等各方面内容在内的思想体系。《宋元学案》称他的学说“致广大,尽精微,综罗百代”。朱熹去世后不久,宋嘉定五年(1212 年),皇帝批准朱熹的《四书集注》立于学馆,作为法定的教科书。从此,闽学不仅获得了正统地位,并在以后的近 700 年中一直居统治地位,成为我国封建社会后期影响最大的思想流派,同时还波及朝鲜、日本等国,近代又传入西方,成为一门世界性的学说。

福建文化对台湾的影响至深至广,通常所说的台湾文化实际上是闽粤文化(主要是闽文化)的移植和发展,台湾的方言、民俗、宗教、信仰、戏剧、教育等无不从闽粤传去。

综上所述,可归纳三点:首先,福建发展史在某种意义上说就是一部移民史。先民艰难迁徙的足迹印刻在福建各个历史城镇、古村落中。其次,在历史变迁轨迹,中原文化随着移民传入闽地,而从文化生态学的视角剖析,闽文化的形成是人在不断适应地域环境的产物,其间社会制度、战争、农耕技术、航海技术等众多因素是促使闽文化形成的推动力,而闽地文化的本源来自中原。再次,建构闽台文化生态系统,移民因子起决定性的作用,而伴随移民的社会制度、社会经济、生态自然环境等因素,共同作用、相互影响,使移民适应当地环境与改造环境,由此形成了适合本地域的新文化。复次,闽文化来源于中原文化,中原文化是闽文化体系中的核心文化,是文化基础;台湾文化则主要是闽文化的海洋拓展。据 1926 年“台湾在籍汉民族乡贯别调查”,当时台湾汉人增至 375 万人,福建籍 312 万人,占汉人口 83.2%,占台湾人口 73.5%。在闽人中,来自泉州的占 54%,来自漳州的占 42%。民国时台湾人所说的“闽南语”,便是地地道道的闽南方言❶。因此,闽台文化同为中华文化的重要组成部分。

福建的聚落历经千年嬗变,屡兴、屡修、屡废,绝大部分聚落的现有格局,都是在明清时期完成的。福建聚落大都有着鲜明的地域特征,这些风格的形成,经历了数百年甚至上千年的发展过程。在古代交通工具不发达的情况下,福建西北面的高耸绵亘的武夷山脉,使福建成为一个自成体系的社会经济区域。福建境内河流众多,依河流发育出的有着良好生态环境的盆地或小平原,成为北方汉人入闽后定居繁衍的主要栖居地,如龙岩的长汀古镇、南靖县书洋镇石桥古村落(图 2－1)、永定湖坑乡洪坑古村落等等都是典型的客家聚落。其中,石桥古村落系明代以来张氏家族世居之地,村落呈明显的团状分布,散布着 20 多座土楼,这些土楼都见证了 500 多年的历史变迁。这些栖居地之间,因为山脉的阻隔,交通比较困难,但是正是这一自然原因形成了各自相对独立的小经济区域,培植出不同流域间村落聚居的不同风格。

图 2－1　南靖县书洋镇石桥古村落

❶　引自:台湾总督府官房调查课. 台湾在籍汉民族乡贯别调查[R]. 台北:台湾总督府官房调查课,1926.

2.3 台湾文化特征与聚落形态特征

2.3.1 台湾文化的形成概况

从台湾岛的考古发现来看，大陆的文化在旧石器时代就已传到台湾。台湾各地相继发掘出土的石器、黑陶、彩陶和殷代两翼式铜镞等大量的文物证明，台湾的史前文化与祖国大陆同属一脉。

在中国古代文献里，台湾被称为“蓬莱”“贷舆”“员峤”“瀛洲”“岛夷”“夷州”“琉球”等。春秋至秦汉时期，大陆东南沿海居住着土著民族——“百越”，居住在福建境内的越人称“闽越”，其最重要的文化标志是以蛇为图腾和断发文身。虽然台湾海峡阻碍了闽台之间的交往，但由于闽越族是一个善于舟楫的民族，所以仍有不少闽越人跨越台湾海峡，迁徙到台湾岛，成为台湾高山族的祖先❶。又据连横的《台湾通史》载：“或曰楚灭越，越之子孙迁于闽，流落海上或居澎湖。”由此可以看出，这些先民给福建、台湾等地带去了先进的生产技术，对闽台社会的发展起了一定的促进作用。

三国时期孙权为“求取国家的利益，开疆拓土”，“觅取海外之发展，谋求贸易之利”，曾派兵远航，出外探险。《三国志·吴书·吴主传》载：孙权“远规夷洲，以定大事”，“旨在普天一统”。230 年，孙权派人“浮海求夷洲”(今台湾)，带回土著数千人。东吴远征之举，促进了台海之间的联系，打破了海峡两岸隔膜的壁垒，是祖国大陆政权经营台湾的开始。

隋朝时，台湾称为“流求”，或同音异写为“留仇”“流虬”。《隋书》(卷 82，《列传》卷 46，《流求》)载：“流求国居海岛之中，当建安郡(今福建北部)东，水行五日而至。”而隋炀帝于大业三年(607 年)“令羽骑尉朱宽入海，求访异俗，何蛮言之，遂与蛮俱往，因到流求国，言不相通，掠一人而返。明年帝复令宽慰抚之，流求不从，宽取其布甲而还”。隋炀帝于大业六年(610 年)又派遣武贲郎陈棱、朝请大夫张镇周(一作张镇州)“发东阳兵万余人，自义安(今广东潮安)泛海，击流求国”，“流求人初见船舰，以为商旅，往往诣军中贸易”。由此记载说明了台湾人此前与大陆商船曾有不少贸易，同时也说明了台湾人已有较多物资可供交换，故已形成贸易习惯。据《闽书·方域志》载，陈棱从台湾掳回的数千人口，被就近安置于福清县福庐山。这是有历史记载的第一次台湾人定居大陆(福建)沿海。陈棱被后世奉祀为台湾的“开山祖”，郑成功在台湾还为他修“开山宫”以为纪念。

唐代，因袭隋代称台湾为“流求”。这时，有一些大陆人士相继到台湾和澎湖去开发。最早见于历史记载的是唐代诗人施肩吾举族迁居澎湖的故事❷。唐宣宗大中年间(847—859 年)，陵州(今广西)刺史周遇曾亲自登上台湾岛。唐时澎湖、台湾属岭南节度使管辖。

五代时期，闽王王审知在位 29 年，实行保境安民和发展对外贸易的政策，促进了福建社会经济的进一步发展。为了发展对外贸易，王审知还令人开凿了黄崎镇甘棠港(今福建福安黄崎甘棠)。甘棠港的建成，为外国商船入闽提供了方便，也有利于闽船由此发运，驶往台湾。闽国的海上贸易交通较为发达，因而，闽台两地的联系得到了进一步的加强。

宋代，福建已由移民社会变为定居社会，地方经济进入了大发展时期。这一时期，福建的海上交通和对外经济贸易获得空前发展，位居全国乃至世界的前列。有了发达的经济作为后盾，福建对台湾的联系，都较以往前进了一大步。

从现存的文献看，福建汉族人民较大规模迁居台澎是从宋代开始的。据何乔远《闽书》引《宋志》云：“彭湖屿，在巨浸中，环岛三十六，人多侨寓其上，苫茅为舍，推年大者长之，不畜妻女，耕渔为业，雅亢放牧，魁然巨羊，散食山谷间，各豨耳为记。有争讼者，取决于晋江县。府外贸易岁数十艘，为泉州府。其人

❶ 引自：何绵山. 闽台区域文化[M]. 厦门：厦门大学出版社，2004：7.

❷ 施肩吾，浙江分水县人，字东斋，元和年间(806—820 年)的进士，于 806 年率领族人渡海到澎湖定居。

入夜不敢举火，以为近琉球，恐其望烟而来作犯。王忠文为守时，请添屯永宁寨水军守御。”❶另外，从《宋史·艺文志》《直斋书录题解》《文献通考·经籍考》《文渊阁书目》及其宋淳祐的《清源志》等文献记载均表明了：至少在南宋时福建人民已定居澎湖岛上，并建造了房屋，进行农耕和捕鱼业，以及蓄养山羊，“散食山谷间”，而且民间争执事宜均到晋江县衙门审决，同时，泉州的商船也经常往来贸易。

闽南聚落家族族人最早徙居台湾，现有文字记载的是在北宋末南宋初，为德化县城郊宝美村的苏氏族人。据《德化使星坊南市苏氏族谱》载，南宋绍兴三十年(1160 年)该家族七世祖苏钦为本家族族谱所撰写的一篇序文云：苏氏一族于南宋绍兴年间，“分支仙游南门、兴化涵江、泉州晋江、同安、南安塔口、永春、尤溪、台湾，散居各处”。此外，泉州《德化上涌赖氏族谱》中也记载了宋代族人徙居台湾的内容❷。另外，台湾大学考古系在澎湖的实地考查，发现大量的宋代瓷片和宋代铜钱等等都足以证明宋代福建人迁居台湾、澎湖等地。所以，连横在《台湾通史》中指出：“历更五代，终及两宋，中原板荡，战争未息，漳泉边民，渐来台湾，而以北港为互市之上，故台湾旧志，有台湾亦名北港之语。”

元代，福建闽南与台湾的关系进一步密切。一方面，元朝政府在澎湖设巡检司，管辖澎湖、台湾等岛屿，隶属于福建泉州路同安县(今厦门)。这是我国在台湾附近岛屿上设立专门政权机构的开始，迄今已有 600 多年的历史。元朝政府除在澎湖设立政权机构外，还注意对台湾采取政治措施，至元二十九年(1292 年)，元世祖曾派海舡副万户杨祥为宣抚使，携带忽必烈的诏书至台湾，谕高山族。大德年间(1297—1307 年)，福建行省徙治泉州，此举的目的是为了经营台湾。大德元年(1297 年)，福建省平章政事(省长)委派省都镇抚张浩、福州新军万户张进率兵抵台，了解当地居民对元政府的态度，带土人 30 多人回来，次年又放还。另一方面，闽南聚落族人移居台湾的人数也有所增加。泉州永春的《岵山陈氏族谱》、南安的《丰州陈氏族谱》以及石井的《双溪李氏族谱》等都家族了元代时期族人过台湾的相关信息。如元顺帝时，汪大渊的《岛夷志略》中真实地记载了当时澎湖、台湾的情况。该书澎湖条云：“岛分三十有六，巨细相间，坡陇相望，乃有七澳居其间，各得其名，自泉州顺风二昼夜可至。有草无木，土瘠不宜禾稻，泉人结茅为屋居之。气候常暖，风俗朴野，人多眉寿，男女穿长布衫，系以土布。煮海为盐，酿秫为洒，采鱼、虾、螺、蛤以佐食，燕牛粪以爨，鱼膏为油。地产胡麻、绿豆。山羊之孳生，数万为群，家以烙毛刻角为记，昼夜不收，各遂其生育。工商兴贩，以乐其利。”由上可见，元代，澎湖进一步得到开发。元朝中央政权所采取的重要政治措施，使台湾与祖国大陆的政治经济联系不断地得到加深和扩大。

明洪武五年(1372 年)，明朝政府遣使直达今琉球，然后以“流求”“琉球”之名乃移以指今之琉球，台湾则改称为“小琉球”。明代中叶，明政府的文件中正式使用台湾这一名称。14 世纪，由于倭寇骚扰我国东南沿海，明朝政府认为澎湖孤悬海外，难以防守，洪武二十一年(1388 年)曾一度撤除澎湖巡检司，把岛上居民迁至漳、泉一带。永乐年间(1403—1424 年)，明政府积极发展对外关系，出现郑和下西洋的壮举。郑和的船队曾在台湾赤嵌汲水，并深入大冈山一带。郑和第 7 次(1431 年)下西洋曾到过台江(即今台南、高雄之间海岸)。郑和所率领的船队，对台湾地区产生了一定的政治影响。至 15、16 世纪时，倭患猖獗，倭寇以沿海岛屿为据点，与此同时，西方殖民者也开始侵入台湾、澎湖列岛。明朝政府认识到台湾、澎湖的重要性，于嘉靖四十二年(1563 年)，又恢复了澎湖巡检司机构，又于天启年间，“筑城于澎湖，设游击一，把总二，统兵三千，筑炮台以守”❸。明代中叶，福建到台湾、澎湖的移民增多，进一步促进了台湾的开发。他们当中著名的有林道干、林凤、颜思齐、郑芝龙等。崇祯初年，福建连年旱灾，饥民遍野。大批灾民到台湾开荒，由此极大地增加了台湾的人口，促进了农业生产的发展，并改变了台湾部分地区落后的原始生活方式。据不完全统计，1624—1644 年，福建一带的汉人移居台湾的大约有 2.5 万户。到 1644 年，台湾已有汉族人口约 3 万户，10 万人左右❹。

---

❶ 引自：林仁川，黄福才. 闽台文化交融史[M]. 福州：福建人民教育出版社，1997：18.

❷ 引自：苏黎明. 家族缘：闽南与台湾[M]. 厦门：厦门大学出版社，2011：1.

❸ 引自：余文仪. 续修台湾府志(卷 1，建置)[M]. 台北：台湾银行经济研究室，1962：80.

❹ 引自：何绵山. 闽台区域文化[M]. 厦门：厦门大学出版社，2004：15.

清初郑成功收复台湾给台湾地区的开发开创了崭新的局面，台胞由此尊称其为“开台圣王”。在郑氏政权时期，台湾人口中，除高山族外，汉族移民和郑氏官兵，约近20万人。这些人不仅为台湾经济的发展增加了劳动力，而且还带去了大陆先进的生产技术，使得台湾经济进入了飞跃发展时期。这一方面使得原来人烟稀少、土地荒芜的地方逐渐变为良田：稻田面积的不断扩大使谷米产量逐年递增，甘蔗种植面积的扩大使蔗糖生产迅速发展，冶铁技术的传入改变了农业和手工业的落后状况，晒盐法的传入使台湾食盐的产量得到提高，渔业相应得到发展，原始森林也开始了有效的利用，海上贸易的发展使造船业繁荣；另一方面则促使一批新的村镇的出现，开始时拓殖区域限于承于府、安平镇附近，以后渐次向外拓展，南至凤山、恒春，北迄嘉义、云林、彰化、埔里社、苗栗、新竹、淡水、基隆各地。经过明清郑氏几代的经营，台湾的农业、手工业、商业外贸和文化教育，都有了明显的发展，出现了人畜兴旺、物产丰饶的繁荣景象。

1683年，清朝统一台湾后，在台湾设置一府三县，总兵官1员，兵8 000员，澎湖设副将1员，兵2 000员，隶属福建省。从此，台湾在清朝政府统一的全国政权的统辖下，与祖国大陆之间的联系得到了进一步加强，台湾人和大陆人之间在各方面息息相关，不可分割。据统计，清初居台的汉人二三十万人，至嘉庆十六年(1811年)已达200万余人，120多年间台湾汉族人口增加了6倍多。如乾隆年间，开发台湾的客家移民中，最负盛名的当推胡焯猷，字瑞铨，号仰堂，福建省汀州府永定县人，乾隆年间迁台，居住于淡水兴直堡之新庄山脚。“当时的兴直堡一带，多未垦辟”，有“荒土之地”的古称，胡焯猷赴淡水厅请垦，出资募佃，建村落，筑陂圳，大兴水利，尽力农功，“不十数年，启田数千甲，翘然为一方之豪矣”❶。

总之，宋明时期，闽南就有一些聚落家族族人渡台，从明末尤其是清初开始，台湾的人口迅速增加，主要在于移民人数的急剧增加，而这些移民当中，大部分来自于闽南地区的各个家族。台湾的汉族移民中，福建人约占83.1%，其中泉州籍约占44.8%，漳州籍约占35.1%，汀州、龙岩、福州等籍约占3.2%。由于闽南人占台湾移民人口的绝大多数，所以，汉文化在台湾的传播历史也是福建文化移植到台湾、并在台湾进一步发展的历史。诸如台湾移民大多数讲福建方言，闽南话几乎为台湾通用的方言；台湾移民社会基本上保留着闽南地区的饮食习惯、服饰文化、建筑风格、婚丧喜庆和岁时节庆风俗；台湾的文化娱乐，如戏剧歌舞、儿童游戏以及宗教信仰等也由福建传入并传播。

1840年后，外国资本主义势力纷纷侵入中国。台湾与福建地处东南沿海，外国资本主义侵入较早，所受的祸害也较深。由于资本主义国家大量输入廉价的工业品，大量倾销从东南亚国家掠夺来的大米和布匹，闽台地区农业和手工业的发展受到了严重阻碍，台湾和大陆之间的贸易往来也遭到破坏。如泉州的白布、福州的绿布等，因洋布、洋纱充斥而使得台湾、泉州、福州的棉布市场丢失，造成福建纺织手工业者大批破产。台湾的稻米市场也被洋米占据，致使农业生产凋敝，大批农民破产。

1860—1890年代，面对外国资本主义势力的军事侵略和经济掠夺，台湾人民一方面与外国侵略者做坚决的斗争，另一方面坚持辛勤劳动，使台湾地区的社会经济仍有较快的发展。鸦片战争后，福建等地迁往台湾的居民仍然逐年增加，这表明台湾的开发方兴未艾。如咸丰元年至五年(1851—1855年)，淡水人黄阿凤集资募众2 200余人，往垦台东岐莱(花莲港)，同早先“已至其地”的汉人一起，开荒辟土，“居者千家，遂成一大都聚”。咸丰五年(1855年)，凤山县人郑尚至卑南(今台东)与高山族贸易，并教以耕耘之法，得到高山族人民的欢迎，并“以师事之”。除了民间开垦外，清政府也开始有组织、有计划地推行垦殖措施，并在厦门、香港、汕头等地设招垦局，正式招募大陆人民赴台开垦，给应募者以种种优待，如渡台费用由官方发给，开垦期间每日给予口粮，每名授田一甲，并供给耕牛、农具、种子等，3年之后才课以租税❷。光绪十二年(1886年)，清政府设立台湾抚垦总局，以刘铭传兼任抚垦大臣，台湾人林维源为帮办，分全台为三路，分区设局。自埔里以北至宜兰为北路，以南至恒春为南路，台东一带为东路。设大嵙崁、东势角、埔里社、叭哩沙、林圮埔、蕃薯寮、恒春、台东等局，下设若干分局，主持土地开垦和有关高山族的各种经济行政事宜，开垦事业获得很大发展。

---

❶ 引自：高峻，俞如先.清代福建汀州人入台垦殖及文化拓展[J].福建师范大学学报：哲学社会科学版，1994(1)：111.

❷ 引自：连横.台湾通史(卷15，抚垦志)[M].北京：商务印书馆，2010.

为了加强海防,防止资本主义列强的入侵,清政府于 1885 年将台湾设为行省,下设台湾、台南、台北三府及台东直隶州。1888 年 3 月,刘铭传启用"福建台湾巡抚"关防,台湾建省最终完成。这样,台湾就成为当时全国行省之一了。1894 年,台湾又增设南雅厅。至中日甲午战争前夕,台湾共设有 3 府(台湾、台北、台南)、1 直隶州(台东)、6 厅(卑南、花莲、埔里社、南雅、基隆、澎湖)、11 县(淡水、新竹、宜兰、安平、嘉义、凤山、恒春、云林、苗栗、彰化、台湾)。

近代台湾的发展并迈向近代化之路,与大陆的洋务运动有着密切的联系,1870—1890 年代,大约 20 年内,经主持台湾新政的沈葆桢、丁日昌、刘铭传等人的努力,台湾的改革与建设取得了初步的成效,开始了近代化的进程。如设立抚垦委员、加强海防、修铁路、架电线、拓展台湾的洋务事业等等都极大地促进了台湾社会、经济的发展。

1894 年,日本发动侵华战争,清政府割让了台湾及其周边相关岛屿,开启了台湾军民对日的抗争。日本帝国主义殖民统治下的台湾,社会经济结构发生了巨大转变,即从半殖民地半封建社会转型为殖民地社会,成为日本帝国主义的投资场所、原料来源地和商品销售市场。

2.3.2　移民与台湾聚落形态特征

基于上述,台湾是一个以移民为主的社会,移民是促使台湾文化形成、发展的重要因子之一。移民,广义上是指居住地由一个地区迁到另一个地区者,狭义上指有较大数量、有组织的人口迁移。按移出方向和地理范围,则可分为国际迁徙(International migration)及境内迁徙(Internal migration),前者为超越国界的迁徙,后者为迁徙范围未超越国界者❶。

随着福建移民的增加,台湾土地得以开拓,经济繁荣促进了聚落的形成和发展。台湾聚落的形成和发展过程是与移民和土地开发的进程相一致的,移民和土地开发的路线是由南而北、由沿海平原到内陆山区,聚落的形成和发展也大抵依此方向进行❷。其次,在这场漫长的移民浪潮中,明末至清代的台湾,是一个具有动态变迁特质的移民社会,和大陆保持着密切的联系,即使是在 1895 年后的日据殖民地历史时期,也维持着这种联系。从移民入台的地缘角度剖析,主要包括泉州人、漳州人与客家人这三大块移民群体,而这三大块移民群体一方面带来了台湾人口的增长、社会经济的发展、台湾聚落的生长,另一方面促使了台湾移民文化的明显地域特征,即闽南文化在台湾地域的彰显。

在移民的人口结构方面,明郑时期,由于入台者多以军队为主,男性远多于女性,纵使郑氏要求官兵至大陆原籍迁移家眷来台,男女人口不平衡的现象仍相当明显。其后清廷实施渡海禁令,男多女少的情形更为严重,使得移民与少数民族女子通婚成了唯一的成家方式,加上平埔族是母系社会,汉人可借由与少数民族通婚取得土地,虽然清廷曾明令禁止汉人与少数民族通婚,但由于行政实施的力量有限,并无法禁止民间自发通婚这种现象。

在垦首制方面,清代汉人移垦台湾,土地占有形态既有沿袭荷兰时期的结首制,又有实行明郑时期的官田与屯田制,也有实施垦首制。所谓垦首制,即垦户向官府申请土地(垦照)再招来佃户,将土地划分为若干块,租给佃户开垦。垦成之后,佃户缴纳一定的租金给垦户。而开垦的初期,垦户需供给种子、农具或其他必需品予佃户,尤其是开圳筑陂方面,为使旱田迅速水田化,垦户更可收取庞大的"水租"❸。此种以早期资本经营为主的垦首形态,是汉人早期开拓台湾的最主要经济形态。

---

❶ 引自:陈亦荣.清代汉人在台湾地区迁徙之研究[M].台北:东吴大学出版社,1991:1.

❷ 引自:唐次妹.清代台湾城镇研究[M].北京:九州出版社,2008:20.

❸ 引自:黄秀政.台湾史志论丛[M].福州:海峡文艺出版社,1999:13.

表 2-1 原乡移民来台渡口情况

渡口		移民祖籍	原乡路径	备注
主要渡港口	蚶江口	晋江、惠安、安溪、永春、德化	晋江水系	
		南安		副港为安平港
	厦门	华安、长泰、龙溪、南靖、平和	九龙江水系	
		漳浦、云霄、诏安		赴厦门赴转运
	汕头港	海阳、揭阳、揭西、丰顺、普宁	榕江(榕南河)水系	
		梅县、五华、兴宁、平远、蕉岭	梅江接韩江水系	
		大埔	梅潭河接韩江水系	
		长汀、上杭、永定、龙岩州	汀江接韩江水系	
		饶平	黄冈河出海	
次要渡港口	五虎门	福州、闽侯、闽清		
	涵江口	兴化府的莆田、仙游		
	神泉港	惠来		
	汕尾港	陆河、海丰、陆丰		

资料来源：李乾朗，闫亚宁，徐裕建. 台湾民居[M]. 北京：中国建筑工业出版社，2009：76.

在移民拓垦路径方面，渡海乘船是唯一途径。清廷在取得台湾的次年，即康熙二十二年(1684年)，就颁布了禁止沿海人民偷渡台湾的禁令，至乾隆五十一年(1786年)的近70年间，清廷严格限制移民渡台，期间虽有短期的放松，但基本上属于禁渡时期。其中自乾隆三十六年(1771年)至乾隆五十一年(1786年)这一阶段，是禁渡逐渐趋向松弛的时期❶。在严禁时期，偷渡来台的移民虽然不少，但在弛禁时期，渡台的人数更多，以南安、石井、同安刘五店、晋江石浔、围头等地作为偷渡的口岸❷；直至乾隆五十三年(1788年)，福康安请奏清廷，正式设立官渡，开放彰化的鹿港与泉州的蚶江口对渡以及淡水的八里坌与福州的五虎门对渡❸。而后又陆续有铜山及粤东移民利用汕头、神泉、汕尾等港口渡台(表2-1)。这些渡口主要提供的移民范围包括❹：一、以澎湖为中继站转进台湾；二、横越台湾海峡直接入台。清廷初期实施海禁政策，移民偷渡路线是随机的、并无固定的路线，而海禁解除之后，主要的登陆口岸则为北部的八里坌、中部的鹿港与南部的安平、笨港，后期再扩及西部沿海的打狗、盐水、大安、中港、南寮等口岸。乾隆海禁开放前后以至嘉庆年间，是移民运动的最高峰时期，道光至光绪年间也维持一定人口的继续投入。只不过早期的移民登陆口岸和迁徙是随机的，经过百余年的发展而逐渐稳定，后期移民则是有目标地依附在前期移民的基础上发展(图2-2、图2-3)。

移民入垦台湾，开辟草莱，需要大量的人力，基本上是通过同乡、同族的关系，结伴来台，但对原本就生活在台湾的少数民族而言，无疑是一种侵犯土地的行为，尤其是移民人口的急速增加，更是直接威胁到少数民族的生存空间。清廷为了避免汉人与少数民族之间的冲突，采取封山政策，划定"土牛沟"❺作为"番界"，禁止汉人越界拓垦。但官方的禁令并无法有效地阻止移民继续拓展，移民持续在少数民族的土地上开垦。因此，清廷多次划设新番界，使得少数民族的活动区域逐渐受到压缩。移民为了取得土地，常与少数民族产生纷争，并发展为武力冲突，于是便组成较具规模的开垦组织，逐次向内山推进。

随着移民的增加，土地分配趋于饱和，在资源有限的情况下，移民之间产生了利益的冲突。"台之民

❶ 引自：中国社会科学院历史研究所. 清代台湾农民起义史料编选[C]. 福州：福建人民出版社，1983：9.

❷ 引自：古鸿廷，黄书林，颜清芩. 台湾历史与文化(四)[M]. 台北：稻香出版社，2000：31.

❸ 引自：陈孔立. 清代台湾移民社会研究[M]. 厦门：厦门大学出版社，1990：98.

❹ 引自：闫亚明. 台湾传统建筑的基型与衍化现象[D]. 南京：东南大学，1996：40.

❺ 土牛沟或土牛、土牛红线为清代划定汉、番土地的界线。以土堆作为区隔，形如卧牛，故称土牛，土堆旁的深沟则成为土牛沟。划界之初是以红线在舆图上标示，后虽使用其他颜色标示，但仍习惯以红线指称地图上界线。亦有将土牛与红线合称为土牛红线的。

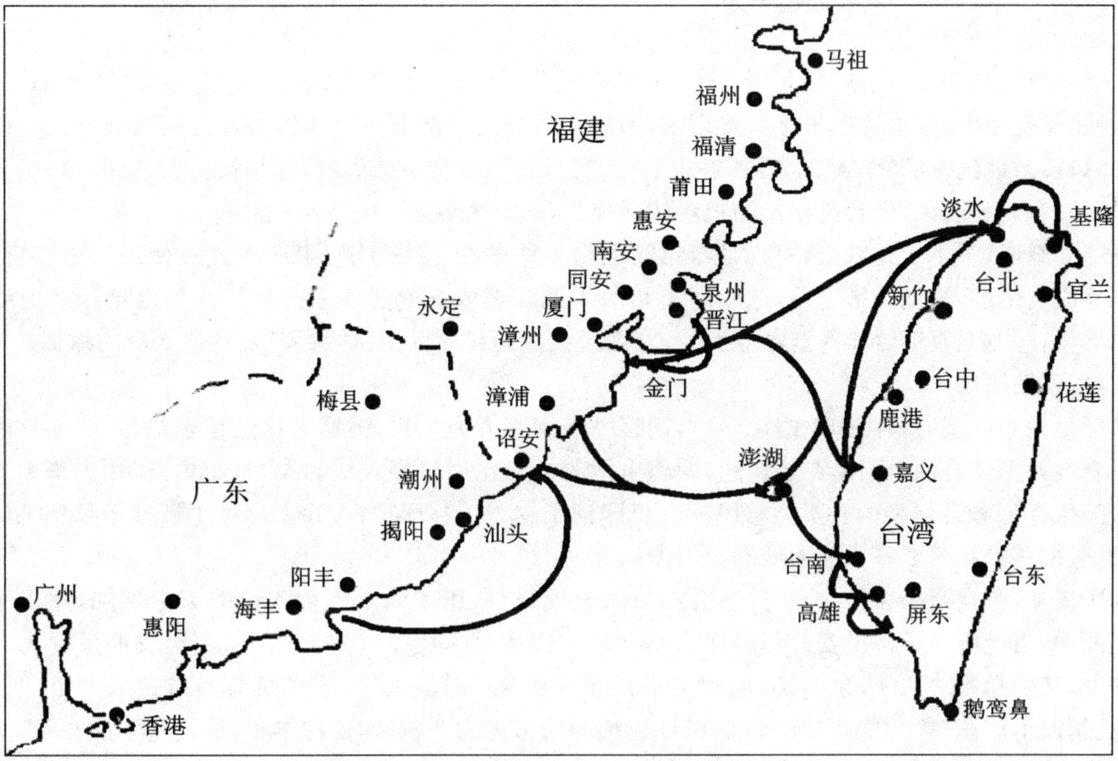

图 2-2　明代大陆原乡至台湾移民路线图

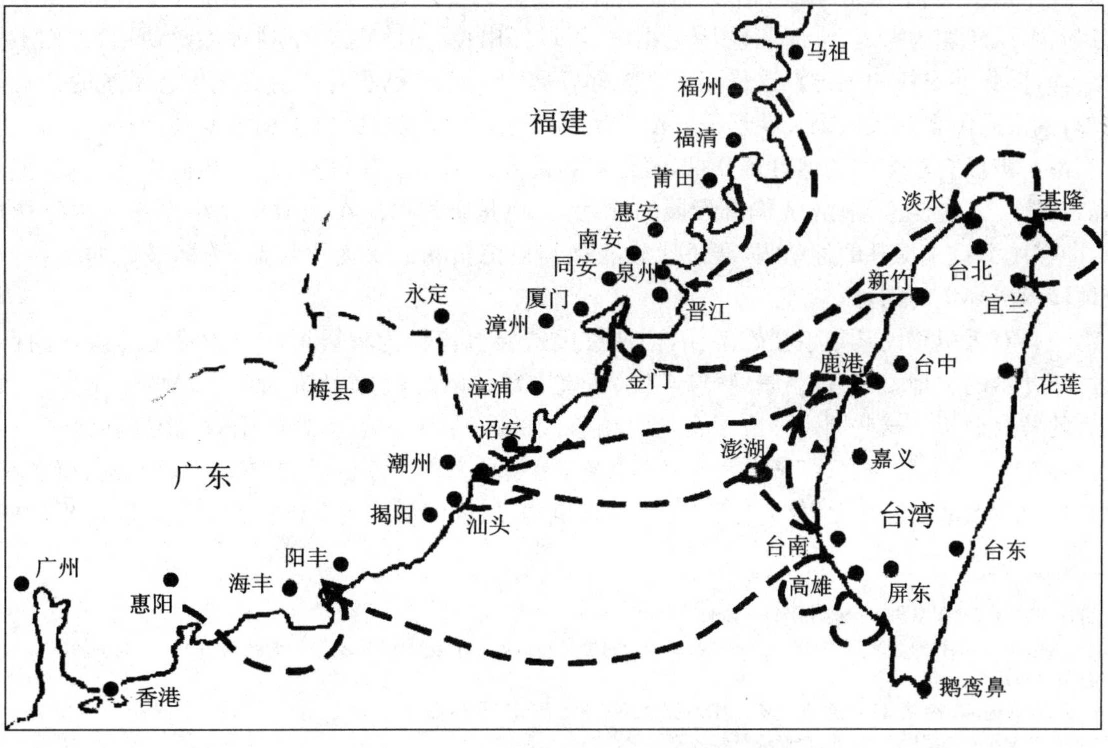

图 2-3　清代大陆原乡至台湾移民路线图

不以族分，而以府为气类；漳人党漳、泉人党泉、粤人党粤，潮虽粤亦党漳，众则数十万计。”❶由于政治未上

❶　引自：姚莹.东槎纪略(卷 4，答李信斋论治台书风俗志)[M].台北：成文出版社，1984：485.

轨道，每逢人民之间的冲突，地方政府皆无法有效地制止，故使移民必须依靠宗族或同乡的力量，成党结派，借以维护自身的利益。

按《诸罗县志》和《彰化县志》之风俗志，杂俗："土著既鲜，流寓者无其功强近之亲，同乡井如骨肉矣。疾病相扶、死丧相助，邻里皆躬亲之。贫无归，则集众倾囊襄事。虽坚者亦畏讥议。诗云：凡民有丧，匍匐救之，此风较内地犹厚。"❶同籍的移民，在来到台湾之后，自然会集结成群，互相扶持、共同开垦；虽在大陆部分地区亦有此种现象，但台湾移民的祖籍认同现象，却更为显著。

群体的组成，基本上是以祖籍为依据，相同祖籍的移民在生活习惯、生产方式及使用的方言皆相同，自然容易成党结群，异地开垦之后，这些同祖籍的人就顺理成章地居住在一起。这种以地缘或血缘关系组成的群体，一方面互助合作经营农业，另一方面团结成为村落以抵抗"番害"及其他人群的欺侮。

2.3.2.1 移民原因

台湾是一个以闽粤移民为主的社会(早期移民以闽南人为主)。根据人口迁移理论，一个地方的人移居另一个地方主要有两个因素在起作用，即移出地的推力作用与移入地的拉力(引力)作用。李祖基先生关于台湾生存型和发展型两种类型移民的分析印证了这一迁移理论：生存型移民主要基于移出地的推力作用，发展型移民则主要基于移入地的拉力作用。

众所周知，福建是个多山的省份，适宜农耕的土地极少，唐宋以来闽地人口的大量增加，超出了土地的承受能力，当地所产不敷民食，因此，在自然环境难以承载人民生计的背景下，福建长期呈现为严重缺粮的地域，特别是福、兴、漳、泉四郡，粮食多靠广东供给❷。明朝末年，福建沿海一带缺米严重，"仰粟于外，上吴越而下广东"❸。清朝统治年间，闽地缺粮的情形更为严重，即便在丰年，粮食也不能自给，全靠外运商品粮接济。甚至福建部分驻防兵丁的米谷也要由台湾拨运，因此而特设"台运"业务。"福建省城五方杂处，食指浩繁，漳、泉皆滨海之处，地方斥卤，所产米谷，即甚丰稔之年，亦不敷民食，全赖台湾米贩源源接济"❹。正是由于"闽地斥卤硗埆，田不供食"，迫使贫民往外谋生，向海上去寻找发展，以至于当地居民"以海为生、以洋舶为家者，十而九也"❺。据此，可以得出：闽南地狭人稠，耕地不敷使用，人们不得不从事海上活动，以弥补农耕的不足。这是闽南人向外发展的推动力❻，也是闽台文化生态系统的自我调节过程。另外，闽南居民自宋代以来长期形成的海上贸易传统，也成为居民求生和求发展途径。因此，明清时期尽管闽南一带仍有较多的荒地有待开垦，但许多居民并未从事垦耕，而是从事其他生产活动，主要是海上贸易活动❼。这也形成了闽南人向外发展的推动力，也是闽南居民在地域文化生态系统中的自我选择与适应，即在航海技术提升的催动下，居民比较农耕与航海贸易的最大化收益，选择最佳的生存方式，以此适应地域海洋环境的需求。

台湾还具有吸引移民开拓事业的条件，促使移民选择台湾作为移居地。作为移民迁入地的台湾，岛上有大片待开垦的土地，且气候温暖，物产丰饶，适宜农耕。同时，它作为东、西、南洋的一个交汇点，更蕴含了极大的贸易商机。这些因素形成了台湾吸引移民的拉动力。"台湾野沃土膏，物产利溥……且舟帆四达，丝缕踵至……实肥饶之区"❽，"盖台湾土膏腴，无业民人纷纷渡台觅食"❾。漳、泉、潮、惠之农民"因贪地宽，可以私垦，故冒险渡台"❿。而且，台湾地方宽阔，气候温暖，"四季皆可种植"，尤以水稻种植为多，

---

❶ 引自：陈梦林. 诸罗县志 · 风俗志[M]. 台北：台湾银行经济研究室，1962：145.

❷ 引自：宋光宇. 重利与显亲：有关"台湾经验"各家理论的检讨和历史文化论的提出[A]//台湾经验——历史经济篇[C]. 台北：台北东大图书公司，1993：33.

❸ 引自：何乔远. 闽书(卷 38，风俗志)[M]. 福州：福建人民出版社，1994：942.

❹ 引自：台案汇录丙集[M]. 台北：台湾银行经济研究室，1963：197.

❺ 引自：清一统志台湾府[M]. 台北：台湾银行经济研究室，1960：68.

❻ 引自：唐次妹. 清代台湾城镇研究[M]. 北京：九州出版社，2008：21.

❼ 引自：[荷兰]赞梅儿. 泉州农业经济史[M]. 林仁川，译. 厦门：厦门大学出版社，1998：37.

❽ 引自：施琅. 请留台湾疏[A]//高拱乾. 台湾府志[M]. 台北：台湾银行经济研究室，1960：232.

❾ 引自：明清史料(戊编第 2 本)[M]. 台北：台湾中央研究院历史语言研究所，1972：140.

❿ 引自：尹秦. 台湾田粮利弊疏[A]//陈培桂，修. 淡水厅志(卷 15，附录 · 文征)[M]. 台北：台湾银行经济研究室，1963：370.

“谷产最饶”❶。由此可见台湾存在着较多的谋生机会和发展机会❷。所以，雍正年间台湾知府沈起元称：“漳、泉内地无稽之民，无田可耕，无工可佣，无食求觅。一到台地，上之可以致富，下之可以温饱。一切农工商贾，以及百艺之末，计工授直，比内地率皆倍蓰”❸。

总而言之，明、清以来大陆向台湾移民浪潮越来越高涨，既有主要移出地的推力作用，也有移入地台湾的拉力作用，是两股力量综合作用的结果，也是闽台文化生态系统自我调节与适应的产物。

2.3.2.2 泉州人渡台

众所周知，在闽台之间的社会人员联系中，泉州人是最早也是数量最大的移民群，据1926年台湾人口调查，祖籍泉州的后裔，占总人口的44.8%❹。17世纪以后，泉州沿海聚落如三邑、同安、安海等地方的居民大量移民台湾，并聚居在“一府(台南)、二鹿(鹿港)、三艋舺(台北西郊)”。据石狮宝盖镇龟湖村的铺锦黄氏家族的《铺锦黄氏族谱》载，族人黄宜三，崇祯年间(1628—1644年)，“往北港浮门头南门内华四使家”，成为铺锦黄氏在台湾的开基祖。另外，晋江东石镇的蔡氏家族、郭岑村的郭氏家族、金井镇新市村的曾氏家族、青阳镇的庄氏家族、南安石井镇双溪村的李氏家族、安溪东山的李氏家族、安溪龙门镇科榜村的翁氏家族等等都有族人移居台湾。其中，晋江安海颜氏家族的颜开誉携眷入台，成为台湾安平颜氏的开基祖，安溪龙门科榜村翁成斋的儿子翁尚勃、翁尚进，徙居嘉义县的义竹乡，成为科榜翁氏在台湾的开基祖❺。

泉州人移民渡海去台的过程中，交通工具、风向和海流等因素都在其过程中起着决定性的作用。宋元以来，泉州造船业极其发达，航行多仰赖大型木帆船——戎克船。台湾与泉州同属于东亚季风带，每年4—9月，是由台湾吹向大陆的西南季风，9月至次年3月、4月，是由大陆吹向台湾的东北季风，因此，移民往返的季节以农历四月、八月、十月为佳，而在六月、七月遇台风，九月遇强烈的北风等，此时行船都是最大的忌讳。因此，海流的顺逆，也是行船考虑的重大因素，如果从泉州赴南洋，船可以顺流而下，较为安全，而往台湾则需要冒险横渡俗称“黑水沟”的深阔洋流，其间必须借助适当的风力和潮流相抗，才能顺利渡台。风大有帆破船沉的危险，风小则有漂流汪洋不知所踪的可能，因此，渡台移民可谓“六死三留一回头”❻。

明末是泉州人第一次移民热潮，期间台湾还处于蛮荒未辟之地，泉州人在荷兰人的招募之下，大量赴台。荷兰人统治时期，汉人移民的数量增至10万左右❼。而乾隆、嘉庆时代是泉州人第三次移民的热潮，期间，泉州人移民的成分复杂化，不仅仅包括农民还包括了商人、官吏、士兵、城市平民、医生、僧侣等群体。泉州人移民到了台湾，带入了原乡的文化和生活方式，其在台湾的居住地也往往以大陆原乡的地名命名，如泉州街(台北市古亭区、彰化县鹿港镇)、泉州寮(南投县竹山镇)、刺桐乡(云林县)、安溪里、安溪寮(彰化县彰化市、新竹县竹北乡、嘉义县义竹乡、台南县后壁乡)等❽。

2.3.2.3 漳州人渡台

漳州人在台湾的移民人数中占据第二位，据1984年台湾人口普查中，在1 800多万总人口中，祖籍漳州的人口占35.8%❾。根据谱牒记载，南靖梧宅赖氏移民台湾480人，林氏208人，漳浦大坑陈氏移民台湾231人，平和壶嗣吴氏移民台湾179人，书洋金山萧氏移民台湾275人等等❿。龙海东园《圭海许氏世

❶ 引自：王凯泰，等. 福建通志台湾府[M]. 台北：台湾银行经济研究室，1960：189.

❷ 引自：陈孔立. 有关移民与移民社会的理论问题——以台湾为重点的研究[A]//范希周. 台湾研究论文集[C]. 厦门：厦门大学出版社，2000：270.

❸ 引自：沈起元. 条陈台湾事宜状[A]//台湾理蕃古文书[M]. 台北：成文出版社，1983：75.

❹ 引自：戴志坚. 闽台民居建筑的渊源与形态[M]. 福州：福建人民出版社，2003：120.

❺ 引自：苏黎明. 家族缘：闽南与台湾[M]. 厦门：厦门大学出版社，2011：4.

❻ 引自：戴志坚. 闽台民居建筑的渊源与形态[M]. 福州：福建人民出版社，2003：122.

❼ 引自：汉声. 唐山人过台湾——泉州人移民的故事[A]//台湾的泉州人专集[C]. 台北：汉声杂志出版社，1989：18.

❽ 引自：戴志坚. 闽台民居建筑的渊源与形态[M]. 福州：福建人民出版社，2003：125.

❾ 引自：林嘉书. 闽台移民系谱与民系文化研究[M]. 合肥：黄山书社，2006：247.

❿ 引自：林嘉书. 闽台移民系谱与民系文化研究[M]. 合肥：黄山书社，2006：249.

谱》:明末清初迁台者有港滨派“十二世士信,一鸿长子,士牛,一鸿次子,俱往台湾中路大东新园尾”,“十三世元,士牛长子,往东都台湾中路新园尾,生子延。升,士牛次子,往台湾中路新园尾”。漳州人向台湾移民,主要集中在清初中叶时期,主要是农业移民❶。漳州人善于耕作,台湾西部平原、中部盆地、北部丘陵和平原、东部兰阳平原都是以漳州移民为主进行开拓、经营的。因此,现在的台北市的士林、台北县的石门、金山、万里、贡寮、双溪、板桥、中和、三峡等地依旧是漳州移民后裔的聚集地,台北的圆山、芝山岩都沿用了漳州的地名;台湾的许多地方,如台北三重铺的长泰、台中县的龙溪、云林县的海澄、嘉义县的云霄等都源于漳州诸县的地名,这些都是漳州移民开发台湾的历史见证❷。

漳州人过台湾的原因,有学者归纳为:一、漳州人口过多,土地资源有限,加上灾害频繁,严重粮荒,导致了人口外移。二、清初,频繁的战争动乱和迁海政策,使沿海百姓大批破产,人们失去家园,向台湾及东南亚移民成为必然。三、漳州与台湾具有地理气候交通的天然便利。

纵观漳州长达600多公里的海岸线上,港湾众多。宋元以来,福建造船业和航海业都很发达。东山岛离澎湖仅有98海里,在宋代就有渔民在澎湖建立了渔村,而澎湖距离台湾西海岸的北港只隔一条几十海里的水道,因此交通非常便捷。从海澄月港、漳浦旧镇、东山铜陵、诏安宫口以及厦门港渡海去台湾,朝发夕至。清初郑氏政权垮台后,台湾百废待兴,有许多待开垦的处女地,这对漳州人而言是极富有吸引力的去处。从地缘关系看,台湾与漳州地理纬度相当,气候相宜,水土相服,植物品种也相同,因而“闽人归之若市”,漳州人过台湾成为自然之事❸。

漳州人过台湾多为同村同宗相携而行,在台湾各地找到落脚垦点后,又兴建起同宗同村的“血缘聚落”。经过世代繁衍生息,一些族姓成为当地乡、镇以及所在市县的望族大姓,如台中盆地的南投县草屯镇的洪、李、林、简四大姓氏的人口占了全镇的70%❹。其次,随着大量的漳州人移民至台湾,闽南漳州文化也逐步移植至台湾漳州人聚居的聚落之中,包括语言文化、风俗习惯、信仰崇拜、家族与价值家族传统、戏剧艺术甚至与漳州祖地一样的建筑等等。

2.3.2.4 客家人渡台

客家人在明末因海盗集团来往台湾而赴台并留居台湾❺,如南靖书洋乡《萧姓族谱》就记载了明万历年间,族人迁徙台湾的相关信息❻。而其成规模移居台湾是在郑成功收复台湾后,郑氏军队中有不少客家子弟,随郑经至台湾的大家刘国轩就是汀州客家人,其部族多为客家子弟,他们随刘国轩来台,许多随后就移居台湾❼。

清初因政治原因,清廷禁止客家人渡台,后屡禁屡废,因此,客家人渡台往往偷渡多于合法。其中,偷渡较为著名的港澳有:龙溪石码、紫泥、月港、浮宫、镇海等,这些港口距离台湾较近,可以抵达台湾的红毛、梧栖、鹿港、笨港、布袋、鹿耳门、安平等港口❽。随着海禁的松弛,客家移居台湾逐步增加,到了清代乾隆年间,客家人大规模过台,过台的闽籍客家人主要包括:闽西汀州府的上杭、武平、永定等地。如永定济阳堂江氏于清雍正年间移居台湾,其十六世祖江知心携全家移居台湾,族中晚辈(十九世)江士学等兄弟四人移居台湾,并在淡水三芝乡合股购买山猪掘田地,另外,永定胡氏开辟淡水厅山脚庄(今台北县泰山乡)等❾。

另外,因为土地、水资源及其建造房屋等要素的作用,闽粤移民间曾发生数次激烈的械斗,互有胜负,但因闽人数量较多,客家人被迫迁移,至清末光绪年间,台湾的客家人聚居地区形成东(花莲)、西(东势)、

---

❶ 引自:林嘉书.闽台移民系谱与民系文化研究[M].合肥,黄山书社,2006:255.
❷ 引自:刘子民.寻根揽胜漳州府[M].北京:华艺出版社,1990:1.
❸ 引自:刘子民.寻根揽胜漳州府[M].北京:华艺出版社,1990:28-30.
❹ 引自:戴志坚.闽台民居建筑的渊源与形态[M].福州:福建人民出版社,2003:155.
❺ 引自:谢重光.闽台客家社会与文化[M].福州:福建人民出版社,2003:170.
❻ 引自:刘子民.寻根揽胜漳州府[M].北京:华艺出版社,1990:254.
❼ 引自:谢重光.闽台客家社会与文化[M].福州:福建人民出版社,2003:172.
❽ 引自:谢重光.闽台客家社会与文化[M].福州:福建人民出版社,2003:184.
❾ 引自:丘昌泰.台湾的汀州客家与客家社会[A]//厦门大学客家研究中心.客家首府汀州与客家文明研讨会[C],2011:105.

南（高雄、屏东）、北（桃园、新竹与苗栗）分散的空间形态。

地理上看，这些地区多接近山区，不靠海，自成一种较为封闭的状态。客家移民依照自己过去的原乡生活经验，渡海来到台湾，依然受这种活跃的生存心态所影响，不自觉地运用在台湾的生活经验中。这种经验具有跨越时空的一致性原则，比起任何表面可以看到的规章或人群行为规范来得更加可靠，且有实践上的"正确性"。虽然，实践行为的客家族群，并不是很明确地了解这种行为模式的经验内涵，但仍然世代奉行不悖。寻找一块风水宝地，为后世子孙留下一座坚固宅第，聚族而居，寻求生存空间一直是台湾移民家族争取生存资本的第一要务。如苗栗县铜锣乡竹森村的李氏宗祠，是由来台祖李玮烈所建立的祖厅，祖厅外围还种上一层刺竹，继以风水树林围绕，外来人很难从外观发现祖厅所在位置。树林除具有绿化跟风水效果之外，也有部分防范功能。这种民居空间配置方式，使得客家族群得以在险恶环境中繁衍生息。

客家传统社会以家族为核心，财产继承基本单位是"房"，所以男女婚姻嫁娶是以广家族、繁子孙为主要目的。台湾习俗沿袭汉移民原乡习惯，大抵与原乡相同。客家民居按照宗族血统关系来兴造宅院，设计上将住宅布局、外形和功能紧密相连，聚族而居，台湾中部客家人称之为"伙房"，具有守望相助、互通有无的居住功能。由此，在民居建筑上有着独特的建筑观念和风格。另外，桃园、新竹、苗栗与高雄、屏东等地的气候、水文、生态显著不同，北部多雨潮湿，南部炎热干燥，所以北部民居多以砖造为主，南部多以土造及木造为多。北部屋顶多用硬山式，南部则多用悬山式，在平面布局上，北部采用了"五间见光"❶、南部则采用了"五间廊厅"❷的形制。加上北部的客家民居建筑长期受到邻近的漳、泉人的影响，其风格已经有了变化发展，而其南部的客家民居建筑处于较为完整的客家文化圈中，因此，受外来因素的影响较弱，保存了较多的大陆原乡文化的传统与建筑特征❸，并逐步形成南北两大流派。

2.3.2.5　闽台人出洋

除了闽人移居台湾之外，闽台两地的人们很早就出国经商，有出洋的历史。据史料记载，闽南人经商出国的历史可追溯到唐代，明清时期虽有海禁的闭关政策，但仍有大量的闽台人出洋谋生或侨居海外，如据《金门华侨志》载："有谓自明隆庆、万历以后，倭寇就歼，海上安澜，闽人与安南、暹罗、吕宋交通频繁，浯民自不例外，其余斯时附海舶远涉重洋者有之。证以南洋之物产，如蕃薯等，明时即已移植本岛，良足为信。洎颜思齐、郑芝龙纵横海上，金门人之往来澎、台、日本者，络绎不绝。清兵入关，郑成功据岛抗清，其后随东渡开辟台澎者固多，然因干戈扰攘，频年不靖，加以清人之墬城毁舍，不甘辫发事仇，而远避南洋者尤伙。"❹另外，金门各姓氏族谱中有不少出洋的记载。到17世纪"以泉籍人为主导的海外华商网络已基业稳固，在欧人对东南亚的贸易和开发热潮中与闽南海外移民互动，其经贸和移民范围从东南亚沿海扩展到内陆，也带动了其他籍群（如客家、广府）的海外移民。"❺

第一次大规模出洋集中在1840年鸦片战争后，"……航路畅通，金厦咫尺，相互援引，其往南洋者，乃如过江之鲫，直视南洋做外舍焉。……地不足于耕，其无业者，多散之外洋……同治间灾害频仍，连年荒歉，饿殍载道，饥驱浪走，又大批相率逃荒，南渡觅食，是为灾荒迫人之一次大规模移殖者。"❻1860年《北京条约》英法逼迫清廷开放华工出洋，出洋者才正式摆脱逃民、弃民的身份，形成了第一次出洋的热潮❼。

到了1920—1940年代，世界市场对热带资源如橡胶、锡的需求量增大，促使东南亚经济发展迅速，且当时南洋相对于中国，商业发达、治安良好、往来便利，由此吸引了大批青壮人口外出谋生，这一时期为第

❶ 五间见光是指三合院的正堂左右第五间与横屋（护室或厢房）相衔接处，呈90度直角相接，但故意向外偏移三尺或五尺宽，以便增辟一窗，引光线进入正堂内的巷道。匠人术语称之为"五间见光"。

❷ 五间廊厅是指将横屋不直接触及正堂，在两者相交成90度之处，让出一个走廊出来，其空间性质介于廊与厅，故匠人称之为廊厅，挡雨之用。

❸ 引自：吴庆洲.中国客家建筑文化（下）[M].武汉：湖北教育出版社，2008：524.

❹ 引自：金门县文献委员会.金门华侨志[Z].金门：编者自印，1960：95－96.

❺ 引自：庄国土.海贸与移民互动：17—18世纪闽南人移民海外原因分析[J].华人华侨历史研究，2001(1)：28.

❻ 引自：金门县文献委员会.金门华侨志[Z].金门：编者自印，1960：96.

❼ 引自：江柏炜.金门洋楼：一个近代闽南侨乡文化变迁的案例分析[J]."国立"台湾大学建筑与城乡研究学报，2012(20)：1－24.

二次出洋高峰期。据《金门华侨志》载："民国四年人口总数为七万九千三百五十七人。至十八年之人口数，只存四万九千六百五十人，锐减至百分之四十。"❶由此可见当时金门出洋人数的规模。而该时期，泉州在印度尼西亚的华侨多以从事小商贩、手工业、部分人从事农耕，之后，有人开始经营小规模的甘蔗种植园和制糖厂，出现具有一定财力的中产者，其中以旅居泗水的泉州江南树兜蒋氏家族最具实力，经营20多家咖啡、蔗糖、大米等土产购销公司❷。

总之，在内、外部多因素的影响下，1840—1949年这百余年间，闽台两地持续向外移民，尤以青壮男性为最。出洋地遍及东南亚诸邦，如新加坡、马来半岛、北婆罗洲、印度尼西亚、菲律宾、越南、泰国、缅甸等地的主要港埠，部分则散居日本、中国香港等地。另据1971年金门县华侨协会的调查统计，以侨居新加坡者，人数最多，约5万人；印度尼西亚及马来半岛次之，前者25 000余人，后者24 000余人；北婆罗洲及菲律宾则有5 000余人；侨居海外的金侨有11 000余人❸。

闽台人的出洋为文化生态系统中华侨文化的兴起创造了基础，也使得闽台文化有别于中原文化的最显著的体现所在，而这一切均是闽台人在环境的支配下，选择环境、创造文化的过程，是文化生态的自我扬弃的产物。

2.3.3 台湾的聚落形态

台湾文化是一种移民文化，地处台湾海峡西岸的沿海地区，尤其是闽南地区是台湾人的最主要祖籍地，其"地缘"要素促使了台湾移民文化的发展。同时，台湾部分原住居民的祖先主要来源于闽越族；因此，蛇图腾的崇拜、文身等民俗文化，也印证了台湾移民文化中的"亲缘"关系。中华民族文化精神在福建传播与发展，同样也随着闽南人移居台湾而成为最早的传播者，台湾的教育科举文化、语言文化、礼乐器皿、地方戏曲等文化的融通，说明了闽台两地的"文缘"关系十分融洽。而且，台湾移民文化中的衣食住行，婚丧喜事等习俗和礼仪与福建的极为相似，甚至民间崇拜的神祇也是从福建的祖庙分灵，其庙宇建筑、民居建筑、官式建筑等都可以在海峡西岸找到原型，甚至匠师、建筑材料等都来自于闽南及其周边地区，因此，闽台的"物缘"关系十分清晰。

同时，移民文化也促使台湾文化呈现多元文化的组合特征，即：既有台湾原住居民文化，也有移民带来的中原文化，还有晚清、近代日本、欧美等资本主义国家带来的西方文化。在这种多元文化中，主体是中华民族文化，台湾文化从起源、发展、形式、影响等诸方面均体现了中华民族文化的同一性、完整性、发展性特征，是中华民族文化的延伸和拓展，中原文化进入台湾是经由福建的二度传播的，具体表现在人同种、语同音、神同缘、行同伦等方面。

首先，众所周知，台湾、福建原本同属亚洲大陆板块，台湾海峡在更新世早期为陆地，距今3万年前台湾最早的古人类"左镇人"和稍后的"长滨文化人"都是直接从大陆迁入台湾的古人类。近几十年的历史研究和考古发掘都充分证明了两岸先民有着共同的生产与生活方式，两岸文化同根同源，血脉相连，闽台文化具有海洋文化的特征❹。

其次，随着北人南迁，中原文化被带入福建，并逐步融合闽越文化等，形成闽文化，然后由以福建人为主的移民跨海携带到台湾，这种文化与承载主体一同迁徙的传播过程，保持了文化的同一性，是中原文化的全面移入和"克隆"。在台湾数百年的移民史上，汉族移民大多是血缘族群、同宗同乡一同迁徙，离乡背井的人同乡意识增强，在寻找生产经营的合伙人、选择婚姻对象时，以同乡为首选对象，同乡组织、同籍聚落相继形成，特别是以垦殖开发为目的的经济性移民保持了较为完整的血缘、地缘社会聚落，主要由以血缘关系为纽带的"继承式宗族"、以地缘关系为纽带的"依附式宗族"、以利益关系为纽带的"合同式宗族"

---

❶ 引自：金门县文献委员会. 金门华侨志[M]. 金门：编者自印，1960：96.

❷ 引自：陈志宏. 闽南近代建筑[M]. 北京：中国建筑工业出版社，2012：8.

❸ 引自：江柏炜. 金门洋楼：一个近代闽南侨乡文化变迁的案例分析[J]. 台湾大学建筑与城乡研究学报，2012(20)：1-24.

❹ 引自：刘登翰. 中华文化与闽台社会[M]. 福州：福建人民出版社，2002：29.

组成社会。据1926年台湾政府调查统计资料《台湾在籍汉民族乡贯别调查》记载：当时鹿港全镇泉籍人士占总人口的99.3%，是典型的泉州籍族群聚居式社会组织形态。又如开发宜兰时"名为三籍（漳、泉、粤）合垦，但三籍人数比例极为悬殊，漳籍十居其九"。早期移民以单身男性为多，形成的社会组合方式以地缘性为主，为了共同的生存利益，他们扩大家族的界限，不同的分支房派、不同衍脉祖地，甚至不同省份的同姓，都视为同宗一体，如台北的"全国林姓宗庙"、台南的"台南吴姓大宗祠"就是这一现象的反映。移民定居后，回原籍招徕佃户、搬眷、娶亲，血缘、亲缘逐渐成为族群发展的条件，他们维系着祖地的家族体系，续修家谱记载家族成员迁台的历史、族产沿革、家法族规和谱系分支、人口繁衍的诸种情况，在墓碑上留下祖籍地的地名，交代后代回籍寻根。家族文化不仅承载着家族历史的记忆，也继承着中华文化。

在台湾，无论是小规模的家族还是大规模的宗亲族群，都保留着与祖籍地一样的宗族组织系统，宗族在台湾的系谱结构完整，如彰化平原的社头一带肖姓宗族一至八世都是"唐山祖"，血缘关系的联系以宗祠为特征，在福建有奉祀祖先的宗族组织，在台湾聚居地的族人，也为始祖以下的历代直系祖先设立了"祭祀公业"，依仿祖籍地建立宗祠，所谓"家家建追远之庙、户户置时祭之资"❶，以"代代设祭"。祠堂是中国人家族、宗族组织的中心，它不仅是供奉祖先神主牌位和祭祀祖先的场所，而且是宗族议事、执行族规、族人活动的地点，从其建筑格局到修撰族谱、祭祀仪式都强调祖先与中国历史上的望族、名人的关系，强调血缘的重要性，以巩固族内的团结，维护家族的纯洁性，发扬家族传统精神，台湾地区的祠堂同样发挥了这种功能。这就使得祖籍地的生活方式、生产技术、风俗习惯、宗教信仰、民间文化得到完整的再现、执行、传播。

第三，在民间信仰方面，台湾民间信仰的分灵、进香与巡游，体现了闽台文化的根源、流徙的密切关系❷。早期移民入台时，对乡土神灵的信仰，不仅使之在精神上得到依托，还巩固了移民群体的地缘关系。他们将祖地的乡土神灵如妈祖、保生大帝、清水祖师等的神像或香火袋作为护身符以祈求保护，逐渐在台湾建立福建诸神的开基庙，再从中分灵到台湾各地，形成福建主庙、台湾开基庙、台湾分灵庙的三层关系网络。台湾庙宇分灵如同中国家族祭祀中的"分灶火"，除长子继承父亲的老灶外，其余诸子只从旧灶中取一些炭火放进自己家中的新灶，表示"薪传不绝"之义。经过分灵程序，确立分庙与主庙之间存在类似"父子"关系的文化生态链。在大陆沿海普遍信奉的莆田籍神祇——妈祖被移民视为航海保护神，移民渡海来台湾的时候携带妈祖神像和神位，以求渡海平安，抵台后完全仿造大陆神庙样式在台建造妈祖庙，1983年台湾省的妈祖庙有515座，香火之旺盛在台湾众多的神灵中独占鳌头❸。在台南、鹿港、台北和淡水等地也有供奉观音菩萨的龙山寺，有440座之多，都是福建泉州供奉观音菩萨的龙山寺的分灵庙，其名称和建造式样与主庙一致，仿佛未曾离开故土。福建不同地域的神灵在台湾的开基庙及各地的分灵庙建立之后与福建主庙产生"血统"上的承袭关系，保持与主庙源头的联系与香火延续，定期到祖庙乞火、进香谒祖、参加主庙的祭典，就像诸子归祭祖坟、赴主屋或长子家中团聚一样，以示自己是主庙的"直系后裔"。台湾每年都有数以万计的信徒前往大陆祖庙朝拜，各寻其根，特祀其神。闽台庙宇间的绕境巡游仪式与中国古代"中央巡狩四边"精神相似，是对祖庙权威的确认，巡游的地方以此提高本地区的重要性，强调与祖庙的直属关系，大陆祖庙神灵金身巡游台湾分庙，成为祖庙与各地分庙的盛大祭典。进香谒祖不仅寄托着台湾同胞对故土的深深眷念之情，还深刻反映出"不同地方，同一群体"的真实面貌，守护神的庙宇成为移民聚会活动的场所、传承家乡文化的载体、维系移民之间感情的牢固纽带。

第四，在儒学方面，以农耕文明为基础的文化的核心内容——儒家思想随着历史上的几次移民大迁徙，被带入台湾，大陆文化对海洋文化的影响经历了先渗透后勃发、先改变行为后形成观念、先上层后下层的教育传播过程，实现了儒家文化与海洋文化的交汇，创造了独特的闽台地域文化。儒学传入台湾初期未能形成风气，但随着移民潮的扩大，儒家文化终于在移民文化中找到契合点。这是因为早期移民多

---

❶ 引自：顾人骥，等修；[清]沈成国，纂．上杭县志（卷11，风土）[M]．纪昀，等修．四库全书[Z]．清乾隆二十五年刻同治三年增刻本．

❷ 引自：林国平．闽台民间信仰源流[M]．福州：福建人民出版社，2002：256．

❸ 引自：林国平．闽台民间信仰源流[M]．福州：福建人民出版社，2002：150．

为青壮男子，他们冒险拓荒，单家独户难以应付恶劣的环境。为了壮大势力，战胜各种困难，他们互相团结，以祖籍地缘关系相结合，增强凝聚力。他们“视同姓为同宗”，或由不同族、不同房系的几个家族合作经营，尊崇儒学。儒学以孝悌之义为号召，倡导的“敬宗睦族”思想与移民的族群聚居社会需求相吻合。在经历了数代后，台湾认同并接受了儒家文化对社会的教化、规范和制约，把尊孔崇儒的思想摆在了台湾社会文化建构的首位，儒家思想成为台湾文化的核心和支柱。从明末郑氏经营台湾到清统一台湾、从提倡“建圣庙，立学校”到推行儒学教育，儒家思想在台湾逐渐为社会所普遍尊崇，成为规约台湾社会的主导思想。

第五，在传统习俗生活方式上，台湾人的衣、食、住、行方面无不保留着祖国大陆的传统风俗习惯。《凤山县志 · 风土志》载：“虽冠、婚、丧祭与内郡同。”衣着方面：昔日衣料选取多为素布，“其丝罗皆取之江、浙、粤，洋布则转贩而来”。款式与汉服相同，农户多穿青衣和黑衣，为过膝长衣和裤子，富绅穿产自浙江的绸缎，多为蓝色长袍和黑色马褂，妇女的裤裙与大陆相似，并最重红色。各种服饰上有代表吉祥、福、禄、寿的图案。小孩穿“虎头鞋”“虎头帽”。饮食特点以饭稻羹鱼为主，与江南水乡文化的食俗相似，台湾人的“面线”是北方面食的衍化。许多传统节日，如除夕“围炉”、新正贺岁、元宵闹花灯、清明扫祖墓、端午赛龙船、七月“普度”、八月中秋、冬至“进补”、腊月十六“做尾牙”等等，都是中原文化的保留和延伸。

在台湾建筑装饰图案中能够找到许多中国传统图案，如云卷纹、花草纹、花形纹及拼花等，汉代漆器上有一种如意形状的云气纹，被反过来用于屋顶山墙的三角形造型，寓意“云如意头”。一些建筑造型、纹饰还包括由太极图形衍变而来的名为“喜相逢”的图案，以表达喜庆之意。

2.3.3.1 史前文化时期的聚落

对于台湾地区而言，史前文化时期❶的考古显示，年代最早的是东部的长滨文化，距今约 5 000 年至 3 万年，其次是距今 5 000 年至 7 000 年的大坌坑文化以及之后的芝山岩文化与圆山文化，距今 1 000 年前后的淡水河口的十三行文化与茑松文化等，其中，台北八里十三行文化遗址已经具备冶铁技术，并且发现了许多柱洞的遗迹，许多学者推测为建造干阑式构造的住房❷，且十三行文化可能与唐、宋、元有过接触❸。另外，台东卑南遗址考古显示，其聚落人口规模较大，遗址面积约 60 万平方米，附近并设有墓葬区❹。

台湾早期聚落移民选择要开垦的土地：“有力之家，视其势高而近溪涧淡水者，赴县呈明四至，请给垦照，召佃开垦。”❺其中，“势高而近溪涧淡水”这样的地点，不但可以免除洪水之患，而且具有丰沛的水源供应，有利于农业生产，也适合居住。例如，较早发展起来的盐水港，在康熙年间就已发展成繁华的市街。盐水港地形不但具有沿河岸和生产、生活用水及航运的优势，而且“地形高爽”，不虞水淹，适于居住❻。

综观史前时期台湾聚落，其选址呈现：一、靠近海边，如十三行遗址在淡水河口，海拔较低，当时可能是利用平原及其靠近海的优势来渔猎。二、位于高海拔地区，如海拔 1 500～2 000 米的高山族聚落，台湾学者研究认为其原因或是居高能够避免传染病，且较容易保持卫生，或为了安全，避免部落间的冲突，或者是为了某种食物的获取。

2.3.3.2 明末清初的台湾聚落

相对于大陆而言，台湾岛开发较晚，直到明朝末年，台湾地区才开始有组织的开发活动。因此，在这一地区，聚落作为人类文明和社会经济发展的产物，其产生的历史时期也较大陆地区晚。在郑氏之前，荷兰人和西班牙人侵占台湾岛，在台湾岛上修筑城堡，城堡里附设市场，吸引大陆商人前来贸易，初步具有

---

❶ 据台湾学者研究约定，台湾史前时期一般是以 1624 年荷兰人侵占台湾以前的时期，距今约 400 年至 2 000 年之间。

❷ 引自：李乾朗，闫亚宁，徐裕健. 台湾民居[M]. 北京：中国建筑工业出版社，2009：30.

❸ 引自：李乾朗，胡先福. 台湾建筑史[M]. 北京：电子工业出版社，2012：4.

❹ 引自：李乾朗，胡先福. 台湾建筑史[M]. 北京：电子工业出版社，2012：6.

❺ 引自：尹秦. 台湾田粮利弊疏[A]//陈培桂. 淡水厅志(卷 15，附录 · 文征)[M]. 台北：台湾银行经济研究室，1962：372.

❻ 引自：周钟瑄. 诸罗县志(卷 7，赋役志 · 户口土田)[M]. 台北：台湾银行经济研究室，1962：95.

市街形态。特别是作为贸易中心港口的安平，由于荷兰人的经营，以及与大陆和日本等地开展贸易，进而发展成为市街。

2.3.3.3　荷据时期台湾聚落市街的发展

台湾有组织的开发活动出现于明朝末年，最初有以“开台王”颜思齐和郑芝龙为首的闽籍海盗集团在台湾岛安营扎寨，设立佐谋、督造、主饷、监守等官职进行管理，开展亦盗亦商的活动。《台湾外纪》记载，天启四年(1624年)，颜思齐、郑芝龙等在日本谋事失败退往台湾，“即安设寮寨，抚恤土番。然后整船出掠，悉得胜焉，故闽、浙沿海，咸知思齐等踞台横行”❶。连横《台湾通史》也称：“海澄人颜思齐率其党入居台湾，郑芝龙附之，……于是漳泉人至者日多，辟土田，建部落，以镇抚土番”❷。在其书中，台湾历史人物列传“以思齐为首”。

1624年，荷兰殖民者侵占澎湖，并在岛上建立武装城堡，后转而盘踞台湾岛上。之后，荷兰殖民者所代表的巴达维亚公司除了开展与日本和中国内地的贸易外，还组织大陆移民到台湾，奖励农业生产。据《小腆纪年》载：“荷兰夷二千踞城中，流民数万屯垦城外……一岁三熟，厥田惟上，漳、泉之人，赴之如归市。”❸另据野上矫介、山崎繁树合著的《台湾史》记载：“自对岸移民于台南附近者，在1644年时，户数为三万，人口称十万……其在市镇者，则营商业；其在平地者，则开拓荒地，从事耕种与制糖；其入番界者，或从事与土番之交易。”❹由此可见，荷据时期台湾西南部(台南附近)的商业有了一定的发展，并出现了市街。

荷兰人侵占台湾后，先后修筑热兰遮城(Zeelandia，又名安平镇城，王城或台湾城，建于1624年)和普罗文查城(Provintia，又称赤嵌城，建于1653年)，作安全防御之用，并在城外设立市场。荷兰人最先在一鲲身❺以木板和沙土建筑奥伦治城(Orange)，1627年改名为热兰遮城，并逐渐以砖石改建。该城“全以油灰、大砖砌成。……城内楼阁厅廊，悉仿西洋式造”❻。热兰遮城堡作为荷兰台湾总督的驻所，其内部有总督的住宅、教堂、监狱、储藏武器与食物的仓库。在城堡的另一面，有商馆或行栈、兵工厂和办公室等等，“在办公室与斜堤之间，划出市场和执行死刑的地方。戎克船来到时则围绕小屿排列着，以便装卸货物”❼。1625年又建筑公司宿舍、医院仓库，逐步发展成市街，即普罗文查市。市中有中国人的住房，以及荷兰人的宿舍、仓库、医院、马厩等❽。荷兰殖民者在该城建筑竹堑和壕沟，以作防卫，又将一鲲身和北线尾的汉人全部迁移到此。

热兰遮城建好后，荷兰人“设市于安平镇城外，与商贾贸易”❾，吸引了大批沿海商人，“泉、漳之商贾始接踵而至焉”❿。为了方便前来贸易的商人，还“在该处建街，以安置中国人、日本人及其他人”⓫。据当时到访过台湾的Dapper记载，热兰遮城内建有荷兰长官公所、教堂、监狱、军械库和供给库。城外北边沿海一侧设有税关、市场和刑场；在东边广场的东侧辟有街市，许多大商人都居住于此。街市的道路用四角大砖铺设⓬，街廓均在宽度27米、长度50米左右，路宽仿西欧标准。街市中，有住宅、商馆、贸易行等贩场以及卸货仓库⓭。由此可见：街市的建设是有目的、有计划地建立起来的，参考了欧洲街市的模式。这种有

---

❶ 引自：江日升. 台湾外纪(卷1)[M]. 福州：福建人民出版社，1983：13-14.

❷ 引自：连横. 台湾通史[M]. 北京：商务印书馆，2010：9.

❸ 引自：[清]徐鼒. 小腆纪年附考(卷20)[M]. 台北：台湾银行经济研究室，1962：948.

❹ [日]野上矫介，山崎繁树. 台湾史1600—1930[M]. 台北：武陵出版社，1998. 转引自：周宪文. 台湾经济史[M]. 台北：台北开明书店，1980：127.

❺ 一鲲身即古岛屿名，原在今台湾省台南市西南海中。自南而北，绵亘七屿，号七鲲身。一鲲身位于北端，当大员港入口处，广约3平方公里许。

❻ 引自：吴桭臣. 台湾舆地会钞(闽游偶记)[M]. 台北：台湾银行经济研究室，1965：18.

❼ 引自：Camille Imbault-Huart. 台湾岛的历史与地志[M]. 黎烈文，译. 台北：台湾银行经济研究室，(1957—72)：13.

❽ [日]村上直次郎. 热兰遮筑城始末[J]. 台湾文献，1995，26(2).

❾ 引自：林谦光. 澎湖台湾纪略(沿革)[M]. 台北：台湾银行经济研究室，1961：53.

❿ 引自：蒋毓英，撰；陈碧笙，校注. 台湾府志(卷1，沿革)[M]. 厦门：厦门大学出版社，1985：1.

⓫ 引自：[日]村上直次郎. 巴达维亚城日记(1625年4月)[M]. 台北：众文图书公司，1991：48.

⓬ 引自：Dapper. 荷兰东印度公司中国事迹志[J]. 台湾文献，9(1).

⓭ 引自：黄秋月. 台南市名胜古迹之形成及维护[J]. 台湾文献，28(4).

计划建立的街市，有别于中国传统的自发形成的形态。其中最大的区别是，计划街市建筑的布局整齐和规范，街市根据其使用功能进行分区。荷据时期的城堡和市街是分开的，城堡主要为防御而建，各殖民统治机构设于城堡内，以确保统治的安全性。市场则分布于城堡外，与商业有关的设施和人员均分布于此。城堡和市街之间有明显的功能分区❶。

热兰遮城建成之后，"未隔多久，荷兰人的商务便在台湾大大开展起来；他们和中国大陆各口岸建立了一些连续的关系，许多装着丝绸和中国其他土产的戎克船不绝地充塞着海湾，而以它们载来的货物交换香料、棉布和银块"❷。随着贸易的发展，中国大陆移民也逐步增多，在热兰遮城逐渐形成了一个大陆移民的聚居区。

1626 年荷兰人占领鸡笼，并在社寮岛建筑塞堡圣·萨尔瓦多(San Salvadon，又名鸡笼城)，在大河湾附近设立街市，称"涧内"，吸引中国人和日本人前往经商贸易和开垦❸。1628 年，西班牙人又占领淡水地区，并建筑另一城堡圣·多明哥(Santo Dominic)。他们在城堡里建教堂，兴市场，吸引国际商人前来贸易。1641 年，荷兰人驱逐西班牙占领者并在此重筑新城即今称之"红毛城"。1654 年荷兰人所测绘的"淡水及其附近村落并鸡笼屿图"中显示，淡水已有三排市街，并注记 39 号是华人市街地区❹。

2.3.3.4 清初郑氏时期台湾聚落的发展

清初郑氏时期，台湾社会经济较荷据时期有了进一步的发展。郑成功收复台湾后，仿照明朝体制，在台湾设一府二县(后郑经改为二州)，实行寓兵于农的屯垦政策，招徕大陆沿海失业流民渡台垦殖，"漳、泉、惠、潮之民望风而至"❺。郑氏部属、官兵以及移民的到来，使台湾人口快速增加。据陈孔立教授估算，台湾人口(汉人)从荷兰统治时期的 51 000 多人增加到郑氏时期的 10 万～12 万人左右❻。移民增加以及土地的进一步拓垦，必然在一些人口聚集的交通要道形成聚落，并逐渐发展成市街。

郑氏时期，统治以承天府和安平镇为中心，拓垦区域以台南附近地区(二十四里)为主。因此，人口聚集和商业繁荣的市街也主要分布在这一区域。作为郑氏政权的总部，东都(宁)不仅是郑氏政权政治、经济、军事、文化的中心，而且，还处于非常有利的交通位置上。紧临东都的鹿耳门港是台湾对外交通的主要港口，也是开展与大陆、日本、南洋等地贸易的最主要进出口港，发展最快。郑成功收复台湾后，将荷兰人建的台湾城和赤嵌城作为郑氏政权的总部，"就城居之，改台湾为安平镇，赤嵌为承天府，总名东都"。同时，鼓励土地开发，兴建街市，吸引商人前来贸易，"于是兴市廛，构庙宇，新街、横街是其首建之处"❼。

东都(东宁，即清代台湾的府治台南)的"四坊"是商贾聚集之所，街市大体集中于此。蒋毓英的《台湾府志》❽记载了四坊内已形成多条商业街道：东安坊有岭后街、油行街，西定坊有大井头、濑口街、新街，宁南坊有大街、横街，镇北坊有禾寮港街、过坑仔街，四坊之外还有旧社街和湾里街。城里不仅有众多的街道，还出现了专门的市场，如菜市"在宁南坊府学旁隙地。五鼓时，菜园人各以牛车装载杂色蔬菜、瓜果等物，于此聚卖"，又如柴市，"在宁南坊坟山边隙地，近山人亦以牛年装载柴薪，于此聚卖，晡时方散"❾。在这里，"市"是自发形成的，市场没有商铺，只是利用空地"聚卖"进行交易。

2.3.3.5 清初(康熙到乾隆中叶)单口对渡时期聚落的生长

清朝统治时期，台湾聚落发展大体以开港为界分为两个阶段，开港前台湾聚落发展以大陆为依托，肇因于移民开发和两岸对渡贸易的发展。开港后，台湾社会经济被深深地卷入了资本主义世界市场体系，聚落发展深受影响。这两个阶段又可划分为三个历史时期，即清初(康熙到乾隆中叶)单口对渡时期、清

---

❶ 引自：唐次妹．清代台湾城镇研究[M]．北京：九州出版社，2008：41.

❷ 引自：Camille Imbault-Huart．台湾岛的历史与地志[M]．黎烈文，译．台北：台湾银行经济研究室，(1957—72)：13.

❸ 引自：杨彦杰．荷据时代台湾史[M]．南昌：江西人民出版社，1992：62.

❹ 引自：曹永和．台湾早期历史研究[M]．台北：联经出版社，1985：348.

❺ 引自：连横．台湾通史(卷 27，农业志)[M]．北京：商务印书馆，2010：455.

❻ 引自：陈孔立．清代台湾移民社会研究[M]．厦门：厦门大学出版社，1990：88.

❼ 引自：蒋毓英，撰；陈碧笙，校注．台湾府志(卷 1，沿革)[M]．厦门：厦门大学出版社，1985：2.

❽ 该书成于 1685 年，即清统一台湾后的第三年，时间相隔极近，可以看成是主要描写清以前的台湾情况。

❾ 引自：蒋毓英，撰；陈碧笙，校注．台湾府志(卷 6，市廛)[M]．厦门：厦门大学出版社，1985：67.

中期(乾隆后叶到开港前)三口对渡期、清末(开港以后)台湾南北部聚落均衡发展时期[1]。

开港前,台湾与大陆形成了紧密的生产分工关系,进而促进两岸发展出绵密的商贸网络。由于人员和商贸聚集,台湾岛西部海岸许多条件便利的海口及河口首先发展起来,最先形成台湾的市街。其中两岸对渡的口岸,作为大陆与台湾沟通交流的官方指定口岸,其发展条件优于其他聚落,因而成长更为快速,也相对地占据着较为中心的地位。

台湾聚落的发展是以港口市街的发展为主线的。其中,鹿耳门是唯一与大陆开展对渡贸易的口岸,与府城结合成为台湾的首要城市。台湾内陆地区也形成了一批市街,但其规模小,通常只有一条主要街道,作为地方农产品交易中心。因此,这个阶段为台湾开发与聚落的初步发展阶段。而台南平原是台湾开发最早的地区。清统一台湾之后,移民继续向该地挺进,并以此为据点逐渐向南北延伸。一路由台南北进,另一路由鹿港登陆,开垦彰化平原[2]。此后,新竹、淡水、基隆等地也有了汉人的足迹。如从康熙后期(约 1700 年代)开始,屏东平原的凤山八社的平埔族的属地普遍由汉人垦佃大量占垦。其中,有些垦户利用向官方申请垦照方式,进行拓垦。更有多数则是和土著业主洽商,购买开垦权利。不少土著部落为减轻社饷负担,并在最低限度保障草埔产权的考虑下,配合汉人租佃习惯,将草场埔地出租(通称"贌"[3])给汉人垦佃,借此抽收租谷、缴纳社饷或贴补生计。在许多地区,这种开垦形式演化为"番产汉佃"现象(意即土著为业主,汉人为佃户)[4]。垦户家族在屏东平原的占垦活动较为典型的如:康熙四十三年(1704年),台南府城富户蔡俊曾向凤山知县宋永清请准给发开垦执照,地界范围属于下淡水社,散布在今天万丹乡和竹田乡广大地域。康熙四十四年(1705 年),由台南府城富户卢愧如,结伙林岐凤和李咸林等家族,凑资集成 3 股,设立"卢林李"垦号,向土著部落购买下淡水溪东侧草地,并招聘粤籍佃户开辟海丰庄(屏东)、火烧庄(长兴庄)等七大庄租业。其中,林家分得海丰庄田业,直到清代末叶(1865—1894 年),仍然保留大租业主身份(户名:林高攀、林光英、林陈岸),抽收巨额大租谷。其次,卢氏家族后人卢乃聪(日据时期定居台南清水寺街),至迟到明治三十四年(1901 年),仍然掌握旧潭头庄等 8 个庄头大租业权多达 1 000 甲,佃户 137 人[5]。至康熙末年,台湾半数地区,都已有大陆移民的分布[6]。台湾西部经过几十年的积极而有组织的拓垦之后,原来水土毒恶、瘴疠盛行的南北二路,日益成为肥田沃土。雍正初,清廷又大幅降低台湾新垦田园的赋税,并有条件地允许移民搬眷入台。这一政策虽有更迭,仍吸引了大量移民来台垦耕,各地开发大有进展。移民大力构筑水利设施,改变农业生产技术,使原占优势的蔗田粗放农作转化为以水田为主的精耕细作。乾隆二十年(1755 年)以后,台湾普遍推广早熟稻,稻作一年两熟[7]。台湾粮食作物的丰产,使台湾成为谷仓,每年拨运闽省的兵米、眷米以及平粜米不下四五十万石[8]。乾隆末年,所谓前山(西部平原)地区均有汉人聚落分布其间[9]。

清代台湾地区聚落之形成随着土地开发的进程大致依两个方向进行:一个方向是由南而北,由西而东,即最早在西南平原,依次到中部、北部地区;另一个方向是由海岸线向内陆丘陵山地推进。某些聚落因为发展条件优越,最先形成市街。市街的发展也依循土地开发的这两个方向进行,即由南至北,由西到东,由沿海到内山[10]。最初,台湾的市街主要分布于西部沿海平原地带,以府城为中心向南往下淡水溪扩

---

[1] 引自:唐次妹.清代台湾城镇研究[M].北京:九州出版社,2008:45.

[2] 引自:林仁川,黄福才.台湾社会经济史研究[M].厦门:厦门大学出版社,2002:290.

[3] 贌(荷兰语:Pacht)为荷兰东印度公司在台湾实行的特殊承包制度,意指将某项经营活动的独占权以拍卖出售,其他人不能侵犯承包商的权利。独占权通常一年到期,得标时承包商须先缴纳一些预付款,余款等到期后才缴清。从广义上而言,贌即为课征不同形式的间接税,有时也叫税收承包制。

[4] 有关清代初期以来,台湾土著业主出贌草地鹿场,提供汉人"佃户"开垦,建立"番产汉佃"租佃关系,参见陈秋坤,洪丽完.契约文书与社会生活——台湾与华南社会(1600—1900)[M].台北:台湾中央研究院台湾史研究所筹备处,2001:11-46.

[5] 引自:陈秋坤.清代台湾地权分配与客家产权——以屏东平原为例(1700—1900)[J].历史人类学学刊,2004(2):11-46.

[6] 引自:东嘉生.台湾经济史概说[M].香港:海峡学术出版社,2000:45.

[7] 引自:陈秋坤.清初台湾地区的开发[J].食货,1978(5).

[8] 引自:清高宗实录选辑[Z].台北:台湾银行经济研究室,1964:28.

[9] 引自:柴祖彦,龚嘉英,廖东林.重修台湾省通志(卷 3,住民志·聚落篇)[M].台北:台湾省文献委员会,1997:35.

[10] 引自:唐次妹.清代台湾城镇研究[M].北京:九州出版社,2008:46.

展，向北则往浊水溪和大甲溪延伸。郑氏时期台湾开发的中心在台南周边地区，市街也集中于此。清初台湾聚落在此基础上进一步发展。如南路凤山县，统一之初凤山县还属于“延袤荒野”之地，尚未发展出“市廛”❶。十年后，凤山县形成了安平镇街、半路竹街和兴隆庄街(凤山县治)。安平镇街连接了鹿耳门与府城之间的交通，因为“府中市物转聚于此”而得以发展，成为“商贾辏集”之区，“近海街市，惟此为最大”❷。康熙末年，凤山县又新增了七市街，即下淡水溪以北的下陂头街、楠仔坑街、中冲街、阿公店街、大湖街，以及下淡水溪以南的新园街和万丹街。其中下陂头街是凤山县境内最大的市街，“店屋数百间，商贾辏集。庄社街市，惟此为最大”❸。万丹街也有一定规模，乾隆初两者均发展为凤邑最繁荣的市街，“利来利往，大半系漳、泉之人”❹。

与此同时，北路的诸罗县因拥有曾文溪、浊水溪等河流所形成的大片冲积扇平原，吸引了更多移民投入土地开垦，其发展也较南路凤山县快得多。清初，诸罗县开发尚未展开，境内多番社。县治也设于台南附近的佳里兴，康熙四十三年(1704 年)始归治。全县只有接近台南的湾里街和目加溜湾两处市街，规模很小。高拱乾称：“目加溜湾街，在善化里。县辖多番乡，乡民需物皆市府中；独此一、二列肆，故名街。”❺此后，大量移民偷渡前来，诸罗县土地开发迅速展开，康熙四十九年(1710 年)移民开垦渐过斗六门以北❻。笨港以南土地大致垦熟，特别是八掌溪与大甲溪之间的土地开垦有了长足进展。经过四十多年的积累，诸罗县形成了众多的新市街。史料记载，雍正二年(1724 年)，诸罗县的市街，县治以南有：下加冬街、急水溪街、铁线桥街、茅港尾街、麻豆街、湾里溪街、湾里社街、木栅仔街、新港街、莲池潭街、萧垅街、笨港街、土狮仔街、猴树港街、井水港街、盐水港街；县治以北有：打猫街、他里雾街、斗六门街、半线街❼。这些市街的位置仍主要位于沿海平原地带，以海港和河港市街为主，其中尤以茅港尾街、盐水港街和笨港街为重要，三者均已发展成较大的规模，商业繁盛。

雍正朝之后，移民渐由南向中部和北部地区挺进。丁绍仪称“台地初附，南至凤山县属枋寮止，北则诸罗县属虎尾溪外，仅沿海一线地可达鸡笼，余皆荒服。甫四十年，生聚日众，爰于半线、竹堑分设厅县各一”❽。由于土地开拓以及人口增加，“生齿日繁”，交通便利的大聚落慢慢发展成市街，促使市街逐渐由台湾西南部平原向外扩展，向南路发展到下淡水河流域(屏东平原)，中、北路诸罗、彰化和淡水厅也新增了大批市街。尤其是乾隆中期，这一发展趋势更明显加快。当时，凤山县的开发突飞猛进，新垦田园面积已超过清初的一倍有余❾。下淡水溪以南也成为“水泉甘美，居民辐辏”之地❿，“粟米余资闽粤，菁糖直达苏杭”⓫。商业和人口聚集的市又有大量增加。新增市街有二滥街、小店子街、角宿街、陴仔头街、阿猴街、嵌顶街、阿里港街、枋寮口街等⓬。中部和北部地区的市街也大发展，如诸罗县新增市街有：新店街、水堀头街、大排竹街、哆咯啯街、番仔渡头街、噍吧年街、西港仔街、竹仔脚街、大丘田街、白须公潭街、芦麻产街、大埔林街、石头溪街、新埤街、鹿仔草街、榕树王街、大仑脚街等；彰化县发展出了鹿仔港街、员林仔街、枋桥头街、林圯埔街、海丰港街、三林港街、东螺街、西螺街、大肚街、犁头店街、南投社街、沙辘街、牛骂街等市街。其中，鹿仔港街因正对泉州蚶江，时有大陆船只偷偷来此贸易，因而发展成为“水陆码头，谷米聚

---

❶ 引自：蒋毓英，撰；陈碧笙，校注. 台湾府志(卷 6，市廛)[M]. 厦门：厦门大学出版社，1985：67.
❷ 引自：高拱乾. 台湾府志(卷 2，规制志 · 市镇)[M]. 台北：台湾银行经济研究室，1960：48.
❸ 引自：陈文达. 凤山县志(卷 2，规制志 · 街市)[M]. 台北：台湾银行经济研究室，161：26 - 27.
❹ 引自：尹士俍，纂修；李祖基，点校. 台湾志略(中卷，民风土俗)[M]. 北京：九州出版社，2003：45.
❺ 引自：高拱乾. 台湾府志(卷 2，规制志 · 市镇)[M]. 台北：台湾银行经济研究室，1960：480.
❻ 引自：周钟瑄. 诸罗县志[M]. 台北：台湾银行经济研究室，1962：110.
❼ 引自：周钟瑄. 诸罗县志[M]. 台北：台湾银行经济研究室，1962：32.
❽ 引自：丁绍仪. 东瀛识略[M]. 台北：台湾银行经济研究室，1957：5.
❾ 引自：刘淑芬. 清代凤山城的营建与迁移[J]. 高雄文献，1985(20/21)：52.
❿ 引自：朱仕玠. 小琉球漫志[M]. 台北：台湾银行经济研究室，1957：78.
⓫ 引自：王瑛曾. 重修凤山县志[M]. 台北：台湾银行经济研究室，1962：11.
⓬ 引自：余文仪. 续修台湾府志[M]. 台北：台湾银行经济研究室，1962：85.

处"的繁荣商港❶。海丰港、三林港等港口市街也有沿岸贸易往来的船只来此交易，商况较为繁荣❷。

大甲溪以北地区，虽然早在康熙末年就分别有王世杰和陈赖章请垦新竹和淡水土地，但直到雍正年间，淡北地方还是"番多民少、榛莽未除"之区❸。乾隆初，淡水厅市街仍主要位于治内各主要溪流沿岸港口，如竹堑、中港街、后垅街、苑里街、八里坌街（淡水社船贸易基地）、新庄街、艋舺渡头衔和八芝兰林街（今士林）❹。乾隆朝是新竹地区开垦最盛之时，经过雍正和乾隆两朝的耕耘，竹堑地区较平缓的冲积平原与河谷平原才完全开垦（桃园与新竹同时开发，但由于桃园地势较高又缺水，远不如新竹地区发展快）❺。境内的竹堑港、中港、后垅港都有台属小商船往来贸易，并在乾隆初期已形成市街。尤其竹堑港，是本地最早开发的地区，竹堑城又是淡水厅治所在，发展最快，规模最大。"竹堑建城栽竹，修衙署，起营房，市廛渐兴，人烟日盛"❻。但是，由于新竹地区平原狭小，多丘陵山地，发展腹地受到限制，因此，其发展远不及作为整个台北盆地出入口的八里坌和新庄。台北平原的开发在康熙末年已开始，乾隆中期台北盆地的拓垦已深入，到乾隆中后期，整个台北地区基本上均被垦殖。乾隆二十八年（1763 年），淡水同知胡邦翰勘察兴直堡（新庄）的情形："……四面环绕，平原广阔，水田肥美，实为台北要区，天然巨镇也"❼。从新庄的繁荣可以推断台北平原腹地开发情形，因为只有广阔的腹地才可能支撑起经济中心地新庄的这种发展规模。乾隆中后期，新竹平原和台北盆地均已开发殆尽，土地完全水田化了。

清初，台湾岛规模较大的聚落多为贸易转运地的港口市街，两岸商贸流通网络的需求造就了交通便利的主要港口市街的发展优势，其发展先于或快于作为农村农产交易中心的一般市街。如前所述，台湾岛居民以大陆移民为主，由于开发较迟，并没有发展出自给自足的经济体系，两岸形成了紧密的区域分工和社会分工关系。这种分工关系的存在，促使两岸商贸联系紧密。"民非土著，大抵漳、泉、惠、潮之人居多，故习尚与内地无甚异，五谷悉运自南北诸港，百货皆取资于内地"❽。两岸人员往来频繁，对外联系繁多。"舟楫往来，四通八达。外则日本、琉球、吕宋、噶啰吧、暹罗、安南、西洋、荷兰诸番，一苇可航；内则福建、广东、浙江、江南、山东、辽阳，不啻同室而居，比邻而处"❾。频繁的跨海运输，促使港口聚落的兴起。此外，岛内因陆上交通建设滞后，货物和人员往来也主要借助于舟楫，使得沿河和沿海地带形成了大大小小的港口。位处主要开发腹地内的港口、沿岸贸易港口以及两岸商船进出的港口，因为人员和货物的集散和商贸的发展而形成市街，其市街的繁荣程度（或市街规模）决定于货物集散的数量和贸易的多寡。因此，清初的市街主要是商业服务性的，其生产功能极小。

这阶段较为典型的聚落如鹿耳门（府城）、笨港和鹿港。其中，鹿耳门因独占对渡贸易之利，与政治中心府城（台南）相结合，其发展远远超越了其他聚落，成为发展最早最快的聚落。笨港和鹿港也因腹地的初步开发和走私贸易的盛行而有较快的发展。

早在明朝末年，鹿耳门港已是福建和广东沿海地区商、渔船进出台湾的重要口岸（同一时期，鸡笼和虎头山，即后来的高雄，因分别位于台湾岛的北端和南端，具有优越的地理位置和优良的港口停泊条件，成为早期大陆与日本、南洋贸易商船的中转站）。据台湾学者曹永和研究，当时闽粤地区与台湾间每年约有三四百艘商船或渔船来往两地，台湾的出入港口主要是鹿耳门港，闽粤地区港口则有厦门、安海、烈屿等❿。到了荷兰殖民时期和郑氏统治时期，台湾岛西南部地区最早得到开发，鹿耳门港由于地处新开发地

❶ 引自：刘良璧. 重修福建台湾府志[M]. 台北：台湾银行经济研究室，1962：85.

❷ 引自：唐次妹. 清代台湾城镇研究[M]. 北京：九州出版社，2008：48.

❸ 引自：丁绍仪. 东瀛识略[M]. 台北：台湾银行经济研究室，1957：5.

❹ 引自：余文仪. 续修台湾府志[M]. 台北：台湾银行经济研究室，1962：86－90.

❺ 引自：林仁川，黄福才. 台湾社会经济史研究[M]. 厦门：厦门大学出版社，2002：32－34；同时参考：林玉茹. 清代竹堑地区的在地商人及其活动网络[M]. 台北：联经出版社，2000：40.

❻ 引自：尹士俍，纂修；李祖基，点校. 台湾志略（中卷，民风土俗）[M]. 北京：九州出版社，2003：47.

❼ 引自：台湾教育碑记（附录：明志书院案底）[M]. 台北：台湾银行经济研究室，1959：62－63.

❽ 引自：王必昌. 重修台湾县志（卷十二，风土风俗篇）[M]. 台北：台湾银行经济研究室，1961：397.

❾ 引自：蓝鼎元. 东征集[M]. 台北：台湾银行经济研究室，1958：32－33.

❿ 引自：曹永和. 明代台湾渔业志略补说[A]//台湾经济史四集[C]. 台北：台湾银行经济研究室，1956：180.

区，而且临近殖民统治中心，成为台湾与大陆人员和贸易往来的主要口岸，得到进一步发展。清统一台湾后，设府治于台南。清初对台湾管制极严，不但指定沿岸开放港口，而且还严格限制台湾岛的对外交通，只开放鹿耳门一口对渡厦门，两岸往来必须经过厦门和鹿耳门口。“鹿耳门港，自厦至台大商船及台属小商船，往诸、彰、淡水贸易，俱由此出入”❶。清朝前期，鹿耳门始终是台湾最大的海港，使鹿耳门港在清朝统治的相当长时间里占有统辐台湾各港的重要地位，因此，有闽浙总督郝玉麟“鹿耳门系全台出入咽喉重地”之说❷。

鹿耳门港口紧临府城，所有进出口货物的交易与集散基本上是在府城进行。府城经过荷兰殖民者以至郑氏和清初的经营，不但成为全台政治文化中心，也是全岛的商务中心、各种货物的集散地，是台湾最为富庶的城镇。清初，诸罗县、凤山县衙署均寄寓府城，两县的殷实大户也集居府城❸。乾隆初，府城已相当繁华，“附郭内外，多烟寺花潭，商贾交易，成灯街夜市。民物丰盈，光景富丽”。城内“市井繁盛，百货云集。行铺俱挂灯为额，大书字号于上，黄昏燃烛，光同白昼。市中交易，皆用番银，系红毛、吕宋各处所铸银饼”❹。乾隆中期，府城台南已发展出众多的商业街，共有45处之多❺。

除鹿耳门对渡厦门贸易外，雍正九年(1731年)，台湾开放一批沿海的港口作为岛内沿岸贸易港，准许台属小商船往来贸易，这些港口承担着集散和中转货物的功能，成为地方与鹿耳门(府城)货物流通的中转站，商贸业因此较一般内陆地区发达，较早形成市街。乾隆初期台属小商船往来贸易的港口主要有：台湾县的大港，凤山县的打鼓港(高雄)、东港、茄藤港，诸罗县的笨港、蚊港、盐水港、猴树港，彰化县的鹿仔港、海丰港、三林港，以及淡水厅的劳施港、蓬山港、后垅港、中港、竹堑港、南嵌港、淡水港等。淡水港还有大陆商船来此贸易，与厦门的社船贸易交易频繁❻。这些港口基本都已形成市街，如笨港、盐水港、新港、麻豆港、茅港尾港、井水港、猴树港(后称朴仔脚街)以及南部的万丹港❼。其中，茅港尾街，在铁线桥南岸，“邑治至府一路市镇，此为最大”❽。盐水港因位于急水溪和八掌溪所形成的三角洲中心，为府城由海道赴诸罗县治门户，又处于府城往笨港的大路上，有桥连通，“南通铁钱桥，北通笨港”❾，“系嘉、彰接壤南北通衢”❿。该港本身又是位置优良的河港，船只载货沿盐水溪可直接入海，在沿海南北穿梭往返，甚至偷渡对岸的大陆。康熙末年盐水港已经有许多船只来此贸易，“商船辏集，载五谷货物”。交通便利以及商业来往密集促使该地较早发展出市街，成为商业繁荣之区，是茅港尾和笨港之间最大的市镇⓫。

康熙末年施世榜费时十年兴筑八堡圳，奠定了彰化平原开拓的基础⓬。到乾隆年间，彰化平原的开发已经深入，带动中部港口兴起，先后有笨港和鹿港发展成为中部地区的商贸中心。笨港，又称北港，位于今云林县。该港港道优良，有航道通马沙沟直达鹿耳门，通往府城的交通便利⓭。小船由北港溪向西南可直通大海，向东北内陆可深入嘉南平原，直达竹山和竹崎台地，为“嘉县通津要冲之一，水陆扼要之区”⓮。随着嘉南平原的全面开发，笨港的腹地不断扩张。笨港早在康熙中期已发展成街。康熙末年，笨港港内“商船辏集，载五谷货物”，笨港街也已发展成为台属近海最大市镇⓯。雍正初彰化设县，笨港更成为南北

---

❶ 引自：范咸．重修台湾府志(卷2，规制志・海防)[M]．台北：台湾银行经济研究室，1961：89.

❷ 引自：台案汇录丙集[M]．台北：台湾银行经济研究室，1963：230.

❸ 引自：郁永河．裨海纪游[M]．台北：台湾银行经济研究室，1959：11，30.

❹ 引自：尹士俍，纂修；李祖基，点校．台湾志略(上卷，全郡形势；中卷，民风土俗)[M]．北京：九州出版社，2003：4，43.

❺ 引自：余文仪．续修台湾府志[M]．台北：台湾银行经济研究室，1962：84.

❻ 引自：范咸．重修台湾府志(卷2，规制志・海防)[M]．台北：台湾银行经济研究室，1961：89.

❼ 引自：黄叔璥．台海使槎录[M]．台北：台湾银行经济研究室，1957：101.

❽ 引自：周钟瑄．诸罗县志[M]．台北：台湾银行经济研究室，1962：15，32.

❾ 引自：余文仪．续修台湾府志(卷2，规制志・街市)[M]．台北：台湾银行经济研究室，1962：87.

❿ 引自：黄典权．台湾南部碑文集成(重修月港大桥志)[M]．台北：台湾银行经济研究室，1966：202.

⓫ 引自：周钟瑄．诸罗县志[M]．台北：台湾银行经济研究室，1962：32.

⓬ 引自：林仁川．大陆与台湾的历史渊源[M]．上海：文汇出版社，1991：70.

⓭ 引自：刘良璧．重修福建台湾府志(卷4，疆域・形胜)[M]．台北：台湾银行经济研究室，1961：74.

⓮ 引自：唐赞衮．台阳见闻录[M]．台北：台湾银行经济研究室，1958：18.

⓯ 引自：周钟瑄．诸罗县志[M]．台北：台湾银行经济研究室，1962：12，32.

交通要道，商业发达，商旅往来频繁。乾隆初的笨港和盐水港，“为水陆通衢，人民辐辏”，“称海市之雄”，而笨港“行铺特多”❶。雍正、乾隆间，盐水港和笨港分别位于诸罗县城的南、北两路，成为嘉南平原粮食输出的重要口岸，“为运粮要路”❷。1750年因北港溪泛滥，笨港市街分为南街和北街（即后来的嘉义南港街和云林北港街）。尽管力量分散，但由于腹地开发和百货丰盈，笨港港口市街规模进一步扩大。朱景英称“笨港列肆颇盛，土人有南港北港之称”，往来两岸贸易的大船偶或偷渡来此贸易❸。乾隆中期，笨港因“舟车辐辏，百货骈阗”被称为“小台湾”❹。同时，笨港还是全台妈祖信仰的重镇。多种因素综合结果，使笨港在雍正和乾隆初期一度成为规模仅次于府城的市镇。

鹿港原为天然良港，且为彰化平原的出海口。随着彰化平原土地拓垦活动的进展，鹿港成为彰化平原物产集散中心，康熙末年就有大陆商船偷偷来此贸易。雍正元年（1723年）彰化设县后，彰化平原的开发加快，稻米产量日增，鹿港成为中部重要的转运口和米谷集散地。彰化县每年需拨运内地兵眷米谷和平粜米（即“台运”）共二万多石❺，由鹿港转运鹿耳门。为了储存粮食，在鹿港米市街西畔建仓廒十六间，门首匾额“天庾正供”❻。除官方配运外，还有厦门、蚶江等地的白底艍，走私偷运米粮。民间的偷渡贸易，进一步促进鹿港的兴起。雍正九年（1731年），鹿港正式列为岛内贸易港，商船来此贸易络绎不绝。乾隆初，随着彰化平原的进一步开发，鹿港的腹地向彰化平原内陆深入，成为彰化平原物产交易中心，更是当地最重要的产品米谷的集散地，常被形容为“水陆码头，谷米聚处”❼或“水陆辐辏，米谷聚处”❽。乾隆中期以前鹿港与台湾县的五谷行、凤山县的港东西两里、诸罗县的笨港同为台湾四大米市，成为大陆赴台采米的主要地点。乾隆中后期，中部彰化平原已全面开发，成为台湾重要的产粮区，商业日趋繁荣。但由于单口对渡贸易政策的限制，台湾中部不能与大陆直接通航贸易，须经府城中转，费时费钱。鹿港作为中部繁荣的商港，更是迫切需要与大陆进行直接的通航贸易。因此，在清政府正式开放鹿港为正口之前，大陆许多商船早已偷偷来此贸易。史料记载，鹿港时有小船，乘南风时经渡厦门或泉州贸易，“自东徂西，横过澎湖之北，名曰透西。例禁甚严，趋险者犹如鹜也”❾。“鹿子港以北，则贩米粟者私越其间”。然而，偷渡贸易虽屡禁不止，反而日形严重。走私的盛行，反过来又刺激当地经济的发展。随着各项交易的频繁进行，交易数量的增加，鹿港经济越来越繁荣，市街规模进一步扩大。1773年，鹿港被时人形容为“烟火数千家，帆樯麇集，牙侩居奇，竟成通津矣”❿。鹿港经济的繁荣，再加上彰化县所产米谷均由鹿港转运府城，是名副其实的“谷仓”，因此深受地方官的重视。1782年，闽浙总督陈祖辉和福建巡抚雅德在他们的奏折中就一再强调鹿港的重要性：“彰化县鹿子港口，民户殷繁，行铺稠密，向系商贾云集之处，地方紧要。”⓫

清初，台湾聚落的发展主要集中于台湾岛西部沿海平原地带，并逐渐向南、北两路延伸。台湾聚落的这一发展过程是与移民开发的进程相一致的。在此一过程中，两岸对渡贸易在其中发挥了重要的推动作用，聚落发展以港口市镇的发展为主线。同时，鹿耳门与府城相结合，远远超越其他城镇的发展速度，形成一口独大的局面。

2.3.3.6 清中期（多口对渡时期）聚落的快速成长

清中期，台湾开发进入高峰期，商品经济有了长足进展，大量商业市街在此基础上产生。由于移民开发是由沿海向内陆挺进，促使内陆和近山地区市街的形成。原有的沿海市镇也进一步发展壮大。

---

❶ 引自：尹士俍，纂修；李祖基，点校．台湾志略（上卷，全郡形势；中卷，民风土俗）[M]．北京：九州出版社，2003：5，46．

❷ 引自：钦定平定台湾纪略[M]．台北：台湾银行经济研究室，1961：404．

❸ 引自：朱景英．海东札记[M]．台北：台湾银行经济研究室，1958：8．

❹ 引自：余文仪．续修台湾府志（卷2，规制志·诸罗县）[M]．台北：台湾银行经济研究室，1962：87．

❺ 引自：范咸．重修台湾府志（卷4，赋役）[M]．台北：台湾银行经济研究室，1961：181-184．

❻ 引自：周玺．彰化县志（卷2，规制志·仓廒）[M]．台北：台湾银行经济研究室，1962：39．

❼ 引自：刘良璧．重修福建台湾府志（卷5，城池·街市）[M]．台北：台湾银行经济研究室，1961：83．

❽ 引自：余文仪．续修台湾府志[M]．台北：台湾银行经济研究室，1962：88-89．

❾ 引自：王必昌．重修台湾县志（卷2，山水志·海道）[M]．台北：台湾银行经济研究室，1961：61．

❿ 引自：朱景英．海东札记[M]．台北：台湾银行经济研究室，1958：8．

⓫ 引自：宫中档乾隆朝奏折（五十三辑）[Z]．台北：台北故宫博物院，1986：265．

自乾隆后期开始，随着清政府渡台禁令的松弛，并先后开放鹿港和八里坌与大陆对渡，同时开放移民渡台的禁令，开设官渡。这一系列政策措施，促使移民、土地拓殖和贸易活动进入一个新的高潮。随着移民的大批涌入，人口急剧增加，台湾岛进入全面开发阶段。北部淡水厅地区进入开发的高峰期，乾、嘉之际，台北平原的艋舺、沪尾及摆接十三庄发展成为富庶甲全台之地❶。嘉庆、道光年间，东北部的宜兰平原和台湾岛中部内山地区也逐渐开发。此时，台湾西部地区已是“地利尽辟，野无旷土”❷。随着土地开发的深入，农产品和经济作物生产日渐丰富。再加上移民的增多，日用品的需求量大增，使得两岸的贸易交易量剧增。商品经济的繁荣促使大量市街的形成。同时，台湾的开发逐渐向内山推进，在重要山地的出入口形成许多聚落，承担着集散和供应周围聚落点居民物产、生活用品的功能，并逐渐形成市街或市集。

根据台湾地方志及其他史料的零星记载，可以大体了解清中期台湾城镇的发展概况❸：嘉庆年间，台湾县的市街有春牛埔街、草店尾街、中楼仔街、二层行街、市仔街（即安平镇街）、嵌仔街、旧社街、大目降街、泉州街、茑松街以及蕃薯寮街和埤头街❹。这些市街大部分均形成于乾隆中期以前，乾、嘉之际新增市街极少，只有二层行街、大目降街、蕃薯寮街和泉州街。台湾县市街数量不多，因为府城强大的聚集效应，吸收了台湾县大量的商贸业和人员，削弱了附近其他市街发展的力量。因此，台湾县府城之外的市街不多，但府城本身却增加了大量的新市街，从乾隆中期的 45 处迅速发展到嘉庆年间的近 80 处，且许多市街已从城内溢出，延伸到城外❺。此外，彰化县和淡水厅的发展情况也说明此一阶段台湾市街处于一个较快的增长时期。《彰化县志》记载，该县从乾隆中后期到道光年间新增了大批市街，主要有北斗街、埔姜仑街、二林街、集集街、大墩街、葫芦墩街、大里杙街、四张犁街、寓鳌头街、小埔心街、东势角街、石岗仔街、圳头厝街、打廉街、悦兴街、社头街、永靖街、挖仔街、大城厝街、王功港街、番仔挖街等等❻。在淡水厅地区，竹堑域内兴起了众多市街，如东门街、暗街仔、武营头、井仔头、西门街、粟仓口、义学口、后东路、南门街（即文兴街）、巡司街口、北门街、太爷街等。竹堑城外的市街除了乾隆初期形成的八里坌、新庄、芝兰街（原称八芝兰林街）、中港、后垅、苑里等六市街外，又增加了艋舺街、金包里街、大鸡笼街、锡口街、南港仔街、大隆同街、水返脚街、枋寮街、九芎林街、水田街、咸菜瓮街、中坜街、南嵌街、桃仔园街、猫里街、公馆街、吞宵街、大安街、大甲街等大批新市街❼。此外，苗栗地区的福兴街（铜锣湾）也在道光年间“变庄成市”❽。嘉庆年，开始全面开发噶玛兰平原，到道光年间出现了罗东街、四结仔、武营、武营后（后街）、圣王后街、圣王前街、附船仔头等市街 13 处❾。另据卢嘉《凤山县采访册》记载，清末凤山县新城外的市街已有 33 处❿，其中部分在清中期已形成。

新增的市街中部分是近山的台湾内陆市街，但更多的是港口市街。内陆市街如大目降街、蕃薯寮街、沙辘街、大肚街等。彰化县的集集街、东势角街、麦寮街、他里雾街、南投社街、北投街、褒忠街、员林仔街、新埔街等均位于近山地区或是入山要口，并在乾隆年间已形成商业街。如集集街，是当地“民番交易之处，为入山要路”⓫；社寮街是社寮等处交易总市，同时又是往来南北及埔里社的通道；东埔蚋街，则是东埔

---

❶ 引自：丁绍仪．东瀛识略[M]．台北：台湾银行经济研究室，1957：5.

❷ 引自：姚莹．中复堂选集（上督抚青）[M]．台北：台湾银行经济研究室，1960：121.

❸ 除了乾隆二十七年（1762 年）以前所修的台湾府志有全岛性的市街记录外，其后形成的市街的资料，只零星地散见于不同时期所修各地方志以及部分文集游记当中，不但难于比较，也无法追寻台湾市街的发展过程，而且，乾隆中期以后台湾各地均未修志，直到嘉庆年间才有《续修台湾县志》，道光年间，彰化县、淡水厅、台湾县、噶玛兰厅、澎湖厅均有修志（凤山县和嘉义县缺）。

❹ 引自：谢金銮．续修台湾县志[M]．台北：台湾银行经济研究室，1962：11；另参见陈同瑛．台湾采访册[M]．台北：台湾银行经济研究室，1959：16－17.

❺ 引自：余文仪、续修台湾府志（卷 2，规制志・诸罗县）[M]．台北：台湾银行经济研究室，1962：84；谢金銮．续修台湾县志[M]．台北：台湾银行经济研究室，1962：9－10.

❻ 引自：周玺．彰化县志（卷 2，规制志）[M]．台北：台湾银行经济研究室，1962：39－42.

❼ 引自：郑用锡．淡水厅志[M]．厦门：厦门大学出版社，2004：116－130.

❽ 引自：沈茂荫．苗栗县志[M]．台北：台湾银行经济研究室，1962：35

❾ 引自：柯培元．噶玛兰志略（卷 3，城池・街市）[M]．台北：台湾银行经济研究室，1961：22－23.

❿ 引自：卢德嘉．凤山县采访册[M]．台北：台湾银行经济研究室，1960：136－139.

⓫ 引自：周玺．彰化县志（卷 2，规制志）[M]．台北：台湾银行经济研究室，1962：39.

蚋庄、笋仔林等处交易之区；新寮街，是大坪顶七处交易之区，又是入后山及台东州所经之总路[1]；新竹的新埔街在乾隆年间已相当繁盛，“出堑垣北门一隅，地颇膏沃，为南北路往来要津……一望瓦屋围如，人物秀美，洗尽黄茅白苇之陋习者，为新埔街。街左右人家环绕，大小约数千户，且阛阓鳞次，百货山积，风味不减于五都，固淡北乡市之极盛者也”[2]。新苗地区的猫里街，也是在乾隆年间，因“庄民日众，渐次成市”[3]。

港口市街因水上交通便利，在清代台湾陆路交通条件恶劣的情况下较内陆市街更具发展优势，发展速度也较快。如彰化县的北斗、二林、王功港、番仔挖，淡水厅的南嵌、枋寮、后垅、猫里、吞霄、苑里、大甲、大安、水返脚、新庄、艋舺、鸡笼等等均为清代有名的港口，在清中期均已成街，其中有的港口市街的规模远较内陆市街为大。鸡笼港港阔水深，“可泊大商艘数百号”，道光年间鸡笼街已具一定规模，“岸上居民铺户七百余家”[4]。嘉庆末年成街的锡口，则是台北平原往后山噶玛兰去的总路，凡运往基隆和噶玛兰的货物部由此转运[5]。南部凤山县的东港，是由东港溪及高屏溪、后寮溪等河流汇聚自然形成的港湾，“西临大海，港道甚阔，可通巨舰。有商船到此载米、豆货物”[6]，“通行舟楫，利运糖谷”[7]。据此，东港是清中期凤山县最重要港口，地方市场交易频繁。凤山县另一重要港口阿里港，清初已成街。清中期，随着屏东平原的开发，腹地扩大，作为集散中心和进出港的阿里港得到较大发展，形成市仔头、营盘口、仁和街、国王庙前街、永安街、北势街等众多商业街道，“各街正商民往来辐辏贸易交关之所”[8]。

清中期，是台湾城镇全面发展之时，聚落数量大幅增加，规模也进一步扩大。其中，新增聚落的发展是以近山地区市街和中北部沿河及沿海港口市街的发展为主。内陆市街数量虽多，但发展规模有限，基本上只承担周边聚落点货物的集中和分散功能，规模不如港口市街。

清中期，台湾中部和北部核心聚落快速成长。中部最重要的出入口鹿港货物日丰、商务日盛。此时，台湾中部开发进入成熟期，彰化平原和台中盆地土地尽垦，彰化平原和台中盆地的东部丘陵和近山地区也得到开发，物产日丰，人口大量聚集。鹿港的腹地大大扩展，鹿港作为中部最主要的人员和货物进出口，也随之日益繁盛。乾隆四十九(1783 年)，鹿港增辟为两岸贸易对渡口后，由于“路近水平，商民称便”，吸引了众多商船前来贸易，“向有厦门、鹿耳门出入者，无不贪图便利，争赴如鹜”[9]。鹿港快速发展，港口规模不断扩大，行郊等商业组织纷纷设立，港口市街繁荣，成为台湾中路要冲，沿海南北通衢，规模仅次于鹿耳门(府城台南)[10]。

乾隆到道光年间是鹿港发展的鼎盛期。嘉庆末至道光年间，鹿港因为河沙淤积，内地大商船无法进入港内，先后改泊王功港和番仔挖，作为鹿港的内外口，商务仍在鹿港进行。因此，尽管鹿港本身因淤塞无法停泊大船，但因为中部地区没有其他聚落能够取代鹿港，中部地区与大陆的贸易仍集中在鹿港进行(货物转运起卸则在王功港或番仔挖，再经小船或舟筏运到鹿港)，商务甚至仍有进一步发展的趋势。如道光年间，来鹿港贸易的船只又新增了“南船”[11]。道光年间有大量史料记载鹿港的繁荣景象。如当地碑刻记录了当时鹿港的繁荣和富庶。“重建浯江馆碑记”写道：“彰之西，有鹿溪市焉。其地负山环海，泉厦

---

[1] 引自：倪赞元. 云林县采访册[Z]. 台北：台湾银行经济研究室，1959：146.

[2] 引自：吴子光. 台湾纪事(重修新埔街文昌祠记)[M]. 台北：台湾银行经济研究室，1959：44－45.

[3] 引自：沈茂荫. 苗栗县志(卷 3，建置志・街市)[M]. 台北：台湾银行经济研究室，1962：36.

[4] 引自：姚莹. 中复堂选集(台湾十七口设防图说状)[M]. 台北：台湾银行经济研究室，1960：82.

[5] 引自：姚莹. 东槎纪略(台北道里记)[M]. 台北：台湾银行经济研究室，1957：90.

[6] 引自：王瑛曾. 重修凤山县志(卷 1，舆地志・山川)[M]. 台北：台湾银行经济研究室，1962：22－23.

[7] 引自：[清]陈文騄. 台湾通志[M]. 台北：台湾银行经济研究室，1962：47.

[8] 引自：黄耀东. 明清台湾碑碣选集(禁开赌强乞翦绺谕示碑)[Z]. 台北：台湾省文献会，1994：601.

[9] 引自：台案汇录丙集[M]. 台北：台湾银行经济研究室，1963：245.

[10] 引自：唐次妹. 清代台湾城镇研究[M]. 北京：九州出版社，2008：48.

[11] 《彰化县志》记载：“鹿港，泉、厦商船向止运载米、糖、汛油、杂子，到蚶江、厦门而已。近有深沪、獭窟小船束鹿者，即就鹿港贩卖米、麦、牛骨等物，载往广东、澳门、蔗林等处。同时采买广东杂货、鲢、草鱼苗来鹿者，名曰南船”。参见周玺. 彰化县志(卷 1，封域志・形胜)[M]. 台北：台湾银行经济研究室，1962：24.

之郊、闽粤之旅，车尘马迹不绝于道，而后知台阳之利薮毕聚于斯也。”[1]周玺形容鹿仔港：“烟火万家，舟车辐辏，为北路一大市镇。西望重洋，风帆争飞，万幅在目，波澜壮阔，接天无际，真巨观也”[2]。同书还记载鹿港：“街衢纵横皆有，大街长三里许，泉、厦郊商居多，舟车辐辏，百货充盈。台自郡城而外，各处货市，当以鹿港为最。港中街名甚多，总以鹿港街概之。”[3]成书于日据初期的《鹿港街役场档案》指称：“乾隆五十年至道光末年之六十余年间，实为鹿港全盛时代，亦即黄金时代。船只大者七千石，每日进出一百艘，二千石以下之船只可迳泊王宫前，船舶满塞港口，帆樯林立。白帆轻驱海风，人皆轻衣马肥，豪商林日茂为首，资产算十万者达百家，商贾栉比，而贫富之悬隔甚少，糊十万之民，而有肩摩毂击……公共事业皆由八郊处理，文化文物实冠于全台。”[4]直到咸丰年间，鹿港街仍“为台地大口市”[5]。由此可见，直到道光末年，鹿港仍是台湾除府城之外的第二大聚落。

中北部地区的港口市街在清中期也有了较快的发展，其中尤以新庄和艋舺的发展最快，两者先后成为北部地区的商贸中心。淡水河是台湾岛上较具航运之利的一条河流，该河贯穿台北盆地，是盆地内最重要的交通大动脉。新庄和艋舺均位于淡水河上，该河门之八里坌由于位于台北盆地最早开发之地，且作为进出的重要口岸，其发展早于上游地区的新庄和艋舺，成为台北盆地最早的中心聚落，康熙末年开始形成市街。由于位居要津，是北台湾的商业聚集地，此地原设社船 4 只（乾隆八年增为 10 只），每年九至十二月与厦门贸易。“淡水旧设社船四只，向例由淡水庄民佥举殷实之人详明取结，赴内地漳、泉造船给照，在厦贩买布帛、烟茶、器具等货来淡发卖，即在淡买籴米粟回棹，接济漳、泉民食。雍正元年，增设社船六只。乾隆八年，定社船十只外，不得再有增添。每年自九月至十二月止，许其来淡一次；回棹，听其带米出口。其余月份，止令赴鹿耳门贸易。九年，定台道军工所办大料，由社船配运赴厦，再配商船来台交厂。自九月至十二月止，不限次数，听其往淡”[6]。这是鹿港开放对渡以前，除鹿耳门外，全台另一个可以与大陆直接开展贸易的口岸，较其他口岸更具优越性。1711 年又将佳里兴分防千总移驻八里坌，同年设立北路营千总，统辖大甲溪以北的七塘防兵[7]。因此，北部地区虽属开发初期，八里坌街已成为北部地区最重要的也是台北盆地的唯一市街。乾隆初的八里坌，“营制街市，风景可观”[8]。到乾隆中叶，台北平原水田已开垦完成，成为全台重要产米区之一，1762 年本地已出现四街（八里坌、新庄、艋舺、八芝兰林街）六十八庄[9]。八里坌也已发展成为台北盆地的商业、军事和政治中心，更于乾隆五十三年（1787 年）正式开放与福州五虎门对渡通商。其后不久，由于淡水河下游河沙淤积，大船无法泊进八里坌，港务逐渐移到对岸的沪尾。嘉庆元年沪尾的泊船功能已相当发达，并已兴建淡水福佑宫，具有市街形态[10]，“居民约二三百家”[11]。八里坌的港务移到淡水，商务则溯淡水河而上转移到处于盆地中心地带的新庄。

此时，台北盆地内开垦已深入，形成许多汉人聚落，经济繁荣，货物往来频繁，“估客辏集，以淡为台郡第一”[12]。由此，可以看出淡北地区商务在台湾已占据重要地位。一方面是下游河口的淤浅，另一方面，是台北盆地开发的深入，促使北部的经济重心由淡水河口沿河进入北盆地内陆，先后转移到上游的新庄和艋舺。新庄，又称中港街（有别于竹堑以南的中港街）。由于大嵙嵌溪流经此地，形成港口，交通便利，本地的农产品输出，大陆日用品、建筑材料等输入方便，使新庄成为一个重要的交通运输据点并发展成街。

---

[1] 引自：刘枝万，台湾中部碑文集成[Z]. 台北：台湾银行经济研究室，1962：41.
[2] 引自：周玺. 彰化县志（卷 1，封域志 · 形胜）[M]. 台北：台湾银行经济研究室，1962：21.
[3] 引自：周玺. 彰化县志（卷 2，规制志 · 街市）[M]. 台北：台湾银行经济研究室，1962：40.
[4] 引自：黄秀政. 台湾史志论丛[M]. 福州：海峡文艺出版社，1999：37－38.
[5] 引自：林占梅. 潜园琴余草简编（正义 · 乙卯 · 族姑余母贞节孝词）[M]. 台北：台湾银行经济研究室，1964：76.
[6] 引自：范咸. 重修台湾府志[M]. 台北：台湾银行经济研究室，1961：90.
[7] 引自：周钟瑄. 诸罗县志（卷 7，兵防志 · 水陆防讯）[M]台北：台湾银行经济研究室，1961：116.
[8] 引自：尹士俍. 台湾志略（上卷：全郡形势）[M]. 李祖基，点校. 北京：九州出版社，2003：5.
[9] 引自：余文仪. 续修台湾府志（卷 2，规制 · 街市 · 坊里）[M]. 台北：台湾银行经济研究室，1962：90，77－78.
[10] 引自：林玉茹. 清初与中叶台湾港口系统的演变：扩张期与稳定期（1683—1860）[J]. 台湾文献，45（3）：31－79.
[11] 引自：姚莹. 中复堂选集（台湾十七口设防图说状）[M]. 台北：台湾银行经济研究室，1960：82.
[12] 引自：陈培桂. 淡水厅志（卷十一，风俗考）[M]. 台北：台湾银行经济研究室，1963：298.

雍正十一年(1733 年)桃园通过龟仑岭到达台北的便道开通，南部地方可直抵新庄。交通线的扩张使盆地中心的腹地得以拓展。其后，台北盆地土地垦拓进一步深入，新庄经济得以较快发展、人口聚集，成为台北盆地内最大的货物集散中心，具有重要的转运功能、外地货物经八里坌沿淡水河运到新庄卸货，再由新庄运往周围各渡头，由各渡头转运至盆地内附近各区域。此时，新庄的经济地位已远超过八里坌，并带动政治地位的提升，促使八里坌巡检移驻新庄。乾隆三十二年(1767 年)，闽浙总督苏昌奏称:“台湾府淡水同知所属八里坌，旧设巡检一员，近来海口涨塞，无船只往来。该员兼辖之新庄地方，商贾辐辏，且北连艋舺、大加腊，民番杂处……应将八里坌巡检移驻新庄，并请改给淡水厅新庄巡检印信”❶。自此，新庄取代八里坌，正式成为淡水厅北部的行政中心，乾隆五十五年(1790 年)升格为新庄县丞。这一时期是新庄全盛期，新庄一度成为台北盆地的中心市街和繁荣的河港。“商贩云集，烟户甚众，凡内地人民赴台贸易，由郡来北路，必至于是”❷。嘉庆年间，新庄淡水河沿岸河港船舶辐辏，是北部地区发达的商业中心。一条带状的街道上，分布着商业店铺、富丽的宗教庙宇和官方行政衙门。嘉庆末年，新庄河港又淤浅，失去了船运之利，商务转移到艋舺。新庄失去进一步发展壮大的契机，渐趋式微❸。

艋舺位于大溪口，是连接台北盆地内陆和淡水港的一个河港。“艋舺”之名来源于番社所驾的独木舟。盆地开发初期，来往艋舺交易的多系番社。“前时往来之人，多驾独木舟以济，番语谓之蟒甲，或作艋舺”❹。康熙末年，移民在此地建立了据点。康熙末至雍正年间，艋舺形成一小市街。雍正年间，艋舺发展成为台北盆地内的货物集散中心。乾隆五年(1740 年)，艋舺修建龙山寺，并建有旧街、新店街和龙山寺街。乾隆二十九年(1764 年)又建设天后宫和福德宫，形成妈祖宫口街与土地后街❺。台北平原土地垦熟和经济容量的增加，促进当地集散中心艋舺的进一步发展。乾隆五十五年(1790 年)，各郊商为奉祀共同的主护神水仙王，新建水仙宫，不久即形成大众庙口街、水仙宫口街、顶新街、厦新街、土地前街。同年，安溪人捐建清水岩祖师庙，促进祖师庙前街、祖师庙后街、草店尾街的发展❻。以各寺庙为中心，各种店铺鳞次栉比，码头上则郊行林立。与此同时，由于八里坌港口淤浅，台湾北部与大陆贸易的商务中心遂沿着淡水河不断上溯，先是在艋舺上游的新庄，嘉庆末年，因为新庄也淤浅，北部的商务最终转移到艋舺，造就了艋舺的繁荣。“乾隆五十七年，奏开八里坌港，泉、厦之船来此贸易，溯河而上，多至此处，艋舺商务遂冠北台”❼。随着地方经济发展，艋舺日显重要，清政府根据形势变迁不断调整当地的行政和军事设置。嘉庆十三年(1808 年)，新庄县丞移驻艋舺，改为艋舺县丞。同年又移台协右营游击于此，改设艋舺营水师游击，置中军守备统管陆路，并置沪尾水师守备，统管水路。淡水同知半年驻竹堑、半年驻艋舺，使艋舺成为北部台湾的政治中心，促成艋舺万安街的形成和八甲地方的发展。道光五年(1825 年)又升艋舺游击为参将，陆兵增至八百，水兵增至七百。艋舺地方安宁得到较大的保障，进一步促进商务的繁盛。艋舺最繁荣之际，市街所临之淡水河畔，商舶麇集，帆影林密，每天有大宗货物进出，市内豪强为争夺货物转运之利而进行激烈竞争，甚至爆发暴力冲突。当地的黄、林、吴三大姓分据于大溪口(第一水门)、王公宫口(第二水门)、沪尾渡头(第三水门)三个码头，为争夺货物起卸转运的利益，不断发生摩擦❽。这一时期，大佳腊地方的开垦，遍及大安、中仑、古亭庄、景尾等地，民丰物阜。再加上艋舺到新店及艋舺至锡口间的交通渐渐便利，沟通了艋舺与腹地内各地的联系，遂使艋舺成为这些地方土产的集散地。如艋舺大厝口两侧设有料馆，专门收取新店溪上游出产的樟脑，供作军需造船之用，当地居民日增，并捐资兴建启天宫，促进了料馆口街一带的发展。道光年间，艋舺已成为淡北的第一大镇，民居铺户约四五千家。此时的艋舺，不但是

❶ 引自:清高宗实录选辑[M].台北:台湾银行经济研究室，1964:151.

❷ 引自:台湾教育碑记(附录:明志书院案底)[M].台北:台湾银行经济研究室，1959:62－63.

❸ 引自:唐次妹.清代台湾城镇研究[M].北京:九州出版社，2008:60.

❹ 引自:连横.雅堂文集[M].台北:台湾银行经济研究室，1959:231.

❺ 引自:严胜雄.都市发展与计划[A]//黄宇光.台北市发展史[M].台北:台北市文献委员会，1983:297－317.

❻ 引自:廖汉臣.艋舺沿革志[J].台北文物，2(1):156.

❼ 引自:连横.雅堂文集[M].台北:台湾银行经济研究室，1959:231.

❽ 引自:廖汉臣.艋舺沿革志[J].台北文物，2(1):156.

台湾北部地区的商务中心，政治中心的地位也逐渐加强，半分竹堑厅治的功能。光绪元年(1875 年)沈葆桢在《台北拟建一府三县折》中指出，“同知半年驻竹堑衙门，半年驻艋舺公所，相去百二十里，因奔驰而旷废，势所必然”❶，因此提出设府分县的办法。由此可知，自乾嘉之际始，艋舺虽无厅治之名，却有厅治之实。政治和军事地位的加强提升了艋舺的总体实力，使得艋舺的地位直追中部鹿港和南部府城，并称“一府二鹿三艋舺”。但是，艋舺的发展势头在咸丰朝以后趋缓了，主要原因有二：一是艋舺自身交通运输优势的丧失。随着台北盆地及淡水河上游土地开垦，植被破坏，淡水河的泥沙含量大增，原来通航称便的淡水河也面临着淤浅问题，先是八里坌，后是新庄。咸丰、同治间，艋卿也开始淤浅。港口的淤浅影响商船的进出和货物的装卸，虽然港口商务的发展有一种惰性，即商务仍在当地进行，商船另外寻找外港停泊，再以小筏运送货物。但交通的不便对当地仍有较大的负面影响。与此同时，艋舺上游临近的大稻埕正借机兴起，从而加速了艋舺的衰落。二是咸丰年间发生的大规模武装械斗，同安人败走大稻埕，削弱了艋舺当地的发展力量。咸丰三年(1853 年)，艋舺发生大规模械斗，即“顶下郊拼”，或称“漳泉拼”❷。艋舺市街经此浩劫，元气大伤。

总而言之，清中期是移民开发的高潮，也是台湾聚落快速发展的一个阶段，聚落的规模和数量较前期有了大幅度的提升，三大对渡口岸迅速成长为南、中、北三个区域的中心城镇，同时，沿海港口继续发展，并产生了大批内陆市街。

2.3.3.7 清末开港后的台湾聚落

19 世纪，随着行政区划的细分，社会内外关系的变化等因素的作用，台湾中北部的聚落有了迅速的增加，闽、粤移民分别建造自己的聚落，并多数有望族或富户控制，由此致使聚落之间的差异明显。如士林曾因漳泉械斗而重建，潘永清为士林望族头人，带领漳州移民重建被焚毁的旧士林街；板桥由林本源家族所控制，板桥城的兴建由民间出资，主要的力量即来自林本源家族。台北盆地泉州人主要的聚落，包括关渡、大龙峒、大稻埕、艋舺、景美、公馆等地，其中大龙峒是由陈悦记家族控制。淡水河上游的三角涌为安溪人的聚集地，大溪黄家、江家及简家都具有一定的影响力❸。

另外，随着第二次鸦片战争的失败，清政府被迫向西方开放第二批沿海口岸，其中包括台湾的安平和淡水两港，随后又增设鸡笼(基隆为淡水口的子口)、打狗(高雄为安平港的子口)。台湾开港后，经济被卷入了资本主义的世界体系。为满足国际市场所需，茶、糖和樟脑产业快速发展，改变了开港前台湾原有的以米、糖为主的经济结构，形成了以茶、糖、樟脑出口产业为主的经济结构。台湾与大陆之间传统的帆船贸易虽仍具有较强的生命力，但其重要性显然已让位于海外贸易(通过厦门、汕头、香港中转)，后者成为开港后台湾经济发展新的“发动机”。由于对外贸易的增强，商品经济空前活跃，台湾居民参与贸易的程度大增，并大大超过了大陆地区。在商品经济的刺激下，清末台湾聚落发展也呈现出新的形态和模式，即与外贸相关的各种集散和转运中心的发展以及资源型和专业性聚落的兴起。在此基础上，台湾岛逐渐整合出南、北两大经济圈，北部以茶、樟脑产业为主，南部以糖业为主。台湾的聚落发展也以行政中心和通商口岸为核心，形成南、北两个相对独立发展的系统，南部以台南府城(安平)为中心，北部以台北府城(大稻埕和艋舺)为中心。

清朝开港后，台湾岛聚落发展的重心是在通商口岸、山区资源型和专业性聚落。通商口岸在开港前已具有一定基础，开港后随着商务的扩展迅速繁荣，规模快速扩大。与此同时，传统口岸的重要性虽下降，但仍保持一定的发展势头。

(1) 通商口岸的迅速崛起

近代台湾的对外贸易结构特点容易造成资源向通商口岸的汇聚，从而促使通商口岸的迅速成长，特

---

❶ 引自：沈葆桢. 福建台湾奏折[M]. 台北：台湾银行经济研究室，1968：57.

❷ 许多台湾学者认为咸丰初年淡北地方有两次械斗，即“顶下郊拼”和“漳泉拼”，陈孔立教授研究指出这是同一次械斗事实(参见陈孔立. 清代台湾移民社会研究[M]. 厦门：厦门大学出版社，1990：274)。黄龙安指挥三邑人进攻以林佑藻为首的同安人，向安溪人借道，纵火焚毁同安人集居地八甲街。林佑藻率同安人逃出，另外选择在淡水河沿岸的大稻埕地方兴建新的市街。

❸ 引自：李乾朗，胡先福. 台湾建筑史[M]. 北京：电子工业出版社，2012：70.

别是作为北部淡水口的商务中心艋舺、大稻埕以及作为南部台南口（安平和打狗）商务中心的府城的快速增长。

地区经济总量及发展速度的差异，也使得各个通商口岸发展速度不一。在所有开放港口中，北部的基础较南部弱、起步晚，但其发展速度较南部快。清末台湾海关资料显示，1885年是台湾南部和北部贸易重心转移的分界线。此前，北部的船只和载货吨数都少于南部。1886年以后，淡水载货吨数超越打狗，带动了整体载货吨数的成长。1885—1894年间，台湾海关出口的载货吨数每年都超过25万吨，其中淡水年平均载货超过15万吨，总体的载货吨数也占全台的59%。10年累计，淡水和打狗总的载货吨数相差51万吨❶。就贸易总值而言，也呈同样的发展趋势，最初是南部占优势，到日据末，北部地区已远远超过南部地区。

北部通商口岸对外贸易的发达促进该区出入港的快速发展。其中，淡水口（商务中心为艋舺和大稻埕）因为腹地广阔，茶、樟脑等主要出口产品均集中于此加工出口，比北部另一口岸基隆有资源优势，成为台湾发展最快的聚落。“淡水”通常指淡水河，虽然条约列明在淡水港开市，但是当时淡水河流域的最大市镇是艋舺，商务也集中于此，洋人也就将“淡水”解释为包括商务中心艋舺在内，并在此贸易。随后，洋商又移往大稻埕交易❷。艋舺和大稻埕先后成为北部茶和樟脑最大的集散中心。艋舺先于大稻埕发展，开港前艋舺的商务已盛极一时，为北部的经济中心，拥有和中部鹿港及南部府城相当的地位。大稻埕迟至咸丰年间始建街市。直到1869年，大稻埕仍只是艋舺附近的一个小村市，而艋舺已是北台湾最大的商业中心，淡水港所有进出口货全在艋舺集散。1880年代，由于多种因素的影响，淡水河的商务逐渐转移到大稻埕，使大稻埕迅速发展成为台湾茶叶和樟脑最大的集散中心，大稻埕街内集中了大量的华、洋商行，主要投资于茶业和樟脑业，开设了许多茶馆与茶行，形成了一大茶市❸。洋行和大小150家的制茶行，垄断了台湾的茶叶贸易❹。大稻埕在短时间内崛起的关键因素在于：其一，大稻埕成功地接收了咸丰年间因北部“漳泉拼”而自艋舺、新庄等地析分出来的资源，为发展奠定了一定基础；其二，大稻埕能够很好地顺应开港后社会经济发展的趋势，把握机会，积极“招商引资”发展产业。建街之初，林佑藻等人就先行创建市街店屋，“百计邀集各商结合在此营业”❺。大稻埕兴起之初正值台湾社会经济大变迁时期，台湾传统的稻作经济正经历着新产业的竞争，特别是北部地区茶业和樟脑业兴起，外商进入并参与到茶和樟脑业的推广种植、生产加工、收购运销到国际市场的过程中。一切都是新的，一切都在变化。在这样的环境下，大稻埕作为新兴的商业城镇，具有创新的特质，易于接受新事物，较少保守精神，也没有长期形成的各种利益牵绊，能够快速应对随时变化的各种形势。其三，刘铭传的北台湾建设计划，也选择新兴的大稻埕作为台北新的商业中心，建设建昌街，吸引洋商来设馆。由此，大稻埕逐渐成为台湾北部最重要的产业（茶业）经济中心。由于聚集经济效应，吸引了北部其他产品在此集散，成就了大稻埕作为台湾北部产业中心的地位。“大稻埕是台湾开港后所塑造的典型的通商口岸都市”❻，其“市街之壮丽，以台北大稻埕为最。房屋之前面，一律建筑双层红砖洋楼，其内或平房，或楼房，均听其便也”❼。

淡水港是淡水河流域的进出口港，商务于艋舺和大稻埕进行，港口本身的主要功能是仓储和航运。开港前淡水港只是淡水河口的一个小市街。1829年，淡水街人口约有1 200人（当时新庄约有4 000人，艋舺则已是2万人口的大城镇）❽。1870年代以后，随着樟脑和茶业迅速发展，出口增力口，淡水迅速成

---

❶ 清末台湾海关历年资料[M].台北：台湾“中央研究院”台湾史研究所筹备处，1997：682-698.

❷ 历来淡水的名称就有兼指淡水河流域之意。经过中国与外方折冲，遂将原限于沪尾街一地的淡水口，解释为包括艋舺在内。后来因为艋舺淤浅，邻近的大稻埕逐渐成为洋商聚集地。刘铭传审时度势也默许洋商迁移。光绪十三年（1887年）建设扩大大稻埕市区。于是大稻埕也无形中被包括在淡水港内了。参见赖永祥.淡水开港与设关始末[J].台湾风物，1976，26(2).

❸ 引自：池志征.全台游记[M].台北：台湾银行经济研究室，1960：5.

❹ 引自：J W Davidson.台湾之过去与现在[M].蔡启恒，译.台北：台湾银行经济研究室，1972：259.

❺ 引自：台湾私法商事编[M].台北：台湾银行经济研究室，1961：28.

❻ 引自：林满红.茶、糖、樟脑业与台湾之社会经济变迁(1860—1895)[M].台北：联经出版社，2000：17.

❼ 引自：施景琛.鲲瀛日记[M].台北：台湾银行经济研究室，1961：59.

❽ 引自：唐次妹.清代台湾城镇研究[M].北京：九州出版社，2008：106.

长起来，发展成为“一个繁华的城市”，街内“行铺众多，与艋郊声气相应”❶。1872 年，该地有居民 1 013 户，共 6 148 人❷。

基隆港是北部的另一通商口岸。基隆一直是台湾岛上港湾条件最优良的港口，但因腹地狭小，限制了港口的发展。嘉庆中叶以后，随着兰阳平原的开发，基隆成为噶玛兰到台北地区的转运中继站。该港的腹地扩大后，发展的速度开始加快。在道光年间，基隆成为淡水厅重要的港口，并形成市街。同时，基隆地区的煤矿开始受到重视，开港后，基隆煤矿开禁，随着煤业和航运业的发展，不少华商和外商进驻基隆。同治五年(1866 年)，随着基隆开港，华商组成了专门从事航运的船郊“新义兴”，并成立郊行“新义顺”。与此同时，外商也设立了洋行。随着商务的发展，吸引人口在此聚集，促进基隆市街规模的进一步扩大。1875 年时的基隆，“港门宏敞，舟楫尤多。年来夹板、轮船帆樯林立，洋楼客栈，阛阓喧嚣”❸，显示基隆的商况已经较为繁忙，是洋船、中式帆船进出频繁的港口。基隆虽临近台北盆地，但因该港与盆地之间山峦重嶂，交通困难，通达性极差，只有山间的羊肠小道可通行人。盆地内的货物不易运到基隆港，限制基隆港腹地的发展。因此，尽管该港是一个可容轮船进泊的深水良港，仍因腹地的局限和货源的不足商务的进一步发展受限，港口和市街的规模仍属有限。台湾建省后，刘铭传加大了北台湾的建设力度。光绪十三年(1887 年)，开始修筑纵贯铁路的台北—基隆段，并于 1891 年开通火车。台北—新竹段也于 1893 年修通。与此同时，还进行基隆港的筑港工程。铁路的开通，虽扩大了基隆港的腹地。但是，“因为铁路还不十分稳妥可靠，运输者不愿把茶叶、樟脑之类贵重货品交托铁路运输，所以迄今还没有茶叶、樟脑之类被运到那里，访问基隆的轮船也仅仅都是为了加煤”❹。日据时期基隆成为整个北台湾的出入口，市镇规模迅速扩大。

南部通商口岸的开发历史悠久，经济发展的基础良好。开港之初，南部对外贸易发展迅速。据海关统计数字，1864 年南部(打狗港和台湾府)的对外贸易总值是 141 万，1865 年增加到 187 万，1866 年和 1867 年均超过了 200 万❺。开港初期，南部安平和打狗的对外贸易远远超过北部的淡水和基隆，1880 年代以后，南部对外贸易的领先地位始被北部地区超越。

西方殖民者最初选中港湾条件并不好的安平港作通商口岸，其目标是全台湾规模最大且最繁荣的府城台南，因为安平历来和府城就是连为一体的。自厦门—鹿耳门对渡贸易开始，商务就一直在府城进行。因此，开港后洋商也将府城作为交易口岸，并在当地设立洋行。打狗作为外口，也被看做在台南港口之内。

安平港(即大港)在道光年间取代鹿耳门成为府城的出入口。此时，安平已有居民千余家，但大部分商务仍在府城进行❻。一方面，因为安平港水深不定，外国商船无法入泊，因而，开港初外轮多从港湾条件较好的打狗港进出。另一方面，因为开港之初台湾官方禁止洋船在府城海口贸易，坚持所有贸易行为都在打狗进行，进出口货物一律在打狗估值并完税，进口货须先至打狗检查后，始能运至府城卸下。因此，开港之初，南台湾大部分的商务活动和货物出入均在打狗开展。由此，打狗港虽仅作为安平的子口开放通商，却很快成为南部货物进出的第一大港❼。1875 年，南部修筑了贯通中央山脉的道路，大大便利了打狗和卑南的来往，自此台湾东部地区也纳入了打狗的贸易范围。

1880 年代以后，由于打狗港外的沙洲扩大，使得外国轮船的进泊成为一大难题。轮船不能进港，只能在沙洲外停泊，再由当地小船在轮船和码头间往来接驳运货❽。打狗港的不利因素，使南部的外贸重心转

---

❶ 引自：陈培桂. 淡水厅志(卷 7，武备志)[M]. 台北：台湾银行经济研究室，1963：156.
❷ 引自：马偕. 台湾六记[M]. 台北：台湾银行经济研究室，1972：119.
❸ 引自：洪弃生. 寄鹤斋选集(纪游鸡笼)[M]. 台北：台湾银行经济研究室，1972：128.
❹ 引自：H B Morse. 1882—1891 年台湾淡水海关报告书[J]. 谦祥，译. 台湾银行季刊，9(1).
❺ 引自：唐次妹. 清代台湾城镇研究[M]. 北京：九州出版社，2008：107.
❻ 引自：姚莹. 中复堂选集(台湾十七口设防图说状)[M]. 台北：台湾银行经济研究室，1960：76.
❼ 引自：卢德嘉. 凤山县采访册(丙部：地舆·港澳)[M]. 台北：台湾银行经济研究室，1960：63.
❽ 引自：H B Morse. 1882—1891 年台湾淡水海关报告书[J]. 谦祥，译. 台湾银行季刊，9(1).

向安平和台南府城。开港后的台湾府城一带“市面渐繁”，而且城内的安平港不断有商人起盖店铺，设立商行，开展贸易。“刻下起造房屋，各项贸易栉比星罗”❶。由此可知，打狗商务在开港初有较大发展，其后由于港口淤浅而停顿。同时，它仍主要作为台南的子口而发展，南部台湾大部分的商务仍在府城台南进行，促进台南较快发展。

(2) 传统口岸继续缓慢发展

台湾开港后，通商口岸由于集中了大部分的资源而发展快速，非通商口岸则维持缓慢发展的格局。闽台之间的传统商业贸易往来仍然十分紧密，而且继续保持异常活跃的民船贸易关系❷。华商贸易通常使用本国的木帆船装运货物，这些民船往来进出台湾的非通商港口。非通商港口水浅港小，更适合吃水浅的民船停泊，它们可以沿岸行驶，在恶劣的天气下也可以进入小港湾装卸货物。在海关报告中指出，鹿港及其以北地区三四个港口的大量的帆船贸易占去了台湾岛北部地区进口转运货物的相当大的比重。以茶叶的出口为例，据海关报告，1869 年淡水出口的茶叶为 5 469 担。另据地方厘金征收的统计，1874 年，由帆船载运的茶叶有 5 052 担❸。

北部开展帆船贸易的非通商港口主要有新庄、竹堑、香山、中港、通宵、后垅、乌石港、苏澳等等，中部则有鹿港、笨港、大安、大甲、梧栖等，南部帆船进出的主要港口除安平和打狗外，还有国赛港、东港、阿里港等以及新竹县的香山、后垅、大安等港口。

由于帆船贸易远不如洋船进出口贸易增长速度快，再加上部分帆船贸易因非通商港口条件落后以及设施不足等原因而转向通商口岸，使得非通商口岸的发展缺乏后劲，在通商口岸快速成长的对比下，显得相对滞后。如东港、盐水港、笨港、鹿港、后垅港、大安港、竹堑港、乌石港、苏澳港、新庄港等口岸均虽有成长，但发展速度趋缓。

2.3.3.8　内陆和行政中心城镇的发展

(1) 聚落的发展

开港后台湾聚落的发展步伐已经大大加快，不仅聚落数量有大幅的增加，由清代中期的 108 个增加到 170 个，而且规模也日益扩大。其中，新增聚落最多的是北部地区。其原因在于：开港后台湾经济发展的重心转移到北部地区，茶、樟脑等产业带动了包括种植、采摘、熬制、加工、包装、运输等大批新兴行业的发展。产业的发展吸引众多的从业人员以及为这些人员提供服务的各种行业，人口聚集促进大量新市街形成。

另外，聚落分布的区域范围更广，遍及全岛。内陆交通便利的地区聚落进一步发展，使得平原区的聚落分布更密集。丘陵、山区也兴起了大批新的资源型和专业性市镇，甚至后山东部地区也形成了少量市街，并且行政中心城镇的大批增加。

其中，内陆聚落的发展较为显著。内陆聚落的发展有三个基本条件，即有丰富的农产品(且生产的商品化程度较高)、有长期的市场发展基础、位于农业区内交通便利的中心地带。清末台湾经济是以茶、糖、樟脑出口为主的外贸型经济，随着茶、糖、樟脑等产业的高度商品化，台湾的普通居民的日常生活均受市场经济的影响。“在出口贸易的刺激下，台湾原来的农业生产结构发生了变化，那些专供出口的经济作物的生产高度发展，原来用于种植粮食作物的土地被大面积占用”❹。在台湾南部是蔗田占用稻田，在北部则是茶园的大规模扩张。生产的商品化导致市场交换的频繁，市场得以进一步发展。同时，清末台湾的陆路交通也有所改善，府城之间、县城之间、府城和县城之间有官道(即驿路，或称邮路)连通，贯通了由恒春(阿猴)—凤山—台南—嘉义—斗六—彰化—台中—苗栗—新竹—台北的官道，并向东北经水返脚，过三貂岭达到宜兰。中部则由彰化通达埔里。这条官道位于内陆地区。另外，北部地区从基隆到新竹逐渐

---

❶ 引自：唐赞衮. 台阳见闻录(卷上：洋务·商务)[M]. 台北：台湾银行经济研究室，1958：44－45.

❷ 引自：林仁川. 晚清闽台的商业贸易往来[A]//黄富三，翁佳音. 台湾商业传统论文集[C]. 台北：台湾“中央研究院”台湾史研究所筹备处，1995：107－132.

❸ 引自：唐次妹. 清代台湾城镇研究[M]. 北京：九州出版社，2008：110－111.

❹ 引自：李祖基. 近代台湾地方对外贸易[M]. 南昌：江西人民出版社，1986：91.

开通了铁路❶。而中部由彰化县城到埔里社厅城(大埔城)的官路经过南投街和集集街,再到大埔城❷。以上说明,清末的台湾,内陆聚落发展的基本条件均已具备,因而在地理位置适中、交通便利的地方,在原来的农村集市的基础上,发展出越来越多的市街。如台北盆地就新增加了数量众多的小市街,包括枋桥街(即板桥街)、公馆街、和尚洲、景尾街、新店街、深坑街、仔林街、石碇街、坪林尾街等。这些市街有的规模很小,如直到日据之初,景尾街和新店街的居民仅 1 200 人,石碇街和深坑街只有 700 人,坪林尾街只有 182 人❸。这些市街都是当地农产交易中心,街内设有商铺。有的市街由于得天独厚的交通地理条件和人文优势而发展迅速。一些清中期即形成的市街则因自然或人文的因素发生变迁,逐渐发展壮大。如位处台北盆地,由陆路往兰阳平原交通要道的水返脚(汐止),清末已有 4 000 人❹。盆地内的芝兰街,建于乾隆初(原八芝兰林街),发源于今士林神农宫一带。神农宫前广场就作为农产品的交易所,远自金包里、淡水、基隆、桃园等地都有商贩运送货物到芝兰街买卖。1859 年淡北发生漳泉人械斗,芝兰街受波及而遭焚毁。同治年间,当地士绅潘永清等人带领街民共同在下树林(基隆河南岸)建设新街,即士林街❺。清末的士林街一直是交通便利、市场繁荣的物产集散地。经过清代一百多年发展的积累,台湾更多的内陆市街经历了逐渐发展的过程,规模由小到大,商圈也随之扩大。如桃园台地的桃仔园街,形成于清中期,到清末时已发展出好几条商业街,包括公馆头街、中南街和长美街,居民七八百户,人口超过 3 000 人。

(2) 行政中心城镇的增长

清末,台湾地方行政中心建设得到加强,县厅城市随着分府添县而有所增加,成为开港后另一批较突出的聚落发展类型。乾隆朝以前,官方对行政中心的建设投入极少,乾隆中后期逐步加强了行政中心城镇的建设。嘉庆、道光朝以后,各行政中心基本上修筑了城池,行政中心城镇的规模也进一步扩大。清中期的行政中心城镇有台湾府城、凤山县城、诸罗县城、彰化县城、竹堑厅城和噶玛兰厅城(五围)共六处。同治末年,台湾行政区划有了较大调整,尤其是在台湾建省后,大批新的行政中心设立,并先后修建了城池。由此而形成一批新的行政中心城镇。清末时台湾岛内的行政中心城镇有台湾省城(台中东大墩,后改为台湾府城和台湾县城,省城移往台北)、台北府城、台南府城、宜兰县城、新竹县城、苗栗县城、彰化县城、云林县城(林圯埔,后移往斗六)、嘉义县城、凤山县城、恒春县城(阿猴,今屏东市)、基隆厅城、埔里社厅城和卑南州城。因此,清代台湾省、府、县、厅城市共 15 座❻。这批新的城镇,由于条件优越,快速崛起,有的甚至超越了传统的港口聚落,成为台湾聚落网络中的一批中坚力量。行政中心选址大体都选择在一个府、县、厅的人文和社会发展的中心位量,当地人口聚居,经济较为繁荣,一般均为本行政区域内较繁荣的市街(只有初定为省城的桥孜图除外),腹地广阔。这些市街被定为各级行政治所后,相继修建了城池(基隆、大料嵌、卑南未建城),从而确保城内有一个安全而稳定的发展环境,促进了该聚落社会经济的较快发展。例如,艋舺和大稻埕是北部因航运及茶叶加工、集散而兴起的繁华聚落。台北建府时,艋舺和大稻埕近邻被选为台北府府址,随后修建台北府城,刘铭传更将巡抚衙门移往台北,并创设兴市公司奖励和吸引投资,发展产业。但城内地区的建设仍仅限于政府衙门,经济发展的重心仍在大稻埕和艋舺。

在这些行政中心城镇中,新成立的行政中心城镇与历史较久的城镇比较,发展规模相对较小,如台北城内、苗栗城、台中城、云林城、恒春城、基隆城、卑南城、埔里社城等,因成立时间较短,规模较其他原有的行政中心城镇如凤山城、嘉义城、彰化城、竹堑城都小得多。如清末云林城内只有斗六街和东和街两条商业街道❼,苗栗县城也只有梦花街。而早期的行政中心城镇发展到清末时均已相当繁华,城内街道众多,

❶ 引自:新竹县制度考[M]. 台北:台湾银行经济研究室,1961:11 - 12.

❷ 引自:[清]夏献纶,台湾舆图(埔里社图)[M]. 台北:台湾银行经济研究室,1960:66.

❸ 引自:台湾总督府官房统计课. 日据时期台湾统计书(2)[M]. 东京:著者印行,1900:58.

❹ 引自:马偕. 台湾六记[M]. 台北:台湾银行经济研究室,1972:67.

❺ 引自:陈佳宏. 士林街市之发展与演变[J]. 台北文献,2004(9):318.

❻ 附郭县城不计,另 1894 年大料嵌(即桃园大溪)设南雅厅,但未及筑城,台湾就沦为日本殖民地。

❼ 引自:倪赞元. 云林县采访册(大康榔东堡 · 街市)[M]. 台北:台湾银行经济研究室,1959:10.

新竹城内有街道8条，凤山县城内有15条商业街，清末台南城内的商业市街已超过230条❶。在人口规模方面，早期发展而来的行政中心城镇也较多。台南在1875年已有人口4万，嘉义市和新竹市各有1.5万，彰化市和宜兰市已达1.1万。到了日据初，台南人口接近5万，台北(城内、艋舺和大稻埕合计)也超过5万，成为台湾南部和北部规模最大的城镇，人口远较其他行政中心城镇为多，甚至高出好几倍❷。

(3) 专业性聚落的兴起

随着台湾对外开放，外商的正式进入，台湾对外贸易迅速增长，台湾贸易的地区和贸易总量均有较大幅度扩张。海关统计资料显示，1868年，台湾进出口贸易总值为234万海关两，到了1895年，达644万海关两，27年中，对外贸易总值增长了2.7倍，其中，仅淡水口就增加了300万两❸。台湾的贸易对象，此前以大陆为主，开港后，除了保持与大陆的传统贸易外，还增加了与日本、欧美、南洋国家贸易的新内容。茶、糖、樟脑等商品因世界市场的需求而大幅增长，取代原有的以米、糖为主的贸易结构，成为主要输出产品。

在这一背景下，台湾以产业为经济支柱而发展起来的专业性聚落逐渐增多。清代后期，随着茶、糖和樟脑等产业的大发展，在这些商品的生产、加工和集散地就形成了该种商品专门的生产、加工、贸易和转运的聚落，即以茶、糖、樟脑产业为经济主体的专业性聚落。与此同时，清政府加强了对台湾的建设，采取了"开山抚番"、开通内山道路、修筑铁路和疏浚港口等措施。这些措施的开展，极大地加快了内山地区的开发，加强了由平原到内山地区的联络以及岛内各地的交通，极大地促进了岛内各地的物资流通，有利于内山产品的对外输出。开港后的茶、糖、樟脑的生产均以市场力导向，商品化程度较高，生产、加工、交易和运输过程都已具有专业化。聚落的专业化程度与这种生产的商品化和专业化紧密相关。特别是北部地区，随着茶和樟脑产业的大发展，在茶叶、樟脑加工和集散的地方形成了一批专业性的聚落。

这一批新的专业性聚落规模不大，其兴衰完全与当地产业相关联，产业繁荣则兴旺，产业萧条则萎缩。如1891年，由于北部地区内山"番民"作乱，临近的樟脑产地大受影响，三角涌的樟脑生产几乎陷于停顿，大料嵌也大受影响，每月的生产量缩减约500担❹。大批工人因躲避番乱而离开，樟脑产量缩减，经济萧条，当地市街顿时冷清了许多。

台湾因樟脑业和茶业的勃兴而产生的专业聚落，主要有大料嵌、三角涌、咸菜瓮、树杞林、猫里、南庄(苗栗县)、东势角、集集、林圯埔(竹山)等❺。这些市街大部分在开港前已形成，开港后随着茶业和樟脑业的发展而快速成长，聚落内部经济日益专业化。其中，咸菜瓮街，即今新竹县关西镇，在道光初年因制脑业勃兴及番社产物贸易频繁，吸引了越来越多的人移往此地经商定居，开港以后，成为重要的樟脑产地。1872年以后，转以种茶和制茶为主。市街内制茶业兴盛。树杞林街，今新竹县竹东镇，其开发始于嘉庆年间。树杞林位于近山地区，盛产樟脑、茄藤、薯榔、通草、藤、苎等，又以樟脑为最盛❻。开港后，该地成为重要的樟脑集散地。另外，树杞林还产茶叶。随着樟脑业以及茶业的繁盛，树杞林街也兴盛起来。

另外，茶业专业聚落还有大稻埕、深坑、石碇等地。大稻埕是最典型的茶业专业聚落，它是全台最大的茶业加工精制地，也是最大的茶叶集散市场，几乎所有出口的茶叶均集中大稻埕精制加工后，再装船运往厦门、香港、汕头等祖国大陆沿海港口转运出国。其茶叶市场兴旺发达，交易数量巨大。据海关统计，1882—1891年的十年间，北部淡水茶叶出口总值高达2 793万海关两❼。从淡水口出口的茶叶，均在大稻埕进行精加工和交易。

总之，开港之后，台湾中、北部地区因茶和樟脑业的勃兴，促进资源型市镇和专业性聚落的普遍兴起。

---

❶ 引自：唐次妹. 清代台湾城镇研究[M]. 北京：九州出版社，2008：119.

❷ 引自：唐次妹. 清代台湾城镇研究[M]. 北京：九州出版社，2008：119.

❸ 引自：唐次妹. 清代台湾城镇研究[M]. 北京：九州出版社，2008：120.

❹ 引自：唐次妹. 清代台湾城镇研究[M]. 北京：九州出版社，2008：124.

❺ 引自：张明雄. 晚清时期台湾通商口岸的开放与社会经济的变迁[J]. 台湾文献，42(3/4).

❻ 引自：林百川，林学源. 树杞林志[M]. 台北：台湾银行经济研究室，1960：99.

❼ 引自：H B Morse. 1882—1891年台湾淡水海关报告书[J]. 谦祥，译. 台湾银行季刊，9(1).

其中,除部分因为具备有利的交通、广阔的腹地以及其他的优势条件而发展出较大的规模外,大部分仍属于小规模的市街,它们分布在丘陵和内山地区,与当地区域经济的发展密切相关。

2.3.4 台湾聚落的开发

基于前文,在内外推力和拉力的综合作用下,漳、泉地区的商、渔民陆续前往台湾。整个清政府统治时期,大陆人民移居台湾的浪潮更是一波强过一波。清政府最初对台湾的管理以"防"为主,对内地人民赴台实行严格的禁渡政策,规定大陆人民前往台湾必须有官府发给的"印单",方可由厦门渡台。在厦门和鹿耳门这两个出入口有官兵对渡台人员进行严格的查验,严禁夹带。同时,还禁止广东潮州、惠州人民前往台湾,驻台官兵也不许携眷赴台❶。乾隆朝以后,渡台禁令虽逐渐放松,乾隆末年甚至设立了官渡,但渡台仍有许多条件限制。直到光绪元年,台湾才完全开禁,并设招垦局,组织和鼓励大陆人民赴台开垦。因此,嘉庆朝以前,偷渡一直是大陆人民移垦台湾的一个重要途径。清朝大部分时间里,台湾偷渡、走私成风,各级官吏对偷渡情形的报告比比皆是。"偷渡来台,厦门是其总路。又有自小港偷渡上舡者,如曾厝坡、白石头、大担、南山边、镇海、岐尾;或由刘武店至金门、料罗、金龟尾、安海、东石,每乘小渔船私上大船"❷。地方官的奏折也称:"查偷渡之路有二:其由厦门大担口正路出洋者,多属船主舵工,计图渔利,招引无照之人,顶冒水手,私行前往。其由青屿、浯屿、赤码、槟榔屿小路偷渡者,俱系不法客头,包揽客民,先于海澄、龙溪、诏安等县招引,聚集小船,由石码等处潜至厦门,乘夜载赴大船出洋。"❸偷渡移民历经千难万险方能到达台湾,许多移民在未到台湾已葬身大海。"群贿船户,冒顶水手姓名挂验。女眷则用小渔船夜载出口,私上大船。抵台复有渔船乘夜接载,名曰灌水。……更有客头串同刁水积匪,用湿漏小船,收载数百人,挤入舱中,将舱盖封顶,不使上下;乘黑夜出洋,偶值风涛,尽入鱼腹。比到岸,恐人知觉,遇有沙汕,辄赶骗离船,名曰放生。沙汕断头,距岸尚远,行至深处,全身陷入泥淖中,名曰种芋。或潮流适涨,随波漂溺,名日饵鱼"❹。即便如此,每年走正口和经私口偷渡到台湾的人数仍相当可观。康熙末年成书的《台湾府志》载:"闽、广之梯航日众,综稽簿籍,每岁以十数万计。"❺王必昌指出:"内地穷民,在台营生者数十万。"❻

清统一台湾之际,由于郑军官兵及部分移民迁回大陆,汉人人口一度减少到7万~8万人。但随后闽粤沿海各地人民继续向台湾移民,使台湾人口快速增加。据档案资料现实,乾隆三十三年(1768年)台湾人口接近70万,乾隆四十七年(1782年)台湾人口已超过90万,嘉庆十六年(1811年)更急剧扩张超过190万❼。即:1683—1782年,台湾人口在一个世纪增加约80万,从乾隆中期到嘉庆年间的半个多世纪里人口更增加了100多万,平均每年增加人口2万。乾隆中后期至嘉庆年间人口的迅猛增长与官渡的设立不无关系。在当时男多女少、男女比例严重失调的情况下,这种人口的增加只能归结为外来移民,而非自然增长。移民大部分从事佃垦或佣工,也有少量无业游民或亡命之徒以及小部分商人,除了小本经营外,也有从事进出口贸易的。此外,还有少数官员和"有力者",通过经商、垦殖或因军功受赏而取得土地,进而成为台湾拓垦活动中的领袖人物。正是这些大陆移民,他们与当地土著一道披荆斩棘,足迹遍及全岛,促进台湾土地开发和社会经济发展。

明郑时期,台湾开发仅限于西南沿海台南附近一隅。清领台之初,开发的地区只在台南附近,其余部分均为荒芜烟瘴之地。据史料记载,清初台湾已垦地区仅府治百余里,"凤山、诸罗皆毒瘴地",以至于诸

---

❶ 引自:李祖基.论清代移民台湾之政策[J].历史研究,2001(3):156-163.
❷ 引自:黄叔璥.白海使槎录(卷2,赤嵌笔谈·武备)[M].台北:台湾银行经济研究室,1957:33.
❸ 引自:台案汇录集(卷7,刑部为内阁抄出浙闽总督杨廷璋奏移会)[M].台北:台湾银行经济研究室,1963:242.
❹ 引自:王必昌.重修台湾县志(卷2,山水志·海道)[M].台北:台湾银行经济研究室,1961:68-69.
❺ 引自:周元文.续修台湾府志(卷10,艺义志·申请严禁偷贩米谷详稿)[M].台北:台湾银行经济研究室,1960:68-69,323.
❻ 引自:王必昌.重修台湾县志(卷2,山水志·海道)[M].台北:台湾银行经济研究室,1961:68.
❼ 引自:陈孔立.清代台湾移民社会研究[M].厦门:厦门大学出版社,1990:9.

罗和凤山的地方官都不敢莅任，“令其邑者尚不敢至”，寄寓府城[1]。其时，诸罗县“流移开垦之众，极远不过斗六门……崩山、后垅、中港、竹堑、南嵌各港商贾舟楫未通，虽入职方，无异化外”。到康熙末年，移民开垦之地已渐过半线（彰化）大肚溪以北，“此后流移日多，乃至南日、后垄、竹堑、南嵌，所在而有”[2]。所以蓝鼎元称，“国家初设郡县，管辖不过百里，距今未四十年，而开垦流移之众，延袤两千余里，糖谷之利甲天下”，“今北至淡水、鸡笼，南尽沙马矶头，皆欣然乐郊，争趋若鹜”[3]。

清代台湾的经济结构主要以农业和商贸业为主，大量移民从事拓垦活动。大批移民的涌入，使台湾土地得以快速开发。台南以北的嘉南平原和彰化平原是清统一以后最先得到开发的地区。整个台湾岛的开发进程，则是由南而北、由沿海向内陆推进。康熙年间台湾开发的地区有台南、凤山、诸罗县部分地区（即后来嘉义县所辖区域）、彰化县（包括彰化平原、台中盆地）以及今苗栗县平原地带，台北平原也有陈赖章进行点状的拓垦活动。雍正年间，南部三县已开发殆尽，云林地区也得到全面开发，中路的台中盆地和彰化平原拓垦渐趋成熟，新竹地区和台北平原得到进一步拓垦。乾隆年间台湾的拓垦活动达到高潮，西南部沿海平原已无地可垦，移民（特别是广东移民）开始向内山挺进，北部新竹、淡水、基隆等地得以全面开发。从康熙到乾隆朝，台湾岛西侧沿海由南而北渐次开发，并开始向内山逼进。嘉庆年间，台湾开发的重点是东北部的宜兰平原和中部地区的埔里盆地，并先后设立地方行政管理机构葛玛兰厅和埔里社厅。道光以后，内山地区开始进行全面开发。光绪朝以后，台湾全面开禁，设招垦局招募移民前来开垦。土地开发进一步深入。清末台湾岛的土地已开发殆尽。据估计，清朝台湾开垦的耕地，与荷据和郑氏时期相比，面积扩大了 30 多倍[4]。可见，清代是台湾开发史上最重要的历史时期，大陆移民尤其是闽粤两省移民为台湾开发作出了巨大的贡献。

2.3.5　台湾聚落类型

对于台湾聚落的形态，日本学者富田芳郎从地理学的角度分析，认为北部为集村型，南部为散村型，中部则为迁徙型；若按聚落的形成因素，北部多为地缘型聚落、南部为血缘型聚落。具体而言，以浊水溪为界，台湾北部多“散村”（即散居形态的聚落），南部多“集村”（即集居形态的聚落）[5]。这种以自然河流的分野，主要是因为水源是当时生活及农业经济形态的必需要素，而台湾南部缺水，垦拓的移民必须共用水源，这是聚落集居方式产生的根本原因。本书将台湾聚落分为两种类型：散居形态的聚落和集居形态的聚落。

“散居形态”的北台湾聚落，最明显的是住屋的周围植有竹林（又称“竹围”，常常种植观音竹形成竹林代替围墙），左前方置有池塘（可供养鱼虾），池塘与住宅之间为前埕，一般为“前厅”（可供晒谷物等之用），住屋正身设有大厅，大厅内摆置神桌、供奉神明以及祖先牌位。大厅正前方避免种植树林或竹林。在住宅周边或附近拥有农田或耕地[6]。

“集居形态”的南台湾聚落一般由散户或数十户集中围在一起形成小聚落，而小聚落的外围与北台湾的聚落一样种植竹林，在集居聚落外围形成竹围。另外，在村内一般都挖有水井或池塘供全村共用，同时，聚落入口处多建有福德正神——土地公庙[7]。

散居与集居的住房的共同之处在于：建筑正身位于中央，正身的左右两侧为护龙，呈现“冂”形，建筑材料主要为砖或土埆，屋顶为红瓦，并且在整个聚落外围种植大片的竹林呈现出双重围合的居住和蔽护

---

[1] 引自：蓝鼎元. 平台纪略[M]. 台北：台湾银行经济研究室，1958：30.
[2] 引自：周钟瑄. 诸罗县志（卷 7，兵防志）[M]. 台北：台湾银行经济研究室，1962：110.
[3] 引自：蓝鼎元. 东征集（覆制军台疆经理书）[M]. 台北：台湾银行经济研究室，1958：34.
[4] 引自：陈孔立. 清代台湾移民社会研究[M]. 厦门：厦门大学出版社，1990：9.
[5] 引自：黄少廷. 古厝台湾：住宅风貌[M]. 台北：台湾书房出版有限公司，2008：9.
[6] 引自：黄少廷. 古厝台湾：住宅风貌[M]. 台北：台湾书房出版有限公司，2008：9－11.
[7] 引自：黄少廷. 古厝台湾：住宅风貌[M]. 台北：台湾书房出版有限公司，2008：9－11.

形态❶。

另外，从聚落功能角度分析，聚落主要表现为两种形态：

(1) 街市，由移民聚集而形成的带有商业行为的聚落，这是随后城市出现的基础与原型。台湾开发之初，水路的口岸和津渡、陆路的重要节点，自然成为货物的集散中心，因此各交通的据点，逐渐发展成重要的市街，如台南安平、鹿港、艋舺等。有的街市具备两条以上的街道，成直交或丁字交，并且把建有守护神祇的庙宇当成防卫中心。临近番界的街市还筑有土城或竹栅等。

(2) 村庄，也叫做草地，多指在郊外的群居聚落。大部分的移民带着原乡的生活方式、技能来台，自然选择与原乡相似的地理环境发展，故移民来台后，多优先选择适合原乡生活经验的地区，发展农渔业。

2.4 闽台聚落类型

2.4.1 聚落形态类型学理论与闽台聚落类型划分

早期的人类生态学家注重研究人类聚落及其与环境的相互关系。聚落(Community)指聚居在一定地区、生活上相互依赖的人类群体或社会实体，内涵包括人群及其生活环境、人的行为和人际关系。按照R. 邓肯·麦肯齐(R. Duncan Mckenize)的观点，从生态学的角度来看，聚落可以分为四类：第一类是基本服务聚落，诸如农业村镇、渔业、采矿、林业聚落等。如果没有其他功能，它的规模不会超过数千居民。第二类是商业聚落。它从周围基层聚落吸取原材料向广泛的市场销售，又在本地销售外地商品。规模取决于其所处地理位置及资源分配功能发挥的大小，小型商业聚落可以是农业区中心地带的小型集镇，大型商业聚落可以至巨型港口城市。第三类是工业城镇。它是制造业中心，往往可以兼备基本服务型聚落和商业聚落的功能，其规模不可限量。第四类是自身没有经济基础的聚落。它在商品生产以及资源分配中几乎没有功能，依赖其他地区维持存在。如旅游、政治和教育中心、防卫性聚落、刑罚或慈善事业群居地。聚落发展与消亡中起决定作用的生态学因素是人口数量和环境负载能力。人类聚落的发展类似植物群落的发生及演替，其组合、分隔等是由于土地利用形式及土地占有者更替的一系列人口入侵现象引起的后果。引起入侵的原因如交通形式和交通路线的变化、用地环境的恶化、新建筑的兴建、经济的发展等。尤金·普莱曾茨·奥德姆(Eugene Pleasants Odum)所说，由于人类行为具有可塑性，使得人类控制其周围环境的能力和不依赖于环境发展的趋势比其他任何生物大得多。聚落是自然系统、经济系统、社会系统组成的复杂的人类生态系统。

对于聚落类型的分类，因可切入的角度多而难以建立统一的分类系统，纵观现有的研究成果，一般按照自然地理、经济活动方式、家庭组织、聚落空间形态、民间宗教信仰等五方面指标加以分类❷。按照自然地理可以划分为：山地聚落、水岸聚落与沿海聚落。按照经济活动方式可以划分为：农业型聚落和非农业型聚落。其中后者又包含了贸易型集镇，工矿型村落、军事型聚落、交通性聚落等。按照家庭组织、家族血缘可以划分单姓家族型聚落、多姓家族聚落。按照民间宗教信仰分类则更复杂，闽中、闽东民间崇拜的俗神有临水夫人、徐仙(徐真君)、齐天大圣等。闽北、闽西民间崇拜的俗神有武夷君、梅仙、欧阳佑、罗仙公等。此外，闽西一些民间还流传蛤蝴公王、涂赖二公和黄仙师等神祇的崇祀活动。闽南与台湾民间崇拜的俗神有开漳圣王、保生大帝、清水祖师等。还包括自然神灵崇拜对象，如天地、山川、日月星辰、风雨雷电、水火、各种动物和植物神灵等。其中，民间植物神灵崇拜主要体现在树神崇拜方面，尤以榕树、樟树和松树为多见，称各种树神为"樟公""树头公""老榕公""众公妈"等。不同的分类标准可以揭示出闽台聚落空间不同的特征。本研究结合闽台地区的具体的自然地理环境、人文历史、宗族血缘与宗教信仰、聚落空间形态与建筑特色等因素，从上述五方面进行闽台聚落的类型分析。

❶ 引自：黄少廷. 古厝台湾：住宅风貌[M]. 台北：台湾书房出版有限公司，2008：11.

❷ 引自：管彦波. 论中国民族聚落的分类[J]. 思想战线，2001(2)：38－41.

本研究对聚落空间形态的分类立足于物质形态层面，即将聚落物质形态分为微观、中观与宏观三个层面，其中微观层面是指聚落内部的单体，包括建筑的形式、空间、结构与装饰等；中观层面是指聚落的边界、空间结构与肌理等，是聚落建筑群体所表现出来的整体形态；宏观层面是指在区域、经济、文化上具有特定关联的一些聚落相互之间所形成的关系，强调区域的概念。因此，微观、中观与宏观层面分别对应常规意义上的“建筑、聚落(村、镇)、区域”三个方面。本书对于聚落形态的划分主要集中于中观层面。首先，在研究方法上，注重聚落二维图底关系的分析，即以建筑物外轮廓线为基本要素，基于二维平面的图底关系，以其空间化的视角，通过抽象而简洁的虚实变化研究聚落内外之间的空间关系❶。其次，参考道萨迪亚斯的“人类聚居学”的“圆形”“规则线形”“不规则线形”三类形态划分，结合闽台地区聚落实际情况将聚落类型分为“团状聚落”“带状聚落”“指状聚落”以及“混合型聚落”四大类型，其特征简介如下。

(1) 团状聚落

团状聚落的边界闭合图形相对近似于圆形、方形或不规则多边形，长宽比例一般不大于 1.5，缺乏明确的方向性指向。结合聚落所在的自然地形地貌，这类聚落多位于地势相对平坦的环境中，且四周具有相对均质的外部环境基质，存在不均衡发展的驱动力相对较少。较为典型的如龙海埭尾古村落、晋江福全古村落、南安洪帮古村落、武夷山城村古村落、邵武金坑古镇、建瓯党城古村落、武夷山下梅古村落、福安楼下古村落、台湾台南县鹿陶江家古村落、台湾彰化县月眉池刘氏聚落、三明上坪村、漳州市漳浦县湖西乡诒安堡等。

例如，龙海东园镇埭尾古村落位于福建省龙海市东园镇西部，距厦门约 50 公里，距龙海市区 10 公里，距漳州港 12 公里，区位交通便捷。埭尾村原名柑埭社，是陈氏宗族村落，其开基始祖为唐代漳州圣王陈元光后裔——陈均惠，于宋祥兴二年(1278 年)为避乱而肇居埭尾，整个村落具有近千年的历史。埭尾村与龙海石码相望，环抱于鸡笼山、大帽山、峨山之中，村落四面绕水，古榕遍村，具有浓郁的“世外桃源”般的意境。2012 年 3 月被福建省评定为第四批省级历史文化名镇名村。整个村落四周由 30 多米宽的河道围合，村落边界清晰，围绕四周的河道似一条长龙盘旋着古村落，形成“港环社，社枕港”的独特景观。村落形态近似圆形，布局规整，极具特色，现有传统古厝 276 间，多建于清代，保存较好的有 36 座，这些传统古厝大门均朝向北，与陈氏宗祠一个朝向，都面对远处的大帽山，而近 60 年来新建民居则大门一律向南，由此形成了民居大门南北相对，泾渭分明的格局。其中，传统古厝群以陈氏宗祠为中心沿东西两边一直排开，同时以该排为起点自北向南排列，形成三排、每排九座传统古厝的“九宫格”的规则布局形态。这一早期村落形态为其后发展奠定了基础，后来民居的建设都是按照这一规则的布局形态，自北向南发展，同时向东西拓展。传统古厝山墙间仅留 1 米间距，而古厝侧门户相对，因此，当所有民居的侧门打开，则可以形成一条贯通东西的廊道，能够使得村民在下雨天不用打伞，横贯全村都不会淋湿。传统古厝前后两排间都留有 10 多米宽的大石埕，石埕不设围墙，供农忙时晒谷。在规则的村落空间形态中，散布着妈祖庙、三王公庙、祖师公庙及祠堂等民间信仰性建筑，为村民提供了朝拜、祭祀、休闲娱乐等的场所(图 2 - 4)。

武夷山市兴田镇城村古村落位于福建经江西通往中原的重要交通要津，村西南有筑于西汉初年的闽越王城遗址，故又称“古粤城村”。现有村民 2 500 多人，500 余户，以林、李、赵三姓为主，皆中原望族，因避战乱而入驻此处。村落坐北朝南，四面青山环绕，锦屏山、狮子山左环右抱，崇阳溪自西南向西北，在村落后呈弧形环流后由东北向东南，再折而向东流出，形成“冠带水”形势。

村落东西宽约 845 米，南北长约 578 米，村落形态近似长方形，四面夯筑寨墙，并开设四门，村落内部街巷格局清晰，主街呈“工”字形，主街两侧有三十六小街、七十二巷道，所有建筑沿街巷呈条块分布，街道两侧设排水系统，并于西北溪流中筑坝拦水，渠水由北向南，由西向东，分流全村，供村民日常洗涤、生活，另在村内开挖古井约九十九口，可资饮用(图 2 - 5)。

❶ Edward T Hall. The Hidden Dimension[M]. New York: Anchor Books, 1990

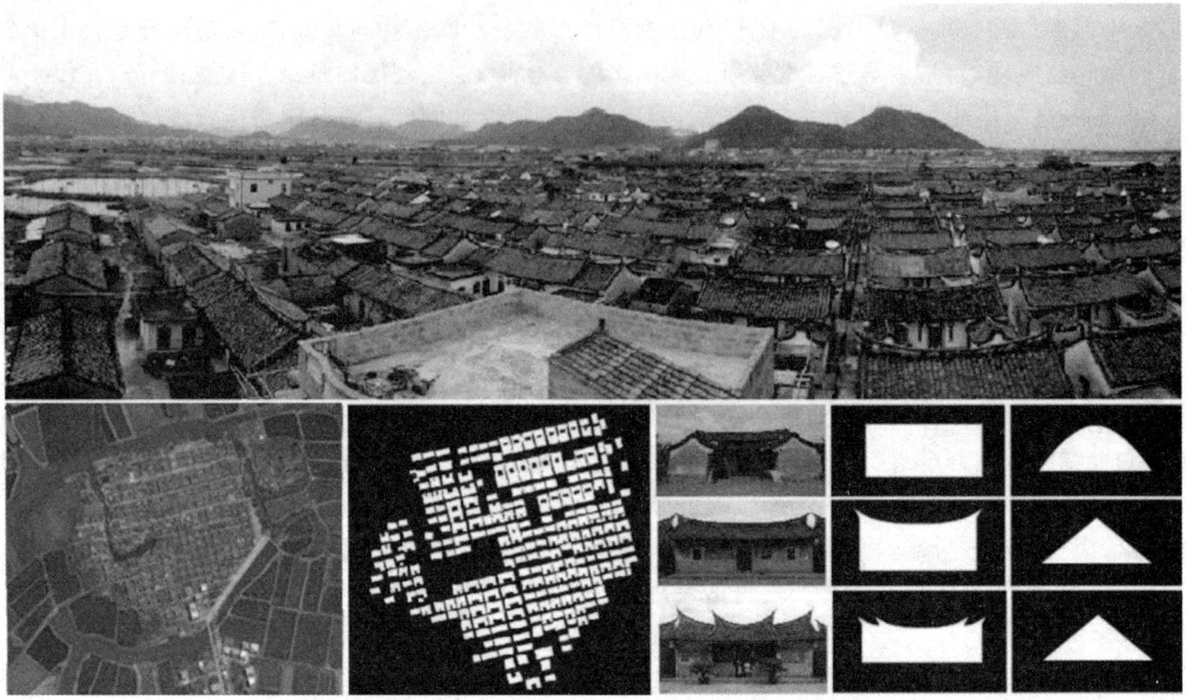

图 2-4 漳州龙海市东园镇埭尾古村落图底分析图

图 2-5 武夷山兴田镇城村

上坪村位于三明市建宁县东北部溪源乡境内，西与江西省黎川县接壤，历史上曾名“六龙井”“楚下堡”。清时期，上坪作为闽赣两省的重要驿站，曾是两省文人墨客、商贾小贩云集之地。上坪历史悠久，为杨氏宗族村落。自上坪杨氏始迁祖杨感遁之祖父圣达公随闽王从河南光州固始县迁至福州，后又由福州迁到上坪，肇基以来已有 1 000 多年历史。明、清、民国时期，有 130 多人在外为官，其中官居二品的 2 位，

4 位官拜大夫，秀才举人众多。目前上坪村保留有五代同堂坊、杨氏家庙、社祖庙、古学堂、古香园、司马第、大夫第、得水园等古建筑和遗址。现在全村辖 6 个村民小组，154 户，总人口 628 人，山林面积 16 786 亩，耕地面积 1 646 亩。

上坪村地理位置独特，海拔 700 米，四周群山环抱，形成盆地，两条小溪流环绕全村，四周是层层而上的梯田。村中山形独特，似人似神，根据古代风水之说有村前四象把口，村后双蚕织茧，村落玉带环绕，村内七星伴月等独特的地理景观。整个村落长宽比约为 1.2，整个空间呈现“两溪加一村的近似方形”的聚落形态(图 2－6)。

图 2－6　建宁县上坪村

团状聚落是中国聚落景观的主体形态，体现为围合型、方正型。中国聚落景观在长期的适应环境的过程中，一方面保持其基本的特性，如方正与围合；另一方面，也会因时代的不同或地域环境的不同而发生变异，如不同地域的围合空间结构是不一样的，这就是适应环境的结果。

(2) 带状聚落

带状聚落的边界形态有且仅有一个方向性外延主导，从而使得边界图形的长宽比大于2，聚落建筑单体通常都沿着某一个线性要素展开生长，这些线性要素，大部分是具有特定的外在界体的制约或引导，如道路、河流、山体的等高线与山脊线等。这类聚落较为突出的如连城县芷溪古村落、连城县宣和乡培田古村落、漳州市南靖县云水谣古镇(图2-7)、台湾妈祖列岛北竿岛芹壁聚落、永安市贡川古镇、寿宁西浦古村落、屏南北墘古村落、武夷山市五夫镇等等。

图2-7 云水谣古镇

云水谣古镇地处漳州市南靖县西北部山区，四面环山，风景迷人。古镇始建于元末明初，现下辖三个村，分别为璞山村、官洋村和坎下村，三个村被曲折的长教溪分隔开来，以溪为界。古镇共有6 000多人，以简姓为主，另有少部分王姓。云水谣依山傍水，长教溪从古镇中蜿蜒穿过，呈带状环绕着云水谣古镇。溪边，有一条长约5公里的用鹅卵石铺的古栈道将整个古镇串联为一带状的空间形态。古道上有13棵百年、千年老榕树散布在其中，给古镇增添了几分自然与古色。古道两侧为砖、泥、木结构的民居及其土楼，其中，怀远楼、和贵楼等数十座风格各异的土楼已列入世界文化遗产名录。

再如台湾妈祖列岛北竿岛芹壁聚落。该聚落在宋代就有福建沿海渔牧渔民在此搭棚暂住，明末时期，福建沿海一带海盗猖獗，芹壁聚落亦为海盗强借住所之地。根据台湾学者研究，芹壁聚落开发始于清朝末年，由福建省长乐县鹤上乡玉溪陈氏家族第29代成员陈茂带等人，因捕鱼作业经常来往于芹壁与大陆沿岸之间，后定居于此，因此，该聚落是以陈氏家族为基础的宗族聚落。

芹壁聚落的空间发展肌理，受到地形地貌的限制，在居民饮用水源等因素的共同作用下，该聚落早期紧邻泉水源，居民多以竹筒引山泉水至家户中。因此其聚落空间序列为：山泉的上游开垦为梯田，以便于需要大量水源的农作物灌溉，下游为聚落建筑群，最下游则因污水排放等而规划为清洗与家禽饲养等杂用空间。整个聚落空间层次清晰，空间自由而狭长，建筑群围绕两条分布于北面山与南面的山芹壁山泉流域而呈现带状分布(图2-8)。

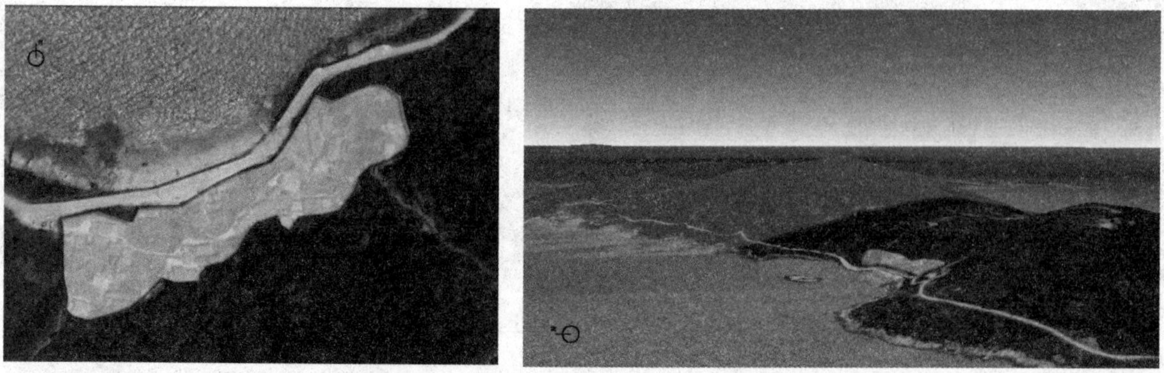

图2-8 台湾妈祖列岛芹壁聚落空间分析图

培田古村落位于福建省连城县宣和乡河源溪畔，是一处历史悠久的大型客家聚落，村落户数 315 户，人口 1 435 人。村落以吴氏家族人口最大，约百户，五百多人，村落主要由高堂华屋、庙宇道观、书院、宗祠和牌坊及其长约千米的古街组成，素有“十家一书院，五户一祖祠，三家一店铺，一人一丈街”的美誉，村落总面积约 7 万平方米。

培田古村落所在地形复杂，东西临山，南北呈长方形，地势平坦，因此，南北古街绵延千米。培田古村落则西倚卧龙山，沿溪流蜿蜒向东舒展，而村落内部则有河源溪从北、东、南三面穿村而过，同时结合道路系统，呈现“三条水圳穿村过，三横五纵路网通”的布局形态，而整个古村落空间形态则呈现“蜿蜒型的带状”，带状沿溪流生长，又呈现“指状”发展态势(图 2－9)。

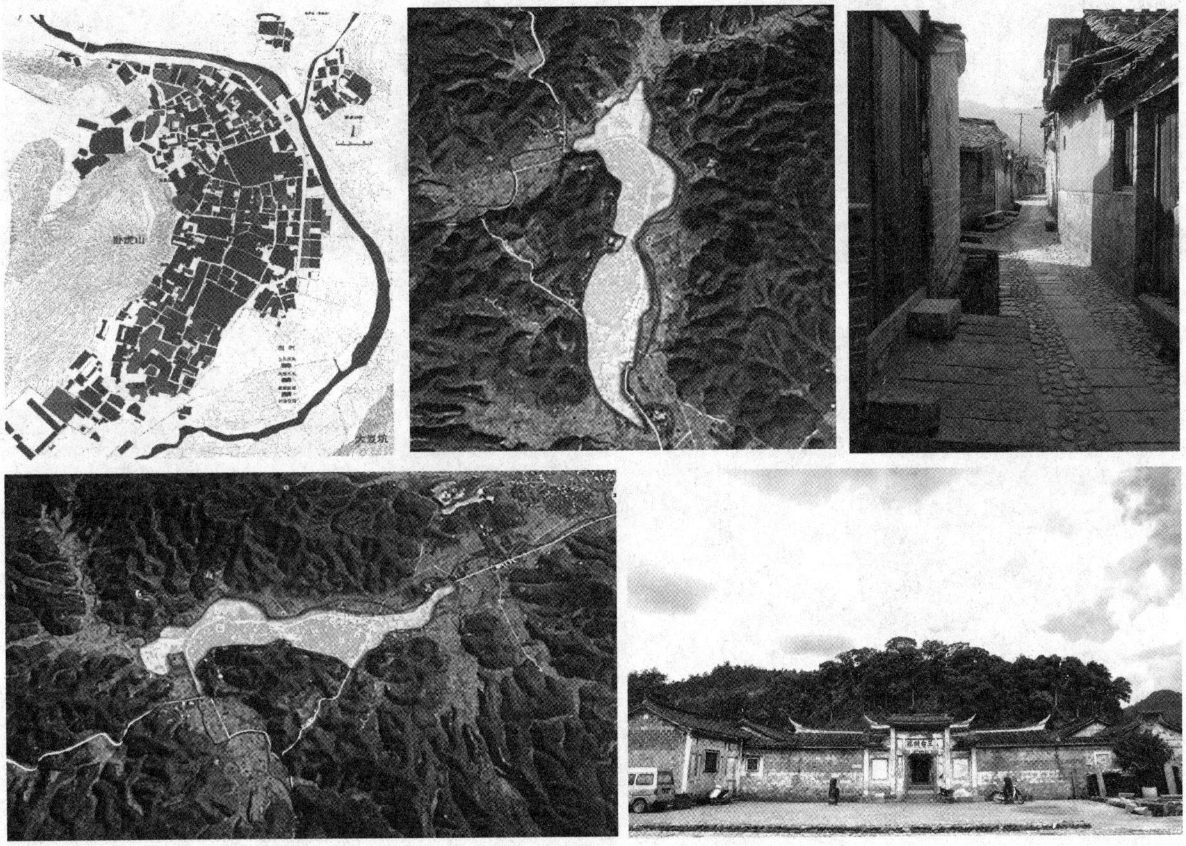

图 2－9　培田古村落

环状聚落是带状聚落的一种特殊的形式，通常情况下是聚落沿着一个与其自身尺度较为接近的团状物线形展开，最终可能首尾相连接成为一个闭合环状，或者是未能相接从而形成半环状，该特殊类型多在水体或者小型山体的自然地理环境中发生，如石狮市邯江古镇、晋江市深沪古镇等。

(3) 指状聚落

指状聚落的边界形态具有多个方向性外延主导，如同五根手指从手掌以不同的方向向外延展。这类聚落多处于山地，因地形复杂，而形成指状聚落形态。较为典型的如漳州平和县九峰古镇、永安市贡川古镇、泉州陈埭丁氏聚落等。

例如，九峰古镇是较为典型的指状形态的聚落。该古镇位于福建漳州市平和县西南部，现有人口 4.6 万余人，其中 95％为客家人，姓氏极多，有“百姓”之称，主要以曾、朱、杨三姓为主，其中曾姓 2 万多人，朱姓 1 万多人，杨姓 1 000 人，是较为典型的以三大姓氏为主的宗族血缘聚落。2003 年 1 月 8 日被福建省确认为省级历史文化名镇。

九峰古镇依山傍水，即大芹山及其周边山陵和碧溪河，地势由东向西倾斜，古城因形态似“鲤鱼”而素有“鲤城”之称，位于古城厢东南角、有 300 多年历史的土楼“景云楼”则形象地被当地居民称为鲤鱼的“鱼眼”，并成为界定古城东南的边界。古城东北以城隍庙和牌坊边界，成为整个古城的主入口处。古城内结合东西长、南北窄的地形条件，布局有纵横交错的街巷，其中下街建于明清时期、西街建于清末民初。整个古城空间形态为：以城隍庙为起点，以景云楼为终点，由东街和西街、下街、中山街的“三纵”、三条横向街巷的“三横”形成“鲤鱼”状形态（图 2－10）。

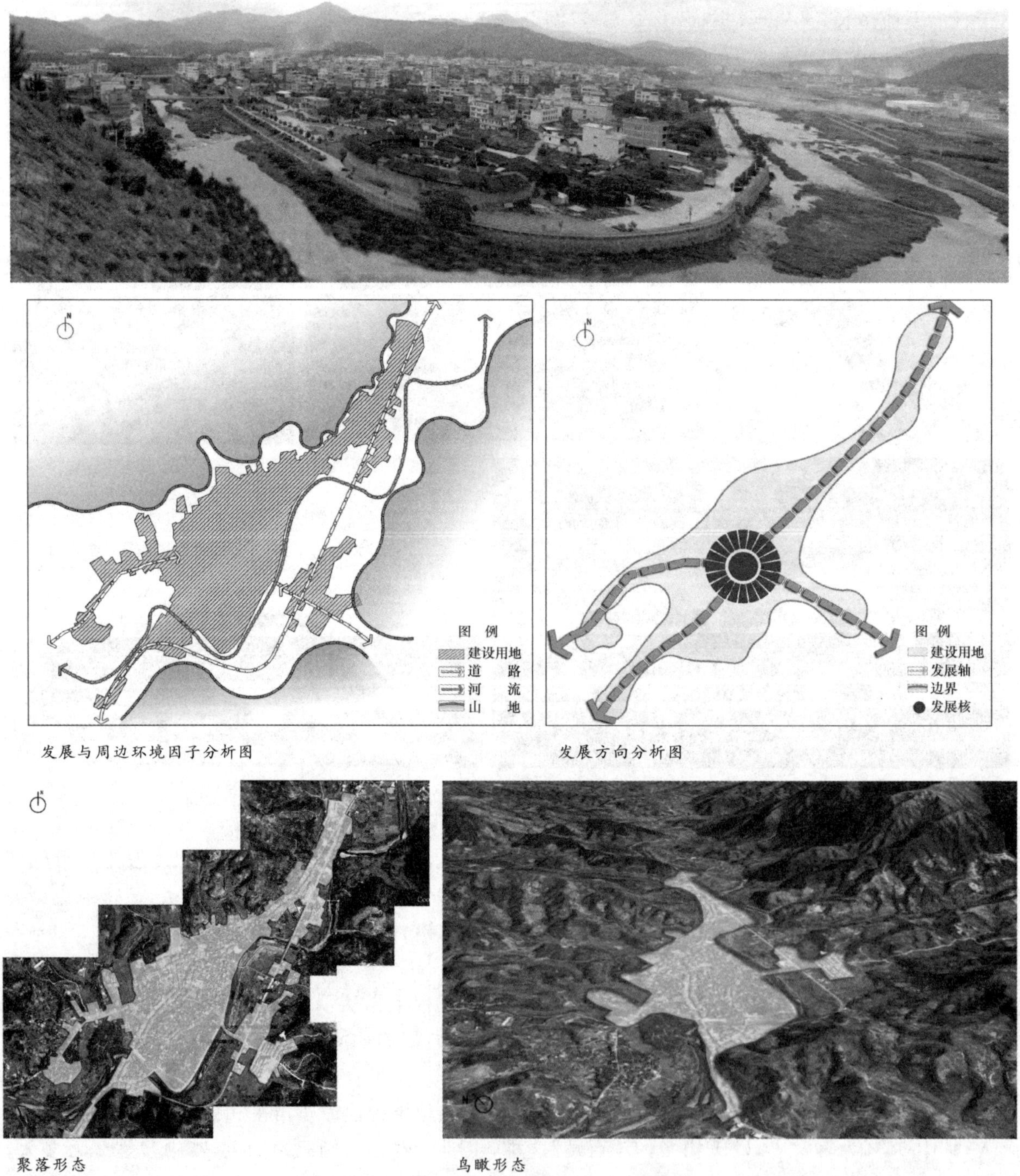

图 2－10 平和县九峰古镇空间形态分析图

古镇形态变迁沿着古城北部东坑楼、跨碧溪河向南以及沿省道官九线、县道秀秀线向东、向西拓展，由此形成了四大指状发展轴，拓展了古镇的空间形态。而古镇的三大宗姓散布在古城内及其周边地段，其中，古城北部、东街以北和西门周边为朱氏宗族聚居区；西街、南部和东门部分为曾氏宗族聚居区；杨氏宗族聚居区则在古城外围的新大街一带。这三大姓氏均是在元末明初来到此地，有各自的家庙宗祠，不同的房派又各有支祠，各方民居以支祠为中心展开，体现了鲜明的宗族血缘关系。

贡川古镇位于福建永安市北部，南距永安市区 16 公里，205 国道和鹰厦铁路纵贯全境。贡川三面临水，沙溪河由南至北贯穿全境，胡贡溪由西向东汇入沙溪，整个古镇为两河夹一城，因此，自古就有闽水陆要冲和永邑北大门之称。古镇历史上手工业与商业就相当发达，也因此成为永安四大集镇之一，是九龙溪流域客家经济与南平、福州等贸易交往的必经之地，也是客商水路运输货物的集散地。

贡川古镇历史悠久，古名为贡堡，距今已有 1 264 年的历史；贡川文物古迹众多，目前镇内仍有保存较为完好的明城墙、会清桥、笋帮公栈 3 个省级文物保护单位，陈氏大宗祠、正顺庙、古井、张若谷墓、福兴桥等 5 个市级文物保护单位，有宋代李纲盛赞为“小武夷”的拼榈山；贡川历史人才辈出，历史上曾出过 2 名探花，16 名进士，13 名举人，24 名贡生，3 名理学家，宋代新科探花陈瓘、明代琴谱大师杨表正、近代中国第一架飞机制造者李宝焌等就是其中的杰出代表。

古镇的空间发展经历了自发到自上而下的规划演变的历程，整个古镇形状较规则，在空间生长方面早期由一个或几个点开始形成“生长点”，然后顺沿某种路径向外扩散，最终形成由“结点”到“路径”再到“网络”的生长模式。而这些生长点是以祠堂、家庙为中心向外展开建筑布局，以结点形态构建空间核心的结构形式，形成古镇格局生长点；结点与结点相连的街道以线形态组织空间结构脉络和空间的生长方向，纵横交错的大小街巷网络构建出古镇内部空间的生长骨架；而整个古镇的空间形态则沿着沙溪呈现南北拓展，形成狭长形的空间形态。随着古镇的进一步发展，特别是到了明代为了抗击倭寇土匪等，建造了城堡，由此形成了相对稳定的带状的聚落形态。

随着聚落的进一步发展，整个古镇突破古堡城墙的束缚，逐步跨沙溪向东岸拓展，同时，沿着胡贡溪向北拓展，由此形成了第三个指状触角，另外，跨沙溪后因地形条件的限制，促使东岸一方面沿着沙溪继续南北拓展，另一方面向东拓展，由此形成第四个指状触角(图 2-11)。在漫长的发展历程中，贡川古镇逐步形成了带状的聚落形态，并呈现北、西、东三大指状触角。

(4) 混合型聚落

这类聚落的形态往往兼顾了上述几种类型于一体，或者是上述几种类型的中间状态，从而体现出某种非典型的特征。如和平县秀峰乡福塘古村、永安市小陶镇美坂村、漳州市书洋镇、田螺坑古村落、漳州市南靖县石桥村、金门水头聚落等。

福塘古村落位于平和县秀峰乡，福塘村旧称上大峰，距离九峰镇 25 公里左右，是闽粤边界古代商旅的重要驿站，古村落位于海拔 800 多米的五凤山脉所环抱的小盆地内，村落内部有一条仙溪由东向西呈现 S 形横贯村落，将村落划分为南北两块，形如“太极两仪”，故名溪南“阳鱼”、溪北“阴鱼”，鱼眼处各建有一座圆形土楼：南阳楼、聚奎楼。整个村落宛如一个道家阴阳太极图，故福塘又被称为“太极村”。

福塘太极村形成于明万历至清顺治、康熙年间，历代加以完善，是平和县原朱氏富族聚居区。据文献记载：因避战乱而逃至此处的南宋理学家朱熹的 18 代子孙朱宜伯(名方毅，字宜伯，讳士道)根据上大峰的自然条件、山川地形，以“聚山通泽气、山泽通处是乾坤”精心筹划，始建而成。古村落内的古民居建筑大部分修建于清代康乾盛世期间，以南北朝向为主，依山傍水，巧妙布局，结构精致，造型美观，风格独具。该村至今尚遗存有明清时期的南阳楼、留秀楼、茂桂圆楼、聚奎楼等古民居 62 座共 858 间，多为砖石结构的大厝，家家户户有天井、花台、八卦井(也称阴阳井)，根雕、古瓷、古玩、字画比比皆是，房梁雕龙画栋，雕花贴金，古色古香，十分精美。古民居内太极图、动物花草、人物神话故事等当年精美的木雕绘画如今还依稀可见(图 2-12)。

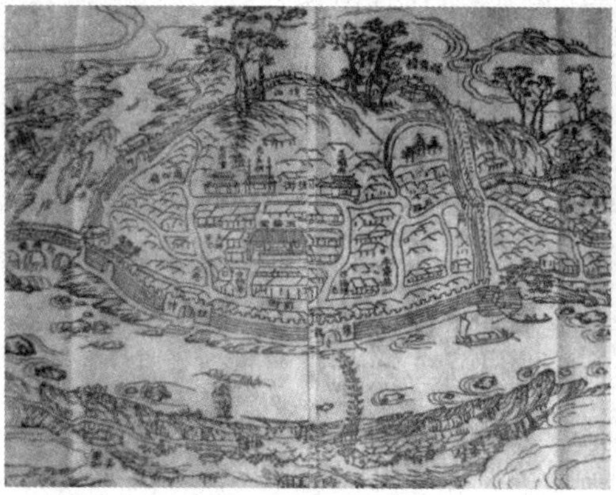

《刘氏家谱》玉华堂图（录自《贡川古韵》）

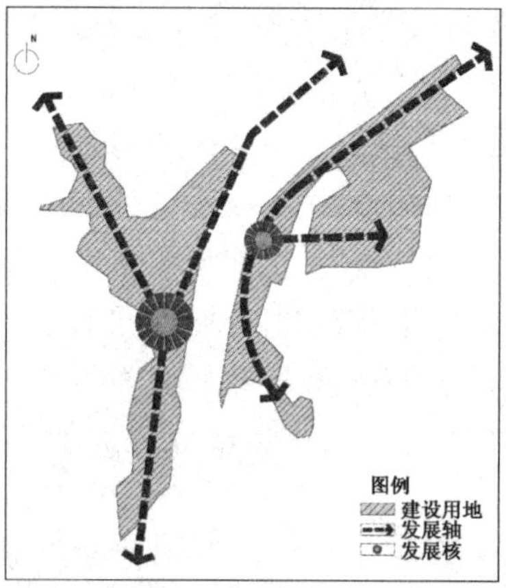

古镇空间发展轴分析

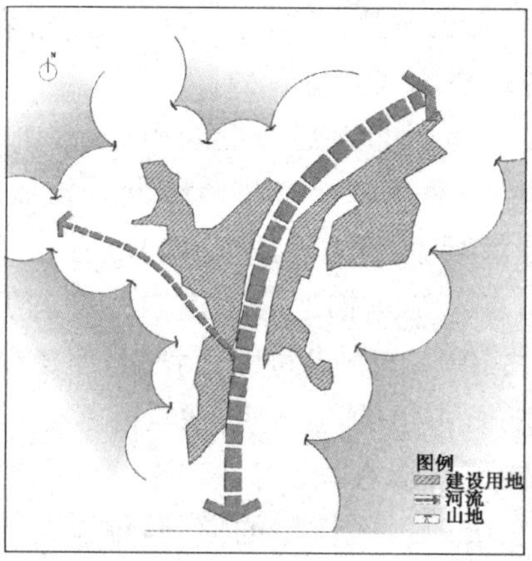

古镇与周边环境分析

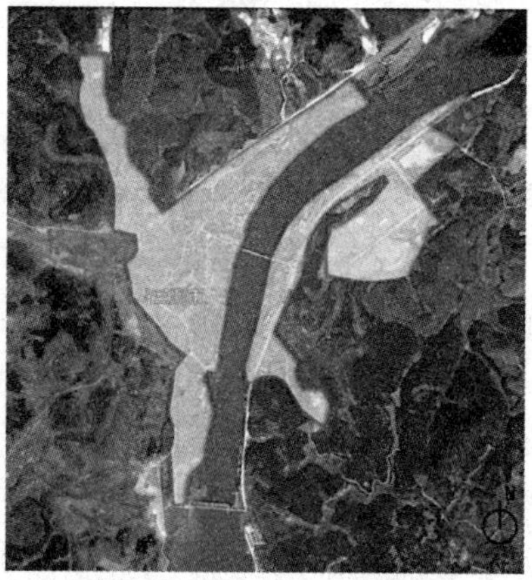

古镇建设用地与周边环境示意

图 2-11　贡川古镇空间形态分析图

金门水头聚落，位于金门金城镇的南部。水头聚落又名前水头、金水，为古地名，清代为浯洲屿十九都古贤堡前水头乡，现在为金门县金城镇金水村。水头聚落是泉厦地区居民迁徙至金门的重要登陆地点，也是金门居民前往南洋的重要门户，且为“金门公园”13 个重要聚落之一，在金门聚落中拥有独特的地位。作为明清时期人们往来金门岛的必经之地，水头聚落不同于金门其他聚落以单姓为主，而是以多姓且小姓人口比例高的众族合居的聚落，共有人口 1 113 人(2006 年金门县政府统计)，主要有黄、李、蔡、陈四姓，以黄姓族人居多。

水头聚落依山而建，呈现长方形的空间形态，北临龙贡山，东、南有蜈蚣山脉、龟山、香炉山环绕，西侧为狮头山及塔山，并依靠流向金水溪的水路呈扇形分布，整个聚落地形趋缓往西北前水头码头延伸，形成凹口屏障，自古即是海防要塞地。

聚落被贡山稜线道路划分为南北两侧，其中北侧部分聚落朝向西北面海边的后界宫后陈部分，南侧聚落远眺香炉山与红山仔间。西南临南太武山，由右至左划分为四个区界，依次为“顶界”“中界”“下界”与“后界”。顶界为黄氏族人聚居，古称黄厝，又称黄厝顶；中界有奈厝社，后为李厝；下界曾称刘厝、周厝，因一口水井清甘而又名井仔厝；后界以后宫为界址，又有宫前、宫后之分。

整个水头聚落建造在缓坡之上，地势前低后高，背山面水。民居建筑群遵循宗族社会的秩序排列，鳞次栉比，结构清晰，且各组建筑之间均拥有良好的通风，冬暖夏凉，并在建筑间设隘门，以抵御来自南门海岸的入侵。结合地形、宗族血缘与神缘三大要素，水头聚落的空间形态呈现出：以共同奉祀的宫庙为神缘中心向心发展的、宗族血缘五界边界清晰的、“梳式”空间结构(图 2-13)。

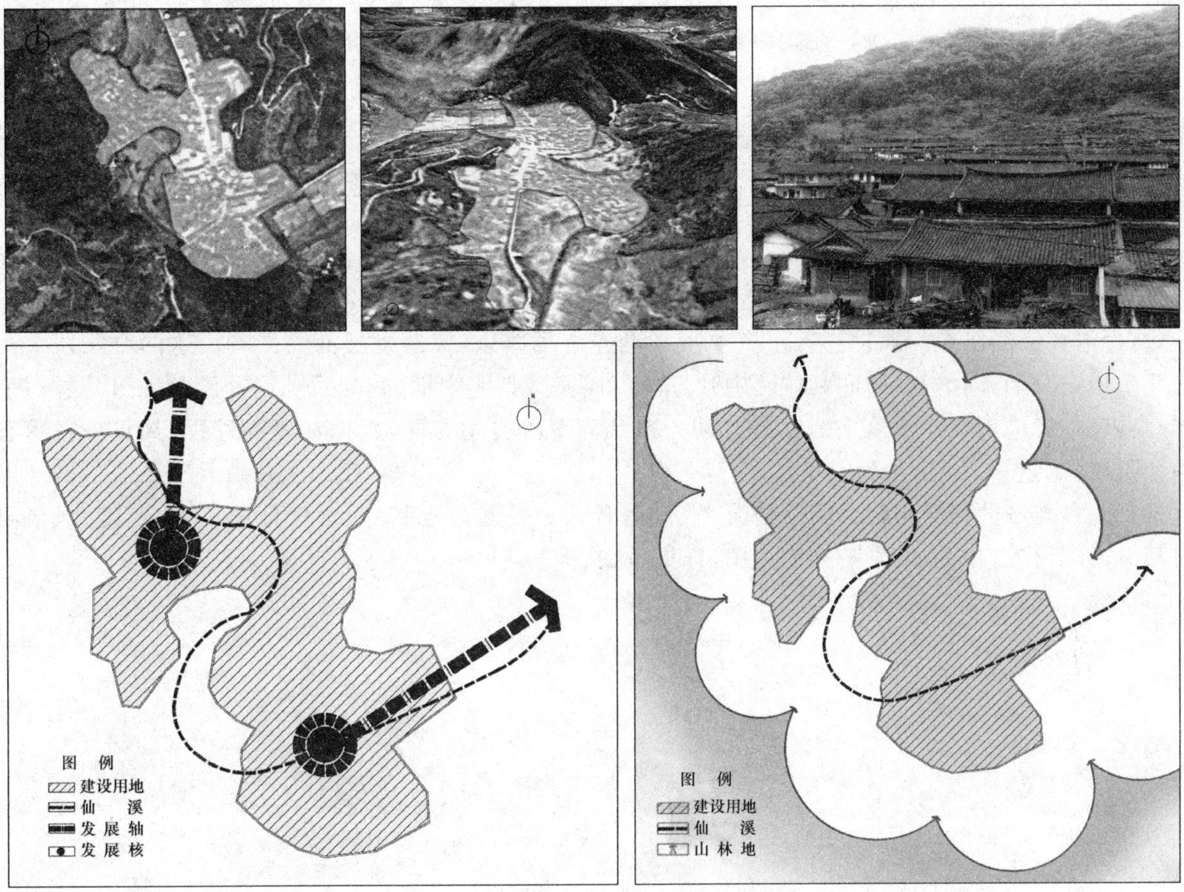

图 2－12　福塘古村落空间形态分析图

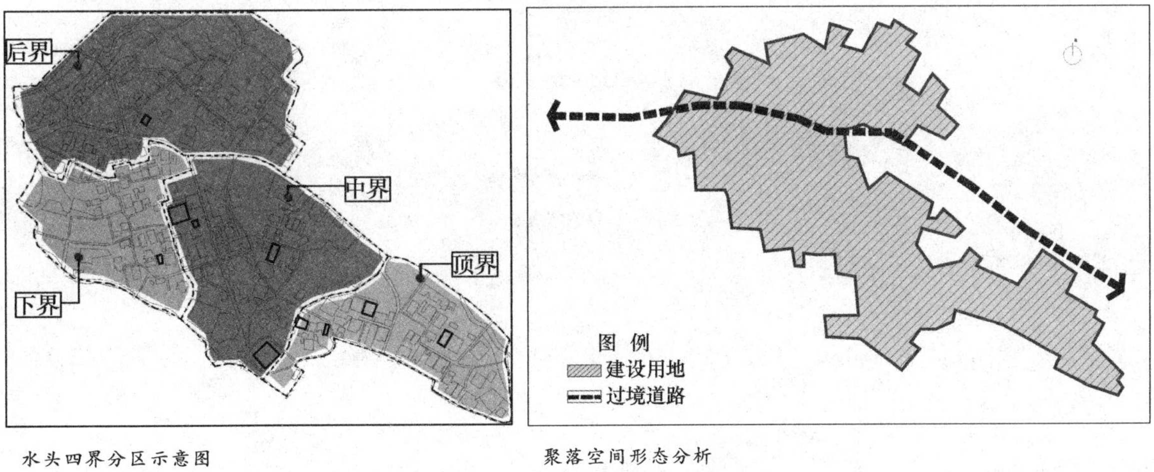

水头四界分区示意图　　聚落空间形态分析

图 2－13　水头聚落空间形态分析图

2.4.2　闽台聚落类型对聚落保护的影响

以上从整体的视角考察了闽台聚落所在的自然生态环境、地域历史文化以及闽台文化下的闽台聚落的兴起与发展历程，并从总体层面剖析了闽台聚落的形态特征。闽台两地文化的发展史在某种意义上说就是一部中华移民史。闽文化的本源来自于中原汉文化，中原文化是闽文化体系中的核心文化，也是闽文化的基础。而台湾文化则是闽文化的海洋拓展，闽台文化同为中华文化的重要组成部分。地处台湾海峡西岸的福建沿海地区，尤其是闽南地区则是台湾的祖籍地，其地缘、文缘、物缘等要素促使了台湾文化的发展。同时，移民文化也促使台湾文化呈现多元文化的组合的特征，即：少数民族文化、中原文化、日本与欧美等国家的文化相互交融。在闽台聚落自然生态环境方面，闽台两地独特的山海资源兼备的区域地理特征，使得两地聚落的自然环境特征既相似，又特色鲜明，既有依山就势、高低错落、层次分明、与外部自然环境融为一体的聚落，也有处于山间谷地或小盆地、周围群山环抱、山水环境优美的聚落，还有处于东部沿海平原地带、镇村内部地形相对平坦的聚落。独特的自然环境塑造了极具特色的聚落空间。

相似的自然生态环境、同根同源的文化孕育了闽台聚落的人文历史和发展。特别是台湾地区聚落经历了史前文化时期、清代以前、清代至开港前的发展历程。其中，清朝统治时期，台湾聚落的发展大体以开港为界分为两个阶段，开港前台湾聚落的发展以大陆为依托，肇因于移民开发和两岸对渡贸易的发展。开港后，台湾社会经济被深深地卷入了资本主义世界市场体系，聚落发展深受影响。这两个阶段又可划分为三个历史时期，即清初（康熙到乾隆中叶）单口对渡时期、清中期（乾隆后叶到开港前）三口对渡期、清末（开港以后）台湾南北部聚落平衡发展时期。在台湾聚落类型方面，根据其发展过程，又可分村落和街镇两个阶段。

结合闽台地域的自然与社会实际情况考察，笔者认为自然生态特点、堪舆理论、宗法制度、风俗习惯等对其聚落的形成与发展的影响较为突出，详见后文。

第 3 章　闽台聚落空间形态变迁

聚落是一种特殊的人文实践地域，是地表高密度人口和社会经济活动聚集的地方；同时，聚落也是一个地理实体，其产生和发展建立在一定的自然条件基础上。因此，自然地理和人文地理环境是聚落赖以发展的基础，也是建构聚落文化生态系统的必要条件。就闽台地区而言，聚落文化生态系统包括了宗族血缘因子、人口因子、社会经济地位因子、政治制度因子等诸多方面，它们共同作用、影响聚落空间的历史变迁。这些影响因子造就了闽台聚落时空分布的基本特征。

聚落空间形态是由结构（要素的空间布置）、形状（外轮廓）和相互关系（要素之间的相互作用和组织）所组成的一个空间系统。聚落空间形态变迁的研究是对历史时期、历史条件和自然地理环境中诸多聚落空间秩序的共同规律的抽象和概括，它能够揭示闽台两地聚落的演变，探寻其发展动力和机制，并可以揭示出聚落的特征与内在的联系，为进一步探讨聚落的保护等提供依据。

闽台地区的聚落类型丰富，主要有“团状聚落”“带状聚落”“指状聚落”和“混合型聚落”等四大类型。而丰富的聚落类型背后蕴含着其空间形态结构的多元化。聚落形态是反映构成聚落各要素发展变化的空间形态特征，这种变化是聚落作为有机体内外矛盾的结果，也是闽台两地文化生态系统不断走向新的平衡的产物，是人类在适应环境的过程中，科学技术变革的外在表现，也是地域经济体制和社会组织及其地域精神与价值观念，即风俗、道德、宗教、哲学、艺术等观念形态的文化综合运行的结果。

3.1　影响聚落空间形态变迁的多因子分析

聚落的形成与特定的自然地理条件以及人文历史发展因素有关，是地理、气候、社会、经济、文化等诸多环境综合作用的结果，而这些因素可以进一步归纳为自然与社会两大要素。闽台地区的聚落空间形态变迁同样受到这些要素的作用。

正如西方聚落形态学所表达的那样，一种聚落形态的形成，一是表现从局部到整体的过程，复杂的整体由特定的简单元素构成，因此，从局部元素到整体的分析方法是合适的、可以得出最终客观结论的途径，二是事物皆有客观的演变过程，事物的存在有其时间意义上的关联，历史分析的方法可以帮助理解研究对象过去、现在和未来的完整的序列关系❶。

尤其是当闽台两地的聚落选址确定后，所谓“八山一水一分田”的现实自然环境决定了其土地资源是不可增加的，而其他要素，如人口、经济、交通、水资源等都会发生巨大的变化，这些变化将成为影响聚落的结构与空间形态变迁的主要因素。同时，这些要素一直处于发展之中，如科学技术的提升，特别是农耕技术的革命，极大地改变人们对土地资源的依赖，农耕经济对聚落空间形态的影响力大大削弱，由此，使得依托土地要素的聚落空间形态发生变异，让渡于其他要素，如聚落文化旅游的发展成为影响聚落空间的主导要素，在聚落空间中凸显。因此，聚落的形态是动态的，而且不可避免会出现结构形态的突变，所有这些无疑增加了研究的难度及其解析的纷繁头绪。本章将进一步结合闽台历史文化中的宗族血缘因子、人口因子、社会经济地位因子、政治制度因子等方面展开聚落的空间变迁及其影响分析。

---

❶ 段进，邱国潮. 国外城市形态学概论[M]. 南京：东南大学出版社，2009：4－33.

3.1.1 自然生态因子

3.1.1.1 土地生态资源的影响

闽台两地特殊的“多山少地”的地理环境影响着聚落的发展。其中，土地是聚落中最重要的生产和生活资源，土地资源品质的优劣和数量的多少直接影响着聚落的规模、位置、密度和聚落群的空间分布，对聚落区域分布的数量和密度起到决定性的作用。人与土地资源的关系是通过土地产品而发生的，在一个地区土地资源作为一个整体所能生产的土地产品能否满足一定数量的人口的需要，即土地的人口承载力，可以较好地反映人与土地资源之间的关系。土地资源的人口承载力是指在保持生态系统的结构和功能不受破坏的条件下，为居民提供食物，并能健康地供养的最多人口数量❶。

对于闽台两地而言，多山的地理环境使得闽台两地耕地缺乏，影响了聚落承载的人口规模，进而影响了聚落的空间布局，使得聚落在地域空间层次中呈现出非均质性的特征，由此造成了诸如泉港区土坑村、龙岩芷溪村等聚落“母子聚落群”的形成，即随着聚落人口的增加，有限的土地资源难以承载人口增长的需求，由此促发了子村的兴起，如土坑村为刘氏单姓聚落，随着村落人口的发展，土地资源难以承载人口容量，由此，促发了围绕土坑散布七个小聚落的“母子村落”形态。

3.1.1.2 农耕作物的差异

闽台两地气候、土壤、作物的区域差异，对区域经济和聚落的发展都有一定影响。在自然经济资本市场独占的聚落社会中，山林资本往往因交通等诸多因素的作用而难以形成传统的商品经济体系，而另一方面，在闽台两地众多狭小的盆地中，早已形成了自给自足的农业经济体系，山林资源多为一种家族发展的经济资本，靠山吃山成为一方聚落的常态以及能够有效维护聚落家族生存的条件，也成为聚落发展的支撑产业。在闽台聚落中，常常集资购买耕地，成立祭祀公业，并将之视为家族在地化的社会象征，是维持家族活动所需的重要经济支持以及凝聚家族力量的重要靠山。漳州平和县九峰镇、清流县赖芳村、永定县湖坑镇等都是较为典型的案例。九峰镇地处博平岭南段，大芹山西侧，境内群山连绵，东部分布 30 余座海拔 500 米以上的山峰，其中，大芹山海拔 1 544.8 米为闽南第一高峰。九峰古镇处于南亚热带季风气候区，冬暖夏凉，年平均气温 21.3 摄氏度，年降雨量 1 600 多毫米，无霜期 318 天，四季常青，气候宜人，特别是冬春雨季，山区多雾，适合茶叶生长。特殊的自然地理环境，使得九峰镇农业资源丰富，九峰柰李、油桃、黑布林、茶叶、西瓜、反季节蔬菜等特产，维系着聚落的发展。

台湾地区，糖和稻米在开港前是最主要的对外输出品，在台湾经济发展中起着举足轻重的作用。在台湾中南部米、糖发达的地区形成了集散转运中心，这些中心往往因为人员货物的集中而形成聚落，成为台湾较早的一批城镇。北部由于茶和樟脑产业的大发展，经济发展赶上甚至超越了南部地区，又因生产、加工、运输、交易等的需要，产生了一批专业性的聚落，如艋舺和大稻埕先后成为茶、樟脑的集散中心，也是北部地区的产业中心。

3.1.1.3 水陆交通运输的影响

河川和水利条件是影响农业开发和水上交通运输的重要因素，其中，水上交通尤为重要，它是聚落形成与发展的重要条件之一。作为不同地域空间中心的聚落，必须依靠交通运输与它所吸引的地区及其他聚落相互联系，不断进行人、货等方面的交流。运输交流依靠舟楫、马车或牛车，长途航运主要依赖水运。

交通运输把地理空间中互相隔离的人、货和地方社会联系起来，使和信息的交换成为可能。因此，交通运输条件与聚落的发展是相互促进的。闽台地区因地理环境，营造了许多通航便利的海洋河川及天然良港。而台湾岛内河川的特性具有山高流短、坡陡流急、水壤变化无常、含沙量高、易于淤积等特点。这些特点均不利于水上航行，且容易造成下游河床和港口淤塞。“台湾岛上河流虽多，但除少数可以终年航行平底船外，大部分均为急湍。每当雨季，河水泛滥，常泛滥成灾。而在旱季，又几呈干涸之状，干旱河床

❶ 引自：胡焕庸，严正元. 人口发展和生产环境[M]. 上海：华东师范大学出版社，1992：65.

往往成为土人所行道路”❶。因此，台湾岛的河川特性和交通运输条件影响了聚落的发展、分布及其网络分布。而两岸贸易的大型商船只能停泊在沿岸港口，无法溯河进入内陆地区，造成两岸贸易只能集中在沿海港口，促进了沿海口岸的成长，内河港口无法超越这些开展两岸贸易的沿海港口。

台湾岛沿岸港口众多，但缺乏天然良港，港口常被淤塞，影响港口聚落发展的连续性。台湾港口冲积淤塞或航道更易的记录屡见不鲜，早期船只吨位较小，遇港道淤浅船只则更改泊岸地点，或用转驳方式登岸，造成港口聚落的兴衰更替频繁，导致聚落发展的连续性中断，无法发展成为大陆那样的大都市，因此，清代台湾聚落数量虽多，但规模偏小❷。

3.1.1.4　地形地貌的影响

在自然环境因素影响聚落发展和布局的自然地理条件中，地形是最基本最直接的影响条件。一般情况下，下列地形条件较易形成聚落：农业发达的平原和盆地；交通便利的沿江、海岸及河川入海处（河口三角洲地区）；两种地形的交界处，如在山地和平原结合的谷口，常产生具有市场、驿站功能的谷口城镇；易防守和避免水患的高地，这种地方居高不旱，近水不淹，包括河谷阶地、冲积扇、台地、平缓的丘陵地等❸。如闽北、闽西、闽东一带的山地聚落，多分布于临水的江畔河边，许多聚落均背山面水，既能利用水路交通的方便条件，又能在水边汲水、洗衣、灌溉等，其较为典型的如南靖书洋镇塔下村、武夷镇下梅村等。而闽南聚落则多分布在地势平坦的平原、台地和丘陵地带，这里交通相对便利，便于商贾渔业的经济活动，而较为封闭的山间谷地，沿溪流两岸依山而建，多以农耕为主。位于平原地带的聚落往往人口稠密，聚落民居多毗邻而居，也有住房依地势由高往低纵横排列整齐，形成棋盘式布局的建筑群，泉州市泉港区后龙镇土坑村即为典型的案例，村落沿着涂山南坡，以家庙为中心，分南北侧依次平行排列，共8排，形成规则整齐的聚落早期空间形态。位于山地的聚落，其聚落间多以山林相间隔，相距一定的距离，民居密集成群或星罗棋布。民居大小差异较大，人口增多时则分支到邻近地区，形成一个个血缘型聚落。这些聚落历史较为悠久，有些连绵十几个村、几十个村，方圆几十里皆为同一祖先、同一姓氏，或以一姓为主，形成极具地域特色的聚落文化。

对于台湾而言，其地层均呈狭长带状分布，大致与岛轴平行，中央山脉和雪山山脉主要为变质岩构成，环岛的山麓带、海岸平原及海岸山脉部分地区为沉积岩。台湾岛依岩石性质大致可分为三个地质区，即中央山脉、西部麓山和东部海岸山脉地质区，各区均被纵向的断层所分隔。由于特殊的地质成因和地理位置，形成了台湾岛十分复杂的地形。全岛多高山、丘陵和台地，平原及盆地数量少且面积小，海岸线绵长。这一特点对台湾的人口和社会经济活动影响深远，进而影响台湾聚落发展和空间布局。首先，其特殊的地形条件影响了聚落的分布。岛上聚落集中分布在西部沿海平原地带，特别是彰化平原、浊水溪冲击平原、嘉南平原和屏东平原，更集中了大量的城镇。其次，东北部的宜兰平原拥有良好的地形条件，但由于开发较晚，聚落的数量并不多。同时，台北和台中盆地也容纳了部分聚落，特别是台北盆地，随着盆地内的全面开发和开港后以茶业为主的经济的发展，盆地内的新庄、艋舺和大稻埕发展成清代台湾规模较大的城镇。此外，今桃、竹、苗三县的聚落也主要位于沿海小块平原或台地上，三县的丘陵地带有少量因山区特产而兴起的聚落，如清代后期因茶叶或樟脑而兴的大湖、南庄、北埔、九芎林、关西、大溪等。中部山脉连绵，山区地势高峻，无法通达，基本上无法产生聚落，只有今南投地区的小块盆地（埔里和南投盆地）内分布着少量聚落，如埔里、南投、集集、竹山等。因此，聚落沿台湾岛地形的起伏由北而南、由西到东大致成三条带状分布：最西部为沿海岸线聚落带，以港口城镇为主；沿海岸线往东移，为内陆聚落带；近山地区则为丘陵和山区聚落。

闽台两地独特的山海资源兼备的区域地理特征，使得两地聚落的自然环境特征非常鲜明，既有依山就势、高低错落、层次分明、与外部自然环境融为一体的福建尤溪县洋中镇桂峰村、南靖县书洋镇塔下村、

---

❶ Camille Imbault-Huart. 台湾岛的历史与地志[M]. 黎烈文，译. 台北：台湾银行经济研究室，1955：72.

❷ 引自：唐次妹. 清代台湾城镇研究[M]. 北京：九州出版社，2008：19.

❸ 引自：崔功豪，王本炎，查彦玉. 城市地理学[M]. 南京：江苏教育出版社，1992：113－116.

台湾鹿陶洋江家聚落等，也有处于山间谷地或小盆地、周围群山环抱、山水环境优美的福建屏南县双溪镇、连城县宣和乡培田村、金门琼林与水头聚落等，还有处于东部沿海平原地带、镇村内部地形相对平坦的泉州市泉港区后龙镇土坑村、莆田市涵江区白塘镇洋尾村、台湾社头乡湳雅村等。独特的自然环境塑造了极具特色的聚落。而基于自然地形地貌等自然环境的作用，造就了丰富的聚落空间形态，因此，这些聚落从其空间形态的角度分析，可以划分为圆形或不规则的多边形、带状、环状及其零散分布等类型（表3-1）。

表3-1 村落的形成与地理环境的关系

形状	自然环境	位置
圆形或不规则多边形	多处于平原地区，地块相对完整、开阔、地势平坦	所在区域的耕作中心
带状	多位于河网密度较大的平原地区或山间地段	沿河道伸展生长，或沿着山间生长
环状	地形为山地或丘陵地带，水源为池塘、井等	绕山环水而建
零散分布	自然条件差（生产力水平低），可耕作用地相对较小	平原地区、丘陵和山地缓坡处等

针对地形地貌，聚落布局的基本形式有两种。一种为顺应地形特征的散式布局，主要为地形变化较多的聚落中，如泉州的树兜、晋江的池店、金门的琼林等；另一种为“梳式布局”，即各个居住单元大多朝向一个方面发展，如泉州的清蒙、云湾云林县的斗南、南安的洪邦村、龙海的埭尾村等，也就是所谓乡间童谣中“大厝起相排”的布局形态。其中，蔡浅古民居的布局即为梳式布局，前后对齐，左右对称，具有强烈的方向感，这种依循着既成宅屋的朝向发展布局，解决了通风及隔热问题的同时，也通过宅屋的布局体现了聚居族群的相应规范与群体控制。

3.1.2 传统地学堪舆理论因子

堪舆，堪指高地，舆意指低地，堪舆的意义即指地形的高低变化。堪舆术又称风水术，是一种传统人地关系认知理论和空间原型。风水产生于古代人们的择居求吉祥、避灾祸的社会心理长期实践❶。传统的风水概念一般认为源于晋人郭璞的《葬经》：“气乘风则散，界水而止，古人聚之使之不散，行之使之有止，故谓之风水。风水之法，得水为上，藏风次之”，“来积止聚，冲阳和阴，土厚水深，郁草茂林”❷，包括了风水中气、风、水的作用和风水的选择标准。人们通过风水学说赋予自然环境和聚落一定的人文意义，以达到聚落和自然环境的有机结合，这在一定程度上迎合了中国传统儒家文化“天人合一”、崇尚自然等观念，对择居和营建人居环境都有着积极的意义。东汉时期理性聚落见诸《后汉书·仲长统传》的记载：“使居有良田广宅，背山临流，沟池环匝，竹木周布，场圃筑前，果园树后。”❸东晋名士陶渊明所描绘的“世外桃源”之境，也是当时士大夫向往的一种悠然而居的田园耕读生活。宋代山水画论专家郭熙在《林泉高致》中所论山水画的境界，反映了当时人们对美好生活的追求。他说：“世人笃论，谓山水有可行者，有可望者，有可游者，有可居者，画凡至此，皆入妙品；但可行可望，不如可居可游之为得。”可居、可游的画境，是笃爱山水的士大夫文人的理想居处。天才画家王希孟的《千里江山图卷》立意之高，画境之美，是历来公认的传世名画。画中描画了大大小小数百个村落形态，充分表达出居住之境的引人入胜和优美宜人，成为人们长期追求的理想家园。

风水学的流派较多，其中，以“五姓图宅”为代表的“方位有灵论”在唐末受到佛教的影响和儒家的批判，产生了理论危机。针对此，堪舆家们作出了两种选择：一种是走改革之路，彻底抛弃方位本身有吉凶的信条，因地制宜，因形选择，观察来龙去脉，追求优美意境，特别注重分析地表、地势、地物、地气、土壤及

❶ 认知心理学家荣格有关原型（Archetype）的概念是指人类世世代代普遍性心理经验的长期积累，“沉积”在每一个人的无意识深处。它不是个人的，而是集体的，是历史在“种族记忆”中的投影，成为一种集体潜意识的基础，是“包含人类心理经验中反复出现的原始表象”。

❷ 引自：[东晋]郭璞. 葬经[M]. 郑州：中州古籍出版社，2013.

❸ [南朝宋]范晔. 后汉书[M]. 北京：中华书局，1974.

方向，尽可能使宅基位于山灵水秀之处，结果逐渐演化发展形成风水“形法理论”或称“峦头之法”，以此为主的风水派别“形势派”，又称“峦体派”或“三才派”。另一种则是走改良之路，在不变更“方位有灵”这一根本信条的前提下，引入阴阳、八卦、河洛、天星、生肖和干支等一系列新的分析工具，将方位度量细致化、复杂化、神秘化，逐渐发展形成风水“理法理论”，以此为主的派别称为“理气派”“屋宅派”，又称“宗庙派”或“三元派”❶。

对于闽台地区而言，走改良之路，闽派又称宗庙法、屋宅法。《陔余丛考》云：“一曰屋宇之法，始于闽中，至宋王伋乃大行，其为说主于星卦，阳山阳向，阴山阴向，纯取五行八卦，以定生克之理。”以此可知福建派讲究的是宅法原理。该派由宋代王伋、陈传等人创立，在四川、浙江一带也有传播，主要经典有《青囊海角经》等。以八卦、十二支、天星、五行为四纲，讲究方位，有许多“煞”忌，理论繁杂。该派讲究宅法原理，在考察山川形气之时，注重罗盘的运用，在住宅内部也用罗盘定方位，常以“八宅周书”“紫元飞白”“阳宅三要”“阳宅六事”“三合宅法”为理论根据，杂以大量虚无玄妙的用语，让人觉得高深莫测❷。

堪舆理论，特别是闽派的风水理论，对闽台聚落的选址、聚落空间的营造和建筑等产生了明显的影响(图 3－1)。

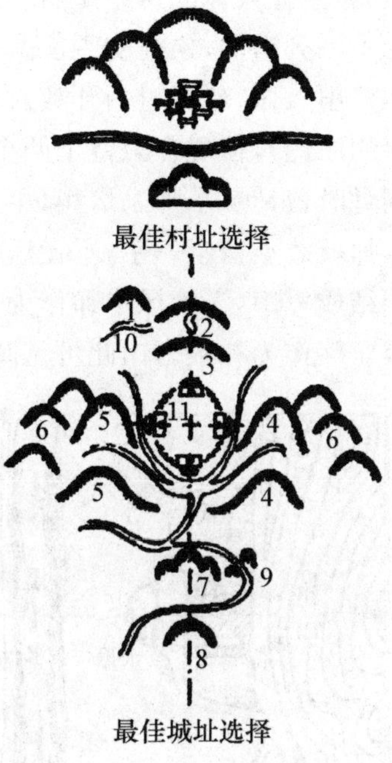

1 祖山　2 少祖山　3 主山　4 青龙
5 白虎　6 护山　7 案山　8 朝山
9 水口山　10 龙脉　11 龙穴

图 3－1　最佳村址与城址选择模式

3.1.2.1　宅基选址与建筑平面空间布局

闽台人在寻找理想的宅基时，首先要观山势。在风水理论中，山就是“龙”。山势的高低、起伏、弯迤、就是“龙”的形态变化，山脉即“龙脉”。起伏、蜿蜒、运动的“龙”被认为是可以“藏风聚气”。

其次，要观察水流，直冲而下、湍急反跳的水被认为是“恶水”，应该尽量避免。水流必须缓慢、平稳、弯曲、环绕，这样的水即是理想之水。概括选择宅基的原则是：第一，宅基力求坐北朝南，即“负阴抱阳”。一些特殊的情况如受禁忌、避煞等限制可朝东或朝西，但不得朝北。第二，背靠大山或丘陵，面对朝山，左右两侧有小丘陵。第三，靠近河流或水塘(若无此条件时，可挖水塘)，但忌讳背水。其较为典型的案例如闽、客交接的诏安县秀篆乡陈龙村王氏宗祠——“龙潭家庙”周围的环境布局较好地证明了风水观对宅基选择的影响。该宗祠坐西朝东，位于陈龙村东南方向，背依巍峨绵长的金溪岭，前方正对着三里之外的一座小山丘，侧面有两个小山包分列左右，祠堂前面是蜿蜒曲折的岭下溪。正应了风水理论的“后倚祖山，面朝屏山，左右案山，秀水环绕”。当地人称这种地形为“交椅穴”，与理想的风水空间模式极为相似(图 3－2)。王氏族人对此环境极为珍惜，祠堂前立石为碑，上书“宗祠为本族之命脉，周围禁止挖山伐木”，以昭示后人❸。

3.1.2.2　建筑平面与空间布局

对于建筑平面组织较为典型的如在闽台大厝中，常常将近门处(门口埕)的埕头间建成两层的“埕头楼”，即把大厝的左端龙砂建得高大些，称“出龙”，以祈求兴旺发达，也有的将后落建成二层的“后楼”(有的俗称梳妆楼)，以增加住宅的“出龙”的气势。

再如“龙潭家庙”，该家庙为三进式布局，第一进为大门，设一门二房，中间和后面两进共五间，设一厅四房。两侧各加一列护屋，拱卫左右。全宅共设了大小八个天井，轴线正中的两个天井前大后小，象征“昌”字。左右两侧护屋围成的天井，用廊隔开，成为两节，象征“日”屋。两侧护屋，墙脚比正屋退出一段

❶　引自：王乾．古今风水学[M]．昆明：云南人民出版社，2000.

❷　引自：何晓昕．风水探源[M]．南京：东南大学出版社，1990：54－58.

❸　引自：戴志坚．闽台民居建筑的渊源与形态[M]．福州：福建人民出版社，2003：67－68.

距离，象征人体的两手从肩上生出。护屋分成上下两段，象征人手的上下两节。大门两侧与护屋交接部设了一列房间，象征交手。两侧小门有意拐了个弯，通向两边出入。全宅除了一大二小三个门之外，没有其他出入口，形成对内开敞对外封闭的平面格局(图3－3)。另外，本来家庙的后墙应该开窗(对应风水学中的后门)，但现在只留下两个斧子凿成的小孔。关于这两个小孔，当地流传着这样一个传说：当初建该祠堂时曾请风水师来堪舆，主人每天杀鸡宰鸭，殷勤款待。虽然天天饮食招待不断，却不见鸡鸭肫子，风水师就故意留了一手，不在后墙设窗，祠堂落成之后，风水师也将离开回家。主人把煮熟风干后的鸡鸭肫子结成一串，送给风水师作为干粮带走。风水师顿觉惭愧，走到半路吩咐徒弟转回来，在祠堂后墙凿了两个窟窿作为补救。由此可见闽台建筑布局中的风水意识之厚重❶。

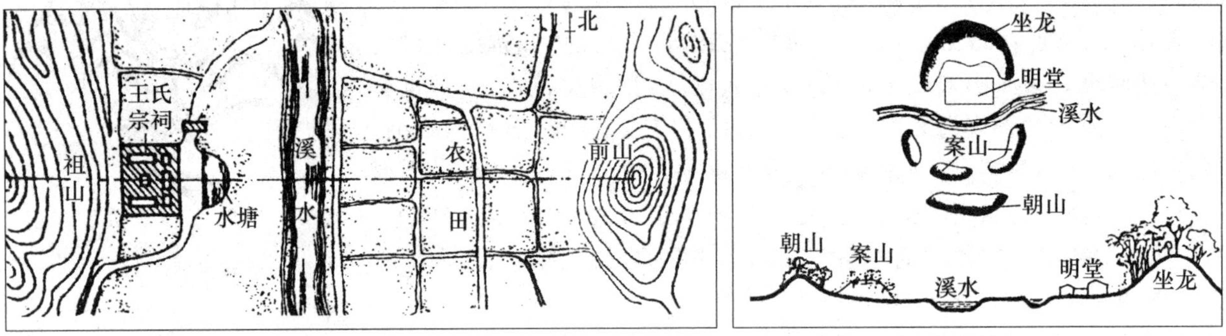

陈龙村王氏宗祠周围环境示意　　风水观中的居住空间的理想模式

图3－2　陈龙村王氏宗祠风水分析❷

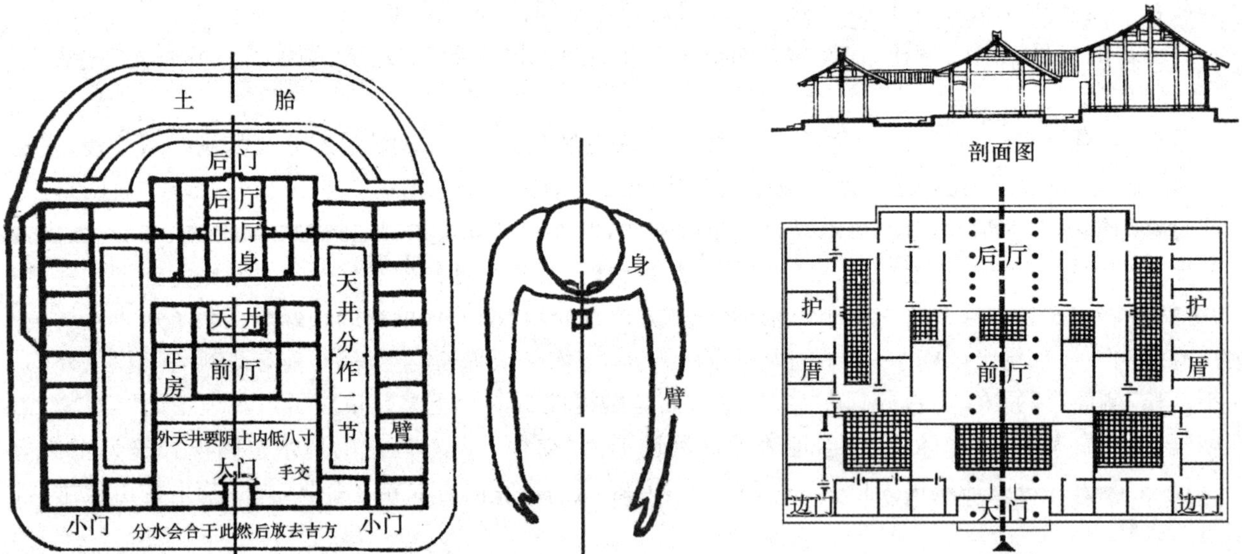

引自《阳宅会心集》　　人体示意　　诏安陈龙村龙潭家庙平面、剖面图

风水、住宅、人三者关系

图3－3　风水理念对诏安陈龙村龙潭家庙建筑的影响❸

3.1.2.3　聚落选址与发展

风水理念对于闽台两地聚落的选址乃至发展影响深远，如福建南靖长教地区简王二氏聚落就是该方面较为典型的案例。长教位于漳州南靖县西北部山区，原称长窖，有东南公路通往闽南漳州，西北公路则

❶ 引自：戴志坚．闽台民居建筑的渊源与形态[M]．福州：福建人民出版社，2003：70－71．

❷ 图片来源：戴志坚．闽台民居建筑的渊源与形态[M]．福州：福建人民出版社，2003：67－68．

❸ 图片来源：戴志坚．闽台民居建筑的渊源与形态[M]．福州：福建人民出版社，2003：70．

贯通闽西龙岩，是闽南语系与客家语系的交融之地。长教包括璞山、官洋与坎下等3个行政村，人口约6 000人，简姓约5 400人，占总人口的90%以上，其中有少数的王姓族人聚居于璞山村下辖的埔上和上寨两个自然村中。长教四面环山，纵横十余里的书洋溪在长教蜿蜒穿过，将长教一分为二，南岸是璞山村、官洋村，北岸是坎下村。据《福建南靖长教简氏族谱》[1]记载，元末明初战乱频繁之际，德润公来到南靖开基长教。王氏则比简氏早两年到长教开基，而聚落选址受到了一位地理先生的指点。旧谱记载："时遇江西曾茂廷先生投歇书馆，公久而敬。茂廷先生感公盛情，乃指吉地一穴于默林九龙埔，行如走马板鞍踏穴以酬公。公星回洪源将评士公骸罐复来葬之。"在此基础上，新谱又增添了"临别之时茂廷先生又叮嘱：西南十里长教乡可以开基。当德润来到长教后，瞥览长教山川秀美，田野肥沃，人民善良诚挚，颇有开辟土宇之志[2]"。风水师曾茂廷为简德润挑选的吉穴位于"梅垄九龙埔山，坐癸向丁兼子午丙午分金，水来未坤，中有一条午水暗拱，归撰而去，行日'走马攀鞍踏凳穴'也[3]"。对于简王二氏共存原因，简氏族人更多用地理风水说解释。在族人眼中，简氏宗族之形成与发展和居住地的风水实践有特别的联系。宗族的风水实践主要施行于祖坟上。德润听从风水先生曾茂廷之言——将祖先遗骨埋入"金鞍地"，使得他姓家禽牲畜突然暴毙，随后也因无法在长教安居乐业而逐渐外迁。另外，地理风水说在族人生活中占据重要位置，房屋的选址、朝向和屋旁的沟渠走向均有讲究，简氏族人将宗族兴旺归因于地理风水。简姓兴旺后，逐渐将外姓排挤出居住地，一旦有外姓迁至长教，简氏族人会雇地理先生出手改变风水，使外姓人家无法在长教安居，遂自动外迁。这种以风水手段驱赶外姓人的传说在族中流传甚广，据传陈姓因与简姓有亲戚关系而未受到完全排挤。尽管如此，简氏依旧用风水之术限制其发展：陈家祖墓是风水学中所谓的"猴形"，"山中无老虎，猴子称霸王"，简氏地理先生便在陈氏祖墓附近山路加装铁链，表面上为防族人跌落山谷，其实是以锁链限制猴儿活动，以防止陈姓繁衍壮大，只允其世代单传的一户留存长教。对于王姓在长教意外得到一定程度的发展，且与简氏族人比邻而居600余年，这在地理风水上亦有合理解释。据说长教地形为葫芦状，河水有进口无出口，象征族人财源滚滚且只进不出。王姓居住地恰处于"葫芦口"地段，一说是简氏宗族这个近乎完美的风水地形正需要一"王"为其把守唯一的入口，以防财源流失或遭其他破坏；一说为"王"字竖似瓶塞，横似栅栏，使"葫芦"滴水不漏，帮简氏严严实实守住"财源"，于是王姓与简姓共存并发展至今。

再如，南靖书洋镇河坑村的选址讲究九宫运势，吉位凶位。其开基始祖四周群峰环绕，并在几个不同方位的高处可将周边迥异风光收纳其中，因此择地而建，最后形成七座圆楼七座方楼，七座圆楼散落溪水河流之间，形如北斗七星。

3.1.3 儒家宗族血缘因子

3.1.3.1 儒家宗法制度对聚落的影响

闽台两地的聚落多数是血缘型的聚落，在漫长的农业文明时期里，宗族往往是这些聚落中类政权的组织力量，对聚落的方方面面都会加以控制、影响，因此，宗族的观念成为闽台两地聚落中的核心观念，影响着聚落的空间变迁，而这种观念物化的体现在于祠堂建筑。一个组织完善的空间在聚落形态上往往表现出以宗祠为中心，分房分支呈多层次团块状分布，具有相对的封闭性和稳定性，大小宗祠在聚落里的分布也比较均匀，给人以井然有序的感觉。各级礼制中心按其等级由高至低的顺序是：宗祠、分祠、支祠、香火堂、祖屋等。

聚落形态折射出了以血缘关系为基础的宗族制度，许多聚落至今仍然以氏族的姓氏来命名。封建伦理道德中，长者尊、幼者卑的观念在聚落形态中也有反映。一般族中的长老居于最上层，统领着整个聚落，然后分出若干支系率其晚辈后生，聚落在组织上以总祠为中心、支祠为副中心分别进行布局，形成以

---

[1] 引自：南靖长教族谱编委会. 福建南靖长教简氏族谱[Z]，1999：61.

[2] 引自：南靖长教族谱编委会. 福建南靖长教简氏族谱[Z]，1999：62.

[3] 引自：赞平. 简氏世系族谱稿本[Z]. 清光绪三年本，24页。

各级礼制中心为中心的居住组团，这样，从地缘位置的远近上就可以分辨出人际关系的亲疏和血缘谱系的分明。在一定历史时期内，宗族的结构与聚落结构是相互对应的。

对于闽台地区而言，一个血缘型聚落的发展历程中，往往有一位始迁祖（太公），他是第一位携眷来闽台地区选址定居的先祖，始迁祖的后裔逐步繁衍，经过几个世代，形成了相对稳定的宗族，建立了宗祠。宗族的天然结构因素是辈分，后辈要尊重长辈，前辈死后要受到后辈的礼拜，并按照朱熹的《家礼》，一个宗族过了五代，就可以衍化出房派，建房祠。房派里，满了三代的可以进一步分立支派，建支祠。这种宗族的血缘结构，深深地影响着聚落的空间变迁。聚落在发展早期，居住状态往往不很密集，房派和支派成员一般都自然地以厅和小厅为中心聚集在一起，形成房支的居住团块，而以大宗祠作为整个聚落的中心，且其选址讲究风水理念。如屏南县漈下古村落为甘氏肇基村，故又称甘漈下，甘氏族望为渤海郡堂上甘氏，据村中所存清光绪三十三年《甘氏族谱抄集》，漈下甘氏的入闽始祖德音公（八十世祖）"于皇明正统二年（1437 年）同弟侄子妇率带二十余人由浙江处州府景宁县花桥头村迁居福建福州府古田县二十二都九保龙漈下……（德音公）后仍归原籍……细旷公就于新创龙漈村守业"。甘氏定居漈下，至今已近 20 代，历 570 余年。村内建筑以祠为本，祠堂有总祠、公祠、支祠等，分支清晰。再如台湾金门琼林聚落，属二级古迹的"蔡氏家庙"即为全村的中心。而金门山后中堡聚落的风水属五虎回头的形势，聚落中的王氏宗祠，为坐西向东的布局，山后的"龙穴"就位于宗祠之内。另外，金门珠山《薛氏族谱》特别记载："无庙无宫、乡里不兴"，除了有训勉子孙要饮水思源之外，也有提醒子孙必须留心风水地理的重要性。

祠堂建筑较周边建筑更为突出，其平面形态多与民居类似，采用奇数多开间的平面形制，一般为三开间。若建筑规模较大，平面开间要进一步扩展时，通过增加左右护厝的形式，使面宽达到七开间。如始建于明弘治年间的晋江市青阳庄氏大宗祠，就以其七开间、面积约 690 平方米、99 支半木柱的宏伟规模而著称。

其次，祠堂与住宅联系在一起，形成"祠宅合一"的聚落形态，如在闽西客家民居中，常常将祠堂建筑安置于中心的位置，其他用房环绕四周的平面布局方式，不仅仅是为了推崇长幼有序的伦理礼制。将祠堂融入住宅中，彻底打破了以家庭为核心的生活方式，要求家庭起居息卧必须顺从家族的共同规则，同时，祠堂的功能自然地要扩大许多，族内的红白喜事、宴请宾客、老人聚会、幼儿戏要都不免要充分利用祠堂的有效空间。客家聚居建筑内的祠堂是一种纯粹的公共活动场所，它既有礼制建筑所要求的严肃性，也有现实生活所赋予的活跃性，成为团结家族的真正核心。因此，闽西客家聚居的这一二位一体的"祠宅合一"的空间形态成为该地域的特色所在❶。在台湾的宗祠建筑规制中，祖庙与祖厝是代表家族的主要活动空间，两者选址与外观相近又相仿，其家庙外观通常是朴素型合院式。如台北市大同区陈悦祖宅的公妈厅即为祖庙与祖厝结合的典型案例，祖宅原为两座并排的三落式带护厝的建筑群，后续建了"于庆堂"等屋舍，形成了四落式宅第，其间包括了公妈厅与公馆厅两大部分。祖宅的主体建筑均坐东朝西，面向淡水河。宅第正前为宽大的前埕。公妈厅位于建筑群的右侧部分，为四落双护厝格局，第四落为后建的于庆堂。整个公妈厅由前厅、主庭院、正厅、轩亭与庭院、后厅组成，形成一组高低起伏、尊卑有序的内外空间。前厅为一过渡性空间，正厅供奉陈氏祖先牌位，墙上留有陈维英与其长兄陈维藻（道光五年举人）的遗墨。整个正厅为主要祭祀场所，后厅则供家族起居生活，两侧护厝为一般居住空间。由此可见，宗族的观念在聚落发展中起到关键性的作用，它以祖先为中心，维系族人，宣扬儒家礼教，即使因族人繁衍，迁往他地，也能通过家族牒谱，以祖先的力量巩固家族关系。

3.1.3.2 儒家宗法制度对民居住宅结构的影响

在住宅建筑中，也处处体现着宗法礼制观念，有一套内外有别、尊卑有致的建筑规范。尤其表现在住宅内部的结构布局和空间秩序上。其中三合院、四合院受宗法礼制思想影响最为明显。建筑布局在形式上主要由天井、厅堂、护厝、廊道组成，在形制上呈现了一定的中轴对称布局。"北屋为尊"，即厅堂占据着

---

❶ 引自：陆元鼎，杨谷生.中国民居建筑（共三卷）[M].广州：华南理工大学出版社，2004：549.

中心位置，厅堂的朝向便是住宅的朝向，是供奉祖先牌位、举行家庭集会、会客的场所。"两房次之"，两房即布置在主厅两侧的房屋，一般作为卧室使用，在居住顺序上严格遵照中国传统礼教"左为上"理念，长辈居左，后辈居右。典型的如闽南传统民居的空间布局就遵循了宗法制度，即围绕主厅堂分布卧室，卧室与厅堂之间存在等级关系，要严格按照家族的辈分、尊卑分配使用房屋。正厅左边（东边）的"大房"由父母居住，其他各房依"左大右小"的原则由晚辈分住。或者主厅东侧为上大房，由大儿子居住，主厅西侧为上二房，住二儿子，上大房东侧是左边房，住五儿子，上房西侧是右边房，住六儿子，东榉头间住祖父母，西榉头间住父母，在下落门厅左右边均为下房，左边依次住三儿子与七儿子，右边依次住四儿子与八儿子。女儿与佣人分别住后面及其两侧院落。另外，正厅中供奉神像，以中轴线为准，神像设在轴线上或轴线左侧，祖先牌位一律居右，是民间"以神为大，以祖为小"的观念的反映（图 3-4）❶。

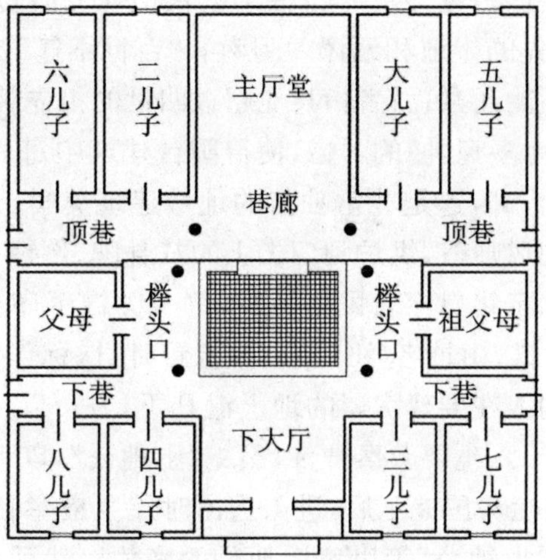

图 3-4　闽南民居住房分配等级关系示意图

3.1.4　传统习俗与行为习惯因子

众所周知，人与周围的空间环境联系密切，相互影响，动态发展。在聚落里，大到聚落空间形态，小到住宅邻里及内部空间布局都与人们的生活息息相关。聚落空间体现了人的心理和行为活动的需要，在形成过程中深深烙上了人们的传统风俗习惯变迁以及现时的生活需要的印记。由于各方面发展的要求，人们不断地对聚落空间进行改造，使之与自己的生活、活动、习惯乃至更高层次的思维方式、审美观及习俗文化等各方面更加契合。反之，聚落空间又对生活在其中的人无时无刻不施加着影响，使人们的行为方式在生活空间中发生潜移默化的变化。可以说，聚落环境是在多种因素影响下形成的，有着自身鲜明的特征。

聚落形态和整体空间环境在形成过程中因风俗习惯的影响而呈现不同的特点。这些风俗习惯多半与传统节日有关。我国古代的传统节日一般可分为农事节、祭祀节、庆贺节等。不同的节日常伴有多样的纪念性活动，比如清明节是一个祭祀先人的节日，但清明节正值春回大地，逐渐加入了踏青等娱乐内容。端午节是人们为了纪念诗人屈原而形成的，后来的赛龙舟活动则源起于招魂祭奠。祭灶王，源于对火的崇拜，后来演变为"送灶神"，具有趋吉避凶的含义。这些活动促进了人们之间的交往，在聚落的空间组织上必然要求反映出人与人之间的交往活动，开辟出专门场所以适应公共交往活动的需求，往往在这样的节点空间中设置戏台、集会广场等。此外，在聚落中宗祠、书院、宫庙等建筑前也通常设置一块空旷的场地，满足人们公共交往活动的需求。这些公共空间"节点"的设置在一定程度上丰富了民众的文化生活内容，也使聚落空间形态由相对分散走向绵延有序。因此，在聚落空间中存在宽敞的通道和公共集会

❶　引自：戴志坚．福建民居[M]．北京：中国建筑工业出版社，2009：61.

的广场，满足人们传统生活习俗的需要。在聚落中还有一种规模较小的交往场所，如井台。井和人们的生活息息相关，人们进行取水、洗涤等都围绕井台进行，它是村庄聚落中最常见的组成部分。由于聚落交往场所的有限，而井台作为公共取水点既可以取水、洗涤，也为居民提供了一个交往的场所，这里为人们提供了谈天说地、摆家常的场所，充满了生活的气息。

聚落中住宅的数量占绝大多数。住宅空间的划分与人们的日常生活、功能使用、风俗习惯等息息相关。建造住宅时，通常在与宗族意识、风水理念不相背离的情况下，合理安排住宅的居住形式与空间尺度。从入口空间开始，住宅便经历了一系列由内到外的过渡和位移，私密性也由弱到强逐渐过渡。闽南住宅在内部空间的安排和处理上，便有着独特的地域风俗习惯特色。居住单元作为聚落空间中一个完整的子系统，其不同层次的空间形态，受到不同影响因素的支配。在住宅内部装饰上更充分体现出地域的传统习俗。如古厝祖厅内主要设置“祖龛”及供桌，供奉数代祖先的牌位。祖龛的做法极为讲究，金碧辉煌、雕镂刻画，表达后代子孙对祖先的崇敬和缅怀。闽南有“百世不迁”及“五世则迁”的习俗，前者指始祖的牌位始终摆于古厝的正龛上，不能迁龛；后者指其他超过四世的祖先牌位就要迁到配龛上去❶。这都是宗法制度的重要体现。另外，“闽南多鬼神”的习俗，使得闽台建筑中每一个装饰物都有镇邪避煞的功能，用符号的象征手法表达无形精神防御，这是非常独特的地域建筑美学。《鲁班经》所载的厌胜物，绝大部分都可以在闽台见到，从屋脊上的风师爷、烘炉到门楣上的八卦牌、倒镜、狮牌等，式样繁多，造型丰富。

整栋房屋的施工过程中，自始至终贯穿着民俗色彩，每个关键工序施工之前，均要举行祭祀活动，以求建房顺利进行。如：(1) 开工时日，由神者(巫师)或佛祖看时日，称作“看日”；破土动工前应敬奉“土地公”等；再找位生肖好的，有身份的人在要建房屋的地上锄几下，方可以动工开始挖地基。(2) 安大砼石、安大门、上中梁时和每月的初二、十六也要敬奉神佛，祭祀“土地公”，以期庇佑。在安大门时，门框上方两边均应挂红布，以示吉利。(3) 整幢房屋完工后，进入房屋时屋主应举行隆重的“入厝”仪式，由屋主看好日期，举行祭祀活动，如敬“天公”“土地公”等以感谢他们的庇佑。然后由“起厝师”，举行上梁散土仪式。“上梁”是用红布包上“五谷六斋”、剪刀、尺、钱等物，系在中梁上，红布两端要插“金花”各一枝。“散土”则上由木工用新毛笔(称朱笔)沾上鸡血点梁头，下由土工用鸭血点柱脚，石工用鸡血点大砼石，称“出煞”。屋主还要给工人发放红包。散土时还应在屋脊中间放置“风炉”，并点燃“风炉”中的木炭，整座新房子要贴红联。屋主在进入房屋时，把摇篮、轿椅、母鸡、小鸡、镜、米、柴火、清水等搬入新房子，请道士念经。闽南地区把这种活动叫做“谢土”，谢土后才能正式入居新房子。(4) “下八卦”。在住宅难以居住的情况下，迷信者用八卦的圆形挂在大门楣上或屋脊上，以求八卦中的阴阳相辅相成，达到避邪去恶的目的❷。

砌筑炉灶的规定及做法。炉灶的坐向一般与房屋的坐向一致，但灶口不能向北。传统说法是：北监季水，属水；而灶属火，水能克火，不利于屋主。灶的规格一般是四尺宽(以适应四时平安)、三尺高(以合天、地、人三才)，灶口八寸(总纳八方)。在筑灶时，灶的腹下应放置“灯火盏”并点燃，然后盖死，继续砌筑。造灶的时间要在一天内完成。灶砌完后，应敬奉“灶君公”❸。

另外，台湾民居建筑也有不少民间禁忌习俗的存在。例如，古时认为奇数属阳，偶数属阴。因此，窗格子以奇数为佳，阶梯也以奇数为好，宝塔也多为五、七、九层。屋顶前后两面长度不同，前为阳坡，短而高，后为阴坡，长而低，因此前面能照到较充足的阳光。前屋檐较弯曲，后屋檐较直，俗称“前弓后箭”。在山墙上的小窗，也略向前偏一点。室内的灯梁除悬挂天公灯外，也悬挂天宫灯及宫灯。宫灯成对，被称为新郎灯或新娘灯，表示这家今年有儿子娶新娘，从厅堂上所挂的新娘灯数目即可判断出这家近年娶了几房媳妇。厅堂神案两端翘起，称为翘头案。案上供奉的神明与神位也有规矩。台湾闽南移民的习俗是祖先牌位放右边，神明放左边，显示神明位尊。客家则不同，其牌位较大，上面写上历代祖先名字，供奉在神案中央。金门的习俗是祖先牌位放左边，神明放右边，显示在住宅中祖先位尊。房屋内部如果屋顶太高，

---

❶ 我们在实地调研中发现，部分人家供奉超过四世的祖先牌位，既缅怀了诸位祖先，也多一份保佑。

❷ 引自：戴志坚. 闽台民居建筑的渊源与形态[M]. 福州：福建人民出版社，2003:74-75.

❸ 引自：张千秋，等. 泉州民居[M]. 福州：海风出版社，1996:13-14.

要加半楼,即把木板架在横梁之上,可作为贮物之所。因为屋顶太高,则“气”散;若屋顶太低则“气”胀,对居家都不好。再如,大门与灶门不可相对,如果从大门可以看到灶门,那么这个家不会兴旺。从祖先牌位望出去,如果看不到天空也是不好的。如果一栋大宅有围墙门,那么围墙门要略窄于厅堂大门,像葫芦一样,出口小象征不漏财。三合院的左右护室也常向内偏,院子形成外小内大,这也象征聚财。水也是财的象征,所以屋顶坡要向中庭,称为“四水归堂”,象征财流向中央(图 3-5)。排水沟的方向有所谓“走七星步”的说法,取细水长流之意。屋檐滴水不能滴在台阶的石砱上,如果石砱常常潮湿,被认为房梁落泪而不吉利。

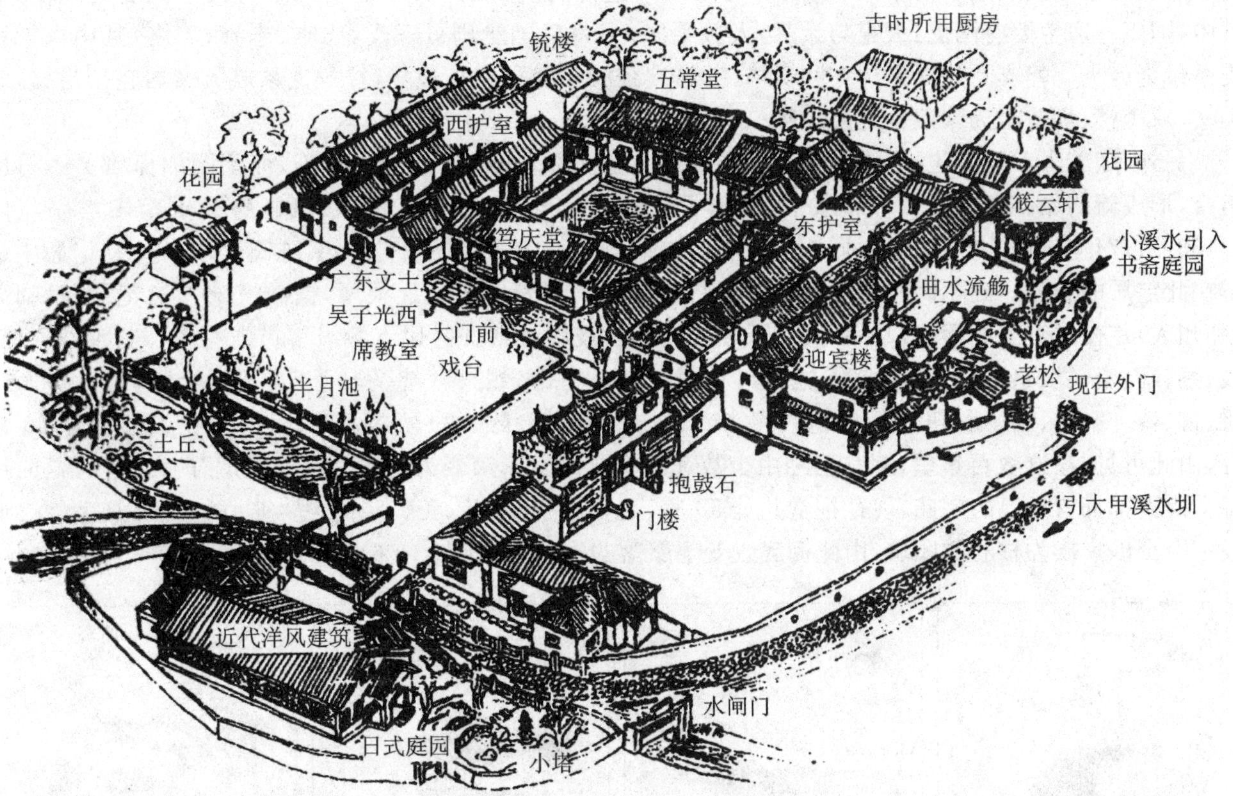

图 3-5　筱云山庄引水、放水示意图

化解不吉或避凶之道在于:台湾民居建筑上可以看到墙上花盆种有仙人掌,有刺而具驱邪效果。对着街角或巷口,则安置“泰山石敢当”石牌。台湾嘉南平原的民居建筑,常在正厅前院安设“刀剑屏”。近在最常见的是在大门门楣上悬挂八卦牌、狮咬剑牌、日月双桃或镜子。在金门的家祠上常可见到“家刀”及花瓶的图形,取其谐音家家平安,为众祈福。台湾寺庙经常见到“旗”“球”“戟”“罄”,取“祈求吉庆”谐音,这些都是趋吉避凶的风水技巧之法❶。

3.1.5　人口与移民因子

人口数量的变化与生态系统之间存在着密切的联系。从一定的意义上而言,人类社会目前所面临的生态环境系统的不断恶化,一定程度上就是由人口总量不断增长且超出了自然生态系统的承受能力而导致的,即人类生存所需的物质资料和能源资源的不断增加与环境承载力相对有限性之间的矛盾是由于人口不断增长而引起的。据此,人口因子是引发聚落变迁的重要变量,人口数量、构成等方面的变化将直接引导聚落空间结构形态的变异。闽台两地的地形均以山地和丘陵为主,区域内地势崎岖,当地居民在长

❶　引自:李乾朗.台湾古建筑与风水禁忌[A]//台湾传统建筑艺匠二辑[C].台北:燕楼古建筑出版社,1999:97-99.

期的农耕生活过程中，因受制于各方面因素的制约，男性在与恶劣的自然环境进行斗争的过程中，因体力上的优势而受到格外的青睐，因而重男轻女的生育观在闽台两地均表现得十分明显，在闽台均存在着“宁要一口男丁、不要百万家财”等带有偏见的说法，由此可见人口构成对聚落的影响力。而且，人口变化直接与聚落社会经济关联。随着各房、各支人口的增加，社会经济地位逐步分化，而原先的以房支为代表的居住团块不能适应这一发展变化，使得宗族出现分裂，一支或多支宗人易地另建新村，由此促使聚落的大变迁。如前文论及的南靖县璞山古村落，该村落由长教、官洋、打石洋、上寨等简氏聚落组成，其中打石洋聚落由简氏国臣公、国士公、国卿、国宗四房组成，为简氏第七子贵智公直系传下，经贵智、宗琼、唯厚、仲清、宗瑛、延穆、琏、文魁繁衍下来，后国卿与国宗外迁，因此打石洋实际是由国臣与国士两房延续下来。其中，国臣一房主要有两支：天霆与天霐，人数不多；另一房国士则分三支：志唯、志濂、志洛，其中以志濂支系最为庞大。翰支系族人聚居在和贵楼，敬修支系族人聚居在火烧楼，登龙支系族人聚居在德昌楼，翠美楼、双美楼、圳口楼为国臣分支所居❶。

另外，随着人口的变化，宗族血缘的关系网络会逐步被打破，杂姓逐步涌现，而不同的血缘关系再次组合，形成新的聚居地块，如石狮永宁卫城，据《永宁陈氏大宗谱》记载“始祖成庵公于南宋孝宗年间(1163—1174年)来鳌城定居，即永宁。赐进士出身，历任礼部侍郎……”可知，陈氏是永宁文献记载中最早在此定居的族人。到了明代，随着卫城的建设，其人口与姓氏也随之大增，据《晋江县志》记载，时阙义(和州人)首任永宁卫指挥使，其后，又有干姓(通州人)及杨姓继任。属下各级官员则有张、刘、钟、王、杜、钱、蔡、邱、李、吴、余、沈、赵、袁、潘、施、崔、马、郭、周、洪、邵、翟、黎、熊、龚、孟、责、阮、金、陶、范、黄、姜、梁、柳、蒋、阎、吉、路、翁、伍、段、傅、林、穆、徐、朱、臧、宋、薛、陈、姚、马、丁、孙、岳、高、花、周、吕等60余姓，由此可见，在这数百年里，永宁已经由少数家族聚居的聚落演变为“百家姓、万人烟”的杂姓聚落，而且每个姓氏都拥有自己的宗庙，现存祠堂共计58座，主要属于董、陈、王、李、高、蔡、张、林、郑等几大姓。形成一个个以家族为核心的团块，由此彻底改变了聚落的空间形态(图3-6)。

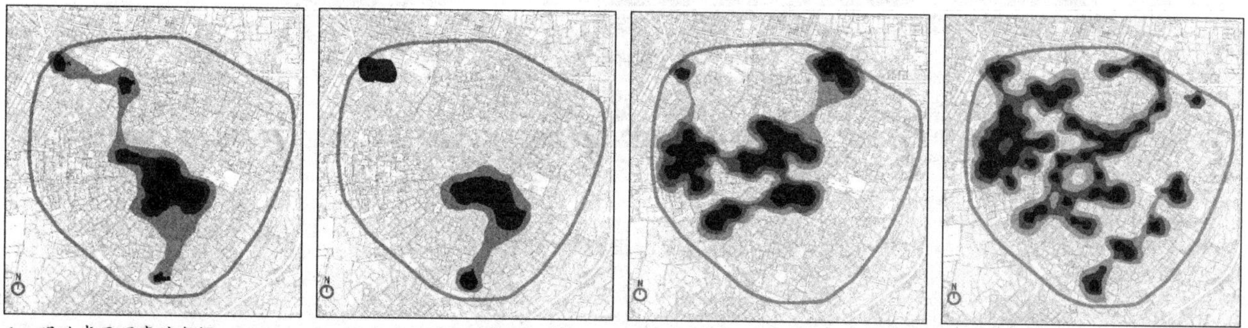

1. 明洪武至明嘉靖年间　2. 明嘉靖至清顺治年间　3. 清康熙至清光绪年间　4. 民国至今

图3-6　永宁家族人口变化下的空间聚落分析

闽台地区特别是台湾地区的开发，主要是中国大陆人们沿海经营的延伸，属境内的迁徙。其聚落的形成很大程度上受移民因子的影响，甚至移民导致了台湾的汉化。因此，移民是台湾聚落生长的重要影响因子之一。结合上一章论述，本章着重针对移民对台湾聚落的发展展开讨论。

移民来台后，依偏好与熟悉的方式认同人群、建立村落。后来者与先来者大多有血统、友谊、邻居或广义的同乡关系❷。而台湾汉人社会本就有强烈的祖籍意识❸，再加上械斗的事件频繁，愈加使同一族群的移民集中发展。而以祖籍分类的械斗，往往会引起移民在岛内的大规模迁徙❹，更使得移民祖籍的分布趋于集中。

---

❶ 引自：南靖长教族谱编委会. 南靖长教简氏族谱[Z]，1999：211-541.
❷ 引自：陈达. 南洋华侨与闽粤社会[M]. 上海：上海书局，1938：51-52.
❸ 引自：陈其南. 台湾的传统中国社会[M]. 台北：允晨文化，1987：128.
❹ 引自：陈其南. 台湾的传统中国社会[M]. 台北：允晨文化，1987：106.

“台湾汉人之村落居民构成，祖籍是一重要的界限，似乎不同籍的移民，尤其是处于械斗状态下者，很少有混居的情形。”[1]另外也有以姓氏和职业分类的械斗，但闽客斗、漳泉斗及泉州内部分类的械斗，仍是发生频率最高的。直至1860年代后，分类械斗才逐渐消失。

按日治时期大正十五年(1926年)《台湾在籍汉氏族乡贯别调查》统计，当时在台汉人的人口数共计3 751 600人，祖籍福建省者占83.1%(3 116 400人)，祖籍广东省者占15.6%(586 300人)，其他地区仅占1.3%。其中祖籍为福建省的汉人中，绝大部分为泉州、漳州二府，泉籍移民占汉人总数的44.8%，漳籍则占35.2%，并且同一族群有明显的集中现象(表3-2)。

表3-2　1926年台湾汉人祖籍分配表

祖籍 \ 总数		人口数	百分比
福建省总人数		3 116 400	83.1
福建省	泉州府	1 681 400	44.8
	安溪县	441 600	11.8
	同安县	553 100	14.7
	三邑(南安县、惠安县、晋江县)	686 700	18.3
	漳州府	1 319 500	35.2
	其他州府	115 500	3.1
	汀州府	42 500	1.1
	福州府	27 200	0.7
	永春府	20 500	0.6
	龙岩州	16 000	0.4
	兴化府	9 300	0.3
广东省总人数		586 300	15.6
广东省	嘉应州	296 900	7.9
	惠州府	154 600	4.1
	潮州府	134 800	3.6
其他省份		48 900	1.3
合计		3 751 600	100.0

1926年台湾本岛共有257个街、庄及其行政区[2]。这些行政区中，各籍人口比例悬殊，除数个较具规模的市街外，明显可以看出同籍移民集居的现象。同样以1926年的调查来分析，泉籍移民人口数占优势的行政区主要集中在西部沿海平原与台北盆地一带。漳籍移民则在西部平原、北部丘陵和兰阳平原占优势。粤籍移民人数较少，分布的范围亦小，主要集中于北部和南部的丘陵、台地或近山的平原地带。此现象的形成，则是与移民祖籍、生活习惯、生产方式、使用的方言有关，而分类械斗造成的族群迁徙，亦是影响移民祖籍在台分布的关键。

认同的心理和态度，常促使人们与同样或同类族群接近以及对另一族群排斥，但随着交流的环境不断变化进行调整。移民初期的祖籍认同观念，已逐次转变为对台湾本土的认同，由漳州人、泉州人，转变为台南人、彰化人的认同。移民的迁徙，不单是人口的移动，更是一种重要的文化迁移。移民由大陆原乡迁徙至台湾，将原有的生活经验、价值观植入新居住地，由原乡移入台湾的居住观念、建筑形式亦如此。移民入垦之初筚路蓝缕，基本上并无多余的财力聘请匠师兴筑屋宇，在因陋就简的情形下，多凭对于原乡

[1] 引自：陈其南. 台湾的传统中国社会[M]. 台北：允晨文化，1987：106.

[2] 引自：台湾总督府官房调查课. 台湾在籍汉民族乡贯别调查[R]. 台北：台湾总督府官房调查课，1926.

建筑的记忆，自力兴筑。早期的农业社会，兴筑屋宇是一件众人合作的行为，通过同乡亲友的协助，产生了一座座与原乡风格相仿的建筑，移民中的营建工匠或较熟悉建筑工作者，自然就成了兴筑工作的领导者。这种“以原物为师”的概念，虽无文字上的直接证据，仍可在台湾许多的聚落中得以发现❶。

漳州南靖县金山镇下永村的萧氏家族移民台湾的发展历程就是较为典型的案例。萧氏即“涌山派”，始祖萧孟容于南靖金山开基。萧氏宗族从在霞涌开基以后便一直都有人口向外迁移的情况。宗族的迁移大致可以分为两个时期：一是从二世到五世这段时间，少数宗族成员向福州、广东、南安等地的迁移；二是六世及其以后的迁移，这一时期族人最多的是迁往台湾，有一部分是迁往四川，少数迁往江西。据萧氏族谱记载，族人迁徙入台，所迁居的地方有台湾嘉义北社尾、姜母寮墩、南投草鞋墩（草屯）等。这几个地方都处于台湾的西海岸，具有较为有利的发展因素。在各房支的辛勤开垦下，萧氏族人在台湾都有了进一步的发展。二房廷育派开基嘉义北社尾，三房廷吉派开基云林县古坑乡、台中、中和、南投、彰化、台北，四房廷旭派开基南投市、高雄六龟乡、嘉义北社尾，六房廷琛派开基嘉义北社尾、南投市、台北市、宜兰县、南投县草屯镇、台北县贡寮乡❷。

萧氏在台迅速发展中，族人仍与漳州祖地有着密切的联系，并与祖地的宗族一样，也兴建宗祠、修族谱。他们在许多地方兴建了以奉祀祖居地开基祖的祠堂，如在南投市三民里彰南路有南兴祠，奉千八郎为主；在嘉义北社尾有孟容公祠，奉孟容公为主；在嘉义市竹圈子有涌山堂，奉国燕公为主；在南投市有邦炳公祠，奉邦炳公为主❸。由此可见，萧氏的宗族认同感是很强烈的。从族谱上的记载可以看出，往台湾的迁徙起先是某一房的某一个人先迁过去，后来各房慢慢地有较多的人再迁过去，最后是举家迁移。在宗族认同的指引下，在台湾良好的开发环境中，萧氏宗族在台湾迅速发展起来，成为盘踞一方的巨姓大族。现在萧姓在台湾名列第 27 大姓，其中以书山派、斗山派、涌山派最为盛大，有 10 多万人口，号称“三山萧氏”。

3.1.6 社会与经济地位因子

人们的社会经济地位的分化也会影响聚落的发展。经济与社会地位往往交织在一起，共同影响聚落的空间变异。如闽北地区的乡族地主经济对聚落发展影响深远。乡族地主经济是指乡族组织与地主经济直接结合，由乡族组织集体所有的一种地主经济形式，乡族地主经济出现于宋代，明清时期得到了迅速的发展，成为地主经济的主要形式之一。闽北地区自唐宋以来，就有不少绵延上千年的名门望族，历数十世而“谱系不紊”，聚数千众而“昭穆井然”，而在家族内部，依据居住环境及世代系列，分别形成了“支”“派”“房”“祠”之类的亲属集团，与此相适应，族产的权益也分属于家族内部各种亲疏有别的亲属之中，由此形成了经济与社会地位上的差异，如蒲城县《水南房氏族谱》中载“各房嫡祖自置祭田，粮、租亲派管理，外房不得越占”❹，而这种差异对聚落的发展起着关键性的作用。

东南沿海的晋江福全古村落，蒋氏家族是该村落的望族，蒋姓始祖蒋旺公，安徽凤阳府寿州县延寿乡人。洪武二十八年乙亥（1395 年）晋赠封世袭武节将军骁骑尉福全守御所正千户。四世蒋玉世袭福全所正千户，为长房开绪祖，蒋爵为二房开绪祖，蒋晟为三房开绪祖，蒋昶为四房开绪祖，蒋旭为五房开绪祖。其中，四房后代中蒋德璟为明代隆武二年丙戌（1646 年）的太子少傅，武英殿大学士，史称“明朝完人，一代忠臣”。蒋德璟这一脉先后出了七世祖蒋继勋、八世祖蒋际春、九世祖蒋光彦为光禄大夫、太子少保、户部尚书、武英殿大学士，人称“四代一品”。由此可见，蒋氏四房较其他房更为发达，其社会地位较千户要高得多。因此，四房的兴盛促使了整个福全古村落空间的变异，即在村落西北形成了以蒋氏四房为核心的聚居区，区块内蒋德璟故居为核心，东北有北街厅，西南有街头厅，沿北门街有大门房，边界清晰，南至北

---

❶ 引自：李乾朗，阎亚宁，徐裕健. 台湾民居[M]. 北京：中国建筑工业出版社，2009：82.
❷ 引自：林嘉书. 生命的风水——台湾人的漳州祖祠[M]. 台北：海峡学术出版社，2002：276.
❸ 引自：林嘉书. 生命的风水——台湾人的漳州祖祠[M]. 台北：海峡学术出版社，2002：278.
❹ 引自：郑振满. 乡族与国家——多元视野中的闽台传统社会[M]. 北京：生活·读书·新知三联书店，2009：4.

门街，东至相国巷，西至西门街，北至后营路。而整个蒋氏家族也以此为中心，集中聚居在古村落的北部，北门街两侧(图 3－7)。

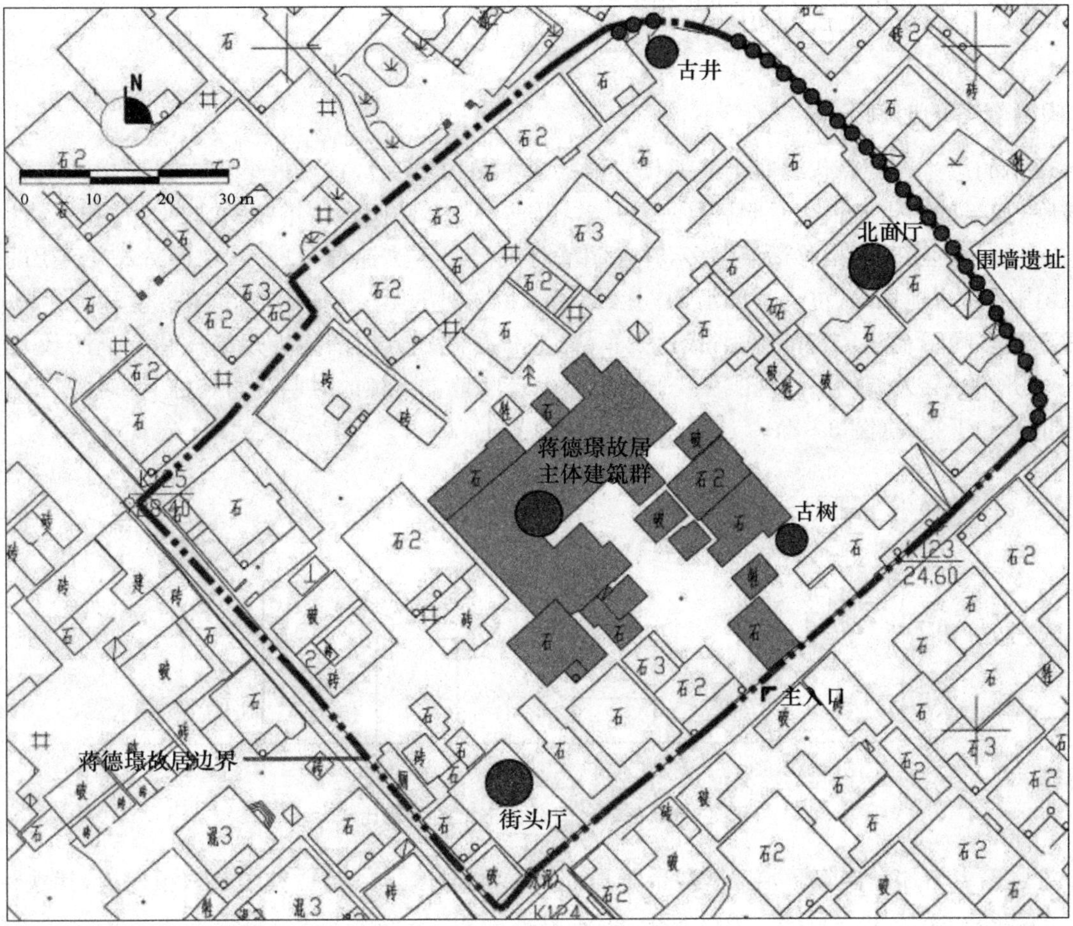

图 3－7　蒋德璟故居建筑群

莆田市园下古村落，原来村落有很多姓氏，如“黄”“欧阳”“刘”“何”等先民。但是，由于农作经济模式的单一，使得整个聚落的经济落后，再加上水旱、瘟病、倭寇、匪患、兽扰等外在因素的作用，导致聚落缺乏继续生存下去的条件，于是许多家族迁往他处。但是，以六十七公、六十八公为始的关氏，作为一支由山西迁来的外来家族，凭借着较雄厚的经济实力，顽强地生存了下来。经过六百多年的繁衍与艰苦奋斗，关氏宗族已脉传二十四世，发展规模十分庞大，成为园下古村落所在地域江口镇的四大姓氏(石庭“黄”、郊上“李”、蒲坂“关”、邦尾“许”)之一。而园下古村落也由多姓聚落演变为单姓血缘型聚落。

台湾台北石碇村，位于崩山溪与乌涂溪水交汇之处。该聚落先民早在北台移垦阶段就对石碇村的自然山溪环境进行了改造，营造出了特殊的“人水关系”，适合于农耕，因此，石碇的发展与汉人在北台的拓垦密切相关。清道光八年(1828 年)左右，林先传招集垦户在崩山溪、乌涂溪(即今石碇村集顺庙)旁草搭起三四栋房舍，成为石碇聚落发展的基础。1862 年北台经济运作中心转移至大稻埕，1866 年外国商业资本进入台湾，英商约翰 · 都德(John Dodd)引进安溪茶种，贷款给农民，奖励种茶[1]。茶叶的国际市场利润较高，因此取代大菁成为石碇经济作物，石碇村通过茶叶生产、运输、贩卖等分工过程卷入世界经济体系。石碇在此经济、地域结构中成为台北盆地东南缘城镇——平溪、坪林、乌塞、二格等丘陵地区的集散地，一直持续到 1940 年。越来越多来自坪林、平溪、乌涂附近等地人潮的聚集，吸引了商家来到石碇，以当时的中埔(今西街)集顺庙口为中心逐渐形成了热闹的小街铺，集顺庙周围陆续开设起染坊、茶行，成为一处交

[1] 引自：萧百兴，施长安. 石碇乡志[Z]. 台北：台北县石碇乡公所，2001:10.

易采买市集❶。

3.2 闽台聚落时空分布特征

3.2.1 闽台聚落的时间分布

闽台聚落的产生在各朝代并非匀速增长，据《福建古市镇》记载，省内最早古市镇产生于隋朝，台湾由于开发较晚，最早的古市镇诞生于明朝❷。国内学者研究指出，从闽台古市镇的时空分布和空间扩散规律看，闽台古市镇数量随时间推移逐渐增多，并在明清时期经历了高速增长期；在空间分布上经历了由内陆向沿海、由山区向盆地谷地、再从东部沿海向西部山区的扩散过程；从闽台古市镇规模和集中时间看，台湾古市镇出现多晚于福建，二者皆在清代达到顶峰，应该是福建人口清代大规模迁移台湾所致，同时也折射出区域经济和社会发展的历史现实❸。下面讨论闽台两地古市镇的时空分布特征。闽台古市镇数量在时间分布上有如下特点(图 3－8)。

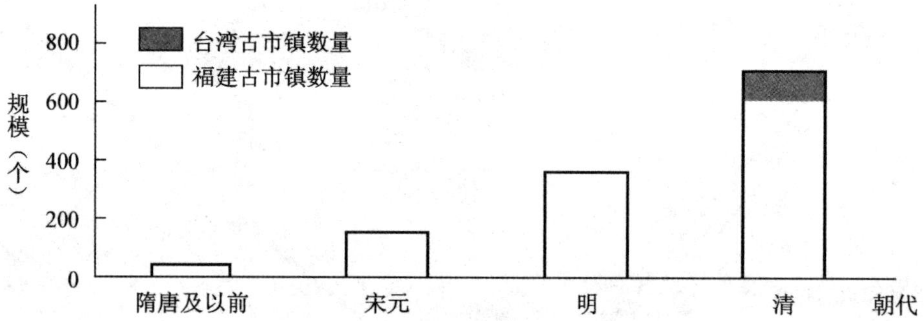

图 3－8 各朝代闽台古市镇的数量比较

(1) 数量逐步增加。自隋开始聚落数量增加，呈现持续增长的态势。其中，市、镇出现，其数量一直保持着增长的趋势。至唐末，福建市、镇仅 8 个，仅占总数的 1%。福建的市、镇数量在元末达到了 139 个，是唐末市、镇数量的 17.4 倍。明末，闽台两地市、镇的总数达到 346 个，较前一阶段增长了 1.49 倍。清朝持续增加，至清末，闽台市、镇共计 697 个。

(2) 福建聚落早期增长缓慢，进入明朝后则呈现快速而持久的增长。自隋唐至宋元时期，福建聚落数量虽有所增长，但增长缓慢，其中，市、镇历经 460 年仅增长了 131 个，平均每年有 0.28 个新的市、镇诞生。明朝，聚落数量则经历了一个快速增长时期，其中，市、镇在 276 年间增长了 212 个，平均每年有 1.25 个市、镇产生。清朝，聚落持续保持增长，其中，平均每年仍有 1.2 个市、镇形成。

(3) 台湾聚落在时间上产生不仅数量少，且集中。明朝末期岛内才开始出现市、镇，且仅 2 个。清朝，台湾市、镇发展开始加快，形成一个增长的高峰期，最终在清末达到 17 个，97%的市镇在清代形成。

3.2.2 闽台古市、镇地理集中度指数分析

在闽台聚落中，福建本土共计产生 1 111 个市、镇，分布于 68 个县及县级市中的 66 个，占全部县及县级市的 97%，仅有屏南、寿宁两县无市、镇分布，平均每个县及县级市有 16.3 个市、镇，其中在漳浦县有 54 个，居全省首位，占总数的 4.8%，其次是上杭、永定、昭武等县市。

在台湾，明清时期共有 79 个市、镇形成，因岛内所辖的 6 个省辖市面积较小，仅有 1 个产生过市、镇，

❶ 引自：邹靖，黄正武，颜子杰，等. 石碇聚落地景变迁之人水关系初探：一个历史地理学的现象学式空间考察[A]//2008 年建筑历史与理论学术研讨会论文集(第九辑)[C]，2008：266－267.

❷ 张在普，林浩. 福建古市镇：闽台古乡间商品市场[M]. 福州：福建地图出版社，2008.

❸ 刘莎，王彬. 闽台古市镇的时空分布及形成机制[J]. 山西师范大学学报(自然科学版)，2012(1)：100－106.

但其余 16 个县中，除花莲县外皆有市、镇分布，占到了总数的 93.8%，平均每个县市有 3.5 个。

地理集中指数能较好地反映某类事物在地域上的集中分布和扩散程度。国内对这一指数模型多应用于旅游客源市场的空间结构和产业经济地理的研究，在文化生态学方面的研究较少。本书借用这一地理指数，对闽台聚落中市、镇按所属县市进行统计并计算其地理集中指数，计算公式为：

$$G = 100 \times \sqrt{\sum_{i=1}^{n}\left(\frac{X_i}{T}\right)^2}$$

G 为具体朝代地理集中度指数；X_i 为第 i 个市、镇产生地的市、镇数量；T 为该朝代市、镇的总数；n 为该朝代市、镇发生地的数量。

G 值在 0～100 之间取值，越接近 100，说明该事项来源地越集中；越接近于 0，则来源地越分散；极值 100 表示该事项来源地只有 1 个，0 表示来源地个数趋近于无穷大。

表 3-3　隋代以来闽台古市镇地理集中指数❶

时间	隋唐	宋元	明	清
集中指数	51.5	23.93	18.48	16.34

由表 3-3 可见，隋唐时期地理集中指数中等(40～69)；随后，宋元、明、清指数较低(0～39)，且逐渐减小，即闽台市、镇在空间上分布渐趋均衡。

3.2.3　闽台古市镇的空间分布

经济发展和人口迁移对闽台聚落，尤其是市、镇的类型和数量影响巨大，从地域格局看，聚落多分布于境内开发历史悠久、人口众多的区域。自然条件亦对聚落的形成和发展有着不可忽视的作用，在宏观上古市、镇有沿河、沿海呈带状、团状分布的特征。就市、镇的绝对数量来讲，在空间上的分布是不均衡的，主要表现为：从东中西部来看，在福建东部和西部的市、镇明显多于中部，而在台湾岛是西部多于中部和东部；从南北看，南部的分布密度大于北方。闽台聚落，尤其是市、镇，在闽江、九龙江、晋江、淡水河、浊水溪等流域呈现带状分布的特征，在福州、厦漳泉、台北及其周边平原地区较为集中，呈现团状(图 3-9)。

(1) 区域分布特征

福建地区的聚落，尤其是市、镇在不同的地域单位分布特征不同。为了分析和探讨其规律性，将福建分为闽北、闽西、闽南、闽东，将台湾分为台东、台西、台北、台南等地做分级统计❷。隋唐时期，聚落数量较少，多集中在闽南和闽东沿海，其中，市、镇分布高度集中于闽南和闽东沿海；宋元时期，闽西、闽南和闽中沿海是聚落分布密集区，其中，市、镇分别占总数的 29%、26%和 20%；到了明朝，闽北的市、镇的发展速度加快，比例上升到 30%，而闽西的市、镇数量在这一时期处于绝对优势，达到同期总数的 38%，闽中和闽东发展相对缓慢；清朝时期，闽北的市、镇开始衰退，数量上有所减少，而闽南的市、镇后来居上，增长迅速，闽西则继续保持稳步增长。总体而言，清朝福建省境内的聚落，尤其是市、镇在全省的空间分布趋于均衡，拥有市、镇的县市区占到了所有县市区的 91%，逐渐形成了市、镇聚落群。

台湾聚落中的市、镇在明朝仅澎湖地区有分布，进入清朝后，台湾西部发展迅速，集中了整个台湾市、镇的 56%，台南和台北有所发展，分别占到了 17%和 23%，而台东和台中较少，二者加起来不足总数的 5%。开港前，台湾聚落发展方向是从南而北、由沿海伸展到内陆和近山地区。聚落的分布特点是在台湾岛西部沿海平原、台北盆地和桃竹苗的丘陵地带，聚落密集分布。内山地区只在冲要之地或资源丰富之处形成聚落，因此内山山区聚落数量较少，分布稀疏。

❶ 引自：刘莎，王彬. 闽台古市镇的时空分布及形成机制[J]. 山西师范大学学报，2012(1)：100-106.

❷ 注：闽北主要包括南平市；闽南主要有厦门、漳州、泉州等地；闽东包括福州(罗源、连江)、宁德两市；闽西包括三明、龙岩；闽中包括福州(鼓楼区、台江区、仓山区、马尾区、晋安区、闽侯县、长乐市、闽清县、永泰县、平潭县)、莆田等地；台东主要包括台东县、花莲县；台南包括屏东县、高雄县、高雄市；台西有台南市、台南县、嘉义县、云林县、彰化县、台中市、台中县、新竹县；台北包括桃园县、台北县、台北市、基隆市、宜兰县；台中为南投县。

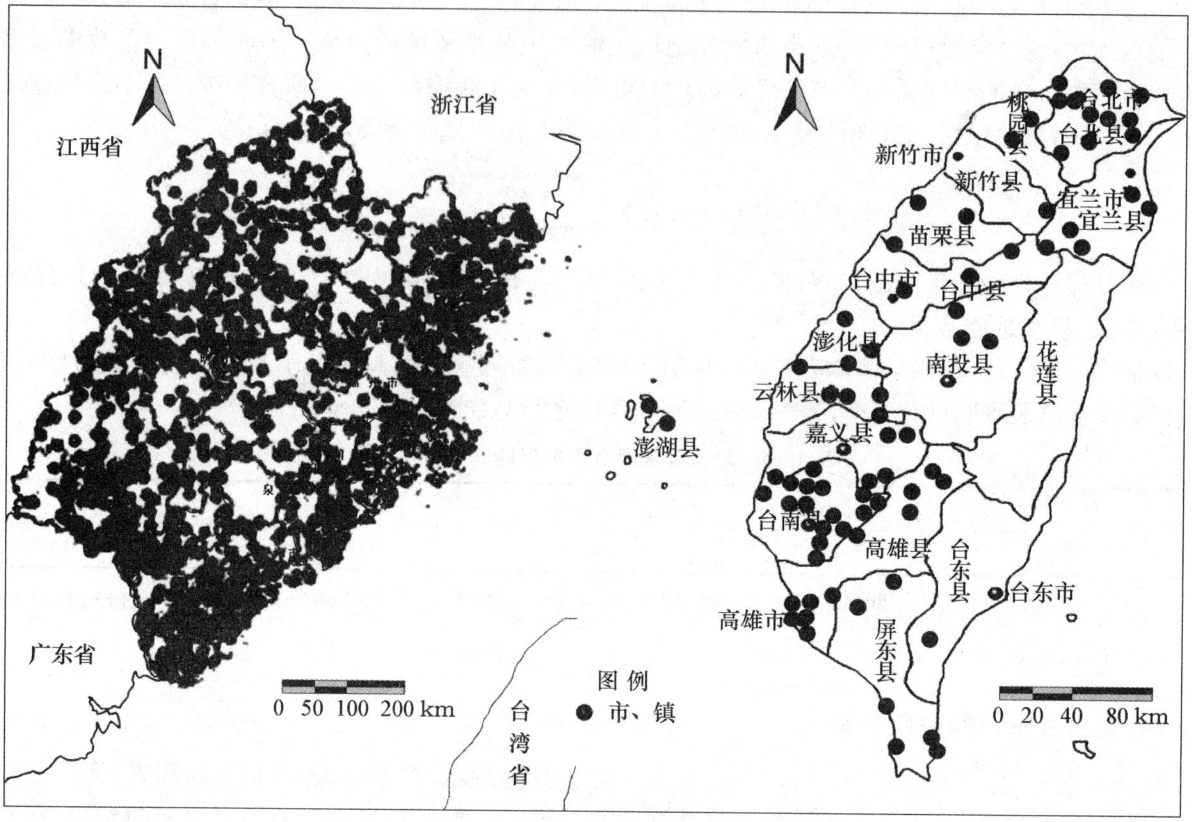

图 3-9 闽台两地市、镇空间分布示意图❶

(2) 地形与市、镇的分布

福建和台湾境内皆是山林地带，可用于农耕的土地很少，山地和丘陵面积比重大，福建占到 80%，台湾亦近 70%。福建市、镇在各时期的分布特征表现为：盆地河谷多于山区，低海拔多于高海拔；盆地和河谷地区一方面地形平坦、土壤肥沃、灌溉便利，有利于传统农业经营，另一方面通达度高，便于附近居民的集散。

具体而言，宋元时期，市、镇主要集中在闽东沿海丘陵地区，到了隋唐时期，东部沿海丘陵区市、镇数量继续增加，且向闽西内陆盆谷丘陵区扩散。明朝，闽西北内陆盆谷丘陵区成为市、镇最密集的区域，闽江上游富屯溪和沙溪河谷地带尤为稠密。清朝，闽西北有所减少，而闽江下游、交溪河谷地区及闽南沿海丘陵地区分布增多。

台湾地区在开港前，结合地形聚落在空间上的分布呈现为：清初聚落集中分布在以台湾府城为中心的西南部沿海平原地带。虎尾溪以北的彰化平原和下淡水溪以南地区聚落分布较为稀疏，大甲溪以北区域只在几条通航的河口零星分布着几个城镇聚落。中部丘陵和山区及其广大东部地区仍是一片空白。到了清中期，最早开发的西南部平原聚落分布更为密集，而且向南延伸到下淡水屏东平原，向北经嘉南平原、彰化平原、台中盆地、新竹平原，再到台北平原，聚落在台湾西部平原地带分布密集。台湾岛中央山脉以西的丘陵和台地地带聚落较少，只呈现零星分布。其中，较大的聚落基本上是在农业经济和商品交换发达的平原区域。这些聚落或属于行政中心城镇，如凤山县城、嘉义县城、彰化县城、竹堑厅城等，或作为转运集散中心的商业港口市镇，如南部的东港、阿里港以及中部的盐水港、笨港、新庄等城镇❷。

(3) 不同性质市、镇的分布特征

任何要素都不可能孤立存在，闽台聚落同样如此，为了保障生产、生活的正常运行，聚落间、聚落和区

❶ 图片来源：刘莎，王彬. 闽台古市镇的时空分布及形成机制[J]. 山西师范大学学报，2012(1)：100-106.

❷ 引自：唐次妹. 清代台湾城镇研究[M]. 北京：九州出版社，2008：76.

域间总是不断进行着物质、能量、人员和信息的交换，这就是文化生态空间的相互作用。正是这种相互作用，才把空间上的彼此分离的聚落结合为具有一定结构和功能的有机整体。闽台地区拥有海陆兼备的地理条件，近代以前，聚落间的联系主要表现为货物和人口的流动，依靠交通运输设施实现。聚落是人类进行各种活动的集中场所，通过各种运输网络，使物质、人口、信息不断从各地向聚落流动，聚落就是各种网络中的聚焦点或结节点，结节点连同其吸引的区域组成结节区域。而聚落中的城镇对区域的影响类似于磁铁的磁场效应，随着距离的增加，城镇对周围区域的影响力逐渐减弱，并最终被附近其他城镇的影响所取代。每个结节区域的大小取决于结节点（城镇）提供的商品、服务及其各种机会的数量和种类，一般情况下，这与结节点的人口规模成正比❶。福建地区的聚落发展，常结合交通方式，并在地理位置冲要之处形成物资集散中心，同时，丰富的物产也使之形成众多的专业集市（表 3 - 4）。

表 3 - 4 不同类型古市镇的数量及分布❷

种类	个数	分布
周边地区货物集散中心	365	各县市
交通要道	162	各县市
海港	126	福州、长乐、连江、罗源、霞浦、晋江、惠安、厦门
渔盐	81	长乐、福清、连江、罗源、霞浦、福鼎、惠安
河港	63	福州、福安、宁德、安溪、漳浦
茶	27	霞浦、福鼎、华安
与周边省市贸易中心	18	寿宁、华安
采矿、经营特产专业市镇	352	古田、宁德、安溪、莆田、明溪等

作为物资集散中心或交通要道的市、镇数量最多，广布于省内各县市；而海港和以渔盐为主要经营对象之集市则主要分布在福州、长乐、罗源、厦门等沿海县市。同时，专业市、镇所占的比例不断上升，包括茶市在内，共有 379 个，还有渔市、米市、番薯市、盐市、糖市、牛墟、书市等，证明福建古代经济的繁荣和物资的丰富。

对于台湾地区而言，其聚落发展与大陆存在密切的劳动分工关系，有着频繁的商品交换活动。商品经济的发达使部分承担商品运输和交易功能的港口聚落最先发展壮大，这些聚落与作为农产品交易和集散市场的一般城镇在商品流通和交换的功能上形成了上、下层级关系。不同层级的聚落分布于台湾岛上，形成了台湾岛的商业网络。在这个网络中，聚落成为各种商品和人员交换的结节点。在结节点之间的连线就是台湾岛沿海航线、大小河川以及大小的道路。在所有的结节点中，对渡港口聚落因人员、货物的集中而发展成最大的城镇，在聚落层级关系中居于最上层的位置，而那些承担着货物转运功能的聚落则成为中间层级，担负着上层和下层之间的转承关系。基层则有大量的小市街作为地方物产的交换市场，是台湾地方物产进入两岸商贸流通网络的起点，也是大陆物产运送到台湾到达消费者手中的最后一站。清初，台湾的聚落网络尚处于初级阶段，网络中的层级关系较为简单，只形成三个层级的网络关系。清中期，台湾聚落形成较为复杂的层级关系❸。

3.2.4 闽台聚落发展的时空特征归纳

闽台聚落作为古代经济活动的空间载体，它的时空分布与变迁往往透露着古代经济发展与扩散的重要信息。基于上述研究表明，在时间分布上，较中原地区，福建聚落，特别是市、镇虽产生较晚，但发展迅速，尤其是明清时期。在空间上，福建聚落经历了从点状分布到组团状分布的变化过程；分布和扩散经历

❶ 引自：许学强，周一星，宁越敏. 城市地理学[M]. 北京：高等教学出版社，1997：148.

❷ 图片来源：刘莎，王彬. 闽台古市镇的时空分布及形成机制[J]. 山西师范大学学报（自然科学版），2012(1)：100 - 106.

❸ 引自：唐次妹. 清代台湾城镇研究[M]. 北京：九州出版社，2008：78.

了由内陆向沿海、由山区向盆地和谷地、再从东部沿海向西部内陆的过程。具体表现为：一是从水平分布上看，宋元时期主要零星分布于闽南、闽东，隋唐时期闽西聚落中的市、镇开始增多，到了明朝闽西北、闽南成为市、镇的集中区，而清朝，闽东北、闽南、台湾西部市、镇快速地增长，最终总数达到 697 个，呈组团状分布于各县市；二是从垂直方向上看，闽台聚落，特别是市镇皆有沿河谷、盆地和滨海平原分布的特征，具体而言福建的闽江、晋江、九龙江和台湾的淡水河等河流的中下游成为聚落的主要分布区。

而形成闽台聚落时空分布特征的主要原因包括：一是聚落的产生从根本上受制于商品经济的发展。明朝以前，闽台由于开发较晚，封建经济尚不发达，加上政策的限制，聚落特别是市、镇发展缓慢，明朝福建经济开始加速发展，并出现资本主义萌芽，商品经济也日渐繁荣，其交易场所——市、镇也逐渐发展壮大；二是人口迁移，在以增加劳动投入来获取更多收入的传统封建经济时代，汉人的迁入、闽人的内部迁移与东渡对迁出地和迁入地都产生重要的影响，移民必然加快所到之处的开发进程，促进社会经济的发展，迁离之地劳动力减少，经济发展受阻，聚落中的市、镇也在此基础上增减。

3.3 闽台聚落空间形态演变分析

3.3.1 聚落空间形态演变方式

聚落空间结构形态的变迁过程，实际上是聚落自身生长的过程的外在表现。而聚落的生长始终围绕生长点进行，以一种连续的与"蛙跳"相结合的方式反复进行，一个新的生长点产生，必然带动周边的发展，并逐步达到新的均衡，同时又孕育着新的生长点。

聚落空间形态的演变可以归结为文化生态系统的不平衡引发聚落的不平衡生长过程，因此，聚落空间形态演变的本质是文化生态系统由一种不平衡状态进入另一种平衡，是功能与形态的矛盾相互作用的结果。不平衡所引发的聚落空间形态的变迁过程，反映出闽台地区特殊的地域文化所产生的人们对安全防卫的需求，也反映出宗族文化、人口因素、社会经济发展等领域的发展需求。随着人口的增长，过剩人口择地而居形成新的村落，这种演变对于闽台两地的聚落而言，基于宗族细胞，即族中某一支或若干支独立而出建立新的定居点，新的定居点逐渐发展而成小型聚落，再演变成大型聚落，随后发生裂变，开始新一轮的循环。同时，在宗法制度、微观经济活动等多种社会力量的交织作用下，祠堂、庙宇、店铺等公共建筑趋向于在聚落的特定地段分布和聚集，聚落呈现与其社会功能相适应的形态结构。

因此，聚落的空间演变过程"实际上也就是生产发展的过程，聚落的地域类型也就反映了地域的差异。此外，聚落形成以后并非固定不变的，而是随着生产发展而不断发展变迁。聚落的发展变迁，主要是由于人们组织生产的方便，是生产不断发展的结果"❶。总之，闽台两地聚落的空间形态变迁是源于它内在的生长规则——聚落空间结构演变的自组织规律，聚落空间形态的演变是一个延续进化的动态过程。

3.3.2 自组织理论下的聚落空间演变规律

聚落系统发展的动力应来自于系统内部各子系统之间以及子系统各组成要素间的竞争与协同关系。在一个复杂的聚落系统中，其社会文化系统、生态环境系统、农业经济系统以及聚落空间与建筑形态系统等因素之间的相互作用、相互竞争与协同的关系，是聚落空间演变的动力。而在聚落各子系统的相互竞争关系中，保持并发展各子系统的特色或"生物活性"是非常必要的，只有每一个子系统各自占据一个生存空间，才能相互补充、相互制约、相互促进而共同发展。

3.3.2.1 聚落空间渐变的一般规律

作为一个复杂的社会系统，聚落空间形态演变有渐变和突变两种类型。渐变是原来运动的延续，一

---

❶ 引自：陈桥驿. 历史时期绍兴地区聚落的形成和发展[J]. 地理学报，1980，35(1)：14-23.

般表现为时间和空间上的连续性和一贯性等特点，此时，系统内部处于一种相对平稳的状态，变化过程相对缓慢。因此，也是一种自然态的演变过程。

聚落系统的自然态演变过程在外界输入的信息和能量相对稳定的情况下，遵循着一定的自组织演变的规律。其内部组成的各个子系统之间存在着较为良好的互动关系和相互催化、共生的关系，这也是其在保持同构性的前提下有着持续发展的活力的原因所在。这一方面，由于聚落系统中各子系统所处的发展层次和状况、技术因素的限制以及构成各子系统的要素相对单一、缺乏多样性等特点，使聚落系统处于一种超稳定的结构中，其演变的速度非常缓慢；另一方面，由于聚落系统的各子系统的组成要素缺乏多样性，如过于单一的农业经济模式或生态模式等，因而使得许多子系统对于外界的依赖性很大，在一定程度上限制了其内部活力的激发，使得子系统比较脆弱，同时容易造成系统的部分机能的退化，使其在某些较强的外力的作用下，完全丧失其活力，从而造成整个聚落系统的破坏。

如台北县北滨与东北角区域目前仍然散布着澳底、双溪、福隆等聚落。由于受到丘陵地形的阻隔，这些聚落自清代垦拓以来多维持着既定且不大的规模与人口，难以发展成为较大的乡镇，又因临海，自清代以来维持着兼营农渔的港澳聚落。其中，福隆村位于台北县贡寮乡，其油车魏氏，据1933年所存族谱记载原籍汀州府宁化县，明洪武年间移居漳州南靖默林忠和楼，至清乾隆年间魏氏十六世祖贵应字号源顺与十五世祖之父宋彩公等渡海来台开基落户，先后曾在三芝及双溪等地暂居，道光年间定居于福隆村油车迄今，目前尚设有公厅巨鹿堂。1901年创建的福隆村海边挖仔港之东兴宫，九位信士中有四位属于魏氏家族，今已为福隆村香火最兴旺的大庙。早期到北滨与东北角的少数客家移民开辟垦拓，因地制宜、顺应面海靠山的地理环境转化成以半农耕半渔牧的方式生活，当地俗称"半山海"，改变了原乡只以农作为主的山居生活习惯。如贡寮福隆油车魏家一带居民除了种植一年一收的水稻外，冬季来临时即在福隆村挖仔港从事捕鱼与渔获加工。而三芝八连溪、横山民居沿山腰而建，并开辟水圳作为水源与灌溉用，丘陵起伏，居民依山势筑构梯田，形成三芝特有的景观。山坡地除稻作之外，尚以制茶闻名，余兼种植相思树及地瓜、茭白荀等经济作物，较为偏重农务。另外，台北县北滨的石门乡至今尚以铁观音茶、海菜及富基港鱼市闻名，亦仍属于农渔兼营的生活形态❶。

3.3.2.2 聚落空间突变的一般规律

突变是一种不连续性的演变，往往表现为时间和空间上的间断性或间跃性等特点。聚落的突变态演变可以分为两种：一种是原有聚落系统遭到破坏，失去应有的活力而被动地让位于另外一种系统模式，即非自然态的演变模式。如顺治十八年，清政府颁布"禁海迁界"，令沿海三十里内的居民内迁，而致使东南沿海的许多聚落被废弃，一直等到康熙二十二年复界，前后二十二年，这些聚落经历了非自然态的演变过程，即被废弃，而后重生，其中较为典型的如福全古村落、蚶江聚落、土坑古村落等。清廷的"禁海迁界"，使得这些聚落百姓流离失所，聚落内外建筑悉遭破坏，如福全人丁减少"十无二存"，经济凋落，虽城墙犹存，但福全城已面目全非，走向衰落。

另一种突变态演变是一种间跃性的演变，即原来的聚落模式系统并未消失或遭到破坏，而是脱离了其通常的特征，跃生到了一种新的层次上，使系统的活力和潜力得到充分的发挥，这是系统得以生存和发展的理想模式，可称之为理想态的聚落演变模式。这方面较为典型的案例如台北市公馆地区芳兰山下聚落，该聚落由不同族社会群体所组成，位于台北市基隆路四段公馆附近的芳兰山下，该聚落最早由陈家居住，曾有俗称"芳兰三块厝"三大宅，分别名为"芳兰大厝""义芳居"与"玉芳居"。芳兰大厝最早落成于清嘉庆十一年(1806年)，1932年重修，为有虞衍派陈芳亭派芳兰陈氏世系忠公源流第四十三世孙陈振师所建，陈家为福建泉州安溪移民。芳兰大厝为近两百年的古厝，是台北盆地拓垦史的见证，并且其建筑采三合院配置，具清代风貌。以这三个大厝为主体形成的芳兰山脚下的聚落，居住着芳兰后代、空军眷属、城乡移民、荣民等等，蕴含着许多居民的记忆与台北早期空间发展的痕迹。1950年代空军在此建立宿舍，此

---

❶ 引自：郑碧英. 台湾北部海滨客家聚落的地域特质[A]//第八届海峡两岸传统民居理论(青年)学术会议(2009赣州)论文集[C], 2009：1813.

后，有许多新移民进驻，形成一个多族群共同生活的聚落。据此，聚落的发展经历了陈氏血缘聚居到空军荣民、芳兰后代与城乡移民三大社会群体共同聚居的过程，其间陈氏的宗族血缘聚居模式得以延续，而近现代外来的空军眷属、城乡移民、荣民等的融入以及一部分都市底层边缘人口的高流动率多元异质的人口的加入，形成这个地区相对稳定又不断流动的社会结构，有机成长的违建聚落丰富了此地的空间肌理与居民的生活。而这一过程，体现出聚落间跃性的演变特征。

与自然态演变不同，处于非自然态的聚落形态系统往往由于外界向其输入的某些因素的“干扰性”和“控制性”过强，使系统中各子系统之间部分失去活力或整个系统失去整体活力。表现在聚落的形态结构关系中则是出现断裂、破缺的现象，甚至局部塌陷、瘫痪的状态。同时，由于各子系统之间的复杂的相互作用而衍生出的形态的多样性与多义性也随之消失。造成这种“突变”演化的产生均有其历史与现实的原因，如自然生态方面、社会文化方面、经济方面、聚落与建筑形态方面等。

另外，聚落系统的间跃性演化是聚落系统在保持原有系统信息稳定的基础上进行自适应、自进化的过程。通过系统内部各子系统之间的相互催化循环作用，整个组织结合得更紧密，同时使其结构具有更大的丰富性。而能量的聚集和多次利用，既避免了能量的单向性流失而造成的浪费，也使得整个聚落系统内部的非线性运动越来越复杂，处于极为活跃的亚稳定状态甚至混沌的边缘态。研究表明，在这种状态下的系统具有非常高的适应性和自组织性，它既能稳定地储存信息，又能快速地传递信息。

聚落系统的间跃性演化也是一种极其活跃和复杂的自组织演化过程，尤其是其在运动时间发生突变的状态下向另一层次跃升时的状态难以捉摸。因此，要能够及时地跟踪反馈信息，同时将演化过程置于其所有可能性的空间中进行分析，找出其演化的可能途径和系统内部之间的相关性，只有这样，才能通过对于输入信息的调控等手段，使整个系统处于一种良性的跃升状态。

3.3.3 自组织理论下的闽台聚落空间形态分析

3.3.3.1 闽台聚落空间形态基本属性

作为闽台文化生态系统重要组成部分的空间形态，从浅层次意义分析，闽台聚落空间形态是聚落中各个空间子系统，如街巷、建筑、景观要素文化等构成的空间结构或者空间形式。同时，闽台聚落的空间形态又是一个随着历史的发展不断演化的动态系统。在其演化过程中，不断受到闽台地区的自然条件、制度变化、闽台地域文化等各方面因素的影响，闽台聚落的演化又在一定程度上反作用于这些因素。在这些作用力与反作用力下闽台聚落的空间形态得以演化发展(图 3－10)。因而，深层次上的闽台聚落空间形态是包括下层次物质构成形态和上层次社会构成形态的统一。

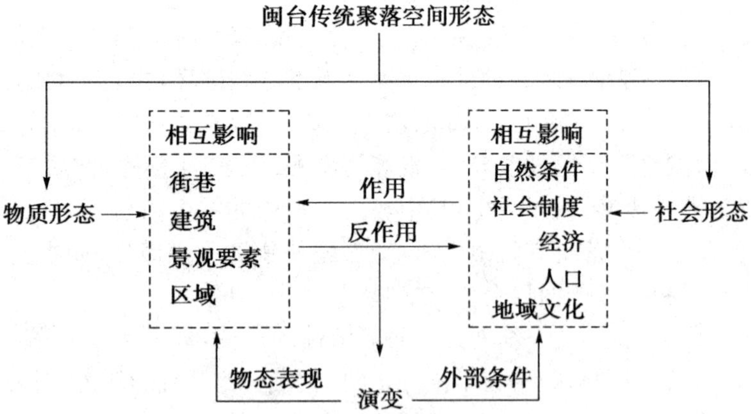

图 3－10 闽南聚落空间形态结构图示

闽台聚落空间形态的基本属性表现如下：

(1) 物质空间属性——闽台聚落受到闽台区域各类要素相互作用而形成了物化的形态投影在聚落所在的土地上，这是闽台聚落实体的外在物质表现。

(2) 社会空间属性——闽台聚落承载了聚落居民的各种活动。如在永宁卫城中，居民日常生活的居住、行走、劳动等活动：每逢农历正月初九俗称“天公生”日，永宁卫城及其周边的数十里的村民，都会在破晓前供香敬天公，之后，便成群结队赴虎岫寺参加“游春”活动；四月初八有抬菩萨活动；客家有种种特殊的红白喜事等仪式活动；各家有兴建宗祠祖厝的活动，在祠堂中进行祭祖的活动等等；八月起，城中居民又会忙于扎“鳌山”❶(假山景),中秋夜满城灯火通明,居民们各自在家门口、店门口展示自家鳌扎,供人观赏游览。

台北县三芝的江氏、彰化社头的芳山堂刘氏、嘉义溪口的赖氏等家族聚落中都有奉祀东峰公、民主公王信仰,这些信仰源自闽西客家汀州府的永定、连城、武平等县,漳州府的诏安、平和县,以及潮州府饶平县等,由客家人迁移入台而得以传播。而民间信仰的传播与台北县三芝移民聚落的形成契合,开始于清雍正到乾隆初年,由闽西、闽南陆续进入三芝开垦,在乾隆时期(1736—1795年)形成较大规模。其中,又以永定县高头乡的江姓为最多。江姓在永定县是一个巨姓大族,百八郎公为高头乡开基祖,在信仰方面建有“东峰祠”❷,又称为“东风大帝”或“东方大帝”❸。东峰大帝的信仰随江氏子孙繁衍而流布于闽西南一带,江氏视其为宗族守护神。江氏迁到台湾后,在台北三芝、板桥湳仔和四汴头、嘉义的大林沟背、水上江竹仔脚、新港菜公厝以及台南楠西鹿陶洋等以江氏为主的聚落,都虔诚祀奉“东风大帝”这位祖先神明。而台湾的民主公王信仰以三芝乡江姓祀奉的民主公王最为兴盛。这座民主公王庙位于陈厝坑溪与新庄溪合流处,初建于清乾隆二十六年(1761年),系由圆窗开基祖江由兴从永定高头渡海到台开垦,迎民主公王护佑随行,次年建祠坐镇于水口。据传距今二百多年前的乾隆八年(1743年),有一批开垦小基隆(新庄子)的移民,民主公王就是指这些移民而言。因为他们是乡土的开拓者,当地民众感激他们的恩德,并且为了把这些恩德永远传之子孙以及为了祈求平安幸福,才建了一座小庙,当时称为“土地公庙”。道光二年(1822年),从大陆来的一位翰林巫宜福,到台湾各地观光,路过小基隆休息时,对于该庙所在地的秀丽风光叹赏不已,于是就嘱令当地人,以后要把这座庙称为“民主公王庙”,当地信徒欣然接受。四月初八是民主公王例祭日,都要举行祭典❹。该庙正殿祀民主公王,左边陪祀依次为三官大帝、观音佛祖,右边依次为吕仙祖师、福德正神,上方中左边分别有民主公王神位,右边还有保生大帝神位,下方则为中坛元帅神位。每年正月十五日为三芝民主公王盛大的祭典之日。此外,四月初八日还有“吃咸菜福”之俗。正月十五日,民主公王庙备有米糕、猪公等供信徒求符携回,次年再还愿。时至今日,这些习俗仍然存在,甚至规模比以前更大。这些活动都是以社会为背景的活动,社会空间组织结构的变化,会引起人们活动的变化,从而引起聚落空间形态的变化。

综上所述,闽台聚落空间形态的发展应从两个层面上考虑:一是外在表象上物质空间形态的发展,二是内在机制上社会空间形态的发展,两者通过自组织机制的相互作用,共同构成了聚落空间形态的演化图景。

3.3.3.2　闽台聚落空间形态发展的自组织特性

(1) 闽台聚落空间形态发展的开放性

闽台聚落系统需要不断与外界环境进行物质、能量、信息的交流,从而获得发展和演化的动力,维系

---

❶ 鳌扎:用黏土塑造或用纸篾制作好架子,再在上面扎上花样各异的人物,如打水、推磨、划船等,也有的扎装戏曲故事,如陈三五娘、八仙过海等,内安置机关,转动起来活灵活现。

❷ 纪念明朝时族人江宽山误饶平张链为盗贼,率领子弟抵抗时,不幸与三子二侄同时遇害。江宽山字东峰,江姓家族遂建“东峰祠”纪念。

❸ 关于高头江氏宗族的东峰大帝信仰,江南桔《高东江姓海内外裔众祭祀东峰公记盛》记载:祭期一到,前一天晚上高东村男女老幼都激动得睡不着觉,他们个个都争先到东峰公坟前去烧“头香”。在他们看来,能烧到“头香”是最荣幸、最吉利的事情。东峰公坟茔离高东村有20里之遥,因此他们都在半夜里便摸黑行动(远处如月流、陈东的,前一天先在高东村住下)。这一天闹得可谓震天动地。天未亮,首事们便出发了,吹喇叭的、擎凉伞旗幡的、抬猪的、牵羊的、挑酒的、扛轿和坐轿的、扶老携幼的,络绎不绝,几十把土铳接连不断地打响,直到坟地。大概到10点钟左右,人才大致到齐,这时两亩宽的坟堂前已琳琅满目摆满了祭品,坟堂外人山人海,挤得水泄不通。于是开始长达两小时之久的祭祀仪式。祭祀过程中,“做新丁”的人便东拉西扯招呼客人来喝浓香四溢的“新丁酒”,一家一杯,走一圈就四五十杯,酒醇味甘,后劲很大,即使有“海量”的酒客,也往往弄得醉卧坟头。祭仪一半,即铳炮声四起,硝烟弥漫,犹如大雾封山。待得烟消雾散,坟地上的炮纸花像积雪,迭数寸之深。此时祭祖的人便围成四五十个小圆圈,“做新丁”的人便把挑来的祭品分给他们……杯来觞去,直至大家酩酊大醉而归。(载于福建省龙岩市《永定文史资料》第7辑)

❹ 引自:[日]铃木清一郎.台湾旧惯习俗信仰[M].高贤治,冯作民,编译.台北:台湾众文图书公司,1978:397。事实上,“民主公王”之名早在大陆就久已有之。该庙宇系因永定高头一带百姓感念“神恩浩荡”而建的村落守护神。这座“民主公王庙”,则是江姓移民时从永定原乡分灵而来的。

文化生态系统的稳定，因此它是一个开放系统。闽台聚落空间形态的开放性是其发展过程中的固有特性，聚落系统的开放性又是相对的，超出或低于其自身需求，都将对系统造成极大影响。

如明清时期，政府对沿海地带实行禁海制度，使得沿海许多聚落的开放性低于其自身的需求，聚落内与海外的交流成为违法行为，但聚落又需要通过交流满足自身发展，因此，很多人选择走私，变成了倭寇，从而使得战争频发，形成恶性循环。如永宁聚落在禁海制度之前，其梅林港是泉州港的一个支港，是泉州港通往海外的必经之路，海上交通运输业十分发达，聚落经济繁盛。至倭患频发后，永宁因其特殊地理位置成为具有重要军事地位的所城。清初，"禁海迁界"令下达，沿海三十里内的居民必须内迁，永宁卫城内百姓流离失所，城内外建筑均遭破坏，永宁卫城面目全非，走向衰落。

再如台湾地区，明清时期大量大陆移民入台，有力地促进了台湾聚落的发展，但随着 1895 年《马关条约》的签订，日本殖民者为了限制大陆移民来台，专门制定并实施了《清国人入境台湾条例》，该条例开篇第一条就是："自今台湾一带沿岸，不准清国人随意登陆"，条例第五条又规定："目下暂将无赖汉苦力等类一并严禁登陆以保台湾良民之安宁。"❶而历史上闽粤移民中的大多数为贫苦大众乃至部分带游民性质的"罗汉脚"之类，严格禁止此一群体的入台，实际上也就是切断了大多数大陆移民的渡台之路。即使是允许渡台的那部分大陆民众，一方面需要在原居住地办理繁杂的赴台手续，另一方面还被限制居住在台湾沿海地带四个口岸，不得随意转赴他地，处于严格的管制之下。由此，绵延数百年的闽粤移民东渡台湾的路径，随着日本对台湾的殖民占领而遭到极大的阻碍。而这一阻碍极大地影响台湾聚落的发展，其中较为突出的如茶、糖、樟脑资源等采摘工、制作工、施彩工等严重不足，据日据 1895 年调查，从事茶叶精制、运销的洋行有 6 家，台湾本地茶商 131 家，雇佣制茶工 2 000 余人，采茶女 10 000 余人，制茶箱工、铅叶工、施彩工 1 000 余人，茶叶鉴定师约 200 人，加上书记、助手等，从事制茶业者总计约为 20 000 人。除了采茶工为台湾女性外，其余大都从闽南、福州一带渡海而来，大致每年约 3 000 余人。台湾茶叶生产的主要技术工种均依赖于大陆劳工，大陆技术工人在台湾茶叶制作领域发挥着举足轻重的作用❷。《清国人入境台湾条例》的实施直接影响大陆技工的入台，由此影响聚落产业的发展。其次，随着台湾的殖民化与《清国人入境台湾条例》等限制移民制度的实施，台湾聚落社会的族群结构发生了重大变化，台湾社会从闽南人（或福佬人）、粤东人（或客家人）和少数民族（或"生番"）三大族群，转变为台湾人（或本岛人）、日本人（或内地人）、少数民族（或"高砂族"）的新三大族群。再次，台湾岛的早期居民为山地少数民族，汉人渡海来台后，在与少数民族的互动过程中，逐渐开发了西岸平地地带，并自南向北、自西往东垦拓发展，其中来自闽南、粤东的移民成为开发台湾的主力军。《台湾府志》记载："自数十年以来，土著之生齿日繁，闽广之梯航日众，综稽簿籍，每岁以十数万计。"但台湾沦为日本的殖民地，《清国人人境台湾条例》以法律的形式重新限定了海峡两岸的人员往来关系，大陆民众迁徙入台的通道被阻断。外来的力量促使台湾最终完成了人口从外延性增长（移民）向内生性增长（生育）的转变。1895 年的《清国人入境台湾条例》在这一历史进程中扮演了关键性角色。此后，来自大陆的影响因素逐渐降低，来自日本的影响因素则直线升高，台湾社会相对独立的社会历史发展进程开始形成，日本对台湾的占领及伴随而来的台湾与大陆之被强制分离，很大程度上构成为台湾历史特殊性的转折点❸。

（2）闽台聚落空间形态发展的非平衡性

在时间维度和空间维度上，闽台地区的自然、社会、经济等方面都存在不均匀性，并导致了闽台聚落空间形态的非平衡性。这种非平衡性形成了不同的"势"，势的不同引发了系统的不断运动。如西晋末年、唐朝末年、北宋末年中原战乱不断，而闽南地区偏安一隅，这种南北之间的差异使得中原人纷纷逃难至闽南地区，形成了人口的流动和南北文化的交融。而明清时期，随着闽南地区人口的增长，有限的耕地难以承担人口扩展的需求，由此引发了闽南族人移民入台进行垦拓。又如自唐朝发展起来的泉州港，海

❶ 引自：林品洞，等. 台湾总督府档案（第 5 辑）[Z]. 中译本. 台北：台湾省文献委员会，1995：42.

❷ 引自：台湾总督府民政局殖产部. 台湾产业调查录[M]. 台北：学生书局，1991：8.

❸ 引自：陈小冲. 试论日本据台与闽粤移民之中挫——以《清国人入境台湾条例》为中心[J]. 台湾研究集刊，2009(3)：78－79.

外贸易昌盛，经济发展迅速，这种先进性就是一种非平衡性，它吸引着周边聚落的人到此经商、定居，甚至还吸引着许多海外人民至此定居。宋元期间，寓居在泉州南门一带的外国人就“数以万计”。而台湾地区的聚落正如前几章已论述，随着移民的大批涌入，北部淡水厅地区进入开发的高峰期，随后乾、嘉两朝，台北平原的艋舺、沪尾及摆接十三庄发展成为富庶甲全台之地。而嘉庆、道光年间，东北部的宜兰平原和台湾岛中部内山地区也逐渐开发。据此可知，闽台聚落空间形态是一个开放的远离平衡态的系统，呈现为具有自组织能力的耗散结构。

(3) 闽台聚落空间形态发展的非线性

非线性是闽台聚落空间形态发展的核心特征。聚落空间形态的发展过程不是由一个单一要素变化引起的，而受到多个因素综合作用和影响。各个要素之间往往紧密联系，一个要素的变化会牵动其他要素的变化，形成“蝴蝶效应”式的整个系统的变化，使得系统的发展成为一个非线性的发展过程。如永宁卫城中，在近代，发展出一种由传统古厝演变而来的建筑形式，即番仔楼。系统中这样的变化，是由多种因素构成的：首先，由于地域自然环境的因素，使其开启了文化交流之门，使得海外文化能够随着海上交通的发达快速传入民间；其次，由于人口变迁的因素，在海外移民与侨汇经济的支持下，番仔楼得以发展；再者，受地域文化因素影响，对中原文化的传承使得番仔楼保留了传统古厝的基本形式，对海外文化的接纳使番仔楼呈现出中西合璧的特色建筑形态。在这个变化过程中，自然环境因素，是引起地域文化形成的原因，也是引起人口迁移的原因，人口变迁又会反过来影响地域文化和经济发展，这些因素的综合作用影响最终导致了番仔楼形式的建筑出现。这个过程即是一个非线性的发展过程。

再如台湾外水尾聚落，位于台中县大甲镇中山路义和里484巷，大甲溪北岸大甲镇南方，地势平坦。目前居住有30余户居民。乾隆初年李殖春带领族人定居于此，该地于明郑时期称为田寮，清朝时称为头份田，因从清水方向来的头一份田而得名，日据时代称为外水尾，光复后改为义和里。但是当地人还是以住在外水尾而称之。该聚落祖先从福建晋江小归湖乡迁来台湾，初居诸罗县东石朴仔脚大慷榔庄（今嘉义县朴子市）。明郑时期，因族繁人众，移居于大甲水尾山下，逐渐开发。在聚落形成之初，地方治安不佳，聚落位于大甲溪边，时有来自海上的强盗与来自清水杨厝庄的山贼的侵扰。为此，李姓族人自备防卫武器，在屋前屋后筑鸟巢，作为守卫人员之隐身处，种植莿竹围，预备枪支自制子弹等防卫工具，且由家中男丁与长工轮番巡更守夜。同时，由于风水要求及面向自己田地的考虑，聚落内住宅多以背山的方式扩充成长。再加上地形限制，使得整个聚落呈现横向扩充的配置方式，由此呈现：背山、横扩、三房排列的空间形态，即安排三房之居住空间。大房居左，有较宽阔的发展空间，因此，自成一个合院，独立发展；二房分配右侧护厝，发展空间有限而后扩展至西南方；三房分配于二房右侧，尚有少许横向发展之空间，发展成护厝的形式。外水尾聚落的建筑形态，基本上为一进四户。整个聚落以公厅为庄内最高的建筑物，厅内的祖先神明是庄内最崇高的神祇与最重要的地点，对于聚落的居民而言，这是祭祀圈❶与生活圈❷的范围。公厅在这个聚落中，所扮演的角色之一为祭祀功能，其中的神明、祖先是聚落中居民所共同供奉的，因此，每天清晨都有各房的人来上香、拜祭。李殖春有三个儿子，长子李鸣溪、二子李鸣僖、三子李鸣郎，至今已经繁衍十二代。祭祀公业负责家业管理、财产支配、主办祭祀活动等，为聚落中最重要的权力中心。列在族谱内的人员（以男丁为主），为祭祀公业当然派下员，继承祭祀公业的权利与义务（如图3-11）。

聚落中的社会关系，是由宗亲关系扩展而成的邻里关系，感情深厚，有共同的农地。聚落中的大小埕，除了是晒谷场还是儿童嬉戏、大人话家常的地方，遇到婚丧喜庆更是宴客场所、举行各种仪式的地方，还有戏台的功能。聚落前方的田地为公田，目前由大房的李谋寅与三房的李孙聪向祭祀公业租用耕作。因此外水尾聚落是一共同生活的聚落，在地理环境上呈现为封闭的聚落形式，而左邻右舍鸡犬相闻，走在

❶ 祭祀圈指涉一定的地域范围以及这个范围内所有居民义务性的共同祭祀组织与祭祀活动（施振民，1975）。

❷ 生活圈的概念为满足生活基本需求，该聚落有自己的农地与生产工具，在以往的生活中，可以过着自给自足的生活。

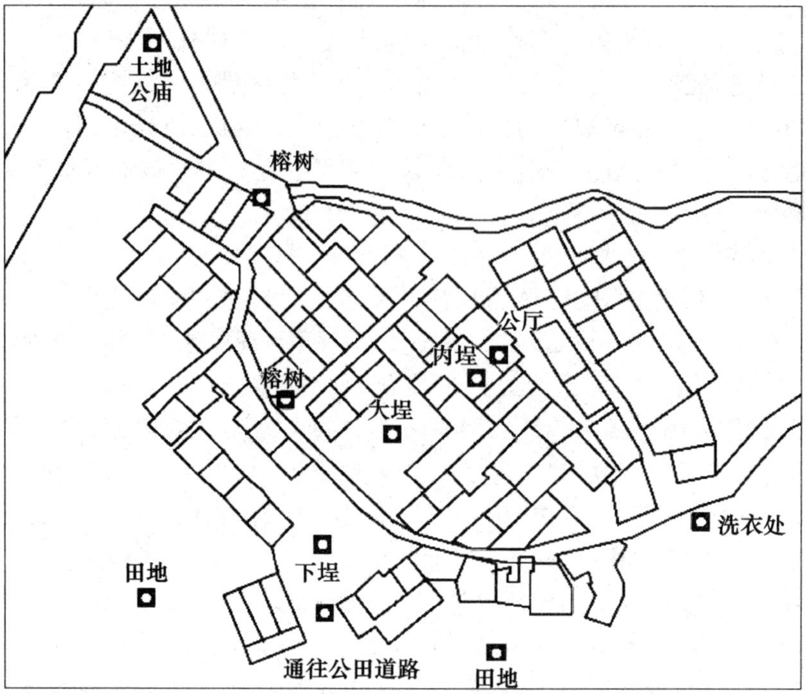

图 3-11　外水尾聚落空间主要节点示意图

聚落中人们互打招呼的声音此起彼落，环境气氛十分友好开放。

该家族聚落的生活方式、秩序与价值信仰，借由“宗族关系”“礼教规范”以及“安土重迁”等文化观念所形成的聚落特性，经由时间的累积，形成另一种聚落文化的特质。据此，特定的空间形式以及日常生活习惯性的活动，逐渐形成一种生活与活动的实践逻辑，作为人认知社会制度与社会互动，进而在意识层面上产生意义投射的社会秩序的重要凭借。

基于上述，众多因素的共同作用，且各个要素之间紧密联系，其中，抗击外来侵扰成为牵发其他要素的推动器，使得整个外水尾聚落系统的发展呈现为非线性的发展过程。

(4) 闽台聚落空间形态发展的突变性

对于闽南聚落空间形态发展的过程，无法确定其运动方程，甚至是其中的变量都难以确定，原因就是其发展存在突变性。比如西晋时期北方人南迁，对于闽南的泉州地区聚落来说就是一个突发事件，形成了人口因素的突变。迁徙而来的北方人具有较强势的政治制度，也带来了较为先进的文化、技术，使得泉州地区聚落得到了较大的发展。再如晋江福全古村落，在明代以前为闽南沿海以捕鱼、海上贸易为主的滨海小渔村，明代因倭寇的侵扰，使得这个小渔村一跃成为闽南沿海的抗倭军事要塞——所城，其突变改变了福全的职能以及自发生长的聚落空间格局，形成了具有明确空间特征的“葫芦城、丁字街”空间形态。

(5) 闽台聚落空间形态发展的有序性

闽南聚落空间形态发展的有序性建立在开放性、非平衡性和非线性的基础上，它是一个开放的非线性耗散系统所具有的基本特征。自闽南聚落生成以来，其空间形态不停演化，在各个因素作用力下不断地形成某种空间秩序，这种动态的秩序就是系统自组织的有序性。如前文论及的漳州埭尾村聚落，其中的古厝建筑一律向北而建，且门户相对，每个古厝前均留有十多米的大埕，而新建的村区一律向南，致使泾渭分明。一条由村头连接村尾的巷道构成聚落的主要通道，而其他巷道均以该主要巷道的方向为基准，最终形成了高度有序的埭尾村聚落空间。

再如新竹地区北埔聚落，其发展过程与台湾其他地区大致相同：闽人首先渡台辟垦沿海平原地区，平埔族少数民族则渐渐往内迁移。之后的客家移民来台时，因平原地区所剩可垦的田地已经很少，所以只能冒着瘴疠与少数民族袭扰的风险进拓山区。在清代官方基于全盘治安防番的需要下，配合闽籍城绅寻求商业资金的出路以及粤籍移民对于耕地的渴望，而组成了“金广福”这个庞大的垦隘组织。道光十五年（1835 年），姜秀銮率领数百人马沿牛路迅即突进北埔盆地，以北埔为金广福垦隘的大本营，由此，推动了北浦聚落的发展。当时北埔地区已有 30 余社的少数民族在此聚居，而姜秀銮在不谙地形及番社之配置的情况下，在进据北埔之后，即迅速建立防御工事，且相山堪地，在基地附近的险要之处建置隘寮，部署隘丁，以防守少数民族之突袭。移垦先民初时集居在北埔聚落内，栖身于临时房舍。除了向外拓垦的工作者之外，有部分的人负责在聚落内耕种、凿井、筑屋、辟地，以构筑聚落环境，满足生活需要。

道光十五（1835 年）年，姜秀銮即请堪舆名师指点龙穴，预作为建庙（慈天宫）基址，并择其右畔另一吉地作为姜家建宅（天水堂）之用。然而垦拓之初，实无人力、物力以大兴土木，故初期仅是简陋构成的小公馆，供垦民、隘丁办理垦务、隘务、聚会之用。至于一般垦民居住之所，于道光十七年（1837 年）金广福汇齐各捐资股伙，将隘寮附近平坦埔地先行踏丈，让金广福的垦户们能先取得土地，可以在自己的垦地上耕食凿饮，安家立业。故一般民家为环绕姜家天水堂及慈天宫聚居，建筑简单房舍，设构曲折巷弄，且依坡势而成阶状建屋。由此，北埔聚落形成了完整架构，聚落内的主要建筑：慈天宫、姜家天水堂及金广福公馆皆已确立基址，除陂塘、沟圳、道路及预定空地之外，其余地基则任庄民建筑家屋。由于姜秀銮在取得北埔土地权之后，为了聚众成庄，任各佃户自备资本，建筑家屋，且免纳地基租税，因此广为招来客家移民，其中有佃农、佣工、隘丁户等等。北埔至道光末期已经形成一个以农为主、定住成庄的客家聚落，除金广福公馆开设隘店经营生意之外，尚未有较具规模的商铺街肆。

咸丰五年（1855 年）姜荣华接办，同治三年（1864 年）倡邀大隘五角头，每年轮流庆赞中元，遂而形成了以北埔慈天宫为中心的中元普渡祭祀圈。中元普渡在慈天宫举行，故于聚落之内实施，而祭拜勇士孤魂则须于聚落外之“开基义友冢”进行。慈天宫的香火鼎盛加速了北埔聚落的商业发展，商铺的选址考虑交通便捷等因素，选于慈天宫及金广福公馆这两处公共建筑的邻近地区，形成了店铺街肆。民居方面，各地垦户开始着手重建或扩建家宅，改善居住环境，聚落内之土地使用也由于人口的“自然增长”及“社会发展的需求”而日益密集。同治年间的兴起，发展至光绪十二年（1886 年），北埔聚落至少已有多家官铺，当时北埔街肆以脑市、米市、柴市、炭市为大宗。光绪十二年刘铭传实施“开山抚番”，裁撤金广福之隘务及番政，而北埔这个颇具特色的垦隘聚落也发展成农商混合的街庄❶，北埔聚落的发展，折射出聚落有序发展的历程。

（6）闽台聚落空间形态发展的自相似性

闽南聚落空间形态发展过程是非线性的动态过程，但在这些过程中常常表现出自相似性。譬如闽南蚶江与永宁，其街巷结构、建筑形式、民居空间结构等，都表现出高度的自相似性。其空间形态正是通过系统间的相互学习、相互适应形成了发展过程中的自相似性，表现出和谐统一的秩序感。对于台湾地区而言，入台的大陆汉人以地缘或血缘关系组成聚落，因与外界联姻、商业及交通发展等原因，村中不同姓氏的居民有较多的增加，所以由各种姓氏居民组成的聚落，成为聚落组织结构的基本形态，这些聚落在空间形态发展上具有一定的相似性。不同姓氏的居民，在长期和平共处中逐渐融合，淡薄了地缘关系的观念，聚落中的祭祀也由以祭祀一姓祠庙为中心，转为以祭祀同一聚落居民共同膜拜的神祇为中心。这些神祇都是来自大陆祖籍地，如妈祖、保生大帝、清水祖师、三山国王等。各聚落以各自膜拜的共同神祇作为保护神。这些神祇的庙宇成为村庙，或称为公庙。村庙超越了血缘关系和地缘关系，有利于组织成居民共同自治的村落。村民膜拜共同神祇，共同商议村务处置，组织防御，有利于化解宗族或地域间的械斗。

聚落的自组织属性对当前的聚落保护与开发有什么启示和影响呢？我们将在后文探讨。

3.3.3.3　闽南聚落空间形态演变的动力机制

在闽南聚落空间形态产生自组织性背后，竞争性和协同性是推动其空间演化的根本动力。只要系统

❶　引自：薛琴，张朝博，詹益荣. 新竹县北埔老聚落之传统营建匠师[A]//第三届中华传统建筑文化与古建筑工艺技术学术研讨会暨西安曲江建筑文化传承经典案例推介会[C]，2010：119－120.

内部诸要素之间存在差异,就会有竞争。要素竞争就是在资源有限的情况下,运用某种优势,通过相互作用,获取更好的生存和发展的机会。在闽南聚落中差异存在于各个方面,因而竞争也广泛存在。如在泉州地区的聚落形成初期,地广人稀,人们之间的劳动能力存在差异而产生竞争;至北方人大量南迁至此,人口骤然增多,耕地不足,人们拥有的土地资源存在差异而产生竞争;移居而来的中原人与本土居民在生活方式、文化特性上存在差异而产生竞争;各家族之间的经济基础、社会地位、家族势力存在差异而产生竞争。各个方面的竞争对个体而言近乎残酷,但是对整个泉州地区的聚落系统而言,通过竞争的调节,可以使各种资源有效利用,并迫使系统中的个体发生进化。而这正符合了"在资料利用性竞争中,空间类型之间不直接干涉,只是间接性影响,如能源、资金竞争。相互干预竞争则直接对对方的空间进行干预或占有,如空间区位的竞争。相互干预性竞争的结果是一种战胜另一种,发生演替或者是两种间通过对资料利用方式的变化而产生协同"❶。协同性所指,一方面是竞争的反面,即合作、协作、互助,另一方面又包括了竞争。在闽南聚落中,由于个体所持有的资源有限,能力也有限,因而个体间需要相互协作才能改善生活环境,提高生活质量以及应对来自系统外部的威胁。如泉州的众多聚落中,公共设施如道路、沟渠、桥梁、祠堂、学堂、炮楼、城墙等,都是在个体的相互协作下完成的。

3.4 案例一 永宁卫城空间解析

永宁镇是石狮市东南部的著名滨海侨乡,位于福建省闽东南泉州湾与围头湾中部的深沪湾北畔,与台湾隔海相望,距石狮中心市区 8 公里,北与石狮市蚶江镇、锦尚镇接壤,南邻晋江市龙湖镇,东距台湾台中港 130 海里。永宁镇三面环海,陆地面积 28.6 平方千米,海岸线长 19 千米,现有常住人口 4.6 万人,海外及台、港、澳永宁籍侨亲 5 万多人,下辖 21 个行政村(居)委会。

永宁镇历史较为悠久,是闽南地区较为著名的卫城。目前,全镇共有福建省省级文物保护单位 2 处,分别是:姑嫂塔(亦称万寿塔或关锁塔)和城隍庙;石狮市级文物保护单位 8 处,分别是:虎岫寺摩崖石刻、永宁卫石刻(镇海石)、李子芳烈士故居、董云阁烈士故居、明代武进士陈有纲墓、慈航庙、"7·16 蒙难纪念碑"、岑兜古盐场;其他著名的历史古迹有:卫城遗址、朝天寺、玉皇阁、伊斯兰教圣墓、观日台、沙堤石笋等等。

永宁历史上孕育出了明代五部尚书黄克瓒、新四军高级将领华侨将军李子芳、爱国将领董云阁、现代著名军级作家白刃等国家栋梁,涌现出了董尚真、郑周敏、郑绵绵、李逢梧、李苍洲、陈著远、陈锡标、施学坛、卢章煌、卢文端、卢祖荫、李贤义等一大批华侨商业巨子。

3.4.1 永宁聚落空间演变历程

(1) 明朝之前空间形态解析

永宁自有记载以来,有上千年历史,建卫之前已有发展。由于文献《永宁卫志》已失传,历史资料对永宁的记载寥寥无几,而据现有文物实物看来,其历史可追至隋代。在今永宁老街东端,有一座慈航庙,又称中亭观音宫,该庙始建于隋代,历代有重修。宋、元间更有诗人丘葵曾于此题诗《永宁庵》,可见早在隋唐时期便有人居住于永宁。宗教中心之地慈航庙必是当时聚落中心之一,因此,当时永宁卫城东部应是较早开发的聚居之地。

另据泉州相关地方志记载,永宁古时称"水澳",唐时称"高亭",宋时称"凉恩亭"。南宋乾道八年(1172 年)为防海盗进犯,在此建设"永宁寨"。并且,至南宋绍兴年间,在永宁北部的宝盖山上建有关锁塔作为航标,

由此可见,唐代时永宁已经有了一定的发展,至宋代时成为东南沿海的海防要塞之一,其航海贸易已

❶ 引自:段进.城市空间发展论[M].南京:江苏科学技术出版社,2006:126.

较为发达，此时永宁与后渚、石湖、安平并称为泉州四大商港。由此可以推断永宁已经发展为该地区商贸较为发达的聚落(图 3－12)。

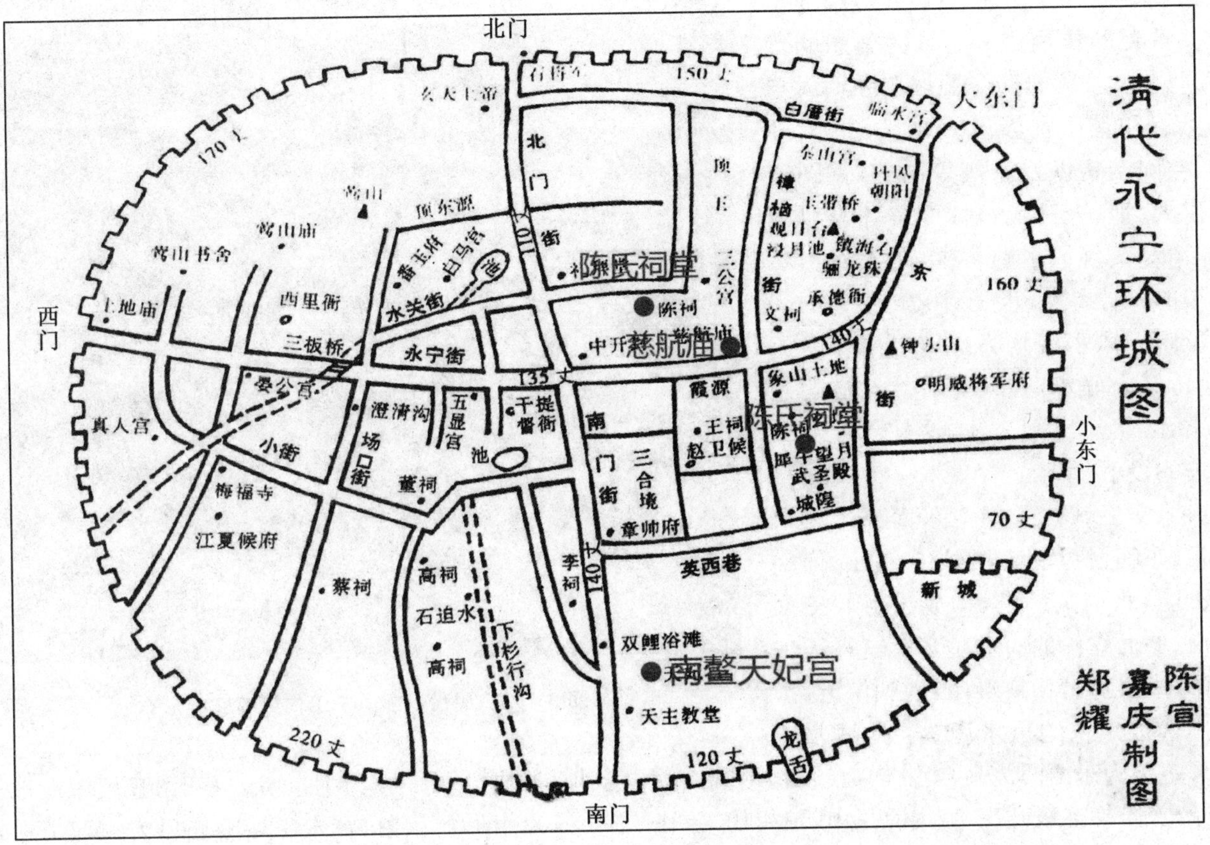

图 3－12　清代永宁环城图

另据永宁陈氏成庵公支系谱记载，其始祖于南宋赵昚年间迁入并定居于永宁。根据清代永宁环城图所绘，至清代永宁境内有两处陈氏祠堂，分别位于慈航庙西北与东南不远处，可见当时陈氏迁居永宁后也是以慈航庙为中心聚居的，而经考察后，位于东南的是陈氏大宗祠，应为先入永宁之陈氏支系。至此，永宁内部主体空间应仍然是以慈航庙为中心向外扩展发散。

另外有实物可考的还有南鳌天妃宫，其位于永宁卫城内的南门内，庙内祭祀妈祖。相传其始建于宋代，至今庙中尚存有一妈祖浮雕石像，为宋代石像，由此可以推断：在明代以前，天妃宫一带必然已经有商客往来，并形成了早期聚落。此外，考察永宁各姓族谱，除陈氏族谱外，还有高氏族谱提及永宁明以前的历史。据高氏族谱记载，其始祖于元末即迁至永宁定居。永宁卫城南门西侧现存有霁江高氏大宗祠(崇本堂)和霁江高氏祖祠(朝霞堂)两处祠堂。由此可见，南门以西一带在明以前已有发展，其空间形态已经初步形成。

可以推测，明代之前，永宁卫城境内已有部分小聚落形态形成，呈现分散布局的态势。主要集中在慈航庙及南门一带，包括南门以西的部分区域，其他地方纵有零散聚落形成，规模应该不大。由此，大概可得出明代以前永宁卫内聚落空间形态特征及其大致分布情况(图 3－13)。

(2) 明朝永宁卫城空间形态解析

根据明代卫所制度，永宁卫于洪武二十一年建成，是为控制泉州府惠安至同安间海道而设。卫指挥使司设于永宁，在整个泉州府海岸线中处于居中的位置，是泉州三大湾之一的深沪湾门户。永宁卫领五个千户所，另在沿海又设置了五个御守千户所。同时，在五个御守千户所下，每个所又移置 4～5 个巡检司以及沙堤、深芦、仓后、东店等 15 个寨隘与 12 个烽火燧，在海上通过溴屿寨等，形成了以永宁为核心，联络周边福全、崇武、金门等 5 个守御千户所及海上水寨、陆上寨隘和烽火燧的立体防御体系，以此成为保护泉州的门户。

在永宁卫城的选址方面，自古以来，风水对于人们选择居住环境起到了至关重要的作用。一般认为理想的聚落模型为“枕山、环水、面屏”，强调人与自然的和谐。它涉及聚落的选址、朝向、空间结构以及景观等内容，试图表现出天、地、人三位一体的整体有机思想。“对聚落风水的讲求，是人对自然环境的一种要求，也是对文化观念的一种反映。风水观认为地理风水优良的区域，好山好水，在人与自然对应的想法下，必然能出好人才，这是汉人文化心理的投射。”❶

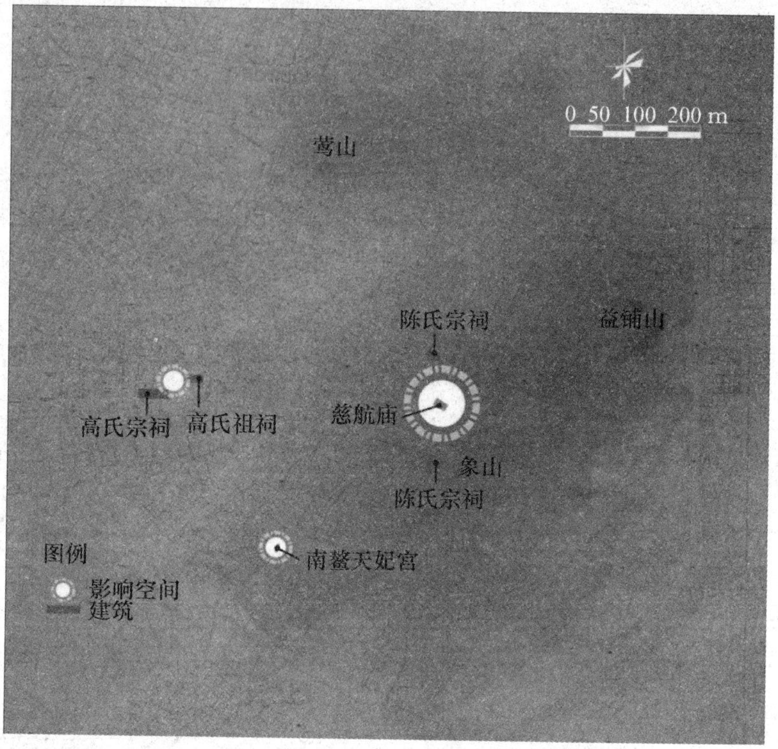

图 3-13 明代以前永宁卫内聚落空间形态

永宁卫城位于闽南东南部的滨海地带，东临台湾海峡，西倚宝盖山，南临深沪湾，北滨泉州湾，构成了卫城三面环海、一面靠山的有利地形。其得天独厚的地理位置，背靠群山，面朝海港，折射出选址定位的风水理念。卫城整体地形走势为东西两边高、由北向南倾斜，地貌类型以台地、冲击海积平原为主，地形由低山丘陵—台地—平原，呈阶梯逐级升高，城内有三山，娘妈山、象山、莺山。象山形如伏象，在永宁城隍庙后方。莺山在永宁卫城内北侧，因状若山莺，故得名，且因位于溪源铺之背后而又被称为“后山”。卫城居高临下，北依五虎山，俯瞰深沪湾海面。五虎山位于永宁、沙美北面及下宅之西南部，为永宁屏障。该山由大青山（海拔125.3米）、钟山（海拔103.8米）、鸡母山（海拔86.4米）、陈山、虎头山等峰峦组成，面积约4平方千米。五虎山群山状若老虎，一只接着一只由西向东追奔，故得名。民间有“五虎追金狮”的传说：在宝盖山下，五只小虎与雄狮为争夺天上降落的一颗金球互相撕拼，斗得难分难解。后狮子敌不过五虎，从永宁这边猛跃过海，到了深沪海口，回头一望，但见五虎已化为五座山雄踞在永宁高处，眈眈而视。狮子顿觉气从口出，接连吐出三口鲜血，即成为深沪（首峰村）的三个土坡。狮子待要上岸，却也变为一座石头山，峙立于海中。古时筑城之时，人们宁可舍近求远，采取蚶江、祥芝等沿海地区的山石，也要保留完整的五虎屏障，以确保城民长居太平之义（图3-14-1）。

进一步剖析，永宁卫城在选址上不但符合我国聚落选址对风水的要求，并且有效地利用了自然地形，满足了卫城抵御倭寇、便于城内居民的生产、生活等方面的要求，极为慎重地考虑到与山形水势的结合，不仅利用有利的自然因素来创造更加适合于生活和生产的环境，而且使整个聚落和建筑等人工景观十分协调地融入大自然的环境之中。对以军事防御为主的永宁卫来说，险要的地势至为重要。

首先，永宁的战略防御地位是卫城存在的基础。从与周边所城关系而言，“永宁卫在县东南五十里，东临大海，北界祥芝、浯屿，南连深沪福全，为泉襟裾”❷。可见，地理位置的重要性促使永宁成为东南沿海的军事防御卫城，即夹在深沪湾与泉州湾间，且有港口，依港口建造城堡以抵抗倭寇入侵，由此使得永宁卫城不仅是战略要塞，还是船舶避风停靠的良港。其次，就永宁卫自身地势环境来看，其所在地域的地势由西南方向东北方逐渐抬升，最低至最高点高差近14米，在城隍庙北侧有象山为整个区域最高点，也是

❶ 引自：王志宇. 寺庙与村落[M]. 北京：文津出版社，2008：151.

❷ 引自：郭赓武，黄任. 怀荫布篆修. 乾隆·泉州府志[M]. 上海：上海书店出版社，2000：237.

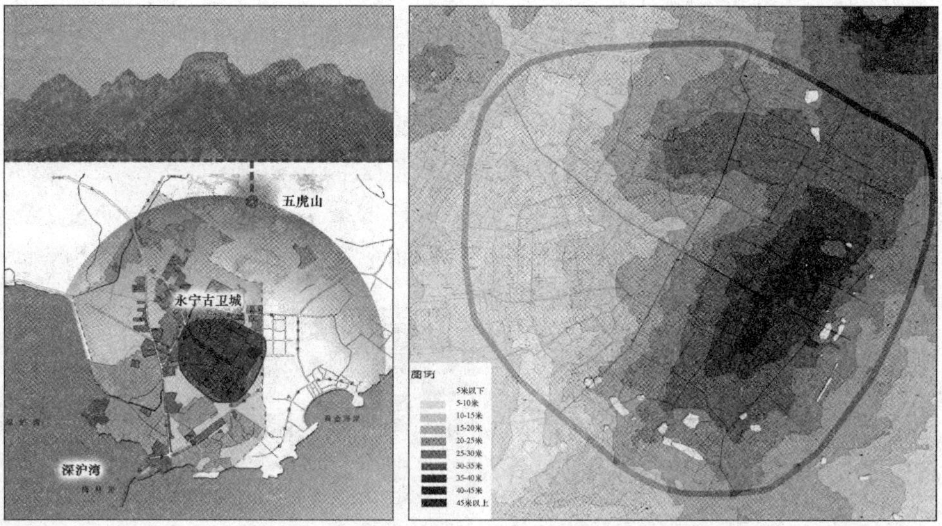

图 3-14-1 永宁卫城选址风水格局

整个卫城的最高点。永宁卫城在选址上虽然基于“风水格局”的考虑因素与一般聚落类似，但是又有别于一般的聚落。一般的聚落为了便于居民的生产和生活，选址多为平地为宜，而永宁卫城最重要的作用抵御倭寇和海盗的侵略，所以不但要考虑满足居民的生产和生活，而且还要满足军事上的攻防需求。在当时，倭寇的登陆进攻方向主要来自于东南沿海，所以卫城的选址在一处较高的坡地上，该地块地势东南急、西北缓，造成东南一侧居高临下，形成了极好的防御形势，而西北方向地势过渡缓和，给城内的居民提供了宜居、宜行的生活环境(图 3-14-2)。

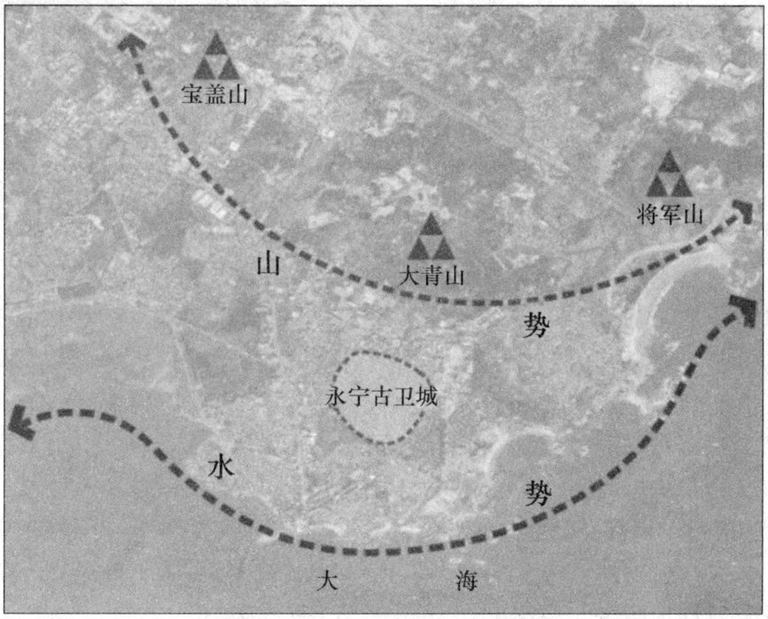

图 3-14-2 永宁卫城选址分析图

综上，可以看出永宁卫城占据的地形高低适宜，地理、自然环境独特，南面临海，踞于城上视野开阔，利于观察海上敌情，有益于与深沪、沙堤等其他寨堡进行联络，控制敌人，也便于海上运输物质、海上贸易及其渔民海上作业。在军事需要、风水理念、地形地况三方面的作用下营造出了极具闽南特色的卫城空间。

永宁卫城的城墙和街巷空间要素的特点总结如下。首先，城墙方面。据《晋江县志》记载，永宁卫城筑城八百七十五丈，基广一丈五尺，高二丈一尺，共设有五个城门：南门金鳌门、北门玉泉门、东门海宁门、小东门东瀛门、西门永清门，并于各门建有敌楼城壕，宽一丈六尺。根据明代度量尺一丈约为 3.11 米，换算之后，其环城周长约 2 721 米，城墙基底宽约 4.7 米，城墙高 6.5 米，可见当时城墙规模宏大。现在在小东门段依稀可见一丘黄土，是为城墙残垣，其余城墙均已毁坏。及至 1949 年，永宁卫城墙北门段及小东门段尚保持较完整，后又经历了大跃进及农田水利建设，开大井、筑渠道，大家各取所需，充分利用，城石被挖掘一空。因而现在城墙的具体位置已经难以确定，只能依据文献、家谱、历史建筑等资料予以大致确定。从清代永宁卫环城图来看，整个卫城形如龟壳，近似椭圆形，因而推测，当时纵使局部地段因地形所限制，其城墙整体应该也是依近椭圆形式而建。卫城形成后，曾于各城门口建造小型庙宇，因此，可以通过考察各处庙宇来判断当时城门的位置。经过在永宁卫的实地考察，发现现存的当时西门内土地庙、南门内土地庙、北门外石将军庙、东门内泰山夫人宫以及小东门内土地庙，如今仍有香火，据此推测当时“五门”所在的大致位置。此外，古代城墙外围一般都有壕沟环路，现在虽然壕沟大部分已经被填实，但仍有部分地段保留了有水面，其形多狭长，应为当年护城河之遗脉影迹，主要分布在卫城南边及东南边；在城门之间，北方、东北、西南方皆有较为明显的环形道路连接，可以看做环路所在，而只有西北方现在是所学校，其发展肌理已经不可考，不过可以依据椭圆形整体，近似得出其连接路径。至此，可以大概勾勒出明代前期永宁卫城城墙走势及各城门位置（图 3－15）。

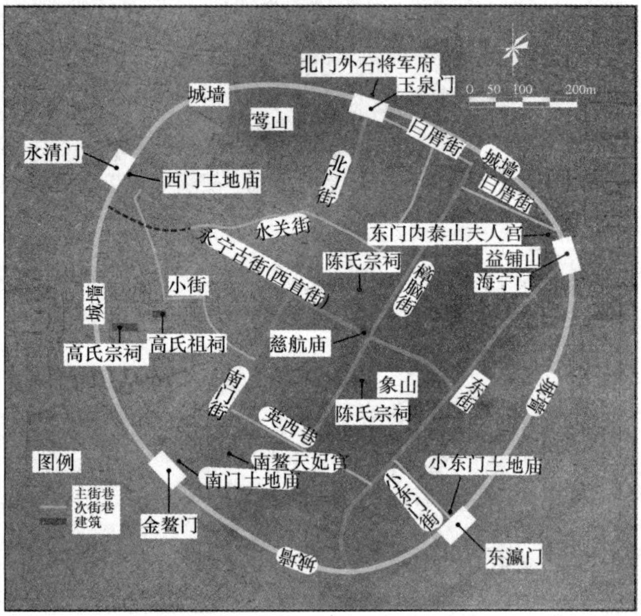

图 3－15　永宁卫城城门城墙及街巷空间

其次，街巷。永宁古城内的街道主要包括：永宁古街、北门街、南门街、水关街、小街、小东门街、白厝街。永宁古街、北门街、南门街以及东门街分别为永宁卫西门、北门、南门和东门入城道路，四条街相接于中开封（又作中开坊）赵帅府，共同构成永宁卫主体十字街道路格局骨架，并使得中开坊成为整个永宁的卫城空间中心所在。现在几条主要道路格局仍然清晰，据《清代永宁环城图》所绘，北门街长 110 丈（约 342 米），南门街长 140 丈（约 435 米），永宁古街 135 丈（约 420 米），中开坊为中心，按距离反推出城门的大致位置，虽年代久远，但与前文城门位置推断所差不多，可以证实前文推断。根据记载内容和现实考察推断出卫城当时主要街道的布局如图 3－16 所示。永宁古街，又称西直街，东起大街头（中开坊），西至永清门，总长 446 米，宽 4 米。北门街，南起大街头，北至玄天上帝宫口，总长 360 米，宽 4 米。南门街，北起大街头，南至南门口，总长 420 米，宽 4 米。水关街，东起白马宫口水关沟露天地段，西至十字街口，全长 150 米，宽 4 米。小街，东起小街顶路，经梅福寺、真人宫，西与永宁古街下段相接，全长 150 米，宽 4 米。小东门街，在小东门境，古称樟脑街，北起文祠东隅，南至新城口，与城隍路相接，全长 330 米，宽 5 米。白厝街，东至大东门（海宁门）口，西至北门顶街，全长 190 米，宽 4 米。

其三，军事营房分布。《石狮掌故》及《晋江县志》对永宁卫城建成时的军事营房分布均有记载。从中可知，当时城内建有指挥使司，仪门内之东有架阁库，西有军器库。卫堂之左有钟鼓楼，卫堂之右有经历司，镇抚厅在卫北门内之右，监房在西廊之后。永宁时辖 5 个千户所，共有营房 4 288 间。其中左千户所在海宁门东街，位于西谯楼附近，东西两廊分布有营房 850 间；右千户所在永清门西直街，共有营房 840 间；中千户所在东瀛门东南街，共有营房 849 间；前千户所在金鳌门南街，共有营房 840 间；后千户所在玉泉门北街，卫西谯楼之右，共有营房 849 间。此外在卫城中心，城隍庙之左有军器局，大东门东侧为教场。但“指挥使司”位置难以确定，因而钟鼓楼、经历司也难确定。各千户所大致分布稍可揣测，而准确的位置难定。除此之外，结合现有的考古发现，得出明代所派驻永宁的江夏侯府遗址位于卫城西南方，而明威将军府遗址在卫城东部，钟头山脚下。据此，结合前文中城墙城门、主要街道的研究，大致可推测出当时内部各府衙机构分布情况，而永宁卫城架构基本清晰(图 3－16)。

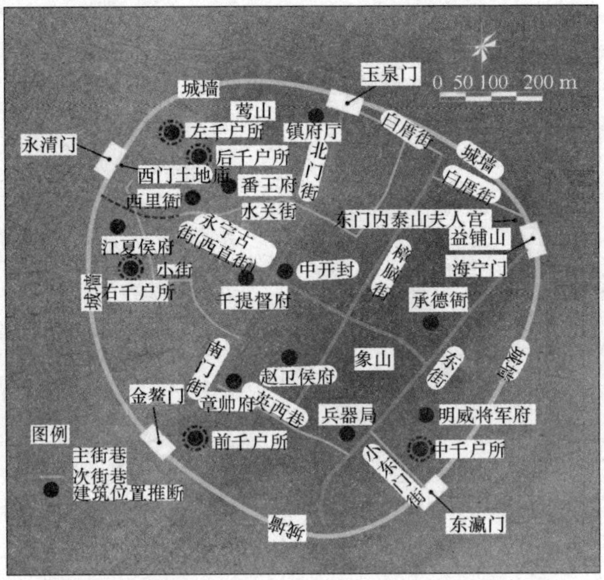

图 3－16　永宁卫城军事空间布局

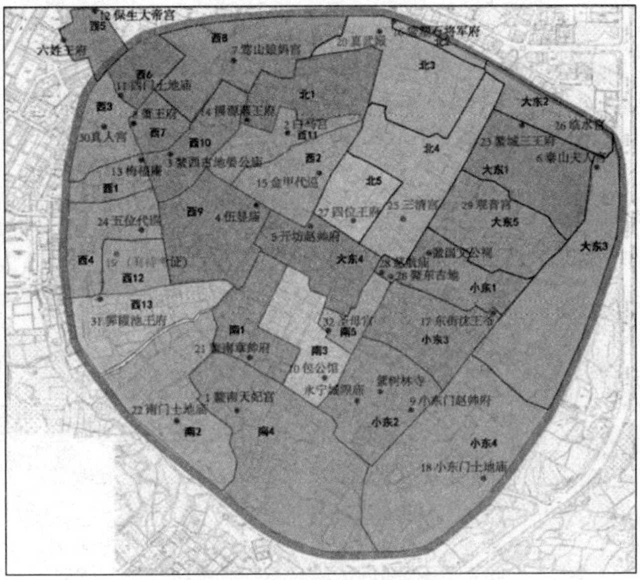

图 3－17　永宁卫城三十二铺境划分图

其四，铺境空间。“铺”源自古代的邮驿制度，为古代为传递官方文书或专用物资等而设置的机构，又称“递铺”，一般由国家的兵部统一管理。铺成为城镇管理单位是由宋代城市“坊市”制度的破坏而逐步发展起来的，到了明代，城镇普遍置坊、铺、牌。“境”为疆界，亦有地域、处所、境况和境地的含义。闽南地区“铺境”起源可以追溯至元朝，当时在福州、宁德、莆田等地的乡村地区出现了以共同信仰和祭祀为凝聚力、约定俗成的基层地方区划——“境”。到明代中后期，“境”在这些地区更广泛地存在。随着明代福建宗族组织的兴起，“境”开始与宗族产生整合现象，并更广泛分布于闽南地区。直至民国后期，由于国家政权的强化和地方控制的加强，“铺境”最终为“保甲制”所取代。然而“铺境”作为凝结境内民众的纽带仍被保留下来，成为一种共同信仰和祭祀活动的准基层单位。永宁卫城共分为 32 铺境，铺境制度同民间信仰相结合，每个铺境各自有保护神，由该铺境百姓共同奉祀，这种社会行为最终形成以共同信仰为核心及纽带的聚落组织(图 3－17)。

《晋江县志》记载，永宁卫内明代形成的街道，至今大多基本保留原貌，但已极少保留商贸功能。据此划分出永宁卫主要道路网，并根据道路网排布、寺庙位置及其各个铺境的境界范围大致划分出 32 铺境的地理区域范围，其中，西门下营城脚的埔尾铺(真人宫所在)与龙顺铺的位置因缺乏相关史料记载而难以考据，另外，大东门地块的临水宫也已荒废，其位置也因缺乏相关史料记载而难以考据(表 3－5)。

表 3－5　永宁卫城铺境范围及主祀神灵

城中区位	序号	铺名	佑护范围	宫庙名称	主祀神灵
北门	北 1	溪源铺	水关	溪源番王府	溪源番王
	北 2	顺风铺	北门城脚	鳌塑石将军府	鳌塑石将军
	北 3	玉泉铺	北门	真武殿	玄天上帝
	北 4	功义铺	三公巷	三清宫	三清
	北 5	康熙铺	所内	四位王府	四位(异姓)王爷

续表 3-5

城中区位	序号	铺名	佑护范围	宫庙名称	主祀神灵
大东门	大东 1	隘隆铺	白厝街	鳌城三王府	三王爷
	大东 2	海宁铺	大东	临水宫	泰山夫人
	大东 3	行化铺	泰山夫人宫	泰山夫人宫	泰山夫人
	大东 4	开封铺	大街头	开坊赵帅府	赵元帅
	大东 5	樟脑铺	樟脑街、大寮口	观音宫	观音
南门	南 1	英西铺	英西巷	鳌南章帅府	鳌南章元帅
	南 2	金鳌铺	南门街	南门土地庙	福德正神
	南 3	宣花铺	三合境	包公馆	开封府包大人
	南 4	双鲤铺	南门街尾	南鳌天妃宫	妈祖
	南 5	端花铺	圣母宫	圣母宫	天上圣母
西门	西 1	龙泉铺	梅福寺	梅福寺	观音
	西 2	忠义铺	磨内	金甲代巡	金甲代巡
	西 3	龙顺铺	石盘街	土地庙	土地神
	西 4	洛阳铺	下营	五位代巡	五位代巡
	西 5	秀山铺	西门外	保生大帝宫	保生大帝
	西 6	永清铺	土地宫口	西门土地庙	福德正神
	西 7	杏花铺	小街	萧王府	萧王爷
	西 8	莺山铺	后山、十三架	莺山娘妈宫	莺山妈神
	西 9	龙海铺	场口	五显庙	五显大帝
	西 10	宣化铺	晏公宫	鳌西晏公庙	鳌西平浪侯
	西 11	桔花铺	秤锥池、城内	白马宫	白马
	西 12	埔尾铺	下营城脚	真人宫	道教真人
	西 13	龙水铺	石迫水	霁霞池王府	池王爷
小东门	小东 1	启宁铺	后衙、东街	慈航庙	男观音
	小东 2	营东铺	小东门街尾	小东门赵帅府	赵元帅
	小东 3	象山铺	城隍庙后	东街沈王爷	东街沈王爷
	小东 4	东瀛铺	小东门	小东门土地庙	土地神
城隍庙			永宁卫及周边	城隍庙	城隍爷
徽国文公祠			文公祠周边范围	徽国文公祠	徽国文公
鳌东古地			后衙、东街	鳌东古地	保生大帝
六姓王府			六姓王府周边范围	六姓王府	六姓王爷

其五，宗族分布。考察永宁卫宗族发展情况可知，从洪武建卫之后，陆续有多个姓氏迁入永宁，后随着卫城的建设，逐步发展至“百家姓”，姓氏达到五六十姓之多。从永宁卫城内现今流传下来的各姓宗谱以及现存各姓氏宗祠中，可对永宁卫城内家族聚落空间形态进行推断。李氏于明朝初年由佛堂澳迁入永宁，主要聚居于永宁南门一带。王氏祖为世袭明卫将军，其祖祠位于慈航庙以南，城隍庙以北，族人以此为中心聚居。陈氏于明洪武二十七年(1394 年)，从福州下滴江迁居永宁卫城，非南宋时迁入永宁的陈氏同系，是陈氏小宗，与陈氏大宗隔慈航庙而对，其宗族空间应是以陈氏小宗祠为原点向外发散。张氏于明初移居永宁卫城，现今考查张氏宗祠是在城隍庙前，其宗族在明代初期应是在城隍庙前聚居繁衍，延续至今。林氏祖是状元林济逊(生于 1340 年)之孙林赐高，奉命来永宁守城，后直到明奕宗初年，有其他支系林氏族人相继迁居永宁，后联宗合谱，共建祠堂，其祠堂现今位于西门外。溪源郑氏支派是明朝洪武年间永宁建卫城(1394 年)从北京大义派驻永宁卫。西厝郑氏支派于明建文己卯年(1399 年)由福清县迁入永

宁定居。大东房郑氏支派于明宣德年间(1426—1435年)迁入永宁。永宁郑氏宗祠原建于溪源,当时郑氏应主要在卫城北部东园境一带聚居,其宗族以郑氏宗祠为坐标点,向外延伸。

永宁赵氏祖先为宋太祖赵匡胤之五弟魏王赵光美(后改名廷美)的十八代孙赵古礼,于明洪武十八年(1385年)授铁券自南京寿州分封永宁卫千户侯。其族传至9代后家室毁于明末兵燹,只有清代环城图上记载有赵卫侯府位于王祠附近,可以大致确定当时赵氏一族聚居区域。干氏自干勇开始,从永乐年间到万历年间共有六代子孙世袭永宁卫指挥使。清代永宁卫城图上绘有干氏提督衙,位于卫城中间区域,一族繁盛近百年,明代为最盛,因此其宗族空间应蔚为壮观,在卫城中部分布。刘氏始祖刘瑛1387年入镇永宁卫,其族当时聚居于小东门一带。朱氏开基祖长贵公(朱南京),于明洪武二十七年(1394年),由常州府江阴县至永宁镇守永宁卫右所,世袭昭信将军。次亮公于同年自庐州府合肥县以武功钦命镇守永宁卫后所,世袭昭远将军。昭信将军建衙于卫城洛阳铺,后移至西门场口大街,其族明代从洛阳铺至场口大街皆有分布。至此,现有谱可考的在明代前期迁入永宁的各家族空间形态已经基本成形,各族发展各有轨迹,已无法细考,但对于研究整个卫城当时空间形态影响不大。因此,通过各族宗祠位置,可判定各族聚居的基本空间形态(图3-18)。

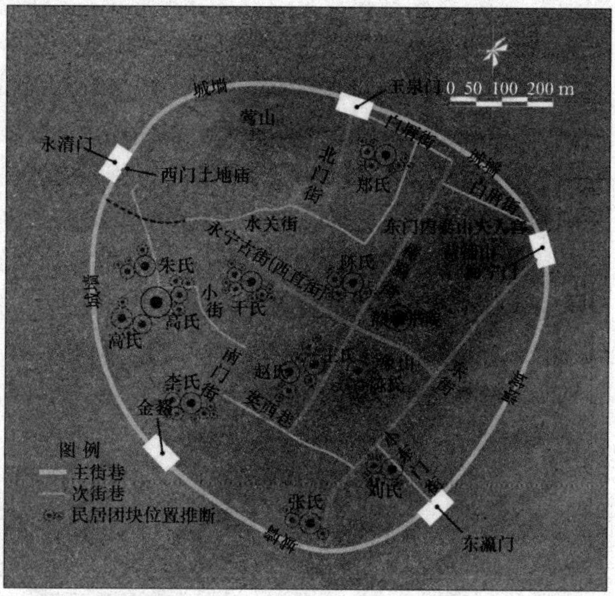

图3-18 明朝永宁卫城宗族布局图

除各家族宗祠外,还可根据卫城内文教空间判断居民居住中心。永宁卫自明初建卫之后,经济快速发展,教育文化也有跟进。其中以鳌水书院为代表,其为明代永宁卫文化繁荣的标志。鳌水书院由永宁卫知事陈用之建立,位于永宁观音亭境,在永宁慈航庙东北方不远处。史料记载兴化名士陈愈来鳌水书院任教谕,向诸生传授经史及诸子百家学说,培养出人才30多人,其中如名儒张书昭、书法家张寿等人,在泉州地区均颇具影响。由此可见当时的观音亭境内,也应是一处聚落中心。

(3) 清朝至抗日战争时期永宁卫城空间形态解析

清初,郑成功在此抗击清政府。顺治四年(1647年),郑成功失败,带兵迁往台湾,永宁遂遭清兵屠城,死者不计其数,生者逃往水关沟却遭遇洪水,无一生还。至此,永宁人中除迁往台湾的,几乎都消亡殆尽。经此巨变,永宁人丁骤减,虽原有聚落空间形态格局得以保留,并经过数十年的发展,逐渐恢复,但已达不到明朝前期的盛况了。

其次,顺治十八年(1661年)春,颁布迁界令,俗称"辛丑播迁",强迫沿海居民内迁三十里,片板不得下海,违者处死,沿海卫所绝大部分被毁弃。

再次,清朝的卫所制度也有所调整。在新的卫所制度下,清代共设有426卫和326所,遍布大江南北、边陲内陆,并根据"设卫所以分屯,给军以领佃"的原则,将卫所职能从原先的军事、经济相结合转变为以纯粹的经济职能为主,专事屯田与漕运,另外还有民事、教育、司法及军事等附属职能。管理辖境内的户婚田土、刑名钱谷之事;卫所大都附设有官学,以培养人才,加强教化;卫所还是犯罪充军之所,具有对充军人犯进行监管的司法职能。另外卫所的军事性质虽已被取消,但尚有残存一定的军事功能。卫所在清代大概存在了约八十年时间,在此期间都司、卫、所发生了轨迹鲜明的变化,一是官员由世袭改为任命制,二是卫所内部的"民化",辖地的"行政化"过程加速,三是将卫所并入或改为州县,使得卫所制度最终退出历史舞台。

永宁卫城由于"辛丑播迁"被拆毁,沿海一带夷为废墟。当时,永宁城被拆去相当一部分城石,运往他处建寨,原有雄伟坚固的卫城,遂被破坏。大批居民被迫流离他乡。直至康熙五十四年至五十七年

(1715—1718 年),闽浙总督觉罗满保、福建巡抚陈瑸开始主持修复永宁卫城。乾隆七年(1742 年),福建提督军门右营游击一员移驻永宁,随配“把总一名,辖汛十”,兵 321 名、马 58 匹。乾隆年间,社会较为安定,永宁经济才开始复苏。

基于上述,城墙及家族空间布局发生了变化。至清顺治十八年(1661 年),于永宁东南隅建新城,周 59.7 丈,基广 1.3 丈,高 1.65 丈,门一。新城具体位置已经难以考察,不过据《清代永宁环城图》所载,仍有部分城墙大概位置标识。明末清初迁往永宁的家族中,族谱记载可考的有董氏和何氏。董氏至嘉靖中叶,永宁倭患陷城之后,原有城中居民纷纷逃遁,沙堤董氏则相继移居永宁。今董祠位于南门与西门之间,在聚落中心中开封的西南方,如今繁衍旺盛,在董祠一带颇有规模。何氏也于此时迁居永宁,但最初聚居之处已经难以考据。康熙五十四年至五十七年,清朝廷开始重视永宁卫城的地位。为加强永宁卫城的军事力量,派闽浙总督觉罗满保、福建巡抚陈瑸主持永宁卫城的修复工程。修建后,虽难于恢复昔日之雄姿,但也颇具规模,在泉州海防史上仍起着重要作用。至光绪年间,从北门至大东门、小东门一段城墙尚保存完整,南门、西门仅存墙基,从此也可看出西门一带很早前就发展起来,人的建设活动频繁导致城墙早毁,东边一带荒野之地较多,城墙因而保存长久。

此时期永宁卫城内,有家谱可考的姓氏族群有五个。蔡氏宗祠坐落于卫城西北,场口街边。黄氏约为清初顺治四年(1647 年)自沙堤迁至永宁,黄氏宗祠原有 3 座,但都不在卫城内,因此,黄氏一族初入永宁所居地已不可考。张氏除明初迁入的永宁、梅林两个支系外,还有另有儒林、曲江两个支系,为清同治年间迁入。可见张氏在清代又有进一步发展。除明初迁入永宁郑氏支系外,还有清光绪年间从龟湖长房(十五世)分支永宁的郑氏支派,当时郑氏在北门一带聚居发展。曾氏于清末自泉州龙山迁来永宁居住,现已传至第十世,其族多聚居于北门街附近。根据各族家谱信息以及现有祠堂等建筑推断出该时期家族民居分布情况如图 3-19、图 3-20 所示。

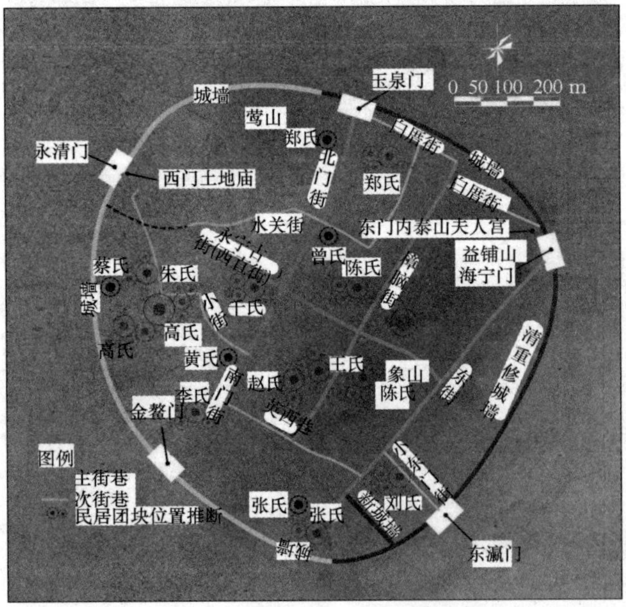

图 3-19 清代永宁卫城城墙及宗族布局图

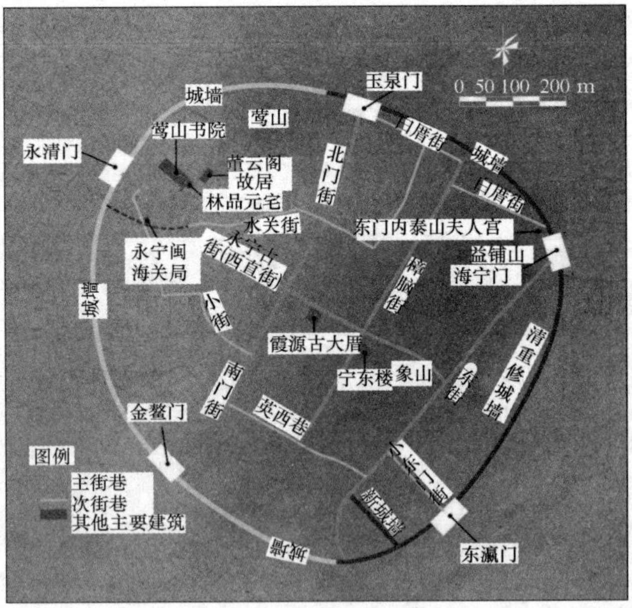

图 3-20 清至抗日战争时期永宁卫城其他重要建筑分布图

另外,卫城内现在还保存有一些这段时期的其他类型的建筑,可为探寻卫城的空间形态提供依据。这些建筑有:永宁闽海关局、林元品宅(大夫第)、董云阁故居、莺山书院、霞源古大厝、宁东楼等。其中,永宁闽海关局位于永宁老街南侧。康熙年间,清政府收复台湾,福建沿海“开禁”,永宁港(包括梅林、外高、沙堤等港口)复苏之后,海上交通、港口贸易又趋繁荣。光绪七年(1881 年),清政府在永宁设立“闽海局关”,征收出入口税。其关址设于现永宁镇小街观音宫边,属泉州法石口馆(法石海关)管辖。民国初年,改称“永宁海关”。民国七年(1918 年),永宁海关在梅林港设立派出机构,称水司馆。这些建筑,具有特色的建筑形式，具有特殊的历史背景，蕴含着深刻的文化意义，是卫城聚落空间形态中的标志。

（4）抗战胜利至今卫城空间形态解析

民国八年（1919 年）三月，靖国军司令官黄华秋率兵驻扎永宁。民国九年成立靖浙联军，部分入驻永宁。因兵多饷少，时向民众摊派勒索。民国三十年三月，晋江县国民兵团自卫大队第一中队进驻永宁，兵员 125 人。至民国三十四年二月二十三日，自卫大队第一中队驻永宁计有军官 4 人、兵 88 人。

此时期重要建筑汉林楼位于永宁小街，俗称“小街大楼”。旅菲华侨蔡泽洽建于 1947 年，1949 年竣工。1952 年，十五区人民政府从北门迁到汉林楼办公，一直到 1962 年，永宁人民公社管委会才从汉林楼迁到西门外。汉林楼见证了共和国的成长，和党在过渡时期总路线、对私改造、农业合作化、三面红旗等各个不同时期的风雨历程。

解放之初，部队进入永宁后都借住民房。1951 年，陆军 28 军一个连进驻外高村，借住贻庆楼。后于该村建军营。1953 年，部队又于永宁北门、新城口、洋丹、港边、“孝女姑”、仓顶等地建军房，进驻高炮部队。1954 年，在永宁文祠一带建军事工地，设置警戒区。

1956 年后，永宁卫旧城墙又几次被拆，城石用去盖基督教堂和建水利工程，吊桥的桥板、桥基大部分成为群众盖房的石料。1962 年撤警戒区，建于永宁的六处军房的驻军也于同年先后撤离，军房改为附近中、小学的临时课室。1963 年，守备部队于永宁“西厝后”和郭坑水库南侧建营房。1983 年，部队精简整编，撤外高军营。2000 年，撤西厝后军营。现存有郭坑军营，常驻守备部队（图 3 - 21）。

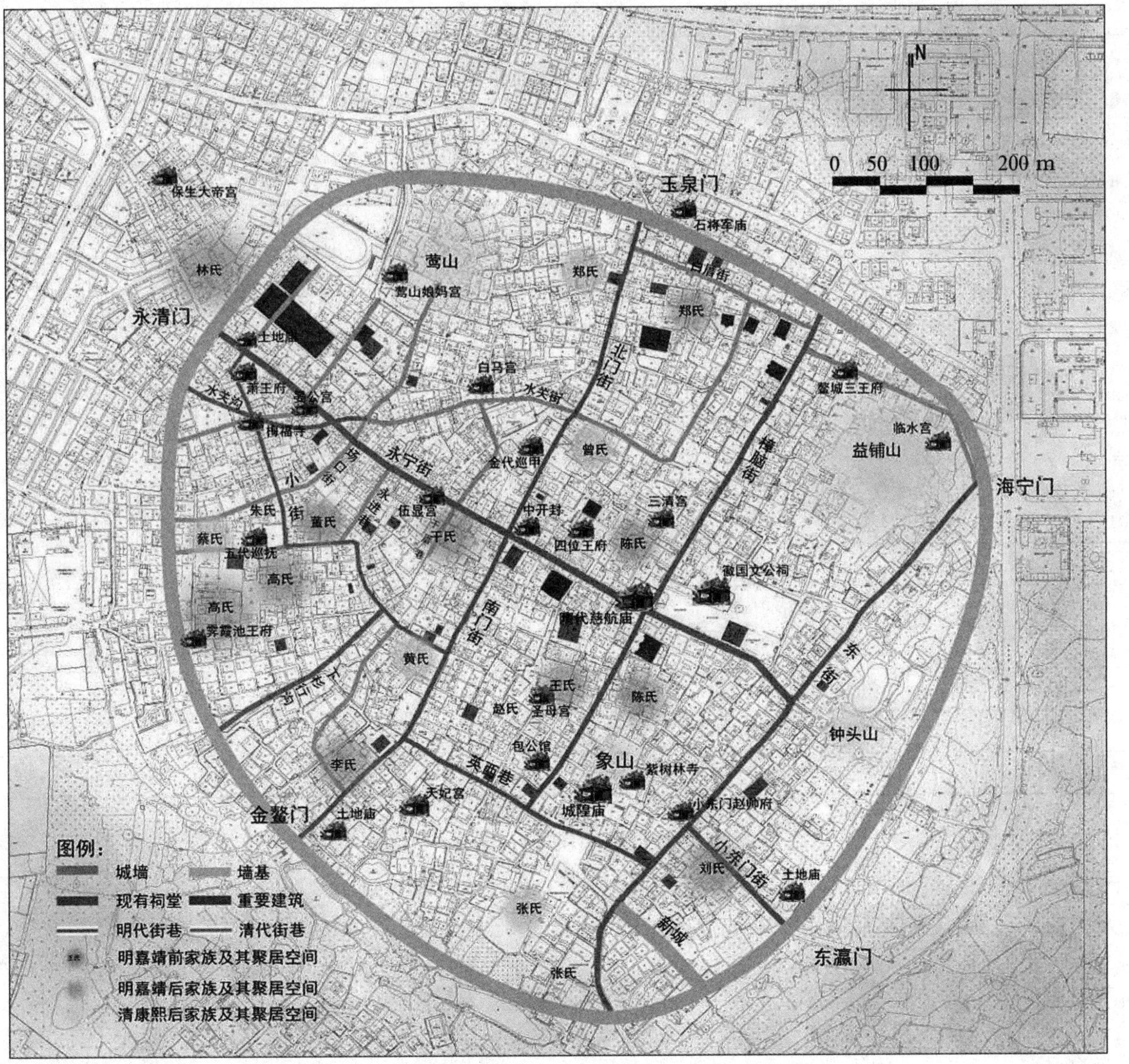

图 3 - 21　抗战胜利至今永宁卫城聚落空间形态图

到 1970 年代，连城墙的城基也荡然无存，只残留一些土墙依稀可见。另外，古城内的许多与卫城相关的设施，如府衙、城门、城壕等都消失，而卫城的许多空间格局依旧清晰地保留下来，如保存较为完好的"十字街"、东街、白厝街、场口街、英西巷、樟脑街等永宁内部主要道路街巷空间，慈航庙、文庙、城隍庙、土地庙、天主教堂等宗教信仰空间，伍显宫、晏公宫、福梅寺、白马宫等多种铺境信仰空间，众多的董祠、蔡祠、陈祠、高祠等家族祠堂空间，镇海石、石泌水、双鲤浴滩等鳌城八景、永宁十八景等景观文化空间，以及古厝、番仔楼、洋楼、石屋等留存下来的多种类型的民居空间。这些传统的遗存是 600 多年来永宁历史的沉淀所在，是永宁卫所文化的精华，也将是如今永宁继续向前发展的基石与优势，并开始走向开放的新发展之路。

3.4.2 永宁卫城空间演变自上而下特征的主导因素

首先，经济因素。泉州是我国海上丝绸之路的起点，其泉州港属于一个集群海港，由泉州湾、深沪湾、围头湾共 12 个支港组成，所以有"三湾十二港"之美称。泉州港的繁荣辐射位于泉州湾东南海岸线的永宁等地，以岑兜为中心的浔尾盐场生产的原盐，成为州县的主要财税收入，永宁渔业发达，海路交通便利，促进了永宁一带经贸的发展。从中可知外部经济环境对聚落发展有极大的制约，可将其视为聚落发展演变的基础(表 3－6)。

表 3－6 海上贸易阶段与永宁聚落空间发展阶段对照

聚落空间演变	重要标志	海上贸易发展的几个阶段
聚落的定居阶段	岑兜	原始积累阶段:唐昭宗年间(889—904 年)
聚落的发展阶段	关锁塔	鼎盛阶段:北宋元祐二年(1087 年)
聚落的鼎盛阶段洪武二十一年(1388 年)	建立卫城	发展阶段:明代
聚落的衰败阶段(1647—1784 年)	大量建筑被焚毁	海运及港口贸易濒临绝境(1661 年)

其次，政治制度因素。永宁卫城是在一系列的政治制度因素的作用下逐渐发展形成的。西晋末年"永嘉之乱"中，北方百姓为躲避战乱大量南迁，在流民寻找"世外桃源"需求下永宁聚落开始形成，而数次大规模的"北人南迁"促进了永宁聚落的发展，宋代及明清的海防制度、卫所制度促发了永宁聚落的嬗变，即卫城的形成，并使得聚落鼎盛发展，清初的"迁界"与"复界"制度又引发了永宁的灭亡与重生，一系列的演变都与政治发生着密切的联系，因此，永宁的聚落变迁实质上即是数千年政治制度的变迁历程(表 3－7)。

表 3－7 聚落空间发展与政治因素对照

聚落发展历程	主要政治因素
兴起与定居阶段	"永嘉之乱"及其数次北人南迁，北方百姓为躲避战乱大量南迁
发展阶段	数次大规模的移民
鼎盛阶段	抗击倭寇、卫所制度、海防制度
衰落阶段	迁界、洗城及其抗击日本侵略者、塔山剿匪等
再发展阶段	复界、改革开放

再次，文化因素。基于前文，通过对永宁聚落的研究，影响聚落发展的思想文化因素主要有三种：铺境与民间信仰文化、宗族文化、卫所与军事文化。结合这三大文化，进一步剖析永宁聚落的演变，可以发现三大文化的发展与永宁聚落之间存在着一定的契合性，即三大文化兴起时，聚落也逐步兴起，三大文化完善、兴盛时，聚落则进入鼎盛阶段，而三大文化逐步衰落、解体时，则永宁聚落呈现出"衰败与重生"的历程(表 3－8)。

表 3-8　铺境与民间信仰文化、宗族文化、卫所与军事文化的发展演变与永宁卫城发展对照

聚落发展历程	三大文化的变迁历程		
	卫所与军事文化	宗族文化	铺境与民间信仰文化
兴起与定居阶段	萌芽	萌芽	初步形成
发展阶段	发展	发展	发展
鼎盛阶段	完善	完善	兴盛
衰落阶段	解体	衰落	
再发展阶段		解体	仍很活跃

以铺境与民间信仰文化、宗族文化、卫所与军事文化的发展演变对照永宁卫城的发展阶段，可得出：这三种思想发展演变与聚落的发展是不同步的，但它们发展的最盛阶段恰是聚落从定居走向鼎盛的阶段。

综上所述，聚落发展从鼎盛到衰败主要受到社会经济、制度和政治环境变迁的影响，文化因素随聚落的发展而发展，随聚落的衰败而衰败。永宁的空间形态经历了从兴起—发展—鼎盛—衰败—重生的发展历程：从分散的小聚落点，到聚落点逐步融合，形成一定规模的村落；至宋代，从最初自然形态的聚落中产生具有军事作用的水寨；明朝演变发展成为永宁卫，达到其历史进程中的巅峰；后又因战争，人口大量流失，永宁卫遭受毁灭性的灾害；随着清朝发展的稳定，永宁又开始复兴；至民国建立、抗日战争时期，永宁又在社会动荡中缓步前进；1949 年以后，社会发展稳定，改革开放实施，永宁得以稳步长足发展(图 3-22)。

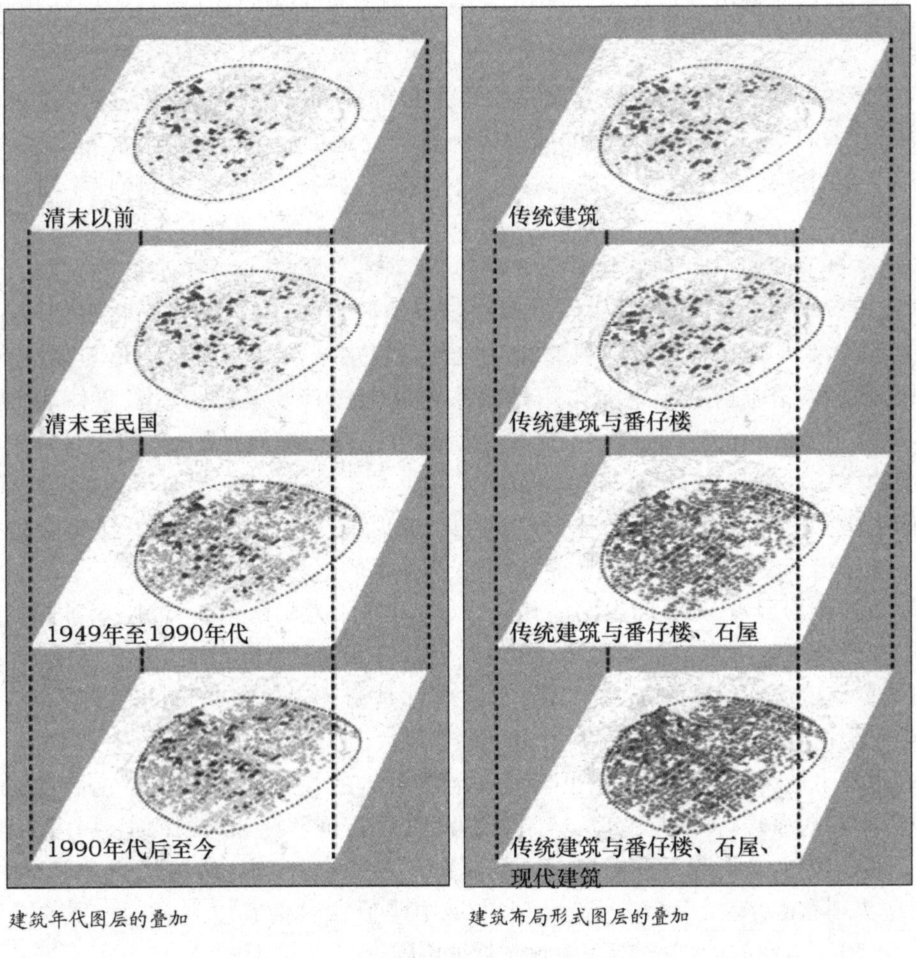

建筑年代图层的叠加　　　建筑布局形式图层的叠加

图 3-22　图层叠加下永宁卫城空间形态解析

3.4.3 永宁卫城空间形态演变过程中的自组织机制

(1) 永宁聚落自组织机制演化路径:无序到有序的形成过程

永宁聚落形成之前,闽南地区地广人稀,人们在选择居住环境之时,必然首先考虑周围的自然条件。传统的“天人合一”思想以及风水理论充分说明了自然条件对于聚落选址的影响。考察永宁卫城中慈航庙的地理位置发现,它位于象山和益铺山之间,地理、自然环境独特,在整个区域内处于地势较高的位置。前文已经论述,从慈航庙附近两处陈氏宗祠来看,当时的慈航庙应处于此地区的核心位置。由此推断,始迁祖在最初到达永宁后,根据周围自然环境影响所形成的序参量选择了慈航庙附近的区域进行发展,此时的序参量是一个宏观概念,无法用具体的量进行描述,但不可否认该序参量的存在。这里可将其理解成为自然条件的适宜程度,当始迁祖认为所选地点符合其生存需求时,便开始定居繁衍生息。初始聚居地点确定后,随着聚落发展壮大开始在更多系统的影响下形成新的序参量,在序参量的支配下自发地由下而上发展成为有序的聚落。慈航庙就是聚落形成早期产生的空间基核,它在最有利的区域位置用信仰的力量调控着周边区域,并为周边区域提供了进行信息交流的平台。

自组织的协同学理论认为,序参量支配并主宰系统从无序到有序的转变。德国科学家赫尔曼·哈肯所定义的序参量是反映系统演化过程中大量子系统集体运动的有序程度的宏观参量,且它一旦形成后又起着支配或役使子系统的作用,主宰着系统整体演化过程,使系统从无序到有序演化,或从低级有序向高级有序演化。不同的系统序参量的意义也不同。对于永宁聚落这个系统,支配其进行演化的序参量是地理环境、经济活动、人口变迁、文化习俗、社会制度等子系统综合作用后产生的宏观参量。在序参量的支配下,系统中出现空间基核。空间基核是在聚落形态中承担生态、社会、经济、文化系统能量转换和信息传递的关键性空间,是聚落形态系统最有活力的部分,占据着最为有利的“区位”,调控周边区域、系统信息和能量的平衡。

永宁聚落空间形态发展过程中,在序参量指引下形成的空间基核比比皆是,除了上述举例的慈航庙外,还包括宗族制度下的宗祠、铺境制度下的庙宇以及承担交通、经济活动的街巷等。永宁聚落在各子系统交互影响作用产生的序参量的指引下,形成多个空间基核,并在空间基核的调控下进行着自下而上的自组织发展。

其中,街巷在整个卫城的空间形态中作为空间基核存在,并影响着整个卫城的发展。永宁聚落发展过程中,由宗祠调控家族聚落空间形态,由庙宇调控铺境空间形态,在各小组团自组织生长过程中,逐渐形成了街巷空间系统,其形成过程具有随机性和适应性。永宁聚落中的街巷担负着居住、交通、文化、经济、防御等多重功能。聚落中街巷的主要作用是联系村落内部各要素成为有机整体,并组织线性交通。此外,街巷作为聚落主要的外部空间形式,是居民在聚落中进行经济活动的场所,也是他们进行物质能量和文化信息交流的主要场所。

永宁卫城位于闽南沿海丘陵地带,山林多、耕地少、地形高差明显,而道路系统配合地形产生了丰富的变化。街巷不仅是组织交通的通道,亦是通风、采光、排水的通道,所以环境因素是产生支配街巷空间的序参量的一个重要作用因素。此外,自明清开始,永宁卫城成为闽南军事要地,军事防御成为整个聚落的首要职能。永宁卫城中除了几条主要的十字街,其他众多街巷,曲折多变,宽窄自由,主要干道呈现丁字相交,使得整个聚落的道路错落蜿蜒,犹如迷宫,这些都是源于对军事防御的需求(图 3-23)。可见军事因素也是产生支配街巷空间的序参量的一个重要作用因素。

风水理念对永宁卫城街巷空间的形态也起到一定作用。在永宁卫城中,对着街巷,或是在街巷尽端,如丁字街的尽端、小巷的尽端,抑或是窗口、房门对着路口或巷角等特殊地段的房屋,多为保护神庙宇、宗祠等。如北门街、南门街四条街的尽头汇聚于开坊赵帅府一点;永宁街、南门街、小东门街靠城门尽头均有土地庙;东街尽头则有临水宫、泰山夫人宫。永宁卫中类似这种街巷空间处理方式十分常见。可见风水理念也是产生支配街巷空间的序参量的一个重要作用因素。

永宁卫城中的街巷在环境因素、军事因素、风水理念以及其应有的基本功能要素的相互作用下,产生

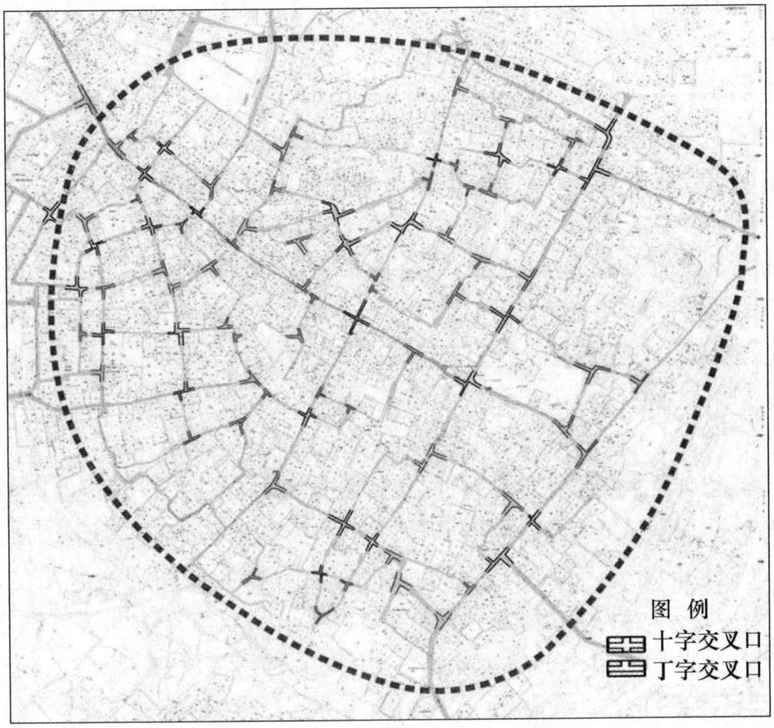

图 3-23　永宁卫城街巷丁字路交叉口分析

了序参量，并使街巷成为整个聚落的空间基核，调控着聚落整体的空间形态。在永宁聚落空间发展演变的过程中，形成了永宁街、南门街以及北门街相交的十字街巷，这些街巷承担着聚落的主要交通和经济活动，居民沿街而居，在街面设立商铺进行商业贸易活动，以谋求生存和发展。这几条主要街巷便构成了永宁聚落的十字街道路格局骨架。随着聚落发展，居民的经济需求、交通需求、文化交流需求提升，衍生出更多街巷，构成聚落整体的空间形态。在街巷的调控作用下，聚落走向了有序发展。

(2) 永宁聚落空间形态自组织演化的两大动力：竞争和协同

永宁聚落空间系统是一个同一性和差异性共存的系统。其内部的空间要素之间在整体上表现出同一性，而在个体间存在着差异性。在其空间系统与环境之间，同样存在着整体同一性和个体差异性。整体同一性表现为空间协同因素，个体差异性表现出空间竞争因素，通过空间竞争和协同的相互对立、相互转化，推动着永宁聚落空间系统的演化发展。

在永宁聚落发展过程中，存在多方面的差异性：聚落中的居民拥有的土地资源不均衡，所占据的区位存在优劣之差，在民居分布和建筑质量上也存在差异；此外，外来人口的移居，带来了不同的价值观、生活方式、文化特征，与聚落中原有居民产生差异；再者，聚落中还存在社会地位、宗族势力、家庭类型、经济财富等的差异。这些系统内部的差异性产生了系统间的不平衡性，形成各方面之间的竞争，从而一方面造就了系统远离平衡态的自组织演化条件，另一方面又推动了系统向有序结构的演化。

永宁聚落的发展也离不开协作。由于聚落中的个体所持资源有限，单独个体能力有限，因而个体间需要相互协作才能改善生活环境、提高生活质量以及应对来自系统外部的威胁。聚落中的公共设施，如小东门街、樟脑街、水关沟、莺山书院、各家宗祠、炮楼、城墙等，都是在个体的相互协作下完成的。此外，个体在发展过程中受到伦理秩序、宗族礼法的约束，形成以宗族血缘关系系统的相互协作。而“人类社会由两个层面组成：生物学层面和文化层面，生物学层面遵循着生态学的竞争发展原则，而在文化层面上，社会文化被认为是依赖生物层面的超结构，它具有抑制竞争的能力，强调协合”[1]。正是这种社会文化使得永宁聚落在漫长的演变过程中能避免个体之间竞争导致的整个系统整体性和稳定性的丧失。因而在

[1] 引自：段进．城市空间发展论[M]．南京：江苏科学技术出版社，1999：89.

永宁聚落系统中，宗族血缘关系成为促使聚落发展的“稳定的力量”，这种“稳定的力量”既是人伦情谊的纽带，也是利益互惠的驱动力。

支配系统进行演化的序参量实际上就是由各子系统之间的竞争和协同作用产生的。始迁祖定居永宁地界时，一方面与自然环境子系统产生竞争，另一方面从自然环境中获取生活生产资源，形成与自然环境子系统间的协同，在竞争和协同作用下产生了自然条件生存适宜性的序参量，形成能够适应当地自然环境的初始小规模聚落形态。并且，随着外来人口迁入，一方面带来了不同的文化和制度，与永宁原始聚落产生竞争，另一方面也带来了更多人力资源、制造技术等，当地原始居民为了提升自身生活水平，与外来人群进行协作，产生协同作用。在竞争与协同的相互作用下，外来人口与原住居民间相互融合，促使整个系统进行自组织演化发展。在空间形态上表现为：迁入居民在原有聚落的形态上进行自身发展，而不破坏原有结构，即使有破坏的部分，也会在系统的自组织演化过程的竞争作用下被消化掉；迁入居民与原住居民在生活方式、居住方式、生产方式等方面相互学习，从而产生出协调统一的建筑形态、街巷形态、景观形态等，使聚落保持着整体性，并形成自身特征，维持着自身特征的相对稳定性而继续发展。

随着永宁聚落的壮大，聚落人口增加，竞争和协同作用更加普遍，存在的范围愈加广阔，不仅包括人类子系统与自然子系统之间的竞争与协同，还包括各姓氏家族子系统间的竞争与协同、居住空间系统与公共空间系统间的竞争与协同、社会制度与经济利益子系统间的竞争与协同等。在各子系统进行竞争和协同作用下，聚落空间系统保持着自己的特征状态，向更复杂、更高级的有序形态发展。

(3) 永宁聚落空间自组织演化的结构特征：自相似与分形

前文阐述到永宁聚落空间形态的自组织系统，在演化过程中，形成了自己特征形态后，将在长时间内保持自己特征状态的相对稳定性。这在具体形态上表现为系统的整体和部分、部分和部分之间存在的相似性。

自相似性是分形体的基本特征。分形理论认为自然界存在的一切事物都是不同层次的结构的集合，这些不同层次的结构具有无限的细节，虽尺度不同，却有着自相似的特点，且在任意小的比例尺度内包含整体❶。分形理论揭示了自组织系统的复杂性。分形的大小是通过定量刻画分形特征的基本参数——分形维数来度量的，分形维数的大小说明了自组织系统的复杂程度。测量自组织系统分形维数的方法有很多，其中由庞特里亚金(L. S. Pontryagin)于 1932 年提出的计盒维数法是迄今为止在各个学科中求分形维数时应用最为广泛的一种方法，可以用来反映分形的各层级之间的复杂性和自相似程度。自分形理论提出后，城市工作者将其应用到城市领域，提出了“分形城市”，并从宏观的分形城市体系，中观的城市形态分形以及微观的建筑分形三个层次对其进行了阐述。“分形城市”理论为研究永宁聚落空间形态的自组织结构提供了借鉴意义。本书将从宏观、中观和微观层面揭示永宁聚落空间自组织结构特征。

①宏观——聚落整体的分形特征。永宁聚落空间形态演变过程中，其整体空间形态的形成受到多种因素的影响，包括自然环境、地形地势的影响，还包括经济发展水平、文化意识形态、社会制度、军事制度的影响。随着时间的推移，这些因素在不断变化，使得永宁聚落空间的整体形态不断演变，呈现出曲折、复杂的形态。聚落的部分形态与整体形态之间也表现出较高的相似性。在卫城聚落中选取一块区域，勾勒出其边界，与聚落总体边界对比发现其具有高度的自相似性(图 3 - 24)。感观上很容易看出卫城聚落局部与整体间的自相似性，分形理论中的分形维数，可为这种自相似性提供有力证据。应用计盒维数法❷将永宁聚落分为 4 个尺度层级进行分形维数的计算。根据聚落规模，笔者采用 100 米×100 米、50 米×50 米、25 米×25 米、12.5 米×12.5 米的栅格单元。在 100 米×100 米的栅格单元的尺度中，一个单元区

❶ 引自：冒亚龙，欧阳梅娥. 山地城市的分形美学特征[J]. 山地学报，2007，24(2)：148 - 152.

❷ 计盒维数法是通过将分形系统放在一个均匀分割的网格中，计算覆盖分形系统的格子数。通过对网格的逐步精化，查看覆盖格子数的变化，从而计算出计盒维数。其计算公式为 $D_{\text{box}}S=\lim\limits_{z\to 0}\frac{\log N\varepsilon}{\log 1/\varepsilon}$其中 ε 代表格子的边长，$D$ 为分形 S 的计盒维数。

域的面积为 10 000 平方米，与聚落中的一个小型组团尺度相近，在 12.5 米×12.5 米栅格单元尺度中，一个单元区域的面积为 156.2 平方米，相当于单座建筑或单座建筑的局部。通过这样的尺度层级计算出来的分形计盒维数可有效地反映出永宁卫城聚落局部与整体之间的分形特征以及各个层级之间的自相似程度。分别将永宁卫城聚落平面图放置在不同尺度的网格中，并查出每个网格中的计盒数，即有网格覆盖平面图的格子数，最终带入公式算出各层级间的分形维数(图 3 - 25)。通过计算得出的不同层级间的分形维数分别为 1.767、1.873、1.883。由此可见永宁卫城聚落的整体平面空间形态在各个层级上都具有较高的分形维数，即具有较高的分形特征，同时不同层级之间的分形维数非常接近，说明各层级之间的相似性极高。

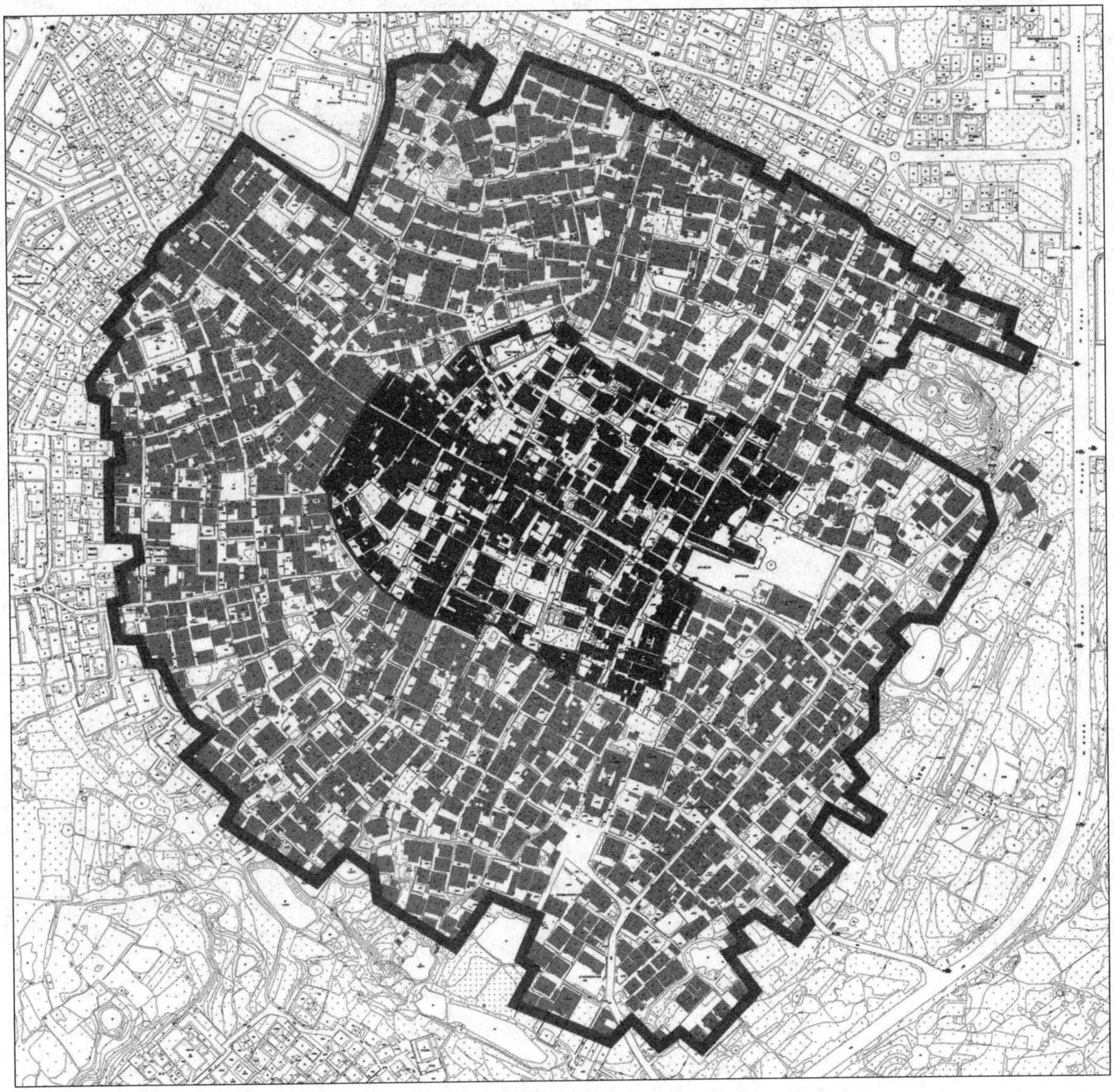

图 3 - 24　永宁卫城聚落平面局部与整体的自相似

②中观——街巷网络的分形特征。有学者在对法国里昂市的道路系统进行研究时，发现城市道具有自相似性的等级结构，具有分形的性质❶。在道路网络系统中，道路的等级数量 $N(A)$ 与各等级的长度 A

❶ 引自：Batty M Longley P A, Fotheringham S. Urban form: scaling, fractal geometry and diffusion-limited aggregation[J]. Environment and Planning, 1989: 1447.

之间存在一种双曲函数关系❶。永宁聚落的街巷网络复杂度和规整度虽不及城市交通网络，但在聚落空间的发展演化过程中，各级道路也随着生长蔓延，自然生长的道路网络具有极强的分形生长能力，存在“自相似性的等级结构”，以达到在有限空间获取最大使用功能的目的。

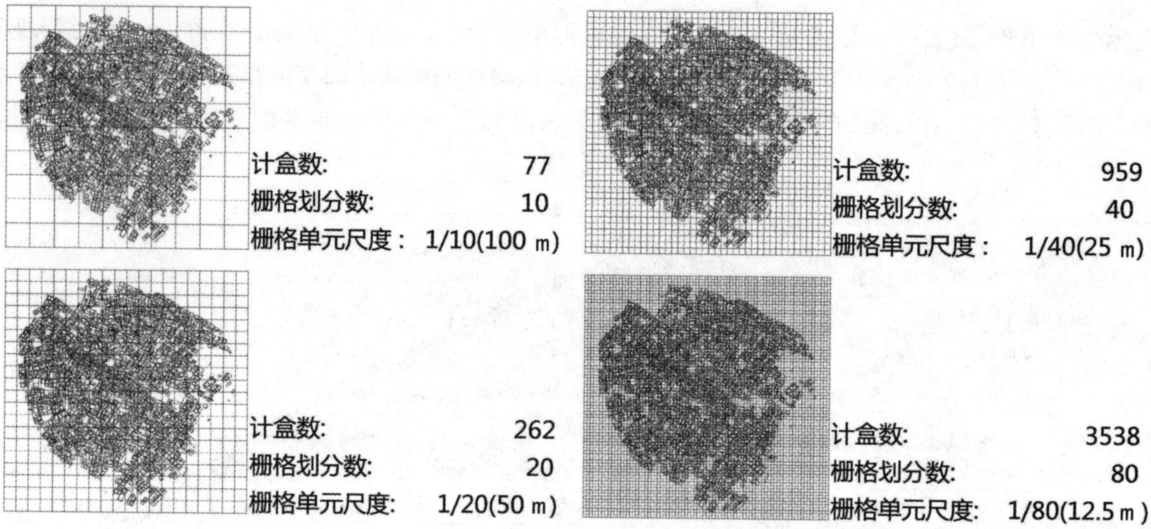

100 m 与 50 m 层级分形维数：
$$D_{[box(1/10)-(1/20)]}=\frac{\log(262)-\log(77)}{\log(20)-\log(10)}=\frac{2.418-1.886}{1.301-1}=1.767$$

50 m 与 25 m 层级分形维数：
$$D_{[box(1/40)-(1/20)]}=\frac{\log(959)-\log(262)}{\log(40)-\log(20)}=\frac{2.982-2.418}{1.602-1.301}=1.873$$

25 m 与 12.5 m 层级分形维数：
$$D_{[box(1/80)-(1/40)]}=\frac{\log(3538)-\log(959)}{\log(80)-\log(40)}=\frac{3.594-2.982}{1.903-1.602}=1.883$$

图 3-25 永宁卫城聚落平面图计盒维数法分析

在城市研究领域，分枝维数被用来描述城市道路网格的分形变化特征。用以计算城市交通网络分枝维数的公式为：

$$D=\frac{\sum_{i=1}^{n}\ln r_i\cdot\ln N(r_i)-\frac{1}{n}(\sum_{i=1}^{n}\ln r_i)(\sum_{i=1}^{n}\ln N(r_i))}{\sum_{i=1}^{n}(\ln r_i)^2-\frac{1}{n}(\sum_{i=1}^{n}\ln r_i)^2}$$

其中，r_i 为以城市 CBD 为圆心的回转半径，$N(r_i)$ 为各圆形区域内的交通网络分枝数。城市分形理论研究者通过公式推导得出结论：计算结果当 $D<2$ 时，交通网络的分枝密度由中心向四周递减，且分维数越高，表明交通网络分枝数由中心向四周递减的变化越慢；分维越低，则表明交通网络分枝数的递减变化越快；当 $D=2$ 时，说明交通网络分枝数密度由中心向四周均匀变化，交通网络系统存在较高的相似性；

❶ 引自：Batty M Longley P A. Fractal cities: a geometry of form and function [M]. London: Academic Press, Harcourt Brace&Company, Publishers, 1994.

而当 $D>2$ 时，说明交通网络分枝数由中心向四周呈递增趋势❶。

下面借用城市领域研究交通网络的分形理论对永宁卫城聚落的街巷系统进行分析。考察了聚落尺度后，选择回转半径 $r=$(80 米，160 米，240 米，320 米，400 米，480 米)，通过统计这 6 个半径等级内街巷分枝的数量，代入上述公式，计算出永宁卫城聚落街巷网络的分枝维数(图 3－26、表 3－9)。

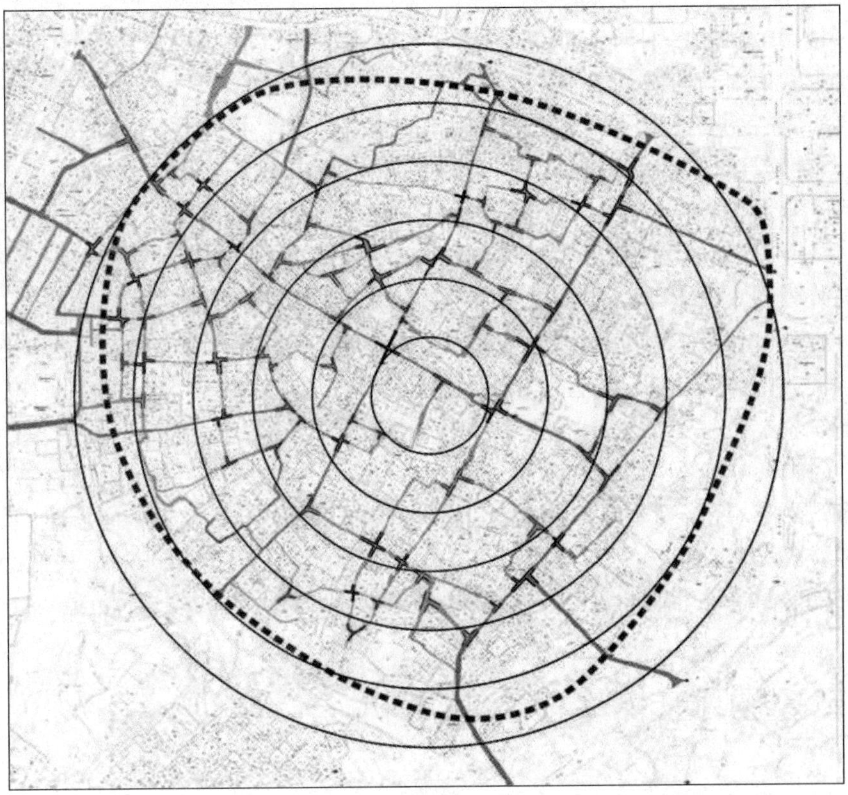

图 3－26　永宁卫城聚落街巷系统分枝维数分析

表 3－9　永宁卫城聚落街巷系统分枝维数统计表

回转半径 r_i(单位：米)	80	160	240	320	400	480
半径内街巷分枝数 $N(r_i)$(单位：个)	2	14	33	58	79	81

经计算得出永宁卫城聚落街巷网络系统的分枝维数 $D=2.120$。该结果表明卫城聚落内街巷网络的分枝数由中心向四周呈递增趋势，但这种趋势变化很慢。其结果与之十分接近，说明分枝数密度由中心向四周分布较为均匀，且自相似程度较高。

再次，微观——建筑结构的分形特征。在微观层面，聚落内部的建筑结构具有高度的自相似性。永宁卫城中的建筑主要包括传统古厝、番仔楼与洋楼、石屋和现代形式的建筑。传统古厝是卫城聚落中较早形成的建筑形式，从它们的屋顶样式、材质、墙面结构等各方面都能看出古厝间高度的自相似性。而番仔楼与洋楼，虽是吸收了外来建筑形式形成的，但也保存有传统古厝的一些特征。这些不同的建筑形式间都存在着自相似性。

考查永宁卫城中的古厝，其平面结构大都分为此两类。比如建于清代的莺山书院便是典型的闽南古厝建筑，其平面格局为五间二落双护厝的形式，而卫城中的宗祠建筑大都为古厝类型的建筑。除了在平面布局上自相似，其屋顶形式也具有高度相似性。聚落中古厝的屋顶大都是典型的“宫殿式”大厝屋顶，采用燕尾脊。此外，外墙的建筑材料也十分相似，普遍都以白石、红砖作为建筑材料。

---

❶　引自：李江. 城市空间形态的分形维数及应用[J]. 武汉大学学报(工学版)，2005，38(3)：99-103.

由于气候原因，闽南较多台风，因而形成了以花岗岩石材为建筑材料的石屋建筑。永宁卫城中的石屋就地取材，建筑的墙基、墙身、柱础、楼板、门窗等处均采用当地石材，形成了独特的建筑风格，使得石屋建筑在建筑样式上保持着高度的自相似性。此外，其平面布局大都沿用传统的布局形式，从底层至顶层，都以中厅为主轴，两侧配以厢房，屋内设置走廊作为交通和通风通道。因而在平面布局上，石屋与古厝保有高度的自相似性。

卫城中的番仔楼、洋楼，是一种具有欧洲住宅与热带建筑特色而又与传统民居相结合的建筑。其主要特点是具有多种形式的装饰性外廊。其外部形态虽有很明显的欧式样式，但内部格局却是闽南传统民居的布局，可以看做传统民居“大厝身”的二楼化。其在平面上保持“一厅数房”的基本形制，中为厅堂，左右各有两房，底层作为客厅，寿屏后为楼梯及联系左右房的通道，祖厅则移至二楼。由此可见，番仔楼、洋楼除了在建筑风格上自相似，在建筑结构上还同传统古厝产生了自相似性。

综上所述，永宁卫城聚落在宏观、中观、微观层面都存在高度的自相似性。这使得卫城在宏观上以自相似的形态不断向外发展，向内丰富；中观上保持着街衢巷道的复杂性结构增加分枝，以类似的十字街、丁字街不断发展；微观上，保持着建筑形态的传统基因和与海外融合产生的基因，塑造丰富的建筑艺术样式的同时，形成了统一和谐的风格。这些自相似性正是永宁卫城空间形态自组织演化的空间表征，也是卫城空间形态和谐统一的内在原因。

综上分析，可以得出：永宁卫城聚落空间形态是一个具有耗散结构特征的系统，其在地理环境、人口变化、社会制度、意识形态、经济等子系统间的竞争和协同作用下，产生出多个序参量；系统又在序参量的指引和调控下，从混沌发展至有序，逐渐生成三个不同层次的空间基核，并进一步从低级有序发展至高级有序，形成一个动态的、具有自相似性和高复杂度的自组织系统。

3.5 案例二　金门琼林聚落空间解析

3.5.1 金门琼林聚落概况

琼林位于金门岛的中部[1]，太武山西麓，东南临源自双乳峰的溪沙溪，东北部为源自岛上海拔最高的太武山的小溪泾。琼林聚落为蔡氏单姓聚居的村落，也是金门现存规模最大的聚落，是“台湾”省属二级古迹、“金门公园”的重要组成部分(图 3 - 27)。

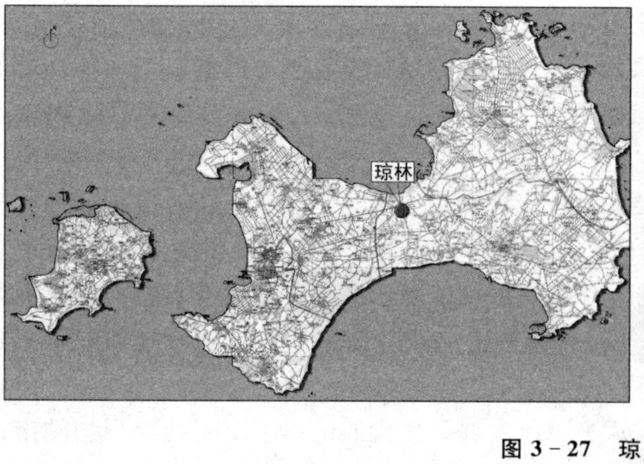

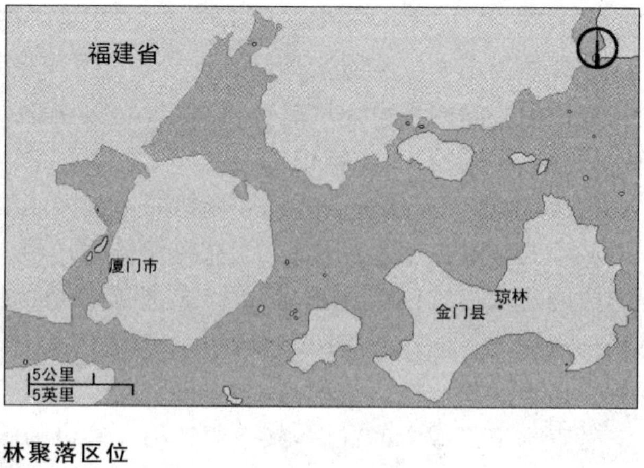

图 3 - 27　琼林聚落区位

“琼林”昔称“平林”，因其“所居多树木，远望森然如盖”而得名，开基者为蔡氏先祖。琼林历史最早可

---

[1] 金门古称“浯洲”“仙洲”，于 1915 年设县。金门位于福建省东南部海域厦门湾内，屹立于台湾海峡西部，与大陆最近处仅 2 310 米，辖区由金门岛、小金门岛(烈屿)、大担岛、二担岛、东碇岛、北碇岛等 12 个岛屿组成。

追溯到晋末汉人衣冠南渡，迄今已有八百多年历史，历史上为乡贤名宦之乡。琼林在明、清两代人才辈出，曾经出了进士 6 人、举人 7 人、贡生 15 人、武将 6 人，文臣武将人才济济，并以忠孝廉洁事迹多著称。由于明代前后出了 3 位进士：蔡贵易、蔡献臣、蔡守愚，于是福建巡抚就上奏熹宗，熹宗遂特颁"御赐里名琼林"匾，平林自此改称"琼林"，寓意人间仙境福地。琼林整个聚落内，宗祠林立，较为著名的如"蔡氏家庙""六世宗祠(竹溪公)""六世暨十世宗祠""六世宗祠(乐圃公)""十世宗祠""藩伯宗祠"和"十一世宗祠"等，素有"七座八祠"的雅称❶。

3.5.2　金门琼林聚落空间演变历程解析

琼林聚落经历了晋末蔡氏的移民开垦形成小聚落的兴起阶段，再经过漫长的渐变，在明代演变为官宦士绅之乡，但是随着清政府迁戒令的颁布，琼林聚落进入了突变期，急速没落；后又经历了民国侨汇、日据、战争、戒严以及观光发展等发展阶段。800 余年的文化累积与空间演变，构成今日聚落结构，琼林的历史发展脉络与聚落空间形态变迁可分成四个主要阶段：一、明清及其以前时期；二、侨汇时期；三、军管戒严时期；四、"金门公园"时期。这四个发展时期构筑了金门琼林聚落的时空变迁、经济脉络与社会结构及空间结构发展，因此，解析这四个方面的内容，也就揭示出了琼林聚落的空间演变历程、历史文化与空间纹理特性。

(1) 明清及其以前时期

金门因地处边疆，四面环海，所以在人口迁移的早期就成为中原乱世时期北人南迁避难的世外桃源，成为六姓"衣冠士族"南徙避祸避难之所❷。到了唐代，大陆南方设五个牧马区，以供战时之用，金门即为其中之一。陈渊受命为牧马监，由此带来了十二姓氏的族人❸，自此金门开始了较大规模的耕稼渔盐，聚落也逐步增多，人口日生聚繁，有"海上仙州"之称❹。

宋代时，金门隶属于同安县绥德乡翔风里，岛民开始纳税。大陆氏族迁移也由此兴起，氏族多以太武山麓下之西、北与西南边为主要驻足点，由此促进了包括琼林在内的聚落的兴起。靖康之乱后宋室南渡，泉州豪门大族也纷纷携族人来金门，并设堰筑埭，划海为田，渔农昌兴。之后，南宋大儒朱熹任同安主簿时，在金门岛上设燕南书院(今古丘村燕南山下)弘扬礼教，金门人中进士者大增，号称"海滨邹鲁"；由此，金门更进一步加入大陆人文社会官僚体制之中。宋末元兵南下，再次促使大陆志士避难金门，形成了又一次移民高潮。元朝盐场设立，盐场往金门西南与东北部开发，并在西园设立浯州书院，这极大地促使金门聚落的发展。明代将户籍分为民丁与盐丁两种，可以视为国家直接介入海岛资源的开发，另一方面也可看出早期金门居民的来源之一。

由于金门突出于海中，与厦门共为漳、泉咽喉，且明代时海盗与倭寇侵扰日益严重，因此明太祖洪武二十年(1603 年)，在金门岛上构筑"御守千户所"城池，其地势"固若金汤，雄镇海门"，故取名"金门城"(今旧金城)，又在官澳、峯上、田浦、陈坑四处设置巡检司(图 3-28)，使金门成为闽台海疆重镇。

明末清初之时，从 1645—1679 年的 35 年间为明郑时期，金门成为"反清复明"的海上基地。为了造战船，岛上树林被砍伐殆尽，金门聚落的建设因而处于停滞的阶段。郑氏海上之军败走，清兵攻陷金、厦，"堕城毁舍，遗民数十万，多遭兵刃，迫民迁界，金门遂墟"❺。1679 年，清政府为防郑氏再攻，再度施行迁界令，清提督杨捷施行搬迁界令，"奉旨迁移沿海居民于内地，不许遗留一椽一瓦，违者立杀无赦"❻。这项禁海政策对金门的社会与聚落空间破坏极大，直至康熙二十二年(1683 年)以后，岛民才逐步返回故土，金门渐趋稳定发展。由此，可以得出：在清中叶之前，金门的人口、产业规模、聚落与民居的空间营造，大致

---

❶ 引自：蔡显恭. 金门传统民居再利用之研究——以琼林聚落为例[D]. 台南：成功大学建筑研究所，2006：2-4.

❷ 六姓为苏、陈、吴、蔡、吕、颜等。

❸ 十二姓氏为蔡、许、翁、李、张、黄、王、吕、刘、洪、林、萧等。

❹ 引自：蔡显恭. 金门传统民居再利用之研究——以琼林聚落为例[D]. 台南：成功大学建筑研究所，2006：2-2.

❺ 引自：刘敬，纂辑. 金门县志[M]. 金门：金门县政府印行本，1992：367.

❻ 引自：刘敬，纂辑. 金门县志[M]. 金门：金门县政府印行本，1992：30.

图 3-28 明代金门示意图

上维持自然成长模式。

清康熙二十二年后，随着禁海令的废除，大量移民迁居金门，由此，掀起了第二批的移民行动与空间意义的建构。其一，将城镇中心由金门城（旧金城）移至后浦城（今金城）❶，改变了空间权力的分布，取代了旧金城的政治与商业中心，并影响至今。其二，重建地区的行政与民防体系，划分为“都、保、乡”三级，共有 113 个聚落，在明代的防卫基础上予以制度化，并以聚落为最基本的防御单元（图 3-29）。后浦港的开辟，也带动了金门经济层面的结构变化。后浦不仅是当地货物的集散中心，也是与大陆的物资交换中心。在这一背景下，琼林聚落得到了快速恢复。

图 3-29 清代金门示意图

❶ 1663 年迁界之役后，金门城城毁屋焚，所以平台后设镇时，不得不移驻后浦城。选取后浦城的另一个原因是原居于后浦的许氏聚落建立的堡寨完备，这为以后的扩建奠定了扎实的基础。

在经济脉络与社会结构方面，据琼林蔡氏族谱序所载❶，琼林早在开基祖十七郎公于南宋高宗年间（1127 年）拓垦之前，已有陈氏与刘氏的发展足迹，之后随着二姓的迁出与没落，琼林才逐渐成为蔡氏单一姓血缘聚落，并于明朝前分出九房：竹溪公派下的大厝房、上坑墘房、下坑墘房、前坑墘房，乐圃公派下的新仓长房、新仓上二房、新仓下二房、新仓三房及前庭房，在聚落中形成以血缘房份集居的社会结构，演化至今剩下五个房份（图 3－30）。

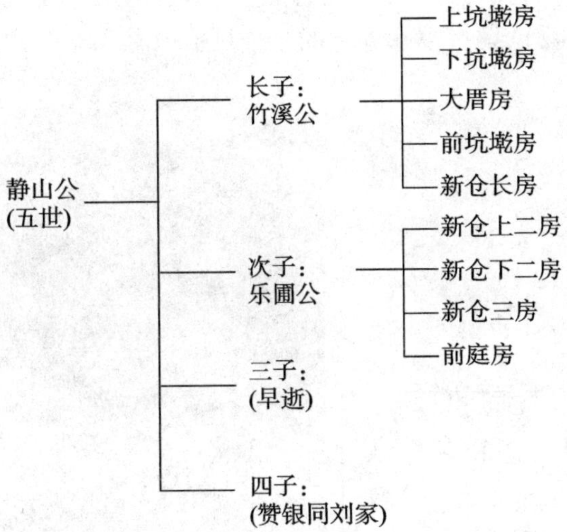

图 3－30　蔡氏族谱

自南宋朱熹在闽地兴办儒学后，金门文风鼎盛，人文气候逐渐形成。至明朝时，琼林设有“社学”❷，并拜“国家考试”之赐，琼林蔡氏宗族得以壮大。琼林在明朝时共有进士 5 人，举人 9 人，贡生 14 人，其中蔡献臣于万历年间中进士，熹宗因其学问纯正，赐其里名为“琼林”❸。明末清初后，由于郑氏的战乱与倭寇海贼的侵扰❹，琼林趋向没落。在明朝中叶之前，由于琼林并不直接临海，且位于太武山麓下的水源地，绝大多数村民以农业生产为主，因此处于自给自足的经济状态，而蔡氏族人官宦为众的身份与社会地位，使得其在争夺水源与耕地时占尽优势，几乎拥有金门中部大半的土地，其中不乏雇用其他姓氏佃农从事生产，收取田赋。由此可见：该时期，在整个金门，琼林是经济实力最强的聚落，且得到了快速的发展，处于鼎盛时期。

基于上述背景及经济社会发展状况可见，明清时期琼林聚落已经逐步形成了一定的规模与相应的空间结构。而琼林是由福建沿海的蔡氏跨海移居而逐渐形成的，因此，其空间结构是自晋末以来移民文化的不断叠加与自我修正，所呈现的是一种原乡文化（闽南文化）在移入地因地制宜、不断演化的结果。

具体而言，原乡文化的影响对于琼林聚落的构成可分成四个层面：原乡的空间形态、血缘宗族、风水理论与信仰文化的空间观。这些文化因子与聚落地理自然环境相互交叠，并由此形成了极具地域特色的聚落空间形态。根据美国人类学家葛学溥（Daniel Kulp）对中国家族的研究，认为依其功能可将中国家族区分为自然家族（核心家族）、经济家族、祭祀家族及传统的宗族家族等四种不同的类型。针对金门的聚落发展特点而言，基本上属于传统的宗族家族类型❺。

❶ 琼林蔡氏族谱序：“其（蔡氏）入闽也，当在五季之初，已迁于同之西市，又迁于浯之许坑，赘于平林之陈，则自十七郎始，以其世推之，当在南渡之初，迄今万历壬寅（三十年，1642 年）四百有余年，于兹所居多树木，远望森然若盖，故世称平林蔡氏云。”可知琼林已有 800 余年的历史。

❷ 依明朝制度，在大乡巨镇各置社学，以生员为社师，免其差役；近乡子弟，年十二以上、二十以下，有志学文者，均可入学修业。

❸ “平林”后改名“琼林”乃出于明熹宗皇帝御赐。据口碑文献，系皇帝垂询献臣公籍贯时，公对曰：“闽同安平林里”，上曰：“平林里名庸俗，未若琼林文雅。”因出自皇帝金口，故曰“御赐里名琼林”。

❹ 明末闽台海盗猖獗，特别挑昔日富乡下手，琼林于是身受其害，村中的“族厉庙”便是鲜明的见证。

❺ 引自：蔡显恭．金门传统民居再利用之研究——以琼林聚落为例[D]．台南：成功大学建筑研究所，2006：4－5．

①内神外鬼的信仰空间观

金门聚落信仰空间观，主要以“内神外鬼”的空间位序为主，产生“五方”的空间观(小金门称“五营”)。五方即内神外鬼的边界概念的界定，即东、西、南、北、中五方。其范围里面是信仰之神所捍卫、保护人类的世界，世人可以居住的空间，外面则为荒野伧鬼令人恐惧的未知世界。

对于琼林聚落空间结构而言，同样存在着内神外鬼的信仰空间观，其所呈现的五方指的是方位上的概念，设置在聚落的各个出入口的高台处，其形式为黑色令旗，由三个绑红布头的竹符与小香炉组成，而其他诸如宫庙及风狮爷等厌胜物也具有空间界定的功能(图 3－31)。

图 3－31　琼林五方位置分布示意图与风狮爷

②梳式布局融合血缘房份的建筑配置

根据地形及其自然生态环境，琼林聚落采取“梳式布局”的建筑配置(图 3－32)，这种布局方式是中国闽南地区常用的方法，由调节小气候或者安全防御、原有营造技术的继承等原因所致。

家族形式[1]是琼林聚落成长方式的主要影响因子之一。琼林是典型的宗族聚落，由于亲族的血缘关系，同一房份往往聚居在一起，因此，聚落空间也随着其血缘的派别而形成五个房份聚居的空间特色。五个房份聚居空间边界清晰，主要分成大厝甲、楼仔下甲(新仓长房、新仓下二房、新仓三房)、坑干甲(上坑墘房、下坑墘房、前坑墘房)、前庭甲、大宅甲(新仓上二房)，在各甲头下还有更为细分的房份，且每一个房份的民居单元的营造均有一致的朝向(图 3－33)，由地势高低、风水理念等因素来确定，如聚落东南的楼

[1] 参见[美]丹尼尔・哈里森・葛学溥. 华南乡村生活——广东凤凰村的家族主义社会学研究[M]. 周大鸣，译. 北京：知识产权出版社，2012：142－145.

仔下甲，其地形为北高南低，其前方有穿过聚落的溪沙，因此，建筑物的朝向为南北向，充分体现出“靠山抱水”的营造理念(图 3 - 34)。

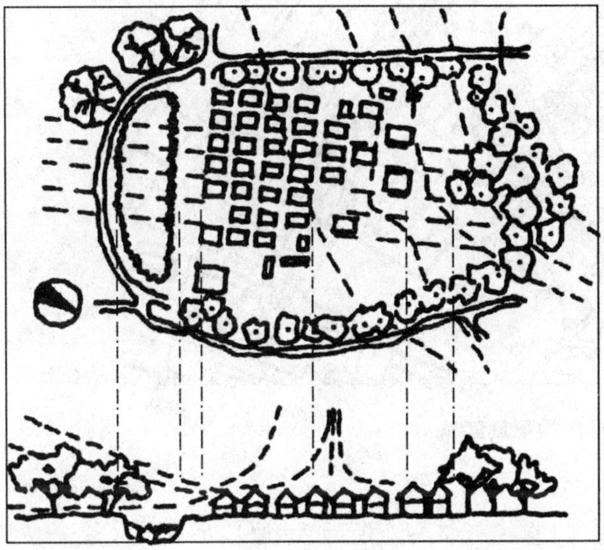

图 3 - 32　琼林聚落梳式布局示意

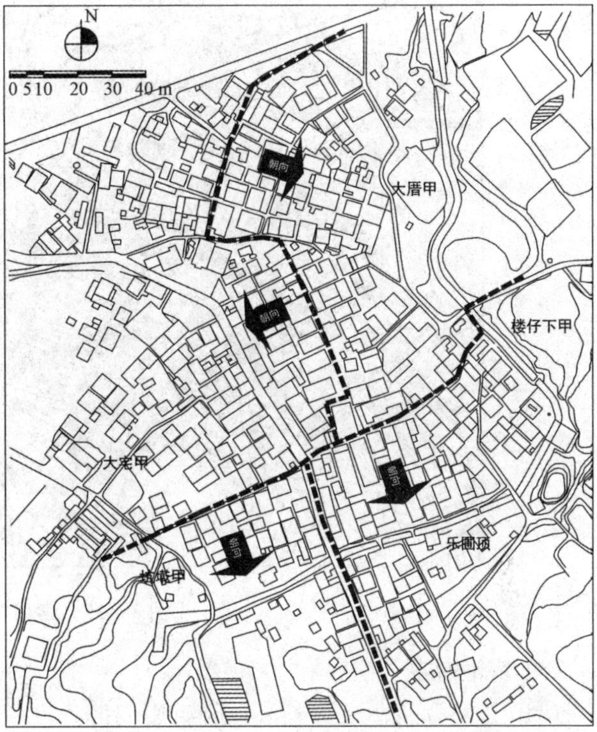

图 3 - 33　琼林聚落各房份之民居主要朝向

图 3 - 34　琼林聚落俯瞰

③以宗祠为依据的聚落构成

因为宗族繁衍分房与进士荣显父母等原因，琼林有七座宗祠，七座宗祠的空间分布皆以房份为依据，几乎皆坐落于甲头分线处，其中蔡氏大宗家庙坐落的位置则是整个聚落的核心，其呈现的空间组织象征了聚落的空间伦理与发展过程。

聚落发展除了以宗祠为基准点，普通民居营建都遵循着“宫前祖厝后”与“不可超过祖厝高度”两项原则，以表达对祖宗先辈的尊重，而这两条原则实际上显现出了宗祠作为聚落的营建禁忌依据。“宫前祖厝后”的处理方式，是基于琼林多房份且稠密的聚落形态，在不同房份的甲头交界处，民宅采取转向且与宗祠背对背的方式(图 3 - 35)，以体现对宗祠的尊重。“不可超过祖厝高度”的原则也是对于祖先的一种尊重，借由天际线的控制，强调宗祠的崇高地位。“宫前祖厝后”的配置禁忌在人口聚居稠密之区域，采取折中的处理方式：在不同房份的甲头交界处，民宅转向与宗祠对背或垂直相交。

图 3-35 宫前祖厝后的配置禁忌

（2）侨汇时期

1840 年鸦片战争后，因五口通商，厦门辟为商埠，金门的经济结构有所改变，厦门港提供了金门人海外谋生之途，前往南洋新加坡、印度尼西亚及菲律宾等地者居多❶。1870 年后，侨汇普遍成为闽、粤等地乡村的主要经济力量，除了维持家计生活、赡养族人之外，也常见翻修祖厝及寺庙，或广泛地支持公益慈善事业的事例，华侨投入了教育、医疗救济、公共卫生、风俗改良、治安维持等公共领域，促进了侨乡社会的现代化。

侨汇的经济形态于 1900 年以后改变了金门地区的聚落风貌，经商成功者汇巨款回乡翻修古厝或兴建洋楼、番仔楼等，在空间形式上有一部分采取了“仿欧风格”的“番仔楼”，南洋特有的殖民样式结合传统建筑的思维，形成金门特殊的地景风貌，如金门水头聚落在此一时期即兴建 15 栋洋楼，包括现已成为观光景点的金水小学、得月楼等（图 3-36）。

金水小学

得月楼

图 3-36 金门水头聚落洋楼建筑

❶ 《金门志》记载：“地不足于耕，其无业者，多散之外洋，如吕宋、实叻、交留巴等处，岁以数百计，得归者百无一二焉。其贸易获利归者，千无三二焉。即间而有之，亦往往无端被案而倾其囊，可慨也已。”

在经济脉络与社会结构方面，琼林在这段以侨汇为经济主体的时代，与金门其他聚落并不同之处在于：这一时期琼林村民的生活较一般聚落富裕安定，离乡到南洋求发展者相对而言也比较少，其中又以移居新加坡人数最多。

侨汇经济对琼林来说并未直接构成聚落风貌的巨大变化，但是侨汇资助还是影响了整个聚落，特别是社会关系的巩固、居民对价值体系的认知等。其中较为典型的是由侨汇资助新建的怡谷堂，该建筑为第三区第一小学(1913 年修建)，为两进合院式传统古厝，而非番仔楼或洋楼式样(图 3－37)。

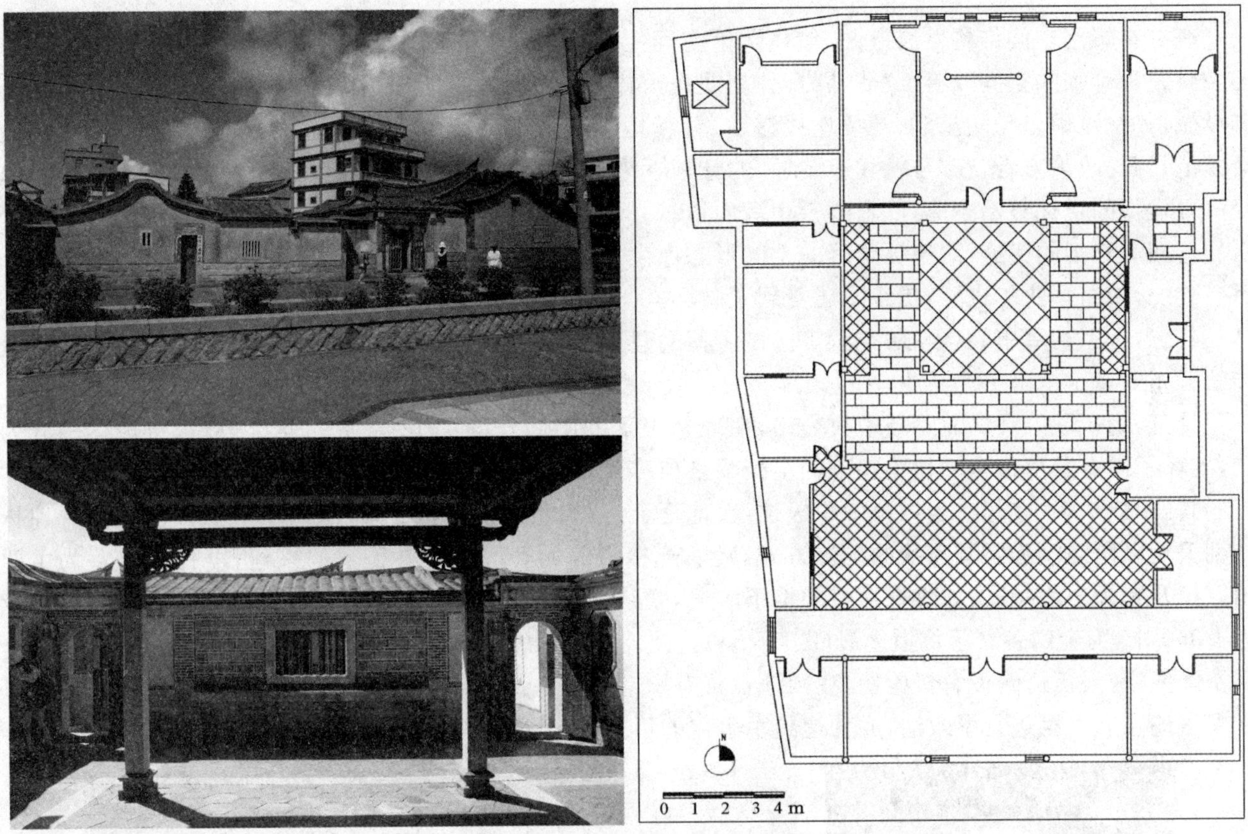

外观及其内院　　　　平面图

图 3－37　怡谷堂

在琼林聚落空间结构发展方面，琼林不同于金门其他具一定规模的聚落，在侨汇时期兴建大量洋楼，而将大部分的资金投入修复宗祠与兴建燕尾式民居[1]。探究其原因，琼林的宗族伦理力量较强盛，因此，在侨汇时期，整个聚落仅新建了一栋番仔楼，且建造于 1938 年，此时已属于侨汇时期的晚期，而且位于楼仔下甲，紧邻溪沙边缘，坐落在整个聚落的最外缘，由此，该番仔楼的新建可被视为游走于宗族伦理空间的边缘。可见，该时期下的聚落空间形态处于渐变、相对平衡的状态，侨汇的冲击几乎没有对聚落空间形态产生作用，早期主要以修复宗祠来维持聚落的空间秩序，后期番仔楼的出现开启了聚落空间秩序破坏的先例。

(3) 军管戒严时期

1949 年，因战争原因，金门成为军事前哨基地，随后金门进入军管年代。直至 1981 年台湾地区解严，金门历史性的角色发生巨大的改变，1992 年金门解除战地政务，结束了长达 36 年的军管戒严。

在琼林经济脉络与社会结构方面，军事管制，对于原本以农渔业生产及侨汇为经济来源的聚落有两大改变：其一，侨汇来源的中断，聚落内的私人营造建设活动基本停止；其二，军人消费融入聚落的经济体

[1] 民国二十一年新仓下二房十六世藩伯公宗祠重修，民国二十三年大宗蔡氏家庙重修，民国二十三年新仓上二房荣生公宗祠重修。

系，村内新辟道路的两排店屋，成为聚落附近军营的消费中心。另外，随着1956年战地政务的实施，颁布了“强化战地组织”与“五户联保”的制度，进行社会组织军事化管理，将聚落居民进行民防军事编组，以达到“藏兵于民”与“聚落军管统治”的目的。琼林地下坑道的开辟充分证明了该时期的社会结构状态。

聚落原有的社会组织形态受到军事化的影响，除此以外，人口外流也成为琼林聚落发展的重要影响因子之一，人口的锐减导致了甲头的合并：宗族房份甲头因为人口的流失，缺乏人力与物力举行春秋二祭、庆典活动及修葺宗祠，导致同系甲头的合并，如乐圃派下的前庭房并入楼仔下甲以及竹溪派下坑墘甲并入大厝甲。

在琼林聚落空间结构发展方面，琼林聚落空间在军管时期的影响主要为：“战斗村”计划的空间改造与乡村整建计划的空间改善。“战斗村”计划即将琼林聚落变成一个扼守金门岛中央的据点，加强军事防御设施，如构筑碉堡与防空洞、开拓连接道路、建设地下坑道等。在1960年，为配合“建设金门为三民主义模范县”的政策方针，在“乡村建设要领”的计划下❶，琼林被选定为六个所谓“三民主义实践村”之一，以经济现代化的目标整治聚落，以求改善生活质量。

这两大计划的实施，对琼林聚落的空间形态产生了重大的影响，主要体现在：

其一，随着军队的进驻，传统民居受到了破坏。

其二，一系列军事碉堡与防空洞等防御工程的建设，进一步破坏了原有聚落的空间格局，聚落边界较传统五方的设定范围更为具象。

其三，为了联结环岛北路与中央公路，在琼林聚落的中间开辟了12米宽的连接道路，将琼林一分为二，破坏了原有以房份认同建构起来的空间脉络与疏式布局，造成甲头社会组织的割裂。

其四，自1954年起台当局开始积极建设“地下金门”的防御工事，包括构筑地下坑道及防空洞。琼林初期采用以防空洞为区域点状的防御方式，随着连接道路的开辟与村办公室的兴建，以村办公室为主要出入口及指挥中心，开凿如蜘蛛网般的地下坑道，联结聚落内主要出入口之碉堡、射口、防空洞壕，总长度为1 350米，为金门各聚落坑道之最(图3-38)。此外在聚落的主出口环岛北路与中央公路上各设有一个反空降堡，在聚落边缘设有机枪堡，在田地设置有反空降桩在海边设置有反登陆桩等等，这些零星建设对于聚落的空间气氛进行了改造，成功达到军事化的目的。

图3-38 金门琼林坑道

图3-39 金门琼林村民办公室

❶ 乡村整建要领，首先选定后浦、顶堡、官里、琼林、新市、沙美等村镇，定名为“三民主义实验村”，其主要计划内容，包括：(1) 先期做好倡导教育，使民众人人乐意积极参与建设自己的家园。(2) 成立整建委员会，以村长为小组长，由地方上热心公益的人士为主要成员，负责聚落整建工作事宜。(3) 整建村内所有废置破烂民房，以“大破者拆”“小破者修”之原则，彻底改善村落面貌，使村落的外貌完整美观。(4) 列入整建村，首重规划下水道系统，修整排水沟、涵洞，使污水畅流。(5) 村庄内有高低不平之荒地，依地形整理平坦，并有效利用辟建为花圃或种植树及花卉，以达环境的美观。(6) 村内所有的牛马猪舍，一次补助迁出村外适当地点，以达人畜分居，改善住户卫生。(参见林文炳. 金门民居形式及意义变迁之研究[D]. 新北：淡江大学，1994：133)

其五，琼林是传统典型的向心性宗族血缘聚落，但在 1956 年战地政务实施后，聚落的西北面入口处设置了村办公室（当地人称村公所）（图 3－39），旁有村民活动中心及民防武器库房，前设广场以便于聚集村民，广场的西面设有篮球场及农忙托儿中心（怡谷堂）。这种具有新型建筑的象征空间及大型广场的聚合效应，产生新的聚落政治核心，取代了以传统宗祠为中心的聚落结构（图 3－40）。

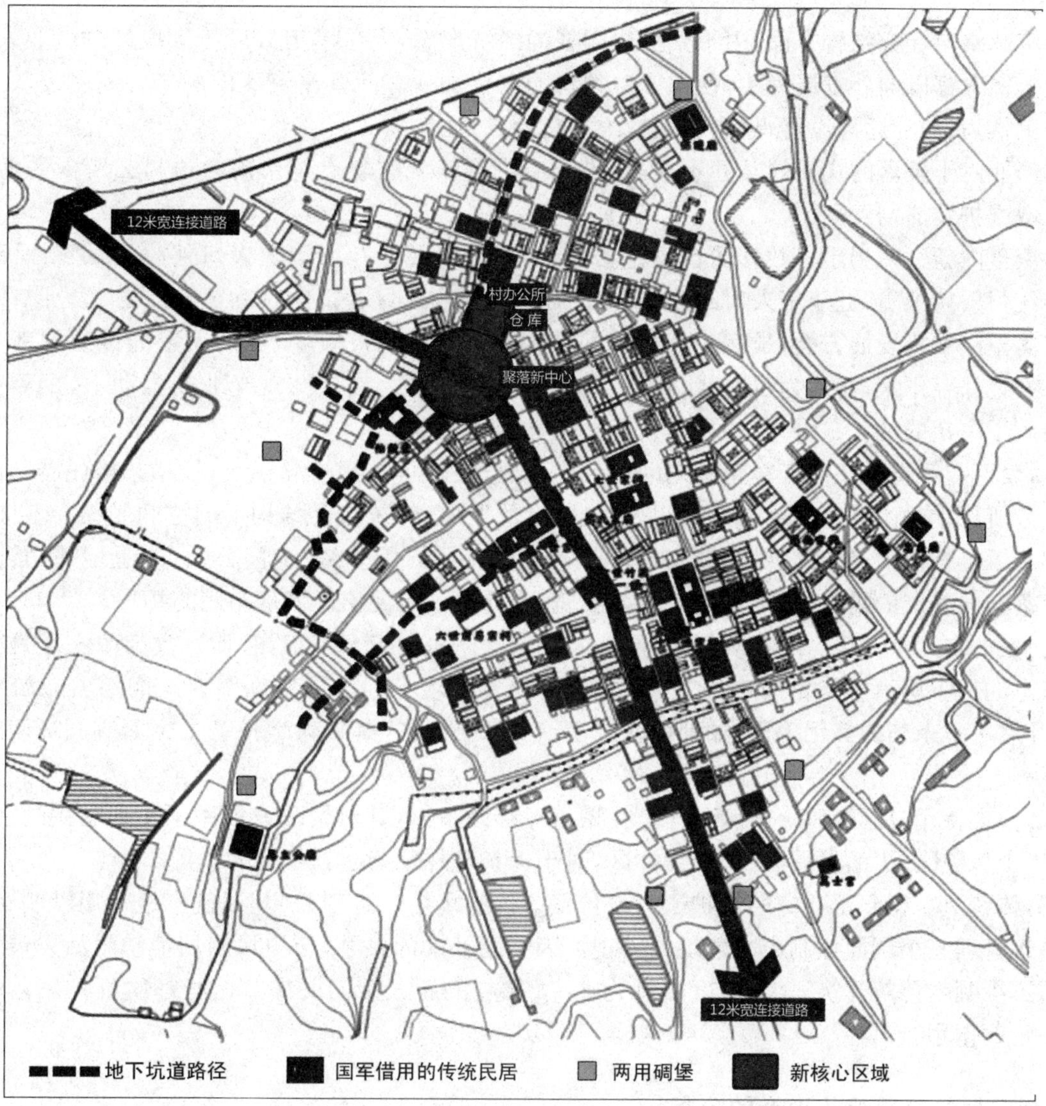

图 3－40　军管戒严时期琼林聚落空间的改造❶

其六，民居营造技术改变。原大陆营建体系断裂后，现代营造方式以及台湾营造体系逐步介入，改变了多数民众的营造观念，营造方式从传统的砖石结构变为现代钢筋混凝土结构。在经济因素的促动下，按照县政府提供的建筑标准图、结合传统民居三开间特色建造的二层楼的标准样式民居使得聚落整体风貌发生改变。1976 年起，金门县政府建设局规定“配合战地朴素风貌，建筑外表只能以水泥粉光或洗石子”，这一政策产生了现在琼林聚落内现代的灰色与传统的红不协调的景象。

（4）“金门公园”时期

1992 年金门战地政务解除，1992—2000 年金门回归宪政，其间为保护金门的战役史迹与闽南文化不

❶　图片来源：戚常威．金门战事纪录及调查研究[Z]．金门：金门公园管理处，2004：64；江柏炜．金门战事纪录及调查研究 2[Z]．金门：公园学会，2005：115．

受开放观光的破坏，于 1995 年成立“金门国家公园”❶，金门县政府更以“观光县、文化岛”的口号，期待金门观光业的发展。

2001 年，金门与厦门相隔 52 年后再度复航，进入了“小三通”的年代，自此成为两岸间的便桥，以“观光立县、文化金门”的精神推动两岸交流与文化建设，朝着“让两岸认识金门，让金门走向世界”的目标前进。

在经济脉络与社会结构方面，由于聚落封闭型的经济形态，无法承担战后持续成长的就业人口，因此聚落内的年轻人都以向外发展为主，使得人口结构的老化加速。而留在聚落内的年轻人多改以从事公教业与劳力工作，农渔业逐渐没落，只剩下少数维持自给自足。

观光产业对于聚落的实质效益并不显著.唯一有固定收入的景点是聚落北边村公所内的地下坑道，但也仅收取维护及清洁费用。

虽然聚落内新一辈男丁多数移居台湾定居，但宗族社会关系并未因为人口外流而瓦解，反而借由简化后的传统习俗持续着，近年来人口回流，聚落的社会结构在小区营造的推动下趋向稳定发展。

在聚落空间结构发展方面，虽然琼林的空间结构在军管时期被破坏，然而大量的传统闽南式合院民居却被较好地保存下来，并成为目前乡村旅游的重要旅游资源。在旅游观光业的推动下，聚落空间结构与形态发生了一定的变化：

其一，聚落空间得以拓展。军管时期的现代化营建过程中，以钢筋混凝土兴建的“楼仔厝”，仍以琼林原本以五方所界定的生活范围为准则，但是随着社会的发展，传统社会结构下的空间制约力量被瓦解，聚落外围出现了单栋或群簇的民宅，由此拓展了聚落空间范围。此外依“金门公园”的土地使用管制原则，为满足聚落空间发展的需求，农宅兴建条件被放宽，由此进一步促使了聚落空间的拓展。

其二，聚落空间观光化。随着观光的开放，1986 年与 1988 年七座宗祠、怡谷堂与两座风狮爷以及富有战争气息的地下坑道被指定为二级古迹，成为琼林发展观光的重要空间节点。而随着旅游观光的发展，聚落开展了一系列的美化工程，如地面的铺设、广场的建设等都极大地推动了聚落空间环境的改善与质量的提高。

其三，土地使用分区管制。“金门公园”在聚落保存政策上，针对聚落发展做了土地使用的区划，即分成三区：历史风貌区、生活发展区、外围缓冲区，对于保护琼林聚落起到一定的作用。

其四，传统风貌得到了一定的维护。为维护聚落传统风貌，“金门公园”通过土地使用管制、维护风貌奖励与建筑管理三个层面控制新式建筑的外观。因奖励补助的关系，历史风貌用地与生活发展用地范围内出现了不少融合传统建筑语汇、高度限制为 2～3 层楼的新式金门民居。这些都对维护聚落的整体风貌具有一定的作用。

3.5.3 金门琼林聚落建筑形态的分析

琼林传统建筑遗存丰富，可以按照建筑平面形制、功能、年代等加以划分，以此分析建筑的形态，并探究聚落空间形态的变迁历程。

(1) 建筑平面形制类型

从文化背景角度来观察明清时期的金门传统合院民居，其建筑形式深受母文化的影响，金门传统民居源自于中国福建地区的合院建筑，属于南方之“九室式”，有别于北方之“五室式”(图 3－41)。而福建民居的主要特色是：疏密得当、虚实相生、外实内静、内外通透、朴实淡雅、气韵生动等，金门传统民居同样具备了这些特色，同时再加上金门传统社会的家庭结构大多建立在“折中家庭”与“核心家庭”的基础上，由此发展出了“以小型合院”形态为主的民居空间。

❶ 金门的“国家公园”计划于 1995 年 5 月 18 日经台湾地区行政管理机构 2431 次会议核定通过，唯将名称由“金门战役纪念国家公园”改为“金门国家公园”。为方便阅读，下文中统称为“金门公园”。

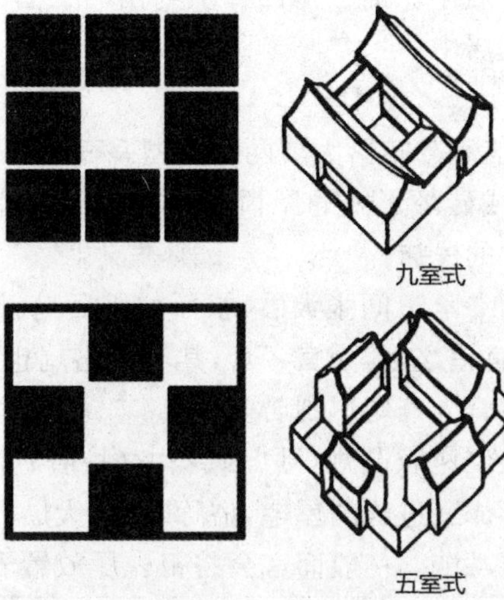

图 3-41　传统民居九室式与五室式格局❶

进一步分析金门传统民居的类型，其原型是匠师世代相传的基本格局，经历时间考验与经验积累，所形成的理想形式（Ideal Form）。一般而言，金门传统民居依平面格局可分为"一落二榉头""一落四榉头""三盖廊"与"二落大厝"等基本类型，"三落"（后落）"回向""单护龙"及"凸规"等扩增建类型，共 8 种格局类型（图 3-42）。琼林聚落内传统民居包含上述各类型，此外还有"单伸手"的特殊类型。

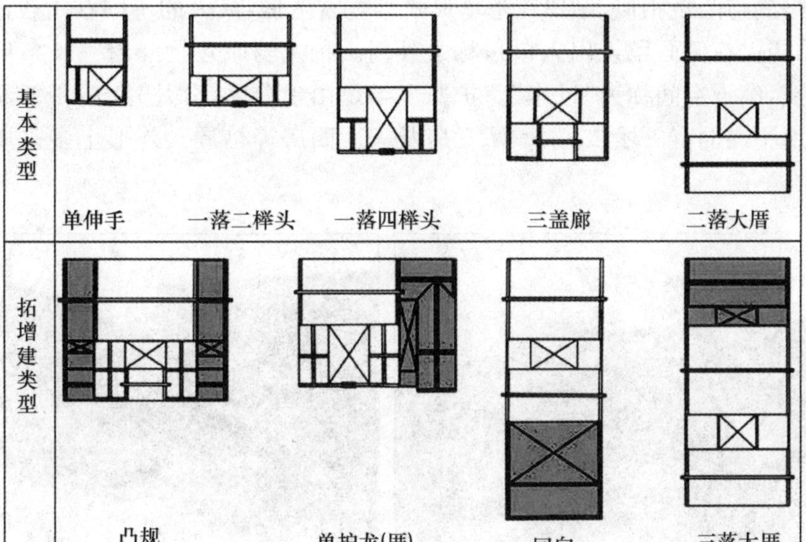

图 3-42　琼林聚落传统民居类型分析❷

双合院：单伸手

单伸手的建筑单元较少，整个琼林聚落有三栋单伸手类型的民居（78 号、80 号与 113 号），其平面格局由一二开间的"大厝身"与"单榉头"所构成，空间构成一房、一厅、一院、一厨，以此形成满足生活需要的完整功能。

三合院：一落二榉头、一落四榉头

一落二榉头、一落四榉头的三合院为琼林最常见的基本型。其平面空间由三开间的"大厝身"以及东西对称的"榉头""深井"及其"墙街"所构成。一落二榉头由一大厝身与左右对称单榉头组合成，该类型主

❶　图片来源：李乾朗．金门民居建筑[M]．台北：雄狮图书公司，1987：4．
❷　资料来源：蔡显恭．金门传统民居再利用之研究——以琼林聚落为例[D]．台南：成功大学建筑研究所，2006：215．

要用于宅地进深较浅、面积较小的民居中。而一落四榉头则由一大厝身与左右双榉头组合而成，该类型主要适用在进深较深、面积较大的民居中。

四合院：三盖廊、二落大厝

该类型又可以进一步划分为三盖廊与二落大厝两种类型。三盖廊：空间格局是在一落四榉头的基础上，在左右尾榉之间加上马背、燕尾或砖坪形式的屋顶，构成一个类似门厅的入口缓冲空间，使整体格局成为四合院，琼林有 4 座三盖廊形式的民居。

二落大厝与三盖廊非常接近，为二落三间张大厝，祖厅位于后落，因此后落比前落高，两落间的厢房多为砖坪。琼林自明以来是著名的官宦之乡，为官者众，其宅屋格局也相对比较讲究，所以琼林聚落相较于其他聚落有较多的二落大厝，且屋脊以燕尾形制居多。

其他类型有：三落（后落）、回向（倒座）、凸规（陟归）、护龙（护厝）等。其中，三落是二落大厝后、沿垂直中轴在线增建一落二榉头，以此形成三进式的屋宅，俗称“三落大厝”。前、中、后三落中，前落与中落维持原本的空间功能，后落多属于次要功能。一般而言会将祖先厅放置于中落，其高度最高。琼林 34 号就是典型的此种类型。

回向（倒座）是在前埕正面轴线端加建房屋，并且此房屋与主体建筑相望，通常为三开间。回向主要用于贮藏。琼林 100 号就是以类似洋楼形式增建在二落大厝之前形成回向。

凸规（陟归）是指当基地面宽较大、民居可以采取横向扩建时，常会在左侧（龙边、大边）建一列房间使正面成为四开间的格局，称之为“单凸规”；如果左右两侧各加建一列，则称为“双凸规”，形成五开间的正面格局，亦称为“六路大厝”，取其有六道纵向墙壁之意，此平面形式类似于五间张古厝。

护龙（护厝）的格局与凸规相似，增建在基本形式之左右两侧，最大的不同在于正面的构成，护龙有独立的正面出入口（凸规仅在侧面留设出入口），称之外门。护龙与原建物隔着一长条形的“天井仔”，并以遮雨廊连接子孙巷头，廊下空间称为“过水”。护龙多半是由于分家（分灶）之后所增建的，因此护龙的格局依原建筑物的深度不同而有一厅二房、一厅三房及一厅四房等格局。外形上多采用圆脊，亦有砖坪的形式（图 3－43）。

单伸手（琼林113号）

回向增建（琼林111号）

一落四榉头（琼林107号）

凸规增建（琼林111号）

一落二榉头（琼林31号）

后落增建（琼林33号）

三盖廊（琼林120号）

护龙增建（琼林119号）

二落大厝（琼林100号）

图 3-43　琼林聚落建筑风貌

（2）其他划分标准

琼林聚落经历了明清及其以前时期、侨汇时期、军管戒严时期与“金门公园”时期等四个拥有不同营建文化的时代，因而在景观或建筑类型上皆呈现出多元的情况。

琼林聚落按照建筑式样和功能可以划分为：传统闽南式、洋楼、番仔楼、传统风貌新建筑（运用传统闽南建筑语汇装饰）等类型；按照使用功能可以划分为：住宅、庙宇、商铺、办公、展览、空置、其他等类型。

琼林聚落形态结构发展的动力还来自于建筑的建造，按照建造年代它可以划分为：①1900 年前的建筑物，该时间段的建筑全部是传统民居及宗祠庙。②1900—1949 年间的建筑物，这段时期与侨汇时期相当，期间兴建的建筑物包含传统合院式民居以及洋楼，由于侨汇带来的经济能力改善，所以在质量上比起 1900 前兴建的民居来得还要精致，但相对的数量上却是最少。③1949—1992 年间的建筑物，军管戒严时期的建筑物以钢筋混凝土构造为主，聚落内目前举目可见无任何装饰的平屋顶都是此一时期的产物，如琼林街上之一层楼店屋与大部分外墙仅有粉刷处理之钢筋混凝土民宅。

基于上述建筑形态的分析，可以得出：

其一，历史意义层面上，琼林聚落具有 800 余年的发展历史，为金门地区少数的官宦之乡，聚落内宗祠林立，且为单一姓氏血缘，目前仍保有传统房份组织的稳定社会结构。

其二，聚落空间展现出历时性特色，各时期的主要空间发展特色至今仍可清楚判别。首先，明清时期建筑的七座八祠，是聚落各房份在实质空间分隔上的依据，尚有怡谷堂书院、一门三节牌坊、风狮爷等文化地景以及传统建筑群，均为聚落的历史见证。其次，侨汇时期兴建的洋楼，数量上虽然少，但是足以说明琼林聚落于侨汇时期的发展与改变。再次，军事戒严时期对于聚落所构成的破坏，包含琼林路的开辟、地下坑道的挖掘、碉堡及防空洞的建设及传统民居墙上的军事标语，这些冷战过后所遗留下来的痕迹，均具有保存意义。

其三，聚落内传统民居的类型与形式多样丰富，极具研究价值，且以面状进行完整保存，呈现出聚落居民文化的生活空间。聚落内传统民居所占的比例高于现代民居，呈现出多样的格局类型，且由于昔日文人士官者众，聚落内四处可见华丽的燕尾官宅。聚落内的传统民居对于研究传统营建、聚落构成以及闽南文化而言，是不可或缺的研究对象(图 3－44)。

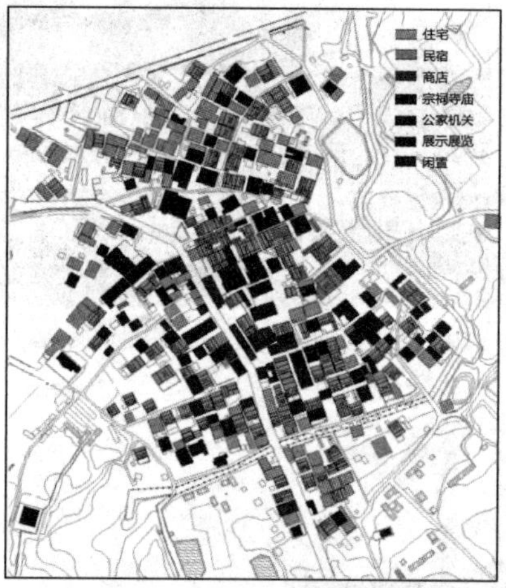

建筑物地面层使用类别分析图

住宅使用现况图

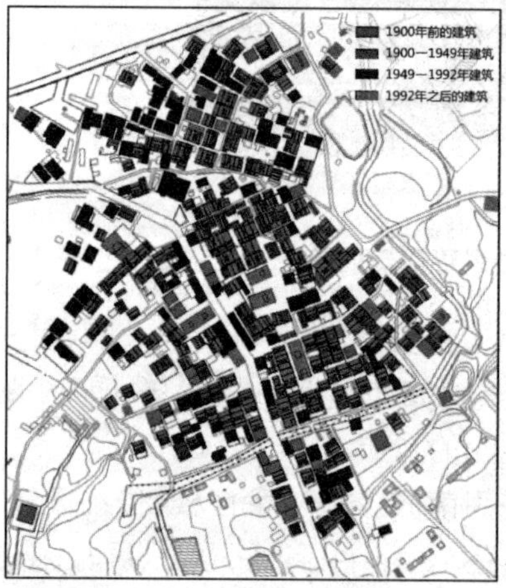

建筑年代分析图

建筑类型分析图

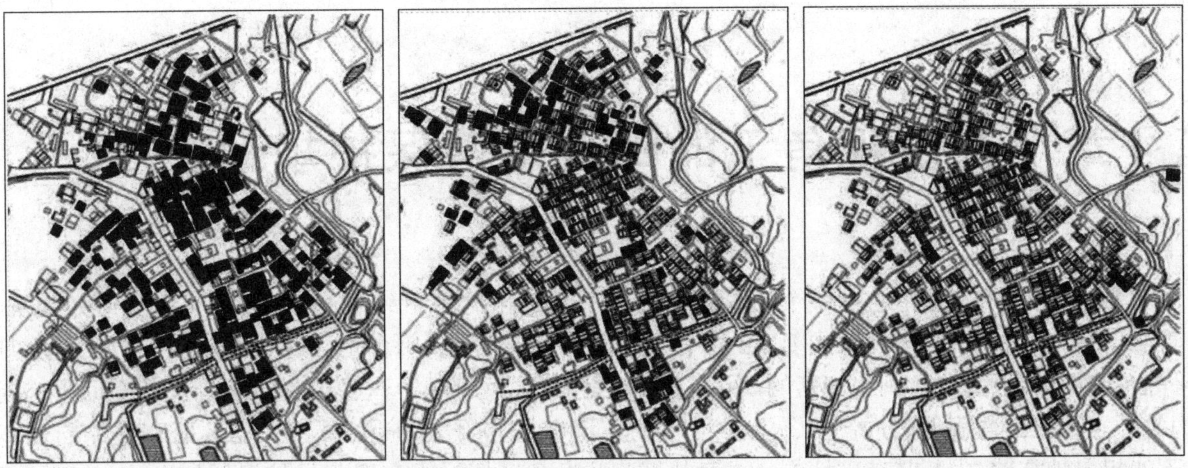

传统合院民居分布图　　楼仔厝住宅分布图　　传统风貌新式民居分布图

图 3-44　琼林聚落建筑形态分析

3.5.4　金门琼林聚落空间演变归纳

纵观琼林聚落的历史发展,1949 年是聚落空间形态变迁的分水岭,其主要原因在于社会与经济体系的转变,带动建设观念与技术的改变,而空间结构上国家意识凌驾于宗族伦理意识,重新组织聚落空间。其表现有二:

其一,1949 年前,农渔经济体系下的传统社会下,琼林由宗族伦理的力量控制着聚落空间,聚落空间形态变迁处于渐变的状态之中。聚落空间稳定且有规则地发展,在空间结构上以宗祠为中心,作为空间营造的依据。

其二,1949 年后,国民党退据台湾给当地带来的是军事化与现代化,以“战斗村”之名将聚落空间军事化,以村办公室取代宗祠成为聚落核心,打破了原有的聚落空间结构,引进新的技术建造平房以达到居住空间现代化的目标,彻底改变聚落的传统风貌。

“金门公园”成立之后,琼林被划为聚落保存区,其观光资源正是这些历史的刻痕,包含 1949 年前的聚落空间与民居以及 1949 年后的军事设施空间。基于聚落保护的概念,琼林聚落空间在“金门公园”的规划下进行保存与发展工作。

第4章 开发视角下的闽台聚落保护规划

闽台地区的聚落空间形态是一个随着历史发展不断演化的自组织系统，聚落空间包含诸如建筑、街巷、景观、信仰文化空间等多元构成要素。其演化过程中，不断受到闽台地区的自然条件、制度变化、地域文化等各方面因素的影响，闽台聚落的演化又在一定程度上反作用于这些要素。闽台聚落空间形态是物质构成形态和社会构成形态的高度统一。当代的聚落保护与开发，应遵循这一复杂而有序的自组织系统，不能粗暴地打破、中断甚至破坏它。本章从聚落开发角度探讨闽台聚落保护规划与设计，并以此探索两岸文化交流下规划设计的关联性。

聚落是指在历史时期形成的、保留有明显的历史文化特征且历史风貌相对完整的古村、古镇及古城，因此，聚落的保护规划实际涵盖了国家历史文化名城、名镇与名村的保护规划，历史文化名城保护已成为当代显学，限于篇幅本章着重讨论古镇古村的保护规划。

4.1 聚落中的古镇古村保护

古镇古村的保护应该从其自身的价值来判断，采取的手段也必须尊重当地居民的权利、习惯和价值取向，特别是必须使居民能在原来住处继续居住，并使之适应现代生活的需要，拥有现代社会所能达到的种种便利条件，使居民产生一种对历史环境的自豪感和对维护它们的责任感，是保护能够得到长期成功的基本条件。

古镇古村的保护只能够在城镇框架和地区规划下进行。古镇古村和其周围环境的关系是，一方面古镇古村要服从于地区更大范围的社会和经济目标，另一方面，地区发展也应为保护古镇古村这项紧急工作有所变动。要赋予古镇古村乃至地区发展合理的功能以保持生命力，孤立地考虑古镇古村是不可能的，还要考虑到与之相关的总体的发展计划，古镇古村不仅仅应该受到单纯的保护，而且应该同环境共同发展进步。对社会结构的分析和现行政策的研究要和古镇古村规划项目并行起来，要通过更强硬和综合的国家和地方的法律来鼓励古镇古村的保护，保护它们不会受到房地产炒作买卖、乡村旅游不协调发展等的威胁。地方政策必须考虑到古镇古村的特殊需要，其经济功能的选择必须既不瓦解也不遗弃其历史的本质和结构。所有可对古镇古村产生影响的政府部门在规划的各个阶段都必须协调一致，如在工业选址、交通网络规划和其他地方场所选址等方面。

古镇古村中的建筑、结构、历史元素不能被破坏，其布局、特性、尺度都应保留。要保持古镇古村空间、街道、广场的特殊的视觉质量，保证最起码有一个连续的系统把主要的点串联起来，避免历史元素被破坏。对建筑的维护应该得到强有力的保障以防止古镇古村中老街道、古建筑群的进一步退化，为空置建筑物寻找一些合适的用途，避免它们因为衰败而受到威胁。为了保护人类尺度，街巷的保护应恢复其社会组成和活动范围的多样性。任何证明必须的新建项目应该按照现代的习惯来建设，但要考虑与原有古镇古村的传统建筑风貌相协调，通过对现代技术和材料的精心使用，和对质量、尺度、节奏和外观的合理掌握，在不影响其结构和现代审美品质的前提下把现代建筑融入古老的环境中去。交通应该服从于古镇古村的结构与活动，机动交通应尽可能不进入古镇古村中心区域，应提供快速便捷、类型尺度合宜、不会带来污染的公交系统。应该为步行者保留不受干扰和引人入胜的区域，并提供更多休闲场所。

作为保护的前提，必须对古镇古村进行基础资料调查研究，充分掌握古镇古村的历史遗存和社会发展的方方面面。其调研主要包括：(1) 历史文化与地理方面，即村镇的历史沿革、村镇选址的兴废变迁、自然地形及地貌状况、历史文化传统、氏族繁衍、名人逸事、民间工艺、饮食文化、宗教信仰等。(2) 历史建筑保护现状方面,即村镇内现存文物古迹、历史建筑分布区域、原貌保存程度及整体风貌特色等,以及文物古迹、历史建筑单体的位置面积、现状用途、产权归属、建筑规模、建筑高度、建筑年代、建筑材料、建筑特征、建造过程、保存完好度等内容。(3) 环境与基础设施方面,包括古镇古村内的水系、大气及山体植被等环境的保护状况,土地使用现状,道路交通、绿化及各项工程管线设施现状情况。(4) 社会经济发展方面,包括村镇社会经济产业结构、经济发展规划、现状人口结构、人口发展规模、城镇化水平等。(5) 居民生活及保护意向方面,包括人口、户数、收入水平、家庭结构、公共设施分布情况及规模、居民居住质量与居住环境、市政设施分布以及对古建保护、房屋改造及工程设施方面的基本意愿等。

根据国家历史文化名城、名镇、名村保护规划的编制内容,古镇古村的保护规划应包括:(1) 确定保护的原则与方针,包括保护框架、保护范围即核心保护区和环境协调区的具体界线的划定、功能结构布局等;(2) 划定各级重点文物保护单位的保护范围、建设控制地带以及各类历史文化保护区的范围界线、高度与视线控制、用地性质调整、道路交通规划、社会生活规划等;(3) 确定重点保护地区的保护措施与整治对策,包括建筑物、构筑物的保护与更新模式、建筑高度控制、空间环境整治、小品设施的布置以及各项市政工程设施规划等;(4) 规划空间环境和建筑的具体整治方案,即对规划范围内的具体空间环境布局提出整治方案,确定每个建筑平面的定形、定位和重要节点的设计以及环境小品的设计和布置等,对每一幢建筑的立面和门、窗、屋顶、墙体等建筑构件提出具体的保护和整治的措施。在古镇古村保护规划中,部分属于总体规划层面的问题,其他几部分属于详细规划层面的问题,下文分别进行讨论。

4.2　在总体规划层面的几个重要问题

4.2.1　保护目标的确定

(1) 延续历史文化

保护民族文化传统的相对完整,传承和恢复文化上的独特性,是保护古镇古村所要达到的重要目标。古代的匠师们所建造的作品都在丰富之中蕴含着“天人合一”的哲理,这是受同一种文化熏陶而自然产生的结果。因此,保护古镇古村,必须要保持文化的延续性,要从文化生态、文化地理的视野中观察古镇古村的来龙去脉,把握并延续古镇古村所根植的文化。

(2) 延续场所特征

在保护中要延续场所特征,意味着应当尽可能保留场所的标志性特征。这种标志性特征可以是形象上的,即通常所谓的“地标”,也就是能占据空间中重要位置或与背景形成对比的景物,它是人们确认场所的重要参照。在风貌保护中保留标志物已是一种共识,诸如台湾金门琼林聚落的风狮爷、福全古村落的风水塔、云水谣古镇水口的大树、崇武所城的门楼等都是古镇古村景观的首要保护内容。

场所的特征也可以是整体形态上的,特定的标志性空间和形式对于识别特定的场所具有特别重要的意义。如闽南聚落中的燕尾脊、红砖墙,金门水头聚落的铳楼等,都是场所的特征所在,其特有的形式使人一看到便不自觉地联想到当地的传统生活方式。

场所的特征也可以是文化上的,但是这种文化上的特征同样需要空间和形态去表达。如前文论及的永宁城隍庙,单栋建筑较为普通,但其围合的一系列的庭院却塑造了一个特别的信仰文化空间场所,给人的感觉是独特的、印象深刻的,充满了历史的神秘感和民间信仰的感染力。

(3) 延续传统生活

古镇古村保护的目的就是维系和加强居民之间以及与他们生活环境之间的情感纽带。古镇古村保护的一项重要内容是保护非物质的文化遗产,包括传统院落中的淳朴民风、民间风俗、民间节日、传统文化艺术、传统工艺、历史地名等等。对此并不是以原封不动的保护主义观来完成这个项目,而是要营造一个有创造力、有活力、善于应变的环境。任何历史环境中的活动都会随时间而有所变化,因此,所强调的延续生活，是希望历史环境不成为死文物，而是作为一个充满活力的人居环境发展下去。

4.2.2 保护原则的确定

古镇古村是前人所创造的人类理想生活聚居地模式，在历史的长河中，这种聚居不断地发展演变，在不同时期呈现出不同的形态，反映出人与自然和谐统一的整体风貌，折射出悠久历史文化的风采。因此，保护古镇古村不能像对文物古迹的单纯保护一样，“而是要具体情况具体分析，把保护、传承、发展结合起来。保护那些具有文化、艺术、经济价值的文物建筑，传承不是照搬、复制、模拟、仿造，而是注意追寻那些根本与本质的东西”❶，古镇古村的保护应该遵循以下原则。

(1) 原真性原则。古建筑的原真性是古镇古村价值特色的根本所在，在保护中应防止不合理的功能及材料的使用对建筑遗产造成的真实性损害，任何修复工作都应力争使用原材料，并采用可逆性技术。

(2) 整体性原则。古镇古村是包括建筑、环境、空间格局以及人类活动等元素在内的统一整体，所有组成元素都与整体有着一定意义的联系。因此，要综合考虑区域、群落、建筑三个层次的保护问题，以达到整体风貌协调一致的目的。

(3) 持续发展原则。保护的目的是为了保证历史古镇古村内的文化遗产不受破坏，为一定历史文化时期提供真实见证，但并不是静止不动地保护，一味地限制当地的经济发展；相反，健康适度的开发等经济活动，在展示遗产风貌和筹集保护资金等方面，对古镇古村持续发展会起到积极的作用。

(4) 动态保护原则。以动态的眼光看待古镇古村的保护与发展。在正确评估对保护对象可能造成的各种影响和破坏后，依照评估结果并根据保护对象的不同情况采取相应的保护措施，使古镇古村在保护的基础上合理发展，适应现代生活，达到积极保护的效果。

(5) 公众参与原则。古镇古村的广大居民是聚落使用者、主人，古镇古村中的诸多矛盾归结到一点就是使用者的矛盾，因此，应让聚落的居民参与到古镇古村保护与发展的全过程中去，包括对住房的维护、建造、周围环境的改善管理以及对保护方法和规章制度的决策、判断、反馈等等，使广大的居民自觉、主动地投身到聚落的保护中。

4.2.3 保护的价值特色定位

古镇古村保护规划应从地域特征、历史文化内涵、古镇古村风貌特色等方面分析总结，给古镇古村进行价值特色的定位。其中，地域特征是指古镇古村代表的地域范围内地理气候和地形地貌特征，诸如闽南滨海村镇、山地村镇、岛屿村镇等都很明确地指出了聚落的地域特征。历史文化内涵是指古镇古村反映出的深层次文化内涵，如闽台聚落所体现的闽海文化、防御文化、民俗文化、华侨文化等，也指对区域社会发展曾起到的重要作用，如重大历史事件发生地、革命政权机关驻地、区域商业物资集散地等对区域起到的作用。古镇古村风貌特色是指聚落物质空间载体所表现出来的，与其他城镇区别开来的风貌的总和，包括古镇古村建设发展及变迁兴废、空间格局、文物古迹、建筑形态、营造方式等。

4.3 保护范围划定与整体格局保护

4.3.1 保护范围的层次区分

保护范围划定时应考虑到不同古镇古村的具体情况，如现状规模、周围环境及保护需要等，确定一个明确的分层次的保护目标区域，以便有利于立法管理、资金投入及规划的编制和实施。核心保护范围是古镇古村历史风貌的核心区域，集中体现了古镇古村的文化价值特色；建设控制地带是古镇古村历史风

❶ 引自：陆志刚．江南水乡历史城镇保护与发展[M]．南京：东南大学出版社，2001：69．

貌的背景区域，能够起到核心保护区的“衬景”作用；风貌协调发展区是古镇古村风貌的外延区域，能够对古镇古村的整体风貌产生一定影响。

4.3.2 保护范围划定的原则和方法

核心保护范围的划定应本着“空间结构完整、传统风貌完好、视觉景观连续”的原则，沿古镇古村内分布较集中的文物古迹、历史建筑和传统街区的外围边界线进行；建设控制地带的划定应本着“延续风貌、渐进过渡”的原则，能体现古镇古村的空间环境特色，在核心保护区以外一定的距离之内，结合街道、河流、城墙、山地等明显的地理界线进行；风貌协调发展区的划定应本着“整体和谐，浑然一体”的原则，考虑由古镇古村内外的视觉眺望点（如古城墙、古塔、山峰等）向四周眺望时景观的完整性，结合地貌、植被等自然环境的整体性，并兼顾行政区划界线进行。

4.3.3 不同保护范围的保护要求

核心保护范围应以保护修复为主，对区内建筑实行局部改造和内部更新；建设控制地带则应保护、建设并重，新建筑要延续历史风貌特征，为了进一步规划着重从古镇古村格局、环境风貌两个方面提出保护与控制要求，强调维护自然山水的永恒性，注重对山形水态格局的保护和对自然景观风貌的保护，严格禁止破坏山脉、水系进行开发建设。风貌协调发展区以建设发展为主，区内建筑要与整体历史环境尽量协调一致，不产生明显的视觉冲突。

4.4 详细规划层面的几个重要问题

4.4.1 街巷空间保护

古镇古村街巷空间是人们体验历史风貌的主要通道，一般包括街道、巷道、弄道三种空间类型，街巷空间保护除保证古镇古村原有街巷、河流的格局线型不被破坏以外，还要从以下几方面进行保护整治：

（1）街巷空间。街巷空间是使古镇古村具有识别性的重要场所，要保护街巷原有的街道尺度和道路断面，不应拓宽街道，保护街巷周边的自然环境和重要空间节点，保护沿街建筑边界线的自然轮廓和有机更新，不宜生硬拉直取齐，以更好地保护古镇古村的特有氛围。

（2）街巷立面。街巷立面是随街巷的交通属性和生活功能不同而不断变化的，要根据不同街巷立面的现状情况及功能要求，进行街巷立面的保护和整治，尤其是要注重保持沿街建筑在立面形式、建筑材料、建筑色彩方面的统一性、连续性和视觉景观的完整性。对于与历史风貌不相协调的建筑要采取拆除或更新改建等措施加以改造，使传统街巷立面得到延续。

（3）街巷铺地。街巷铺地形式大多有石板路、红砖、青砖或方石路、条石路等类型。铺地类型从一定程度上反映了街巷的层次等级变化，在街巷铺地保护整治中，应保持和采用当地传统的建筑材料和铺装形式，尽量避免实施路面工程改造，以免造成道路景观的破坏。

4.4.2 保护与整治方式确定

确定保护和更新模式是本着保护传统空间格局，在充分调查现状和对建筑年代、建筑风貌和建筑质量等因素进行综合判定的基础上，对核心保护范围内的每一幢建筑进行定性和定位，提出保护与更新措施。确定建筑的保护和更新措施要综合考虑保护古镇古村的风貌完整性、规划实施的可能性和整个古镇古村保护的长期要求，这是保证保护规划具体实施的重要手段。建筑保护整治的做法主要包括评价与定级、选择保护整治模式以及进行建筑高度、色彩、形式、体量等方面的控制引导等。

（1）评价与定级。评价与定级就是对古镇古村保护范围的每一处建筑在登记造册的基础上，对其建筑类型、建筑风貌、建筑保存度及历史文化特征进行评价分析和归类，这直接决定其保护等级的划分和保护措施模式的选择。

(2) 选择建筑保护与整治模式，要根据不同建筑的保存状况、类型特征及保护等级来选择确定。保护与整治模式一般有以下几种：

"保存"：即保持原样，以求如实反映历史遗存。"保存"是针对各级文物保护建筑（文保单位）以及详细研究后确定的优秀传统建筑属"准文物"的建筑的保护措施，必须遵守《中华人民共和国文物保护法》的有关规定，"在进行修缮、保养、迁移的时候，必须遵守不改变文物原状的原则"，以及"核定为文物保护单位的纪念建筑物和古建筑物……如果必须作其他用途……都必须严格遵守不改变文物原状的原则，负责保护建筑物和附属文物的安全，不得损毁、改建、添建或者拆除"。

"保护"：即保护建筑的原有风貌，并在保护古镇古村风貌完整性的基础上改善生活条件。"保护"是针对现状保存完好的、标志性、对构成古镇古村的风貌和主要空间界面有不可替代作用的、代表地域特色的或代表某种特定建筑类型的建筑物、构筑物，即建筑质量和建筑风貌都比较好的建筑。"保护"的具体做法是：对于建筑的外立面要求是不可改变原来的特征与基本材料，必须按照原有特征、使用相同材料进行修复，修旧如故，以存其真；对于建筑的内部设施和空间布局，可以根据具体情况加以必要的变动，如增加卫生设备、灵活划分室内空间等，以改善生活条件。

"整饬"：即根据古镇古村的风貌特征和要求，对建筑的立面和形体上不符合历史风貌的部分进行强制性的整饬，通过整饬恢复建筑的原有风貌或者减小它们与历史环境的冲突。整饬主要针对两类建筑，一类是局部改变但仍然保留部分原有风貌的传统建筑，对于这类建筑严格保护、修缮其特征部分，并以其原有特征或类型特征对其他改变了的部分进行整修、更新、更换和改造，同时重点对建筑内部加以调整改造，配备卫生设施，改善居民生活质量。另一类是对于可以通过整饬使建筑风貌与整体建筑风貌协调的新建筑，这类建筑一般在体量上与传统建筑区别不大，但是由于建筑的材料、色彩、形式等原因与古镇的风貌不协调，如建筑立面色彩过于鲜艳、体量巨大、平屋顶、铝台金门窗等，可以通过各种方法如更换建筑构件、加坡屋顶、降低层数等手段，使这些建筑符合整个古镇古村的风貌要求。

(3) 建筑高度控制。以古镇古村内的古建筑为参照物，制定新建筑的高度控制指标，目的是保护古建筑原有的非常宜人的尺度和空间轮廓线，形成较好的视觉廊道。建筑高度控制主要有两方面内容：一是建筑高度分区。针对古镇古村内保存下来的古建筑主要是在明清以后建造的，且大多为民居、园林和寺庙，建筑层数多为一、二层，建议在核心保护范围和建设控制地带内新建筑高度控制在二层及以下，风貌协调发展区新建筑高度宜在四层以下，具体建筑高度视当地实际情况而定。二是景观视廊控制。在古镇古村内选择有一定高度的视觉眺望点，如山峰、古塔、城墙、骑楼等，控制各视觉眺望点周围及相互之间的景观建筑高度，保证在一定区域内的视线可达性和各眺望点之间的通视性，形成较好的古镇古村风貌观赏线路。考虑到旅游开发后需要的观景点，既可利用原有的高层建筑，如塔、楼、台、墩等，也可适当增建与原风貌协调的观景点。

(4) 建筑色彩、形式与体量引导。要分析当地民居建筑在色彩、形式、体量方面的主特征，作为引导新建筑建设的依据。如闽南传统民居建筑色彩以红、白为主色调，建筑形式多为燕尾脊的坡屋顶，建筑装饰丰富，这就基本确定了在当地古镇古村内新建筑的引导要求。

4.4.3　改善古镇古村的生活环境

(1) 土地使用调整

应在参照古镇古村总体规划的前提下，协调古镇古村空间布局和各项建设的综合布局及具体安排，对核心保护范围内用地结构进行局部调整，完善社区生活服务设施，提高居民生活环境质量，整饬传统街区或传统建筑群外部环境，更好地保护古镇古村的历史风貌。

(2) 道路交通组织

对古镇古村外围的道路布局，应考虑与古镇古村空间尺度的协调，交通组织应以疏解为主，构筑外环的道路系统，大力改善古镇古村的交通状况。对古镇古村内的道路布局，原则上不得改变已有的道路骨架和街巷格局，不得破坏沿街建筑和环境风貌，古镇古村内道路的断面、宽度、线型参数、消防通道的设置等均应考虑历史风貌的要求，应以满足自行车及步行交通为主，并采用历史上的原有名称。在考虑道路通畅的前提下，必要时应根据具体情况实行交通管制。

(3) 基础设施建设

要精心建设和改善地段内的基础设施，改善居民住房条件，适应现代化生活的需要。古镇古村的基础设施建设要根据实际情况和条件，采取灵活的特殊处理，不能采用一般城市或风景区的做法，应既满足安全要求又便于今后维修要求，并应与古镇古村风貌相谐调，不可顾此失彼，而造成新的问题。

(4) 公共空间的垃圾清理点，公共厕所建设

由于传统文化公共空间文化的缺失，生活垃圾处理和厕所一直是我国乡村社会公共服务体系的短板和旅游业最突出的薄弱环节。随处倒垃圾、厕所简易、卫生条件差，是乡镇普通存在的老问题。保护规划中需注意这些环境整治细节，如在古镇古村的出入口设置垃圾清理点、公共厕所，公共服务设施的管理一起跟上。公共空间一旦规划好了，古镇古村的环境很快会得到立竿见影的变化，乡村也会更美。

4.5 台湾聚落保护规划对大陆的启示

闽台两地的聚落保护规划都经历了一个不断探索的过程，都是从对文物到街区再到城市的不断完善以及对聚落保护规划的编制及实施不断摸索、总结经验的过程。其规划设计机制在诸多方面存在一致性，如规划目标相同，例如金门琼林聚落的目标归结为聚落遗产保护与发展，永宁卫城保护规划的目标也是对历史文化遗产的保护与合理利用。在设计方法上两者也趋于相同，都基于现状的分析、问题的归纳以及技术层面的保护、发展层面的探索。大陆的聚落保护规划可以从闽台两地的保护规划机制比较中获得启发，由于台湾的经济发展比大陆早，其聚落保护规划也比大陆早，他们的一些方法和探索也可以引起大陆学者的思考。

4.5.1 认知层面

4.5.1.1 突破精英羁绊，探究务实作业

台湾的聚落保护规划设计涵盖了“专业认知”“企划构想”与“实践方法”等层次。在专业认知方面，历经数十年积累，台湾地区目前已形成一批在认识论上对历史文化有清楚尊重与了解的多种专业人员，在规划中强调多专业、多层次的融入，不受限于专业精英层次的羁绊，保护思想从自上而下的政府发号施令转变为自下而上的社区自主参与，保护机制为政府引导＋NGO协助＋民间自发参与，通过各个利益群体过程中的交流和博弈，充分调动民间与社会的力量，更大程度地实现聚落保护的公共参与和社区意识凝聚。

而在执行保护规划编制工作时会先进行全面、详细的测绘调查甚至是“拆解调查”工作，对于整体保护工作通常先拟定“企划构想”送经主管机关审查。对于后续管理与日常维护、长期经营策略与管理计划均凭借由“社区总体营造”以及“公众参与”加以实践，将社区居民意见透过专业者加以整合，使得遗产保存工作不仅仅由专业者执行，也能经由社区参与使之深化，有利于未来经营管理。

4.5.1.2 注重软硬文化，充实文化内涵

自1989年起以政府补贴为经济基础，台湾岛内市民陆续开展了“创造台湾城乡风貌示范计划”。该计划的实施范畴涵盖了亲山亲水空间、公园绿地、城乡公共空间、历史文化空间、都市夜景营造及社区生活环境方面，类似于大陆的社会主义新农村建设与美丽乡村建设。在这场运动中，普遍重视硬件设施的建设，而保护的力度未能从建筑、街区本身扩展到文化内涵或更深层次的精神需求，缺乏统一的整体规划设计。台湾经验中的教训及问题，也提醒大陆的遗产保护规划，在注重物质文化遗产保护的同时应重视非物质文化的延续与扬弃，对物质与非物质文化遗产进行统一的整体规划设计，以此保护好传统聚落的文化生态系统。

4.5.1.3 基于技术手段,创造目标思维

台湾在遗产保护规划设计中,往往强调"空间美化""立面改造""构件置换"等具体的技术运作方式,强调建筑本体、街区、聚落的空间形态的维系,思循技术层面的种种手法,但是对于改造后的空间如何发展、如何植入功能等,缺乏全面而深入的思考,更多的是设计师一厢情愿的、理想化的蓝图,缺乏实践的可操作性考量,而问题的关键点在于缺乏目标思维的设计机制,没有认识到保护规划设计的目标在于保护下的合理利用,真正合理发展建筑资产。可见,在遗产保护的规划设计过程中,必须创造目标思维方式,如针对建筑空间考虑功能置换或者植入新功能的措施,由此,才能从根源上去保护遗产、发展遗产。通过保护规划与设计来促使聚落、街区、建筑恢复活力,振兴文化,实质是一种真正的、动态的保护更新策略,对于聚落文化生态的文脉承传与发展具有特殊的意义。

4.5.1.4 直面转型矛盾,勇于创新创造

1990年代末台湾的农村社区更新运动,是在当时台湾农村社会转型下发生的,这场运动后来被专家称为是台湾展开的一场最基层、最普及、最温和但影响深远的社会运动。它的作用在于一点一滴地唤醒了人们对土地、对家乡的感情,拉近了邻里间的关系,是一个自下而上、大型持久的家园再造工程。

急速变化的社会经济,使台湾民众不断认识到农村不仅是农业生产粮食供应的空间,更是人们休憩的空间,是自然生态维护的场所,因此,他们认为农业生产、农村生活与自然生态的三位一体密切配合,是农村应有的基本功能。

针对逐渐被现代化吞噬的农村社会,台湾农村社区更新希望能在发展与保存中找到新的道路,有计划地使农村居民采用新的理念,进而形成新的发展模式。主要内容包括:维护改善具有历史及保存价值的居住环境;改善交通系统;整建老旧社区;改善农村环境品质;保存及使用古迹;保护生态环境等。在农村社区更新中,需要分析调查项目区更新前的条件,包括土地利用(生产、交通、水利以及土地使用限定)、生活圈范围以及居民意愿。其后要确定项目区的面积、工程内容及开工、完工日期。对于社区更新的资金问题,一般社区规划设计费用由台湾地区行政管理机构农业主管部门全额补助,社区更新工程经费由"台湾当局"及前省政府各负担1/2,重划区内供公共使用之公共设施所需土地除由重划区原公共设施用地及未登记土地抵充外,其不足土地及地上物拆迁补偿费、贷款利息等则由区内土地所有权人按其土地受益比例共同负担❶。上述情况与大陆非常相近,据此,大陆在借鉴台湾的聚落保护与改造经验基础上,要敢于直面转型带来的矛盾,勇于创新创造。

4.5.2 技术层面

4.5.2.1 保护规划与聚落发展的结合

台湾地区的遗产保护规划日渐完备,特别在技术层面值得大陆借鉴,在规划编制中强调遗产保护与都市再发展紧密配合,认为历史文化遗产保护作为一种文化政策,结合小区所关注的议题,如都市住宅、经济发展、交通运输、观光产业、环境保护与公共艺术等,可以积极地发挥都市发展的指导纲领作用。这些都市再发展,不再视历史保存为经济发展的绊脚石;相反,以历史保存作为建构市民认同、对抗都市衰颓的政策方向,创造新的发展契机。即历史保存有机会成为都市经济的新动力,据此,促使遗产保护规划与都市再发展规划相结合。

4.5.2.2 遗产保护规划编制中城市设计理念的引入

在1980年台湾地区开始实施城市设计制度,制定了相关的城市规划的法令法规,把城市设计分为城市保育、城市开发及社区营造等目标取向,并首次把建筑历史遗产保护纳入城市设计的范畴,这属于城市保育取向,以城市设计准则来约束不同范畴的建筑活动,严格控制区内的建筑高度、体量、结构、颜色等。譬如台湾新竹市以四维空间城市设计手法及管理手段进行竹堑旧城历史风貌的保护与发展。

---

❶ 引自:刘健哲.台湾之农村社区更新[J].土壤,2005(2):7-10.

4.5.2.3　保护规划中公共参与和社区规划师制度的强调

台湾在历史建筑、街区、聚落保护方面比较注重公众“实质性的参与”，公众参与在台湾遗产保护当中上升到一个新的高度，尤其在引入城市设计理念以后，在城市设计方案评审中加入民众参与环节，并建立社区规划师制度。从台湾地区社区营造的经验可见，“社区规划师”的角色介于社区居民与政府之间，具有“在地性”，对所服务的社区需要有深度的了解，在凝聚社区意愿基础上开展规划工作。通过入驻社区工作室，社区规划师深入社区引导市民表达自身真正的需求，为社区居民提供日常生活领域涉及建筑、公共环境及城市设计的专业咨询，再由“社区规划师”进行分析、整理形成可行性方案，最后结合行政部门的执行，实现社区营造工作的持续推行(图 4－1)。另外，在台北大稻埕历史街区保护过程中，广泛征求各公部门、学术机构、民众团体的意见，先后召集来自政府相关职能部门、学术研究团体、社区规划师组织、商业机构、民间团体代表进行讨论，由社区规划师深入社区调研，阶段成果及时公布，整个过程体现了规划的透明性与民主化。

此外，台北市都市发展局还建立了社区规划师培训制度，旨在为社区营造提供持续的专业服务，同时开设“社区规划师总网站”，展示各社区工作室的工作进度与成果，提供线上咨询服务。

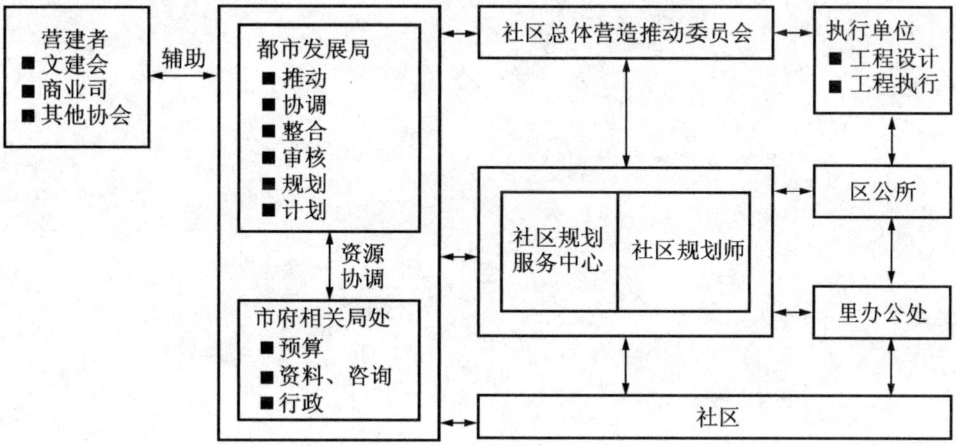

图 4－1　台北市社区总体营造构架

4.5.3　设计制度与方法层面

聚落保护规划设计涉及方方面面，需要进行综合研究与微观景观认知，特别是聚落的文化价值、空间形态、聚落产业发展、运营营销等都是推动聚落永续发展的重要因素，需要充分挖掘以实现聚落的集体记忆、聚落肌理复兴发展的可能性等。因此，需要从社区营造“多维度”，来构建聚落保护与发展的营造策略，即从“人”“文”“地”“景”“产”等多方面进行社区历史、现状、未来的交替、综合分析。尤其以新竹县关西镇东山里的营造为代表。

台湾遗产保护规划制度中有诸多制度都具有启发意义，其中容积移转制度可以为大陆聚落保护提供启发，可以纳入大陆遗产保护制度中。地区规定是容积移转的刚性框架，通过政策的制定，为容积移转的提供制度支撑。首先，在制度方面，台湾容积移转制度的依据主要是所谓“都市计划法”“都市更新条例”“文化资产保护法”“地方性法规条例”。其中对聚落与街区保护主要是以所谓“文化资产保护法”“地方性法规条例”为依据，如大稻埕历史街区容积移转主要是在所谓“台北市都市计划容积审查许可条例”下制定了《大稻埕历史风貌区特定专用区容积移转作业要点》，其中对送出及接收基地、移转容积技术标准、申请办法都做了详细的规定。大陆历史文化保护依据的法律法规主要包括《中华人民共和国城乡规划法》《历史文化名城名镇名村保护条例》《中华人民共和国文物保护法》《中华人民共和国文物保护法实施条例》以及地方城市规划条例等，但还没有关于遗产保护直接的法规，遗产保护面临保护无法可依的情况，实施容积移转等遗产保护制度的法律依据尚不完善，因此亟须颁布遗产保护法规来弥补我国历史文化保护体系上的不足。

考虑到我国容积移转市场尚未完全建立，政策和市场都未成熟，聚落保护目前可依托“历史文化保护规划”的规划编制，建立多层次“容积移转”的空间调控模式，通过不同容积移转模式来适用于不同聚落、历史街区和主体。单个地块的开发主体是开发商，其目的主要是获取利润，其利益倾向相对局部、片面，因此单个地块更注重利益补偿问题。上升到聚落宏观层面，其操作主体是政府，其目的是整个聚落、历史街区或者地块的整体性保护，其利益是公共的、全局的。因此针对不同的空间规模，应在层次上形成微观、中观、宏观三个层面的三级规划体系，对应不同的容积移转模式，如调控型适用于整个聚落宏观历史保护资源的配置，奖励型适用于聚落局部历史街区片区的改造，协商型则适用于单个地块或街区。

第 5 章　闽台聚落旅游开发具体实践

5.1　大陆聚落旅游开发实践

5.1.1　大陆聚落旅游开发模式

我国现阶段社会经济发展迅猛，用大量资金对聚落原有历史文化环境进行全面保护难以实现，旅游转型则是一种切实可行的方法。通过开发旅游，促进产业转型，在保护传统建筑与环境的同时可以提高居民生活水平，带动地区经济发展，使其自身形成良性循环从而长久健康地生存和发展下去。因此，聚落的保护大都走上聚落旅游开发的道路。聚落旅游开发成为乡村旅游的一种类型，这是时代发展的必然，也是聚落居民谋求发展的必然。随着人们生活水平的提高，旅游越来越受到市民的喜爱，一些具有独特历史文化气息的古村落经常迎来参观者。与此同时，随着国内乡村旅游的兴起，各地的聚落，因其文化、资源、环境、区位、市场等诸多因素不同形成了不同的开发模式。依据开发经营主体的不同可分为企业、村集体、村民、政府以及混合型五类。各经营操作主体之下又可细分为不同的经营形式。多元的经营主体依据独特的经营方式与投资主体争相逐鹿于聚落之中，聚落的保护与发展模式更显多元。

（1）以政府为主体的保护与旅游发展模式

以基层政府为主体的保护与发展模式，又称政府主导模式，是指基于旅游发展，聚落的保护与发展行为的主体是政府或者政府委托的代理机构（如国有的投资公司、旅游公司等），包括：规划保护主体、管理主体、融资主体、建设主体、经营主体、获益主体等都源自政府，聚落的原住居民仅仅作为部分利益的获得者，不参与聚落保护与发展的决策和管理。

政府主导模式是一种自上而下的保护开发，行政指令性质较为普遍。政府作为重要的操作主体其运作模式相对简单，即地方政府如县（市）、镇的政府出面组织文物、规划、旅游等主管部门成立聚落管理委员会这一政府派出机构，或者其下属职能部门（如旅游局、文化局等）进行资金筹集、资本运营，并招标组织施工单位进行聚落整治以及后期维护、经营。政府或者其代理机构是聚落经营管理的唯一主体。聚落旅游地的管理权和经营权统一，聚落的管理、保护和开发经费由政府财政承担。政府利用自身权威、政策、舆论引导等行政资源优势可以制定相关的法规政策，举办乡村旅游系列讲座，传播乡村旅游知识和聚落保护知识，并通过采取优惠政策鼓励居民参与到乡村旅游之中。典型案例如浙江乌镇、福建晋江五店市、江苏吴江市松陵镇南厍古村落、张家港市塘桥镇金村古村落等。浙江乌镇的保护与发展，被相关学者称为乌镇模式，即是以政府为主体的开发模式。

（2）多方利益主体有限参与、买断资源模式

多方利益主体参与、买断资源模式是指基于发展聚落资源、发展旅游的目的，在地方政府引导与监管下，由私营企业买断聚落中的主要旅游资源，并承担对核心景点的经营、管理等权责，原住居民处于边缘地位，有限参与聚落的保护与发展。

这种模式与由专业的旅游公司进行治理开发的模式不同，又可以分为三种基本的类型。第一种是由外来的市场投资者为主体建立的聚落旅游公司对聚落进行旅游承包经营；第二种是旅游公司资本和员工来源于聚落当地，由当地政府或社区成立聚落旅游开发的公司，对聚落的开发运营进行管理；第三种是个别法人成立的公司对聚落的旅游开发进行承包经营。该模式的特点是资金投入主体多级化。

较为典型的是福建连城县宣和乡培田村、苏州吴中区东山和金庭(原称西山)两镇、温州永嘉县岩坦镇屿北村、江西婺源古村落等。

培田村拥有800多年的历史,是目前中国保存较为完整的明清时期客家古民居建筑群。1990年代随着经济社会的发展,培田村的耕读文化受到了现代文明的巨大冲击,出现了居住条件已不能适应现代生活,许多村民要求拆旧房建新居的现象。古村落的保护与村民要求改善生活条件的需求产生了矛盾。为此,地方政府与村委会采取了三大举措克服困难,实现了古村落的保护与发展❶。具体举措包括:

其一,保护优先。古村落内有30余幢"九厅十八井"形式的高堂华屋、21座宗祠、6个书院等,传统建筑群约达7万平方米,居住人口规模1 000多人。"让培田的古村落建筑群永远完整地存留世间,要保护要开发,就要统一规划,这样才能少走弯路,更好地保护古民居,整合资源。"这是村落内村民的共识,基于这一共识,建立了保护开发的长效运行机制。首先,编制了《培田古建筑群保护总体规划》和大夫第等7处重点建筑保护维修设计方案,及培田古村落申报4A旅游区改造规划与提升设计。其次,为了解决村民的居住问题,规划开发建设培田新村,占地面积76亩,规划建设150户。再次,宣和乡成立培田古村落保护与开发理事会,授权理事会代表全村与旅游管理部门签订保护与开发协议,理顺旅游管理部门和旅游资源业主以及村民之间的"责、权、利"关系。冠豸山风景区管委会和培田古村落保护与开发理事会签订了《培田古村落保护开发和旅游资源经营权合作协议》,协议约定:合作期限40年,合作期间,管委会按培田古村落管理站首道门票年税后实际收入的25%~28%支付给理事会。理事会所得的门票分成收入,由理事会进行二次分配。村民们由此获得了实惠,积极支持村落的保护与开发,纷纷自觉参与到古村落的保护开发中。

其二,文物维修,科学整治,恢复古村旧貌。古村落内都是明清时期遗留下来的古建筑,经历了数百年的风雨沧桑,许多建筑主梁、墙壁已损坏,面临倒塌的危险。近年来,由县政府投入资金,严格按照规划要求及整治方案,对衍庆堂、衡公祠、致祥堂、锄经别墅、大夫第、古街、容膝居、绳武楼等进行抢救性抢修,更换破旧损坏的柱子、木板,进行屋瓦翻漏等。宣和乡通过宣传动员,组织拆除有碍观瞻的建筑69处1 026平方米;对主要民居的周边环境进行重点整理,清理环村水渠,对景区进行绿化美化;新建大夫第前景观池塘16亩,投放观赏鱼并种植莲花,恢复河卵石路面3 700平方米,对村口水车、凉亭、停车坪及河岸进行改造;全面完成消防工程、安全监控系统建设、"三线下地"工作;完成久公祠、衡公祠服务点建设;完成旅游公厕内部设施整修,进一步完善卫生管理机制。

其三,建设新村,完善设施,让古村焕发青春。解决村民的住宅问题是保护古村落的重点和难点。宣和乡鼓励和支持群众在远离古民居的新村建筑新居。先后投入资金进行新村道路、供水、供电、排污等基础设施建设。采取以奖代补的形式,对完成坡顶及外墙装修建设的建房户,每户奖励4 000元;和村民签订协议,将68万元统一用于购置玻瓦、涂料、墙裙瓷砖等。第一期64户大部分居民完成了住房建设,顺利入住。

另外,江西婺源为了保护与发展古村落,确立了"以开发带动保护,以保护促进开发"的古村落保护模式,在实现旅游经济持续增长的同时,打造、传承"古色古香的城乡徽建风貌"的独特旅游资源,把全县3 000平方公里作为一个徽派建筑大观园来规划、建设和管理(图5-1)。其具体措施如下:

首先,通过制度建设,建立健全古村落保护网络。具体体现在:一、建立部门联审联批制度,成立古村落村民建房管理领导小组,负责全县古建筑维修方案和新建筑改造方案的初审和申请拆除古建筑的初步鉴定,组织相关部门实地考察古村落中新建房屋的位置、用地、建筑面积等情况,审批古村落新建设房屋的图纸,整治违规建筑等,对全县古村落建筑维修和古村落新建房屋现场实行联审联批,实地现场办公。同时,县里还成立了徽派建筑研究会,聘请多名资深徽派建筑学专家对全县的古村落保护工作进行指导。二、制定了古村落保护举措。根据《中华人民共和国城乡规划法》《中华人民共和国土地管理法》《中国人

❶ 资料来源:福建连城推进培田古村落保护与开发[N].中国新闻网,2011-07-15.

图 5-1　江西婺源汪口村、思溪延村

民共和国文物保护法》《风景名胜区条例》《历史文化名城名镇名村保护条例》《江西省旅游条例》《江西省村镇建房规划审批办法(试行)》等有关法律法规的规定,结合婺源实际,先后制定出台了《婺源县主要公路沿线、历史文化名村建筑管理暂行办法》《关于进一步加强婺源县境内主要交通线路沿景区(点)、风景名胜区、历史文化名村规划建设管理若干规定的通知》《关于进一步加强古村落村民建房管理工作的通知》等文件,明确了县、乡(镇)、村三级组织在古村落保护工作中所应承担的责任,制定了详细的建房审批流程。三、建立了古村落保护县、乡、村三级保护监管队伍。为了有效遏止农村乱拆乱建的行为,探索建立了古村落保护区,制定了详细到每一栋古建筑的保护性规划,对保护区内的所有古建筑进行分类,凡属县级以上文物保护单位或具有文物保护价值的古建筑全部由县文物局进行重点保护,并在村委会指定责任人,负责古建筑的日常管理工作。在保护区内以古建筑所在位置划定保护范围和建设控制地带,保护范围和建设控制地带内一律严禁任何新建行为的发生,并对全县古村落保护实行动态监管。

其次,婺源注重科学规划,联合执法,规范古村落保护行为。一、制定保护规划。为了理清古村落、古建筑的实际情况,以第三次全国文物普查为契机,对 200 多个自然村、分散的古建筑进行细致的摸底、登记、建档,共普查包括复查和新发现文物 600 余处。针对这些文物,主管部门对所有古建筑进行存档、保护,并根据修建年份、建筑工艺等划分保护类别,定期对其进行检查。同时,县、乡(镇)、村各级编制了 11 个历史文化名村的保护规划、公路沿线乡村建设控制性详规、婺源·徽州文化生态保护实验区保护规划。二、加强了执法力量。对旅游开发过程中出现的乱建行为,不断加大整治力度,加强了执法力量,将城管局更名为城乡管理局,整合各部门执法资源,成立了县综合执法大队,在景区还成立了景区执法中队。三、开展集中整治行动。对秋口李坑、沱川理坑等乱建行为较多的景区,县旅游、城管、公安、文物等部门联合行动,乡镇政府大力配合,集中开展整治行动,克服各方面阻力,成功破解了一些难题。如 2011 年开展的“整体提升中国最美乡村品牌,创建全国旅游标准化示范县,全面开展旅游景区综合整治”活动,经过为期 4 个月的整治,取得了显著成效。动员和协助村民自行拆除村口违章摊棚和村内余屋、车库、草棚等 208 间,按设计要求整改村内违建房屋、地脚和违章破窗破墙开门 56 处,摘除景区内店铺门口广告牌 58 家。

第三,双向互动,注重引导,激发古村落原住居民保护自发意识。为激发村民自发保护古村落的意识,采用双向互动的方式,一是在古村落适度发展旅游业,拓宽村民的就业门路,增加农民收入,将古村落的保护开发与村民的经济利益挂钩，使村民认识到，保存完好的古村古建不仅是老祖宗留下的“发展石”，也是改善生活质量的“聚宝盆”。目前，全县已发展农家乐 3 280 户、大小宾馆 200 余家，旅游从业人员 7 万余人。村民由过去的私自出卖古建筑的窗格、门扇转变为自发花钱去请工匠对古建筑进行修缮。二是县、乡两级政府还充分发挥村民自治的作用，经常深入古村落宣传古村古建的保护价值和保护方法，引导村民成立古村落保护协会和制定村规民约等，配合村民委员会对古村落的日常保护情况进行监督、管理。目前，婺源县重点古村落都成立了古村落保护协会，有效推动了各项保护措施的落实。三是实施异地搬迁保护模式。充分利用民间资金，对一些散落在古村落的古建筑，通过在文物部门备案，实施古建筑进行收购，异地搬迁保护。四是鼓励干部、外来成功人士通过认购方式，对古村落内非文物保护单位的古建筑进行就地保护、修缮、管理，用于在婺生活、创作或进行旅游开发等。

第四，选址规划，疏堵结合，规范古村落保护源头管理。在源头上严格控制古村落建房，以“疏”治本、以“堵”治标，引导村民在不破坏古村落整体和谐性的前提下，改善居住水平和生活质量。在每个古村落保护区外，由所在地乡(镇)政府规划出新区用于村民建房，采取市场运作的方式完成新区的征地和基础设施建设，尽可能地减轻村民建房负担。凡古村落内有意向建房者，均可按村民宅基地的面积在新区置换同等大小的土地用于新建房屋。原有宅基地收归村集体所有，保持现状或用于公共服务设施建设。在新区的新建房屋也以不影响古村落整体和谐为前提，由县政府有关部门统一规划、统一提供建房图纸、统一管理，使之与周围景观相协调，最大限度地减少新区的开辟对古村落整体和谐性造成的冲击。如秋口李坑村为解决古村落景区保护与开发的矛盾，在李坑景区外围李坑平山新村做好规划，将李坑景区村民建房户引到新区建房，保护了古村落的原貌，李坑平山新村发展农家乐 147 家，成为省级农家乐示范点，户均收入 6 万元以上，其中老邱农家山庄年均收入达 150 万元。

第五，筹措资金，多方投入，加大古村落保护力度。多年来，由于种种原因，在各古村落中都或多或少地存在着与古村落整体风貌极不协调的“洋楼”“土屋”，严重影响了古村落的整体和谐性。大力发展旅游业后，婺源有计划、有步骤地对主要公路沿线及古村落的非徽派建筑进行了改造，在积极向上争取资金支持的同时多方筹措资金。一是通过“四个一点”(即县政府安排一点，乡村出资一点，旅游企业出资一点，村民自筹一点)的方法筹集改造资金。县建设部门还专门聘请了数名资深徽派建筑学专家对改造工作进行指导。二是利用新农村建设资金，对古村落内古建筑进行维修，做到修旧如旧，保持原有风貌，加大古村落的保护。三是从景区资源使用费中拿出部分资金，对古村落古建筑进行维修，对景点参观户由开发企业进行维修。

在婺源的古村落保护与发展中，采用了多方有限参与、买断资源的模式，具体而言，将各村落作为景区，其产权转让给各家民营企业，各企业自愿组合组建旅游股份制公司，而实体江西婺源旅游股份有限公司买断全部主要景点，进行经营。另外婺源县人民政府下属部门婺源县旅游委员会，负责贯彻国家方针，拟定发展政策、规划并组织实施，进行旅游行业的监督和检查。居民参与的内容为：对一些农家乐和农家旅馆具有自主经营管理权，不参与核心旅游景点的经营，从事基础服务和边缘性工作。

(3) 集体主导、村民参与模式

集体主导、村民参与模式是指由聚落所在集体，负责聚落的保护与发展工作，广大居民参与其中。聚落的居民是聚落历史文化的直接继承者，其对于遗产的使用和开发具有先天的发言权。该种模式正是聚落集体或村民共同出资进行聚落的保护、发展并获取收益的形式。这种模式下聚落形成一个景区，传统民居的产权属于居民，景区的公共空间如林场、水域、山体等则属于聚落集体所有，由居民选举成立的村镇委会代表其行使所有者权利。其经营主体由村镇集体、农村合作社、宗族组织、个人等。这种模式又可以分为三种情况，第一种是完全由村镇集体投资成立旅游公司，独立开发经营乡村社区的旅游经济活动，居民可成为公司员工并获得工资；第二种是由村镇集体、居民二者合资成立公司，居民可参与公司的旅游项目并获取收益，也可以进行独立的旅游服务项目经营；第三种是居民自主进行诸如“农家乐”“民宿”“民间博物馆”等的旅游开发，自主经营并获益，或者由专门的社区旅游机构进行宣传并联系客源，由居民负责接待。无论哪种形式，聚落居民都是旅游资源的直接使用和受益者，居民参与旅游的程度和形式较为彻底。

该模式的典型如福建南靖县石桥古村、苏州三山岛古村落、福建建宁县溪源乡上坪村、山西阳城县北留镇皇城村等。

其中，石桥村位于福建南靖县书洋乡，居住着明代中期迁居来的张姓客家人。2003年石桥村被审批定为第二批省级历史文化古村落。其典型的山地聚落环境和单体建筑——土楼的独特魅力构成了古村落丰富而细腻的地图肌理，因此，石桥村聚落的主要乡土建筑是土楼（家族聚居性住宅）。对此，需要在保护基础上，谨慎发展、协调共进。首先，探索"居民自助、参与、合作"的模式。通过各种途径，诸如策划、设计甚至是施工等等一系列的建造活动来推动当地居民参与，逐步增大居民参与讨论、商定制度的机会，逐步让居民担负起创造和经营自我环境的责任，并与当地政府、设计专家建立合作参与关系，由此，营建出更能体现居民环境生活需求的住居形式，保持当地传统景观的连续、渐进的良性发展。其次，以村镇为基础发展观光旅游，发展聚落遗产。其具体举措包括：组织当地民间队伍对发展进行评估；引导当地居民识别村镇价值，确定村镇成员对村镇发展的期望及态度；深入调研，制订合理的构思方案；制订分期的发展目标、预投资的费用和利益分析；做市场调查，制订商业和销售计划，建立包括资金筹备来源的发展销售策略。

上坪村❶位于建宁县东北部溪源乡境内，这里群山环抱、玉带（两溪）环绕、山清水秀、文化氛围深厚。上坪村具有一千多年的历史，全村皆为杨姓，尊杨感遁为始祖。历史记载上坪村崇文尚学，四人官拜大夫，举人秀才众多。目前上坪村保留有五代同堂坊、杨氏家庙、社祖庙、古学堂、古香园、司马第、大夫第、得水园等古建筑和遗址。该村的保护与发展模式以可持续发展为理念，采用了"保护、经营、监管"的三位一体举措，形成由保护、经营和监管构成的一个系统整体。在这个系统中，保护是可持续发展的基点，是传承文化的必要条件，也为古村落的经营提供了文化资源；经营是古村落发展的动力，是有效利用文化资源的手段和途径；监管是古村落发展的保障，是协调保护与经营矛盾的手段。保护、经营和监管相辅相成，不可分割（图5-2）。具体内容如下：

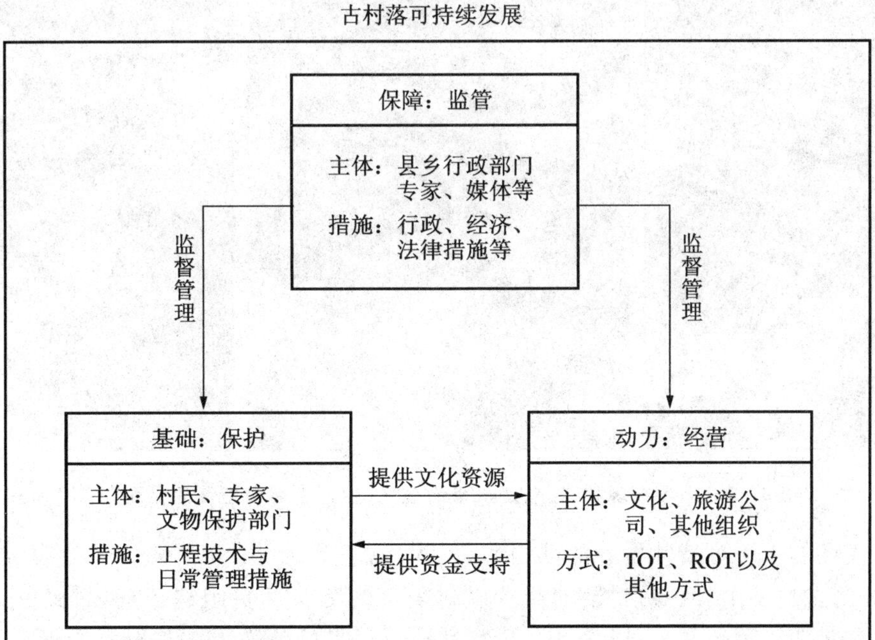

图5-2　三位一体的保护与发展举措

❶ 樊海强.古村落可持续发展的"三位一体"模式探讨——以建宁县上坪村为例[J].城市规划，2010(12)：93-98.

①环境保护——古村落可持续发展的基点

首先，确定保护的主体。上坪村的古建筑都属于村民所有或使用，不能采取博物馆式的保护方式。因此，树立村民保护的主人翁态度，提高他们保护的积极性是关键和根本。但村民作为保护主体有其不足之处：一是村民缺乏必要的知识和技术；二是存在随意性和短期行为。因此，必须发挥专家和文物行政部门的指导作用，形成以专家、文物行政部门为主导，以村民为主体的保护群体。其次，制定保护的总体策略。为了避免上坪村新建住宅对古村落环境风貌的破坏，在距上坪村 200 米南侧开辟新村，使新村与旧村的协调发展。开辟新村，有利于降低古村的建筑密度和人口容量，为古村落的系统整治提供基础。开辟新村，也有利于古村落功能的置换，突出发展旅游和文化产业，为古村发展注入新的活力和动力。第三，制定保护的技术措施。一是整治街区肌理。上坪村依山而建，溪流环绕，街巷曲折幽深，跌落有致，充满自然情趣。近年新建的一些住宅打破了原有街巷的格局，改变了原有空间的尺度，也对沿河景观造成破坏。对新建筑的布局、体量进行整治，梳理街巷与水系的结构关系，逐步恢复原有街巷的空间格局，是古村落风貌整治的重要环节。二是修复沿街立面。上坪村沿街主要由传统民居构成，以一、二层为主，为木结构、坡屋顶、灰瓦。民居为木格窗，风格古朴。沿街立面整治主要针对影响古建筑体量、风格、尺度、比例、色彩、材质、装饰等不协调因素进行，包括清洗、修复外墙面，整理拆除乱建的墙体、电线、防盗窗等。三是合理安排空间构成要素。上坪村古朴的历史建筑、传统的民居、错落的石阶、潺潺的小溪、苍郁的古树构成了富有情趣的空间形式。空间的整治应剔除那些与环境要素不协调的符号，如乱搭乱建的构筑物、垃圾、牲畜粪便等，塑造原汁原味的传统空间。第四，梳理河流水系。上坪村被两条水系环抱，村中还有多处池塘，具有独具特色的水系格局。但由于古院落已破败，许多池塘已被填埋，两条小河也被乱搭乱建的建筑挤占，河道不断变窄。恢复池塘，清理河道，再现灵山秀水，是古村落风貌恢复的重要举措。第五，整治建筑风貌。根据对上坪村建筑的分析评定，其建筑保护整治模式可以分为五种类型：修缮、修整和修复、维修、整治、拆除等（图 5-3）。

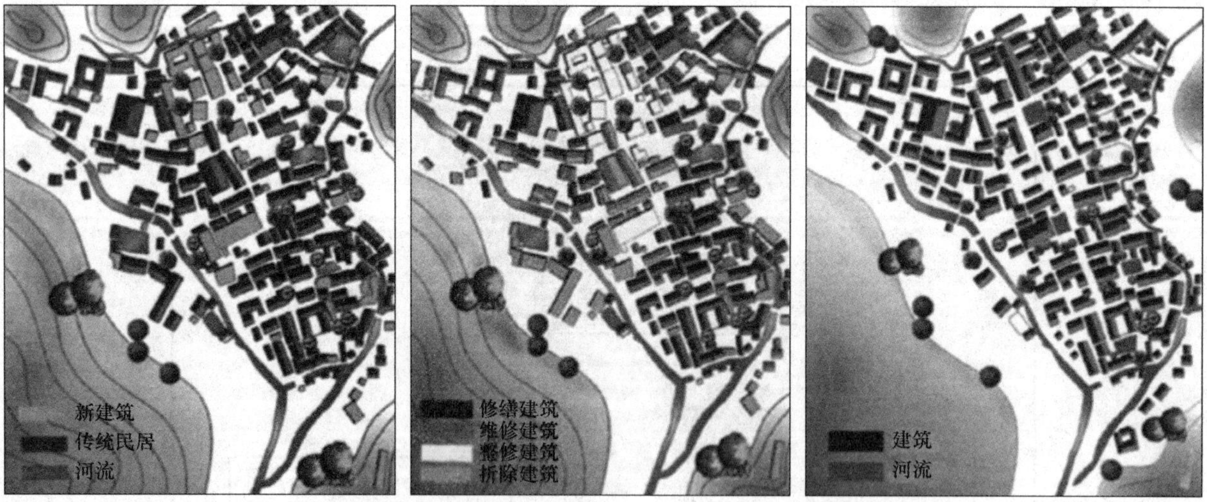

图 5-3 上坪村现状（左）、建筑整治模式（中）、上坪村整治后平面（右）

②古村落自主经营——可持续发展的动力

首先，确定经营主体。上坪村古村落的经营以村委会的名义牵头组建公司，村民以入股合作的方式参与经营。这种方式在安徽西递村进行了尝试，并且取得了良好的效果。古村落的经营也可以转让给经验丰富的文化旅游公司或组织，即经营主体可以多元化。其次，确定经营方式。上坪古村落的经营方式灵活，尽可能地发挥了文化公司的经营才能。其经营方式包括：TOT 模式，即转让—经营—转让（TOT）方式，将古村落文化资源以经营权转让、入股等形式，委托给文化公司经营，经营所得利益部分返还给村民，用于改善居住环境和古村落保护；ROT 形式，即保护维修—经营—转让方式，对于古村落保护和维修工程采取招商形式，吸纳社会资金，然后按照谁投资、谁经营、谁受益的方式运行。上坪村经营内容丰富，在保护和发展中其经营项目可以分为三个层面：一是对古建筑、基础设施整治工程的经营；二是对文化旅游资源的经营，上坪村有古朴的民居、原生态的田园风光、神秘的宗族文化和别具风味的小吃，这些是发展旅游的珍贵资源，依托这些资源，可以发展民俗文化游、农家乐、农业观光游等；三是对拓展项目的经营，深度挖掘文化资源、拓展产业链，如利用上坪村特色小吃：咸茶、落汤梅、碱糍、状元糍、硬饭米糍、豆腐花等，做大做强食品产业，利用上坪村传奇文化发展工艺品产业，将古村落作为影视拍摄场所，发展租赁业。

③古村落监管——可持续发展的保障

为了协调保护主体与经营者之间的利益关系，防止经营过程中一些人追求短期利益，破坏古村落的行为，上坪村建立了完善的监督、管理体系。

其具体措施包括两方面：首先，建立县乡两级管理体系。乡政府作为村的直接领导机构，在保护古村落中发挥积极作用。乡政府把古村落的保护作为一项重要的任务来抓，协调古村落保护和经营中的各种矛盾，起到古村落保护的第一层盾牌的作用。县文物管理部门，也是古村落重要的监管人，负责对乡、村两级部门进行监督、管理。县文物管理部门制定了古村落保护的评价机制，定期进行评估，县文物管理部门成为古村落保护的第二层盾牌。其次，完善专家、媒体、公众多重监督体系。社会的监督是古村落可持续发展的一道保障。接受专家、媒体和公众的监督是古村落健康发展的基础。因此，管理部门应为社会监督提供信息反馈的渠道，并且能够及时做出反应，及时处理相应问题。

聚落旅游开发还有集体开发经营、混合型开发等模式，限于篇幅从略。

5.2　案例分析：永宁卫城保护与旅游规划

随着社会经济的大发展，古老的永宁卫城已经无法满足现代人的物质生活需求，对永宁卫城保护与合理的更新改造迫在眉睫。前文已经探讨了永宁卫城聚落空间形态演变过程的自组织特性和自组织机制，接下来将运用自组织理论对永宁卫城的开发机制、原则和策略进行探讨。

5.2.1　发展动力机制与基本原则

5.2.1.1　发展动力机制

永宁卫城中居民是聚落空间形态进行演变的直接操纵者，他们对于经济发展的愿望和主动参与是卫城更新改造的动力之源。因此，在永宁卫城空间形态演变过程中，经济因素具有重要的推动作用。城市化进程的加快，使得卫城与外部环境交流加大，聚落中居民提高生活质量的愿望也日益强烈。居民自身的发展符合卫城聚落自下而上的自组织发展规律。因而对卫城进行更新改造首先应当强化提高居民自身的发展能力，坚持参与性原则，加强居民的参与，以实现发展目标。

耗散结构理论认为：非平衡是有序之源。正是这种系统组成要素之间的非平衡性，推动了系统的有序演化。因而维持或创造卫城聚落的非平衡性，是催化更新发展的首要举措。具体而言，在坚持适度性的原则下，对重要建筑和主要区域的重点保护和改造能够使卫城聚落保持非平衡性，形成建筑区位的差异。而这一重要建筑和主要区域应该能够代表卫城的核心文化，并起到撬动整个卫城发展的作用，能给整个非平衡性带来聚落内部资源的竞争，引起资源的流动，在资源流动过程中带来整个聚落的发展。通过非平衡性的刺激催化作用，整体上带动整个卫城的更新发展。据此考查卫城的现状及其文化等众多因素，城隍庙及其周边地块（包含小东门城墙）应该可以成为承担这份非平衡性的契点所在。

除了竞争机制，永宁卫城还需要协同机制共同作用以达到更有效健康的发展。为此，良好的聚落文化可以为卫城的更新改造提供了强大的整合力量，使聚落中的居民在共同的聚落文化下协同发展，并能够加强居民对聚落的认同感，形成他们的共同体意识，使其能够主动地对自我行为进行约束，有助于聚落和谐发展。同时，良好的聚落文化也能增强居民的凝聚力，使其更愿意互助合作，从而有利于整合聚落内部的各种资源，提高聚落的整体竞争力，并且使其更容易引进与吸收外界的物质、信息、资金、政策和技术等，保持卫城中各子系统和组成要素的多样性。由此转化成永宁卫城更新改造的动力，而这一切都源于非平衡契点的选择，其选择必须得到广泛居民的认可，只有这样才可能实现协调。

5.2.1.2 基本原则

永宁卫城的开发应遵循三个原则：

适度性原则：在古卫城的保护与发展中，应当坚持适度性的原则，才能确保古卫城保护与更新手段与聚落的自组织发展规律相契合，推动古卫城的有序演变。适度主要指规模的适度与速度的适度两个方面。过大或者过小的更新规模、超前或滞后的改造速度，都会造成古卫城自组织演变进程中的延续性、历时性受到破坏，造成其竞争与协同、渐变与突变等自组织机制失效，破坏其有序健康地演变发展。只有坚持适度的更新改造，不超出了古卫城聚落系统能够承受的范围，原有的空间形态特征才能得以保存，维持其历史文脉。

参与性原则：目前，许多聚落的保护与更新往往通过行政力量或规划专家来主导，缺乏与居民的沟通和协调。其实聚落中的居民才是古卫城保护与更新的主体，因而对古卫城的保护与更新需要聚落中居民的主动参与。对聚落居民的充分了解能够使居民自身的需求得到最大程度的满足，从而确保更新的动力之源，这是古卫城自组织发展规律的要求。因为聚落中的居民是古卫城自组织发展的重要序参量，他们对聚落空间形态、结构、功能等的要求，直接决定和影响着古卫城空间形态的发展走向。只有聚落居民参与到更新过程中，古卫城的更新改造才能更具有多样性、渐进性和可调整性，做到真正的科学与合理。

多样性原则：多样性原则是要尊重古卫城保护与发展的复杂性以及由此衍生的丰富的层次性。古卫城内部社会、文化、生态、经济和聚落布局、建筑形式等因素之间存在复杂的非线性关系，这种非线性关系越复杂，作用越明显，就会为聚落的发展带来越多的可能性。如果只片面地强调某一方面的因素，采取过于单一的更新改造手段，造成的失衡状态将会阻碍古卫城内部非线性作用。因而，应当保持古卫城中各子系统和组成要素的多样性，保持古卫城内特色的多元文化、多种多样的特色商品、多种特色的建筑形式、特色的建筑布局结构。

5.2.2 保护与发展策略研究

(1) 加强永宁卫城的开放性

永宁卫城具有完整的古城堡体系，这给城堡带来一定的封闭性，规划过程中可通过适当的旅游开发手段来加强永宁卫城的外部开放性。旅游流的形成能够为聚落带来巨大的经济收益，如一年一度的城隍文化节。不过，旅游开发可能会对永宁卫城的空间形态造成一定破坏，为了继续从旅游活动中获益，聚落居民或管理者需要对遭到破坏的空间进行更新和优化，使永宁卫城原生聚落既能保持原有活力，又能迎接外来旅游者的到访，并长足发展。

(2) 加强空间基核的塑造

前文已经论述了永宁卫城空间形态发展过程中形成了多个空间基核，它们具有一定的差异性，有着不同角色定位和功能发挥。由于空间系统的动态性，空间基核也不是一成不变的，在古代构成永宁卫城的空间基核包括聚落中的宗祠、庙宇和街巷等。随着宗族制度的没落，宗祠的空间基核能力逐渐被削弱。而在居民日常生活过程中形成了以古树、古井、小型广场等空间要素为核心的新的空间基核。空间基核具有分形特征，是整个聚落空间形态系统的微缩，具有与整体相似的功能和特征。所以它们很容易融入聚落原有的空间形态结构中去，能够整合永宁卫城中各个功能空间，激发其整体发展活力。同时它们往往具有连锁反应的潜力，能够持续刺激与引导永宁卫城的后续发展。因而，卫城的更新改造应当加强对这些空间基核的塑造，从而推动聚落实现有序更新。

加强卫城空间基核的塑造，就要保护重点建筑，如城隍庙、慈航庙、董云阁故居等文物保护单位以及莺山书院、宁东楼、大夫第等一系列具有较高历史、科学和艺术价值的优秀历史建筑。对于这些建筑进行严格的保护，使其成为分布于聚落中的点状空间基核，充分发挥自身作用和价值，进而调控和推动卫城空间系统有序发展。

加强卫城空间基核的塑造，还要重点发展永宁卫城的老街、城隍庙地块、文庙地块、小东门地块。永宁老街、观音街、观音亭街、南门街、北门街、樟脑街等街巷都是在永宁聚落长期发展进程中形成的重要街道，是卫城的骨架，也是聚落系统中长期存在的空间基核。应大力发展这些街巷，恢复街巷面貌，更新街巷两侧建筑，维持街道两侧立面的协调性和完整性，从而使这些街巷能够继续发挥对整个聚落形态的调控作用。城隍庙、文庙等都是卫城的重要地标性建筑物，应在保护的基础上，充分发挥其文化的辐射作用和影响力，特别应发挥城隍文化对包括台湾地区在内的文化引领作用，以文化为纽带，促进城隍庙周边地块乃至整个永宁卫城的复兴。

(3) 加强文化的认同性

文化因素在聚落空间形态演变过程中的影响作用十分重要。自古以来，永宁聚落在宗族文化、民间信仰文化、城隍文化、军事文化等众多方面都有非常长足而有序的发展。因此，在永宁卫城的复兴中，必须加强对这些文化的保护，使聚落中的居民重新找回文化认同感，从而推动聚落的进一步发展。

非物质文化遗产的保护主要包括对传统的民间习俗、口头作品、表演艺术、工艺美术和民间知识等的保护。应加强对这些非物质文化遗产的保护，特别是保护那些能够传承、使用和创造非物质文化遗产的居民，并且让他们融入邻里社区之中，在生活中展现，在展现中传承。以此，提升居民的文化自信，增强凝聚力，为卫城的复兴做出贡献。

5.2.3　永宁卫城的保护规划内容编制

5.2.3.1　卫城的保护框架

通过对卫城各个构成要素的分析，得出卫城的节点、线/带、区域三部分以及它们相互间的有机关系所共同构成的卫城景观特色。其中，节点为有特殊历史价值的建构筑物或者是人流集散的交汇点，主要包括山、宅、祠、庙、池、刻、井、树等；线/带主要包括城墙、街巷等；区域为具有某些共同特征的地段、区域(表 5-1)。

表 5-1　永宁卫城保护框架

结构	要素	内涵
节点	山	娘妈台、象山、莺山
	宅	大夫第、霞源古大厝、董云阁烈士故居、宁东楼、汉林楼等
	祠	林氏宗祠、高氏宗祠、李氏宗祠、董氏宗祠等
	庙	城隍庙、慈航庙、五显宫、鳌西古地晏安庙、三十二铺境保护神庙等
	门	小东门、西门等
线/带	城墙	城墙遗址
	街巷	永宁老街、观音街、观音亭街、南门街、北门街、樟脑街等
区域	小东门	以小东门为核心形成小东门街、永宁广场、冷恩公园为一体的区域等
	城隍庙	城隍庙、城隍庙广场、象山、真武殿、城隍阁形成的区域
	老街	由永宁老街及其周边地段形成的地域特色商业街区
		由观音街及其周边地段形成的休闲娱乐街区
	汉林楼	以汉林楼及其周边地段形成侨乡文化展示区
	大夫第	以大夫第、莺山书院及其周边地段形成对台经贸文化区

5.2.3.2　保护与发展策略

风貌保护策略：依托卫城的自然环境，实施整体保护，逐步消减对卫城传统风貌不利的设施和项目，提高卫城的整体环境和景观的传统特色，通过适度的土地调整和街巷空间整治、景观视廊的建设，重塑卫城“山、石、城、厝、楼、庙、街”的景观文脉。

功能诱导策略：鼓励发展与历史文化遗存、城市风貌特色相协调的居住、古卫文化、城隍文化、旅游休闲体验等功能。其中城隍文化、旅游休闲体验与古卫文化功能是近期拓展的主要功能。

弘扬文化策略：通过振兴永宁老街—观音街传统商业地段的核心功能地位，扩展并整治城隍庙及其周边地段，强化城隍文化，修复并整治大夫第、莺山书院与汉林楼及其周边地段，营造侨乡与对台贸易交流文化，恢复府衙、小东门城墙、城楼及其冷恩公园、文祠等历史节点的风貌，以此来展示永宁卫城的军事文化、城隍文化、侨乡文化、对台经贸文化及其地域民俗等多元的文化特色。

5.2.3.3 卫城保护规划

针对永宁卫城的保护规划强调保护是发展的基础，因此，首先确定卫城的保护层次，即分为核心保护范围、一般保护范围、建设控制地带三个层次。其次，制定相关的规划管理要求，加强各层次的管理。

(1) 保护区划

核心保护范围为：永宁老街及其周边地段，四至为东至武圣殿西山墙，南至城隍庙大门向南 11 米，汉林楼外墙向南约 15 米，西至林氏宗祠向西约 18 米，北至小东门街向北推进约24～28 米，文祠外墙向北约 3 米，永宁老街向北推进约 30 米，西门十三架向北推进约 1 米，总用地为 6.4 公顷。

一般保护范围：卫城城墙遗址围合的范围，总用地为 63.88 公顷。建设控制地带范围：东至东南路，南至海城大道，西至永梅路西侧 30 米，北至新车路北侧 30 米范围，总面积 100.12 公顷。

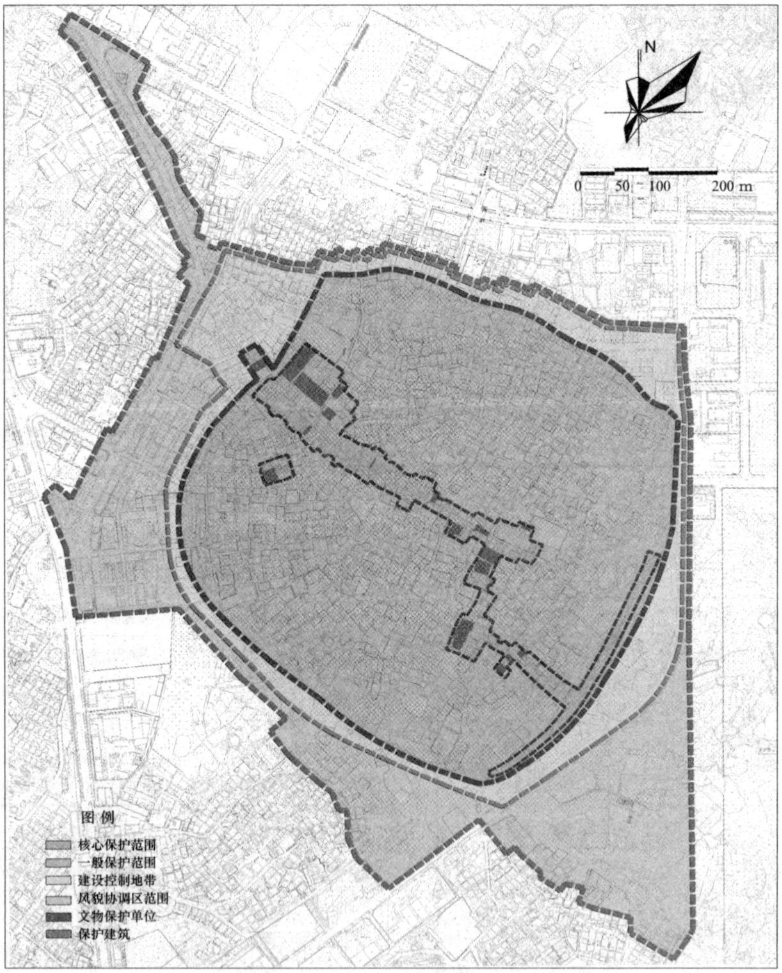

图 5-4 永宁卫城保护区划图

(2) 规划管理要求

核心保护范围内：永宁老街的整体空间格局不得破坏；如需改动必须严格按照保护规划执行并经过上级城市规划主管部门审定批准。各种修建需在城镇建设部门及文管会等有关部门严格监督下进行，其建设活动应以维修、整理、修复及内部更新为主，其外观造型、体量、色彩、高度都应与街区整体风貌相适应，高度控制在 3 层以内，一层檐口高度控制在 3.7 米，建筑外墙色彩以胭脂砖、暖灰色为主，不得使用玻璃幕墙、不得使用其他艳丽的色彩(图 5-4)。

一般保护范围内：不得擅自拆除传统建筑、番仔楼、小洋楼等历史遗存；民居的任何建设活动都必须遵循第八十条的相关要求；较大的建筑活动和环境变化应由上级城市规划主管部门组织专家评审会通过方可执行。

建设控制地带内：各种修建性活动应在规划、管理等有关部门指导并同意下才能进行。其建设内容应服从对卫城整体历史环境的保护要求，其外观造型、体量、色彩、高度都应与传统风貌相适应，较大的建筑活动和环境变化应由专家评审。新建筑原则上不超过 3 层。

5.2.3.4　文物保护单位的保护

(1) 文物保护单位保护范围

①城隍庙

保护范围:城隍庙建筑外墙向外各推出1米,总用地面积为1 760平方米。

建设控制地带:城隍庙外墙东至武圣殿东山墙,南至城隍庙山门向南11米,西至民居山墙,北至象山北麓,总用地面积为6 540平方米。

②慈航庙

保护范围:慈航庙建筑外墙东至道路中心线,南至民居住宅山墙,西至台基,北至永宁老年协会永宁分会山墙,总用地面积为530平方米。

建设控制地带:慈航庙建筑外墙向东推进约12米,南向东推进16米,西向以台基为界向西推进42米,北向以慈航庙外墙为界向北推进20米,总用地为3 098平方米。

③董云阁烈士故居

保护范围:故居建筑外墙向外推出1米,总用地面积为558平方米。

建设控制地带:建筑外墙向东推进约45米,南向东推进50米,西向西推进35米,北向北推进30米,总用地为6 880平方米。

④武探花墓

保护范围:以墓为圆心向四周拓展7米,用地面积为50平方米。

建设控制地带:以保护范围为边界向东推进6米,向南推进8米,向北推进0.5米,总用地340平方米。

(2) 规划管理要求

①保护范围内:按《文物保护法》的要求进行城隍庙的保护,不允许随意改变原有状况、面貌及环境。如需进行必要的修缮,应在文物保护管理部门、城乡规划管理部门的许可,并在专家指导下按原样修复,做到"修旧如故",并严格按审核手续进行;

②建设控制地带内:不允许进行有损文物保护单位的建设活动,与城隍庙建筑风貌有冲突的建构筑物都需要进行改造、拆迁。改造建筑层数不得超过2层(含2层),一层檐口高度控制3.7米以内,建筑色彩为暖色或暖灰色,外墙材料为石材或者红砖;各种建设活动应在规划、管理等有关部门指导并同意后才能进行。

5.2.3.5　自然景观保护与更新

永宁卫城自然景观中,最具聚特色的为"三山夹一城"的整体布局以及城内娘妈台、象山和莺山的制高点。在永宁经济发展的过程中,必须严令禁止对自然山体的开采及植被破坏。

(1) "龟"形聚落形态保护与更新

永宁卫城整体布局所呈现的"龟"形图底关系极具文化特色,对其形态的保护重点在于"龟"图形的边缘以及形成"龟"图形的元素。根据格式塔心理学图底关系的形成原理(封闭的形状容易形成图形,密度大的比密度小的容易形成图形),应严格控制卫城边缘外围现代建筑对"龟"形的侵蚀以及保证城内新建建筑的肌理应与城内其他建筑肌理相同。

(2) 街巷景观保护与更新

永宁卫城的街巷结构清晰,不同街巷尺度给人的心力场等级明确(三级),所以应该保护永宁卫城中"八卦"形态的街巷结构以及分为三个等级的街巷尺度。对道路改造应极其谨慎,并且必须符合永宁卫城的道路结构和等级关系。

构成卫城街巷空间的元素有顶界面、侧界面、底界面以及入口界面,四种元素由丰富的形式所呈现,元素间合理的结合与穿插形成了永宁街道的特色。所以对各界面的更新工作,应在其得到保护和保留的基础上进行。更新时所使用的材料和做法,必须为永宁传统的材料和工艺。

5.2.3.6 特色民居保护与改造模式

根据对永宁卫城各类型建筑（古厝、石屋、番仔楼、洋楼）的比较研究，发现其建筑空间多以轴线对称式布局，其形成的院落空间十分多样并极具特色。所以对建筑的布局关系，以及形成的院落空间形式加以保护，是保证永宁卫城内建筑肌理的重要原因。对于新建或加建的建筑应符合建筑传统的布局关系，所产生的院落围合关系也应尽量与传统院落空间关系相似。

永宁卫城建筑外观所形成的“图底关系”极具闽南特色，对质量较为完整的建筑外观应加强保护力度，而外观受损的建筑应酌情进行更新维护，维护所使用的材料及工艺，必须与建筑本身所使用的材料及工艺一致，维护后外观形成的“图底关系”的“图形属性”，应该符合永宁各类建筑所特有的建筑外观图底关系的“图形属性”。另外，对于永宁卫城各类型的石雕木刻必须加强保护力度，定期进行保护性维护工作。

综上所述，对于建筑布局及建筑外观应以保护为主，以更新为辅，并且更新后的景观形态应符合永宁聚落景观的整体特征。对于提高本地居民生活质量的手段，其着重点应放在室内环境的改造上。具体保护与更新模式包括：①修缮，是针对文物古迹、保护建筑的保护方式；②维修，是针对历史建筑和历史环境要素所进行的不改变外观特征的加固和保护性复原活动；③改善，是针对建筑格局、风貌和主体结构保存尚好的历史建筑；④保留，是针对质量良好的石屋建筑、现代建筑，这些建筑与古村落风貌基本无冲突，一般层数在 2 层以下，且质量较好；⑤改造，是针对卫城风貌有冲突的，但质量较好、难以拆除的现代建筑或石屋的处理方式；⑥拆除，是针对卫城风貌有冲突的，且破坏历史环境和空间形态的建筑；⑦复建，是针对重点保护区内有重要历史价值和相应历史依据，但现为遗址或无建筑遗存的地段，可根据《中国文物古迹保护准则》进行修改，主要是指小东门、西门段城墙等。

5.2.3.7 标志性景观的保护与更新

永宁卫城内的古井、古树大多年代久远，数量稀少，是永宁卫城聚落景观特色的重要组成部分。对于功能完好的古井，应鼓励本地居民使用，以避免古井的荒废；而对于已经丧失了使用功能的古井，应引导居民认识其历史价值，并加以保护。对于古树的保护，应做到定期进行防病除虫的维护，并禁止对古树的砍伐破坏。

沟渠是永宁过去特有的排水系统，具有较高的景观价值，但是由于年久失修，导致了部分沟渠内的废水无法及时排出，对居民的生活环境已经产生了影响。对于这类沟渠应该在保证其外在形式不被破坏的前提下，清除沟渠内的污水、污物，疏通管渠，并将废水进行科学引导至集镇污水处理中心，避免再次污染周边地块。

5.2.3.8 历史文化街区的保护

根据永宁卫城的街巷及其传统建筑的分布情况，划定永宁老街＋观音街及其周边地段为历史文化街区，其依据为：拥有比较完整的历史风貌，构成其历史风貌的历史建筑和历史环境要素基本上是历史遗留的原物，并且街区内拥有 1 处省级文物保护单位城隍庙，2 处市级文物保护保护单位慈航庙、董云阁烈士故居，还有 20 余处保护建筑、43 处历史建筑，具有较大的历史文化价值。

（1）永宁卫城老街保护与更新措施

对老街街巷空间的结构及景观序列进行针对性的保护，对街巷空间的各个界面的特色造成破坏的人造构筑物进行拆除或改建或用绿植进行更新遮掩，对老街中拥有较高利用价值的场地进行维护更新，更新后的场地在风貌上应与老街整体景观风貌一致。

对原有风貌较好的历史建筑进行定点保护并予以修缮，对与风貌冲突不大的一般建筑进行外立面及内部的整修，对一些体量较大风貌较差或者质量比较差的建筑进行更新改建，使得街区形成具有永宁特色的整体风貌。改造后的建筑立面所形成的“图底关系”应符合本地传统建筑立面的“图形属性”。

深入挖掘地方传统的文化内涵，在商业街加入一些特色的老店铺，如干果店、鱼店、雕刻馆、地方菜馆等，同时整修一些大型的宅院，增加小型的博物馆、戏曲文艺演出舞台、地域文化展示馆等内容，使整个老街成为一个以人为本、突出地方传统特色、展现卫城历史文化风貌的传统街区。

(2) 传统街巷保护与更新模式细则

保护规划地块内街巷格局和古街巷名称，保持永宁老街、观音街、樟脑街原有 4～8 米的尺度和比例关系以及"心力场"的组织序列。

永宁老街、观音街开辟为步行街，除消防等应急车辆外，其他机动车辆不准进入，特别是禁止摩托车在老街的通行，严禁与老街、观音街相交的南北向道路机动车的穿越。

保护街巷空间的构成要素和环境要素，包括街巷的四个界面以及传统民居院落、围墙、建筑结构、建筑色彩、立面、台基、地形等。在保证历史风貌完整性的前提下，利用现有的一些空地改造为广场或开放空间，为居民生活提供便利。理顺规划地块及其周边道路交通线路系统，解决当地居民日常生活与旅游车辆出入停放问题。在老街、观音街两侧开辟与其平衡的街巷以满足步行街货物运输、居民机动车出行与急救需要，同时鉴于地面呈现东高西低，东西向的平行道路东西落差过大、坡道过陡的问题，进一步疏通南北向道路，加强老街、观音街南北向的疏散。

对于永宁老街、观音街、樟脑街、小东门街的路面铺砌的原有风貌已基本不存，则根据当地的传统做法进行适当的恢复和改善整治。地面改为石板铺地。

(3) 永宁老街侧立面规划设计

永宁老街＋观音街两侧的建筑多数为石屋，其中穿插着一些传统古厝与番仔楼，另外在西门段还建有现代式样的建筑，对此作出以下整治措施(图 5－5)：

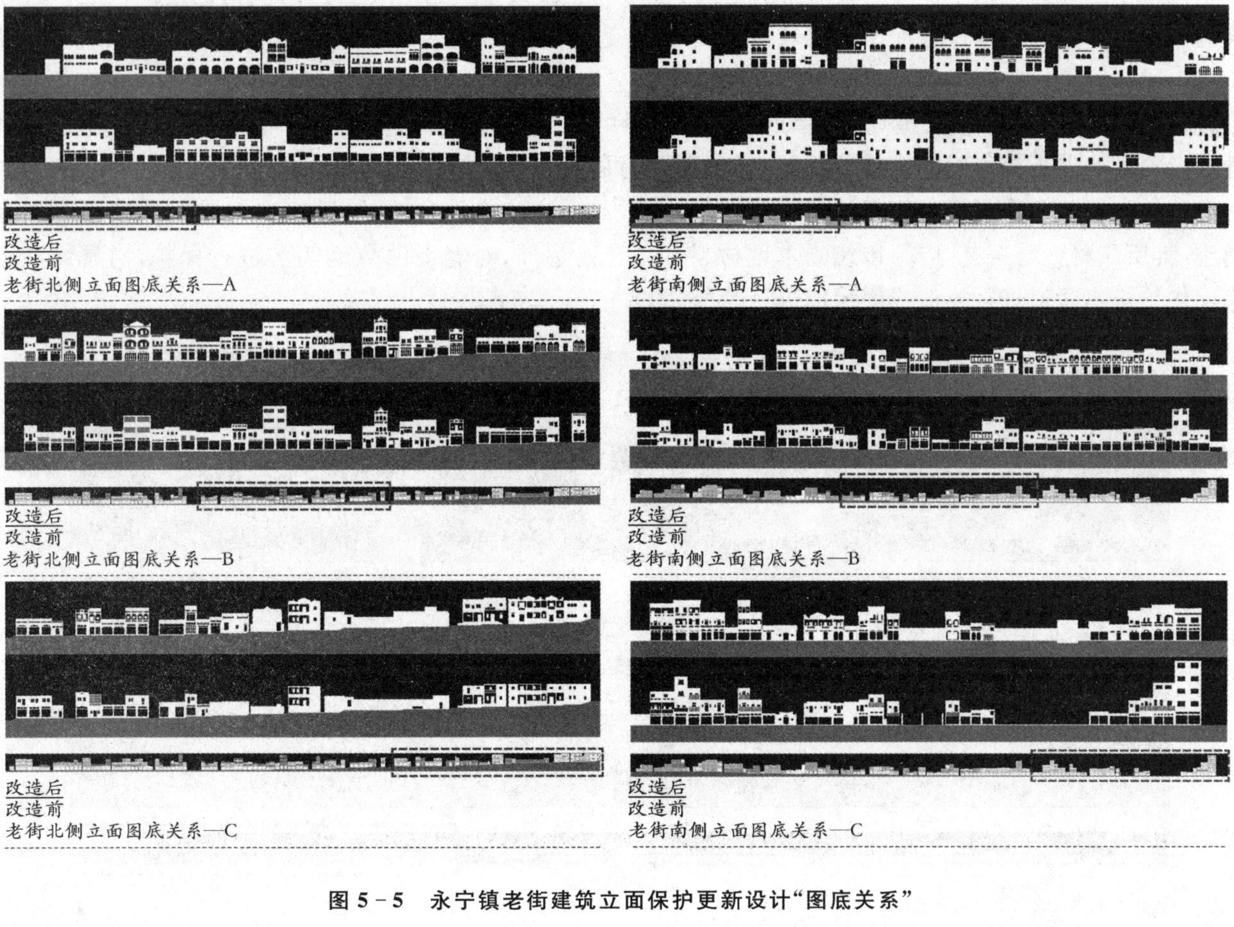

图 5－5　永宁镇老街建筑立面保护更新设计"图底关系"

永宁老街位于核心保护区内，建筑高度控制为 3 层，一层檐口高度控制在 3.7 米以下，建筑总高度在 14 米以下。

屋顶为坡顶的维持坡顶形式不变，平顶的则沿街改造女儿墙，式样采用番仔楼或者洋楼的女儿墙形式。

阳台部分，对栏杆进行整修，形式根据主体建筑的形式，采用番仔楼、洋楼的栏杆或者传统式样的栏杆。

门窗部分，对现代式样的门窗进行改造，严禁采用有色玻璃与镜面玻璃，门窗形式根据主体建筑的形式，采用番仔楼、洋楼的门窗或者传统式样的门窗。部分根据实际情况可以添加门楣、窗眉、门套、窗套等。

主体造型，对有外挑的建筑物进行骑楼式或外廊式的改造，增设番仔楼、洋楼的券、外廊等。对于没有外挑的，则根据主体建筑的具体造型可以增设外廊或骑楼，或者保持不出挑的形式，但对立面造型要整修，以取得和谐的风貌（图 5－6）。

在色彩与材质方面，色彩以暖色、暖灰色为主，材料以石材、红砖为主。

图 5－6　永宁镇老街更新后效果图展示

（4）永宁老街街巷空间规划设计

对永宁卫城老街以中开坊为中心，两侧分布节点的三段式布局进行保护。对老街的空间尺度以及丰富的“心力场”空间序列进行保护。对老街空间序列“心力场”波动较大的现状，在不破坏整体景观风貌的前提下进行改善。对老街中具有潜在的利用价值的空间进行增加植被覆盖面积、修缮地面铺地方面的整治，以达到通过改善场地环境来提高场地利用率的目的。对老街顶界面造成破坏的各类型人造遮阳构件进行拆除。对老街底界面的铺地进行更新，其所用材料与工艺，应为传统的本地材料和工艺。对于老街富有本地特色的入口界面进行保护，对于质量较差或是对人的安全构成威胁的，应对其实施适当的更新措施，其所用材料与工艺，应为传统的本地材料和工艺。另外，对老街两侧的明沟进行保护，对暴露在外的现代给排水管道进行改造或用绿植进行遮掩（图 5－7）。

老街慈航庙段北立面改造效果图

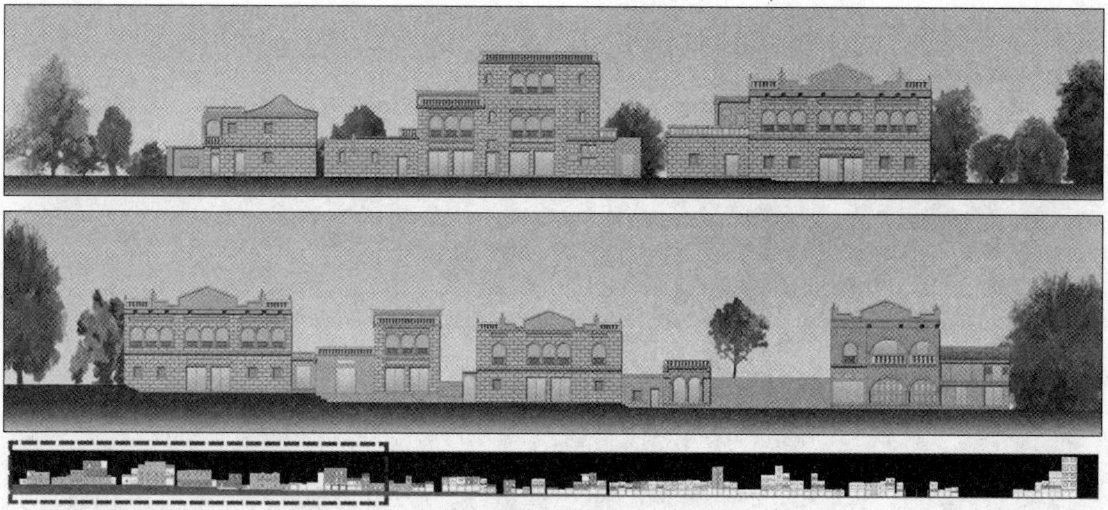

老街慈航庙段南立面改造效果图

图 5－7　永宁镇老街建筑立面更新效果展示(部分)

对永宁老街中具有潜在利用价值的空间需要进行较为详细的规划设计。老街有两处较为开敞的空地，但是由于缺乏开发和维护，造成其利用价值并不高，甚至沦为人们丢弃生活垃圾的场地，但由于该要素在一个空间中具有很强的统治力，所以在对两块场地内原有的大型乔木进行保留的基础上，分别在 A 地块与 B 地块与街道相交的边界加种乔木。保留的乔木可以成为场地中人群的聚集中心，而新加于道路边界的乔木则可以起到吸引人群以及强调入口的功能。以 D/H 为界限，在 $D/H<1$ 的空间和 $D/H>1$ 的空间中，它是空间质的转折点。换句话说，随着 D/H 比增大，即成远离之感，随着 D/H 比减小，则成压迫之感；$D/H=1$ 时，建筑高度与间距之间有某种匀称存在。永宁老街由于在晏公馆东南侧空地的出现，导致此处的 D/H 过大(4)，而永宁老街整体街道的 D/H 的值在 1 上下波动，此处在整个景观序列中由于波动过大，让人感觉比较突兀。为了缓和过渡空间，规划在 A、B 场地与道路的边界以及与建筑的边界加植灌木和漏空的矮墙或格栅。经过对老街 A、B 空间的划分，不仅提高了两个场地内向的“心力场”，使其具有一定的内向围合感，而且对于老街整体的空间序列起到了缓和过渡的作用。在老街 D/H 值的曲线图显示中，空间序列不但保持了原有街道的空间序列，而且老街各个空间的过渡舒缓协调(图 5－8、图 5－9)。

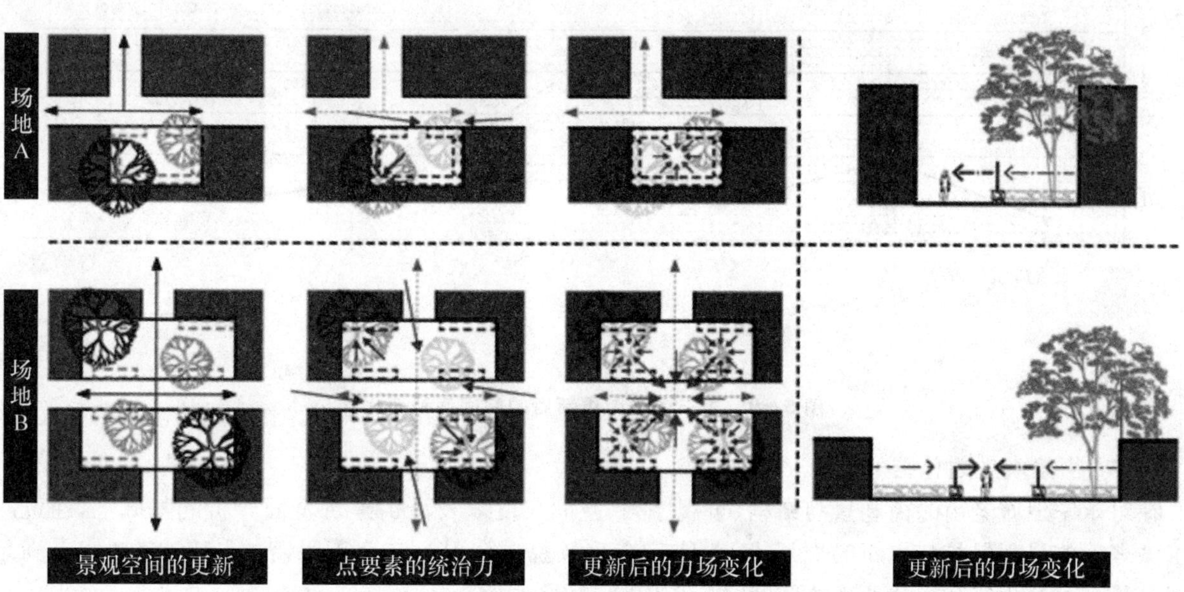

图 5－8　永宁镇老街街巷空间的更新

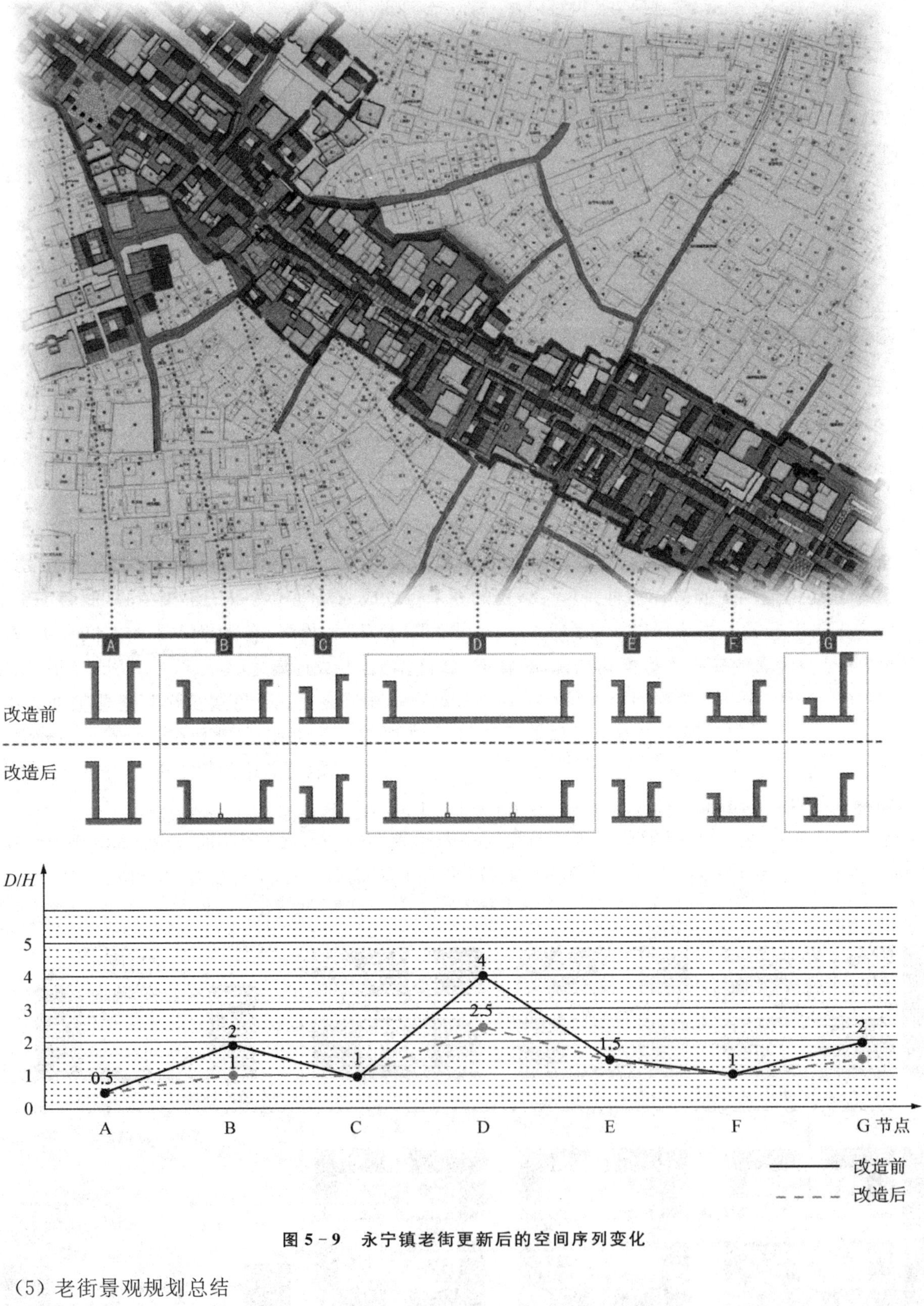

图 5-9　永宁镇老街更新后的空间序列变化

（5）老街景观规划总结

在对永宁卫城老街的街巷景观结构、景观序列、空间尺度以及沿街建筑全面分析的基础上，通过对永宁卫城老街的景观保护与更新的规划设计，使其在整风貌上体现永宁聚落景观的特色，在功能上满足本地居民最基本的生产和生活要求的同时，提高其生活环境的质量。

5.2.3.9　永宁卫城信仰空间的保护与更新

(1) 民间神缘的重生

民间信仰超越了民众的血缘组织与地缘组织，以共同信仰组织人们共同举办祭祀节日、操办祭祀仪式，由此产生了“神缘”。永宁卫城内因百姓对境主神的崇拜而分为各个以铺境为单位的生活区域，这种社会组织形式体现出了强烈的“神缘性”。宫庙建筑作为民间信仰的载体，是民众祭祀拜神的场所，因此成为凝聚神缘的核心。要凝聚永宁卫城民间信仰空间的“神缘”，就需要对宫庙建筑及仪式空间进行保护与更新。

①宫庙建筑的保护与更新

根据对永宁各类宫庙建筑的比较研究，可以发现建筑空间多以轴线对称式布局，其中永宁城隍庙的合院式布局所产生的围合氛围及宫庙建筑与前导空间以及道路的轴线关系都极具宗教特色。所以，应加强对宫庙建筑的宗教性布局特色的保护。同时，永宁宫庙建筑所特有的建筑外观特征，如屋顶造型、墙面装饰、门窗装饰及梁柱形式等，都是体现永宁宫庙建筑场所特性的元素，应加强保护。对于破败损毁的部分，在修缮改造过程中应注意特性的保持。

②宫庙建筑仪式空间的保护与更新

永宁卫城中部分宫庙建筑附带有外部开敞的仪式空间，当举行祭祀活动或庆典仪式时，作为汇集信众、民俗表演的广场来使用，平日则作为普通的交通道使用。如：城隍庙前有一大片开敞的前导空间，集广场与交通道路双重功能。部分宫庙建筑不附带前导空间，入口外部即为街道空间，只当举行祭祀活动时街道被作为仪式空间使用。不论哪种形式的仪式空间，都是祭祀活动与居民生活中不可缺少的重要场所，必须保证其开敞性与举行仪式所需要的空间尺度，并对宫庙外破败脏乱的开敞环境进行改造，受场地限制的宫庙建筑可在两侧及附近开辟公共活动空间，以此满足祭祀活动的场地需求。严令禁止私人占用或破坏公共仪式空间。

(2) 传统地缘的重新梳理

聚落中的“地缘性”表现为聚落中的乡党关系，永宁卫城早期形成的铺境制度作为地方行政区划单位，组织起“地缘”。在铺境的历史发展中，铺境受到神缘性的影响，渐渐转化为一种社区组织结构。要重梳“地缘”，就需要重现铺境的关系结构，传承铺境文化，营造良好的社区邻里关系。

永宁卫的“铺境”由明代发展至今，作为凝结境内民众的纽带而成为一种共同信仰和祭祀活动的单位，然而这种单位的区域划分更多地存在于各铺境居民的意识中，只有当居民举行“巡境”仪式时，铺境的边界才由人们的巡游路线得以体现。在实际环境中铺境的边界往往与主要道路重合，缺乏明显的边界标志，要保护“铺境空间”需要在实际环境中重塑其领域标志。铺境的凝聚中心是境主庙，应根据其特有的场所精神对周围景观环境进行强化设计，衬托出境主庙的中心地位。

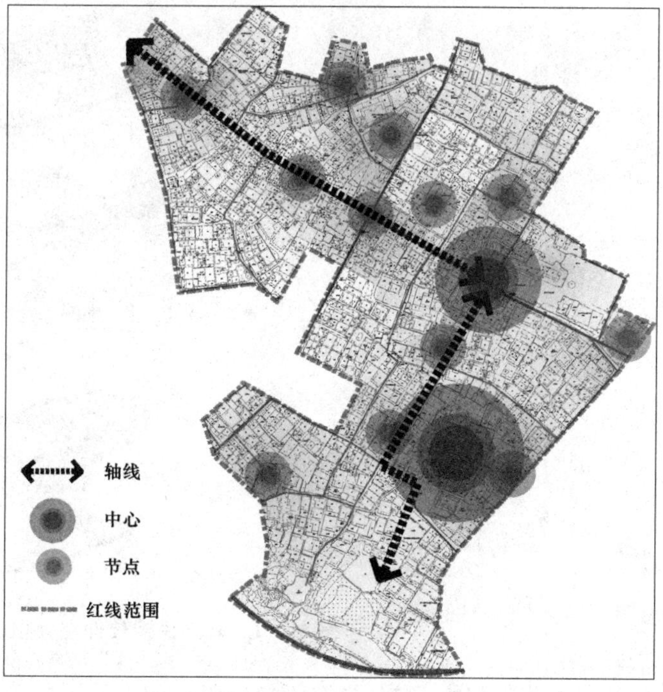

图 5－10　永宁民间信仰空间核心保护区域结构

永宁卫城中，以慈航庙为辐射中心，向西沿观音街延伸，向南连接永宁城隍庙的两段轴线，贯穿 14 个铺境，以永宁城隍庙与慈航庙为两大中心，其余境主庙为节点，形成“两轴两中心多节点”的空间结构(图 5－10)。“两轴两中心多节点”的空间结构是在永宁传统铺境制度与民间信仰层级制度基础上经过漫长的社会变迁所形成的必然产物。所以，对永宁民间信仰空间的保护，首要任务就是要对整体空间结构进行保护。

铺境空间作为场所，受到场所内外力的影响。区域与区域相互扩张与侵入，往往在相邻的边界处形成交集，即“迁移点”，它具有场所的“门”的作用，可为场所带来生气。铺境的“迁移点”既是铺境边界的标志，也充当了铺境区域的入口，是铺境之间人们活动来往的重要场所。

结合永宁民间信仰空间核心保护区域中街巷的组织关系与铺境边界的位置，根据迁移点多发于区域交界处主要路口的特点，可以寻找出永宁民间信仰空间核心保护区域中各铺境间的主要迁移点位置（图 5－11）。

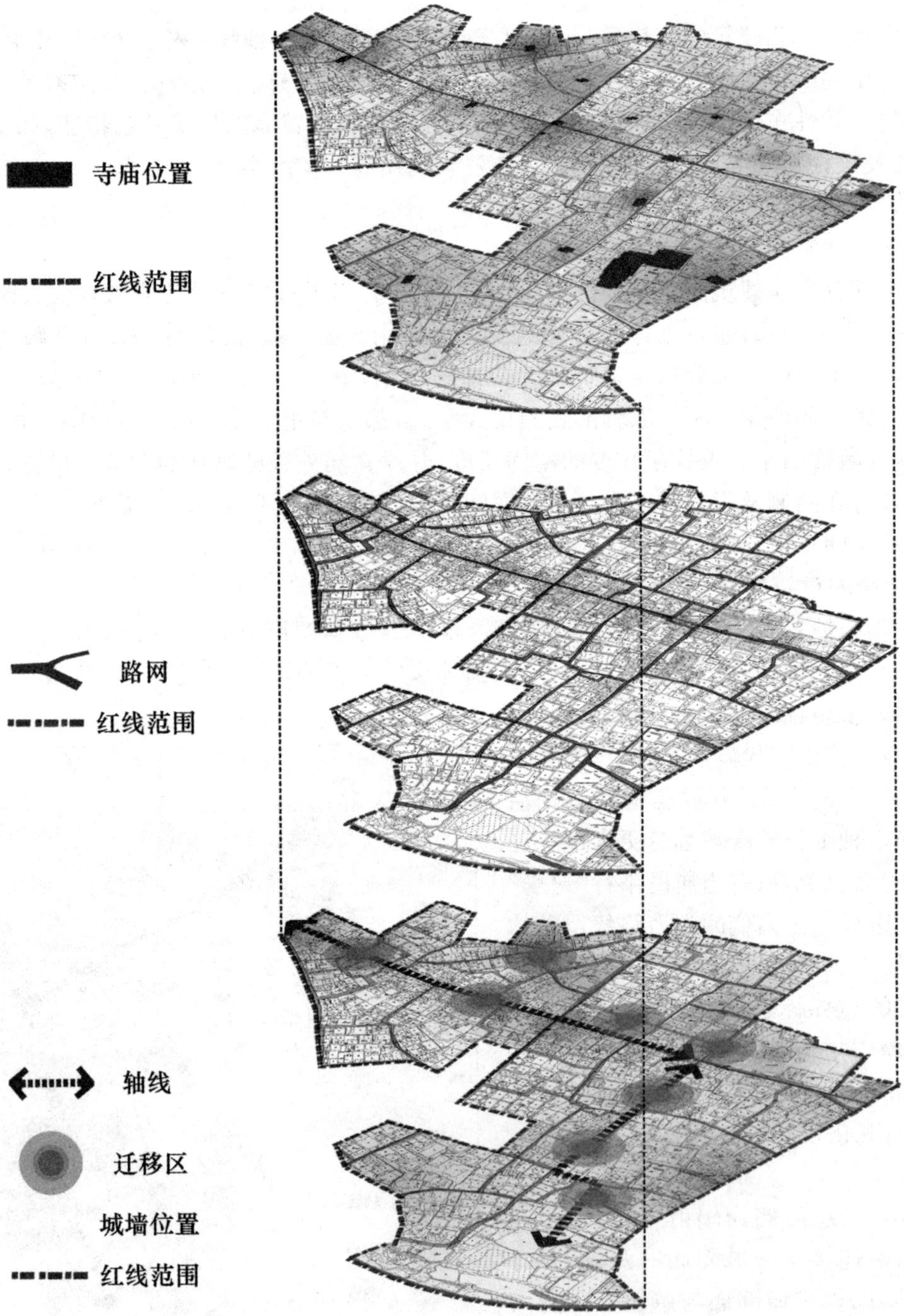

图 5－11　永宁民间信仰空间核心保护区域中的迁移点形成

对永宁铺境空间的保护，不能仅仅停留在居民的意向中，同时也需要使铺境文化体现到客观世界中，使“铺境”真正地在现代社会复苏，并且适应现代人的生活。要将铺境展现在客观世界，需要强化铺境边界的标志性，这种标志应该是隐性的并符合场所的特性，应从聚落内自然路网结构中产生。然而过度强化的边界会引起强烈的领域感，使场所外部的人产生不可进入的消极暗示。传统社会铺境间居民的生活与活动常常表现为独立状态，少与境外居民联系，铺境间居民的交往比较淡漠。现代社会的铺境空间正逐步向社区邻里空间转变，依靠铺境内外居民的活动交往所产生的活力成为铺境生命力的保障。因此，提高场所活力氛围的最佳方法之一是提供一个连贯的交通系统和一个有吸引力的入口通道。

首先，对一、二级街道进行疏通，对路面质量不佳的路段进行整修，严格禁止道路两侧或路中有违章建筑或障碍物。对街巷的改造应严格保持卫城内丁字路口的连接形式以及道路整体的“八卦”结构的特征(图 5－12)。

其次，为了增加铺境间的吸引力，改造铺境的“入口”通道，在“迁移区”建设小型入口广场作为通道间的过渡，并在广场中设置坐椅、花坛等设施，提高人性化及景观丰富度，形成一个可供休憩或驻足观赏的停留场所，聚集人气。广场以开敞形式与道路融合，从视觉上给人以向前(向内)的导向感，传达一种“欢迎进入”的心理暗示，打破居民心中有关铺境的排外性或领域性的消极理解，鼓励铺境间居民互相来往，形成积极友好的场所氛围。根据这一改造手法，结合对区域内 8 个“迁移点”的改造，来提升铺境的活力，使铺境文化映射到居民的实际生活中，从而唤醒并延续永宁卫传统铺境文化。

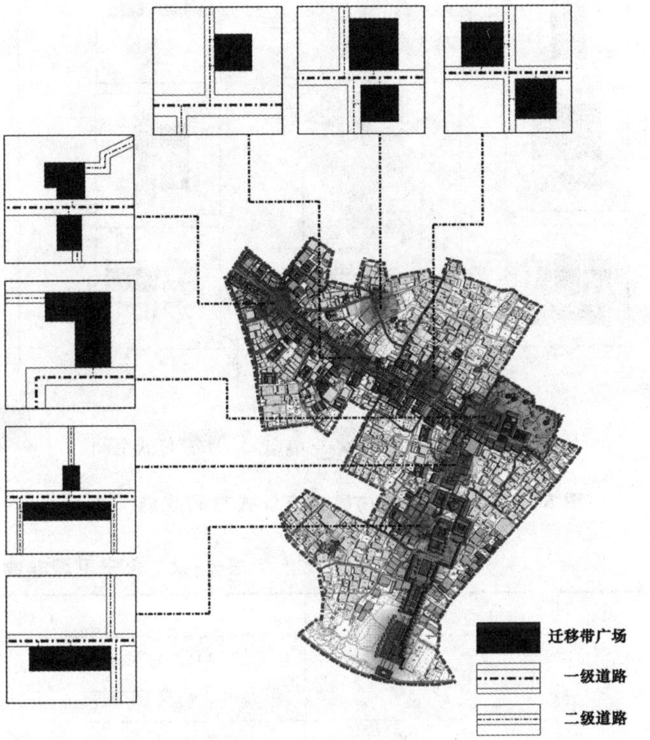

图 5－12　永宁民间信仰空间核心保护区域中的迁移点的改造

(3) 城隍庙宫庙建筑仪式空间的保护与更新

永宁城隍庙的建筑布局特点为严格遵循南北中轴对称格局，空间具有层次感，据此，对于城隍庙门外的前导空间的改造也应遵循这两大特征。在延长城隍庙南北轴线的基础上，于城隍庙南部开辟出城隍庙广场群，并对周边环境进行整治，拆除城隍庙正对的戏台、民居。同时结合慈航庙与观音街连接的前导空间的结构特征，即上升的垂直方向感营造出场所的神圣气氛。根据城隍庙的地形高差，在广场之间以上升的台阶相连接，在广场群南部尽头设置照壁，与永宁城隍庙形成对应。广场两侧设置连廊，其建筑形式依据永宁城隍庙的场所特性设计，将广场与周边民居相隔，形成封闭的上升型的广场空间，为永宁城隍庙的祭祀活动及节日庆典提供宽敞的场所。强烈的尺度对比使场所中的人感受到自身的渺小，彰显出神明的伟大，以达到强化永宁城隍庙神性的目的(图 5－13、图 5－14)。

5.2.3.10　非物质文化遗产的保护与传承

(1) 保护目标

本着在社会中确认、尊重和弘扬非物质文化遗产的原则，对享用这些遗产的特殊习俗做法予以尊重，努力确保和支持创造、保养和传承这些遗产的社会群体以及物质性的承载环境，保证这些遗产不仅作为历史资料得到静态的保存，还要使其在现实社会生活中得到应用与发展。

(2) 重要非物质文化遗产保护项目

通过对永宁非物质文化遗产的传承现状及载体环境的调查、分析以及特色性与可发展性评价，确定重要的非物质文化遗产保护项目(表 5－2)。

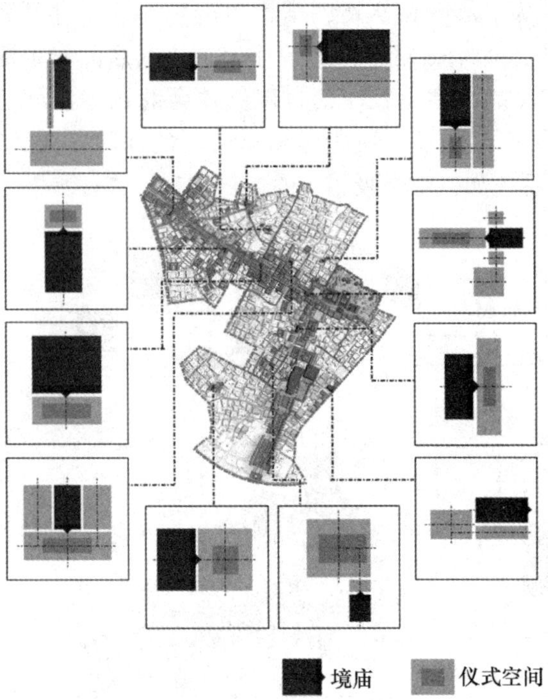

图 5－13 保护区域内境主庙仪式空间改造

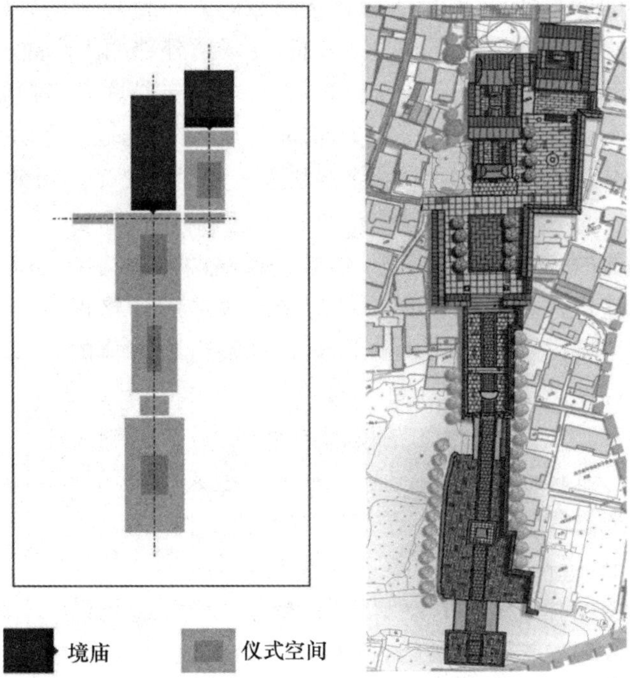

图 5－14 永宁城隍庙前导广场改造

表 5－2 永宁卫城非物质文化遗产保护项目

类别	非物质文化遗产	利用方式	物质载体
传统文化	古卫文化	展示，祭祀(洗街事件公祭活动)，游客参与、体验与游戏活动，举办卫所文化节等	整个卫城、十字街、城墙、城楼、城门、府衙、军事设施、水关等
	城隍文化	展示、举办城隍文化节，游客参与、体验与其他活动	城隍庙、城隍阁、城隍广场以及拓展区等
	道教、佛教、宗祠文化	展示，宗教活动，家族祭祀活动，游客参与及体验活动等	道观、寺庙、祠堂家庙等
	侨乡文化	展示，祭祀，游客参与、体验，举办相关学术交流活动等	番仔楼、汉林楼等
	台海文化	展示，祭祀，游客参与、体验，举办相关学术交流活动等	大夫第、莺山书院
	红砖文化、石文化	展示、利用，举办相关学术交流活动等	传统古厝、番仔楼、石屋等
	英雄文化、爱国主义文化	展示、祭祀、举办爱国主义活动、游客参与与体验活动等	整个卫城、永宁楼、小东门抗日纪念馆、董云阁烈士故居等
地方特色文化	诗词书画文化、灯谜文化	开展诗词、书画、灯谜文化活动，展示，游客参与与体验活动等	文庙、莺山书院等
	狮文化	开展狮文化活动节，展示，游客参与及体验活动等	展示馆、永宁广场、城隍庙广场、老街等
	服装文化	展示、服装演艺活动、服装设计比赛、游客参与及体验活动等	展示馆、永宁老街、观音街沿街古商铺
	茶文化	展示、茶文化演艺、茶文化比赛、游客参与与体验活动等	展示馆、永宁老街、观音街茶馆、休闲场所
地方美食	海鲜、鱼丸、水煎包、糕人等	展示及发扬。在博物馆、老街展示地方美食，开展永宁美食交流活动，鼓励各餐馆挖掘、发扬地方美食	永宁展示馆、永宁老街餐饮点、各餐馆及小吃店
恢复老字号	永进、霞源和兴源老字号，普通号米行、建昌号布庄、永安堂药铺等	部分恢复、展示及利用，为卫城旅游挖掘景点，增加特色。对传统商铺，尤其是难以经营的传统商铺，政府应积极鼓励，在政策上给予扶持与帮助	永宁老街、观音街沿街古商铺

续表 5-2

类别	非物质文化遗产	利用方式	物质载体
地方活动	相贡、南音、布袋戏、傀儡戏等	演艺、展示	永宁老街戏楼、城隍庙、祖宅、洋楼等内
乡土历史	历史上曾经存在，但是现在已不见踪影	文字说明、展示、演艺再现	街巷铺地、建筑墙体雕刻

5.2.4　永宁卫城旅游开发的路径探索

5.2.4.1　永宁卫城人口规模

(1) 居住人口规模

规划区域内现状人口 9 584 人，现状城市建设用地 86.18 公顷，现状人均居住建筑面积 44.5 平方米，规划按人均居住建筑面积 45.0 平方米计算，由此测算出规划人口规模为约为 7 100 人。

(2) 旅游人口容量预算

面积法计算公式为：

$$C = A \times D / a$$

式中，C 为游览区的日环境容量(人)；A 为游览区的可游览面积(平方米)；a 为每位游人应占有的合理面积(平方米/人)；D 为周转率，D=景点开放时间/游完景点所需时间。根据永宁的实际情况，可游览面积为整个区域面积 86.18 公顷，每位游人应占合理面积取标准值 90 平方米/人，景区建成后开放时间按 13 个小时计(7 点至 20 点)，游完景点所需时间以 6 小时计，最终根据公式测算得出规划区域内日旅游环境容量约为 20 000 人。

5.2.4.2　永宁卫城功能定位

在保护卫城历史文化遗产的基础上，营造展示古卫城遗址的百年积淀、体现闽海文化精神的宜人的安居地与海西旅游的度假天堂。具体包括：

传承遗产——展示古卫遗址的百年积淀，几百年来卫城沧桑变化留下了众多优秀的历史遗迹和文化遗产，值得后人传承、保护；

沿袭历史——体味闽海文化的集大成者，集合了闽海文化的丰富内涵；

还原记忆——血脉温情回味的安居故地，是当地居民舒适的安乐家，是在四海打拼的华侨们的宜人安居港；

蓝色客居——畅享海西旅游的度假天堂，突出这里“有山有海有历史、宜居宜游宜玩赏”的景观特色。

5.2.4.3　永宁卫城规划布局结构

规划区域规划结构呈“一圈、两轴、四区、四片、五路径”的布局结构。

一圈——围绕古城城墙遗址形成的古卫遗址文化展示圈；

两轴——以永宁老街与南(门)北门老街为“十字”步行轴，构成卫城主体架构；

四区——小东门结合外部古卫公园、镇海石公园，小东门内东门街、将军府、军营等形成以展示卫城军事文化、体验文化为主的军事体验旅游区；

——结合城隍庙，形成民间宗教文化信仰及闽海文化体验区；

——结合慈航庙、文庙、宁东楼、永宁老街东段，形成文书文化、休闲娱乐、民俗区；

——结合西门、西门十三架、永宁老街西段、汉林楼，形成闽台商贸、购物、餐饮于一体的商贸特色餐饮区。

四片——由永宁老街、南北门老街构成的“十字”形步行轴划分成的四大社区。

五路径——沟通各核心区块的城市交通性道路，南北向道路有樟脑街、西门大街、小东门大街，东西向道路有永和路、永安路。

5.2.4.4 永宁区域旅游开发

(1) 旅游市场的发展趋势

①休闲:随着游憩模式向“3N”——自然(Nature)、怀旧(Nostalgia)和温馨(Nirvana)发展,市民旅游也逐步超越观光旅游的阶段,进入以休闲为主要诉求的静态游憩模式发展阶段,从观光型旅游向度假旅游为主转变,追求更为灵活多变的旅游方式,追求更多的参与性和娱乐性的旅游方式。

②文化:永宁卫城的文化特质体现了其地域的历史脉络和社会民情,这种体验难以取代,因此在体验游憩快速发展的今天,文化也越来越成为吸引游客不可或缺的因素,尤其是针对闽台两地的永宁籍的居民,文化更是其溯源心情的追求对象。

③绿色:随着全球环境保护意识的增强,世界各国都在实施可持续发展战略,强调经济发展应与环境保护相协调,人们开始追求更加环保和可持续发展的绿色消费和绿色营销。所谓绿色营销是指企业以环境保护为经营指导思想,以绿色文化为价值观念,以消费者的绿色消费为中心和出发点的营销观念、营销方式和营销策略。它要求企业在经营中贯彻自身利益、消费者利益和环境利益相结合的原则。加强开展绿色旅游营销,是使旅游业真正成为与环境友好、和谐的产业,是符合旅游者回归大自然、爱护旅游生态环境的潮流,是走旅游业可持续发展的道路,是一条极富生命力的营销策略。

(2) 旅游发展战略思路

①立品牌策略

发展永宁文化旅游产业,吸引庞大的区域居民、游客层。

推动文化旅游:以生态博物馆概念,发展现有闽南聚落,深化文化体验;鼓励民间资本与创意,将永宁老街打造成文化旅游创业中心;导入现代企业经营手法,协助永宁寺庙群提升转型,特别是永宁城隍庙及其周边地块的转型发展。

②联产业策略

发展永宁商务旅游与休闲体育游,除了满足石狮客商与大泉州企业的庞大需求,同时也对接石狮坚强的体育产业基础。

推动休闲体育游:联合现有潜力企业,延展体育产业链,开创机会市场;锁定五大客群,提供客制化、多元化体育服务。

推动商务旅游:锁定高端商务客群,目标高端商务消费;主力发展奖励旅游与企业培训产品。

③筑根基策略

发展永宁主题游憩,除了满足现住人口需求,同时创造话题与吸引力,辐射区域旅游市场。推动主题游憩游:呼应山海主题资源,打造永宁旅游识别;以创新及科技观点,诠释古今及未来闽南海洋文化;多元化发展利用山石资源,打造家庭与商务旅游热点(图5-15)。

(3) 旅游主题与形象定位

主题——演绎山海史诗,再创辉煌永宁。

三大定位——山海史诗感动体验场、大泉州城市休闲花园、新闽南人之文旅实验区。

(4) 旅游开发原则

①整体最大化原则:考量城市旅游发展最大化效益,不同版块与组团在开发次序上需要形成呼应和联动;保证产品丰富性及错位平衡发展,使版块内产品竞争最小化;经济发展与环境保护并重。

②群聚带动原则:注重各阶段导入产品组合完整性及协调性,强化产品群对周边环境的提升功能,尽可能达到产品群聚带动效应,同时搭配一定形象配套,强化招商引资吸引力。

③借力驱动原则:利用本地产业优势,优先启动高产业关联项目,助推发展;在发展旅游配套同时补充城市与产业功能,达到协助本地产业转型升级、产业发展反哺旅游发展的双重效益。

④捆绑分派原则:尊重市场发展规律,对营利项目与公建项目进行分配与捆绑,分阶段分版块逐次推进,从而在资金投入上实现良性滚动式开发,促使区域梯次成熟。考量四大分期开发原则,根据四大旅游

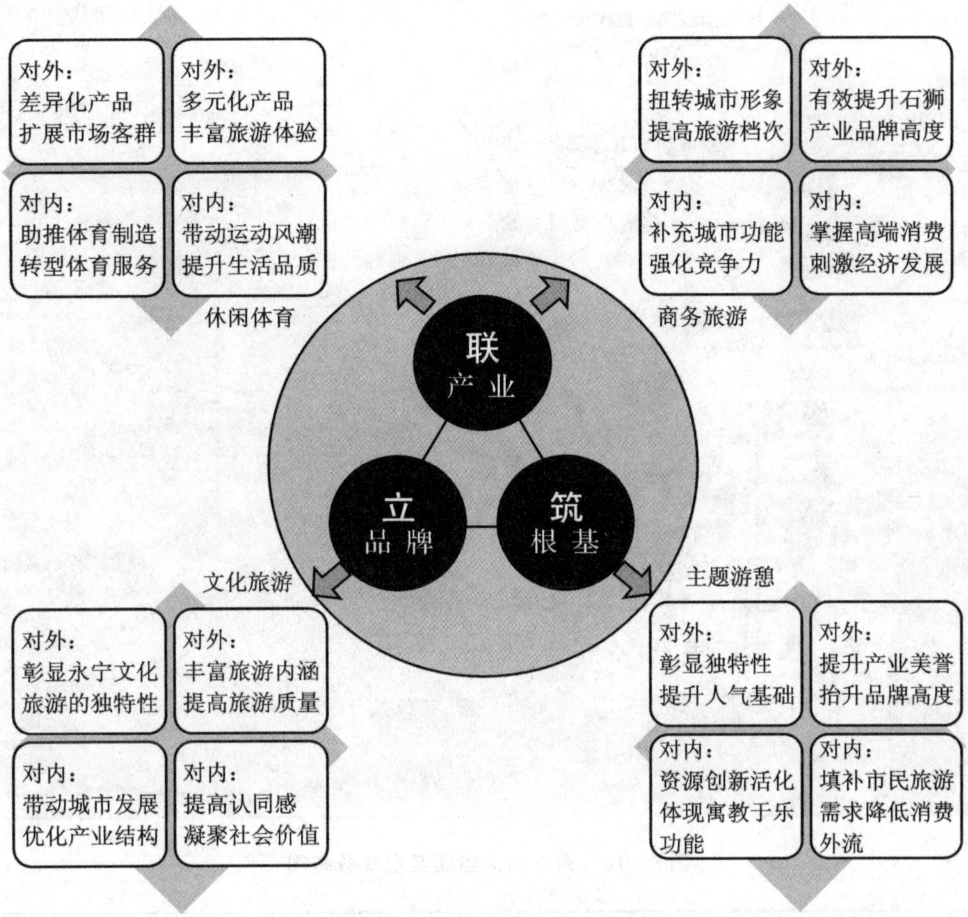

图 5-15　永宁旅游发展战略

产品市场分析结果，永宁旅游发展将采取不同的分期导入策略（表 5-3、图 5-16、图 5-17）。

表 5-3　永宁旅游分期发展策略与评估

分类	重点开发组团	分期导入评估
商务旅游	·商务主题度假村 ·户外拓展运动基地	石狮商务客群稳定，但面临晋南版块崛起分食 ·优先发展商务度假产品 ·其次导入户外拓展产品
主题旅游	·红塔湾未来海世界主题 ·宝盖山石光乐园	主题游憩是项目中的标杆项目，利于聚集人气，树立品牌，但投资量较大 地区旅游业已具雏形后（疾病旅游需求已得到满足）再配合依序开发
休闲旅游	·滨海运动启蒙基地 ·精英运动城	优先借力本地资源条件；其次需把握永宁休闲产业优势，推出相应旅游产品 ·优先利用红塔湾发展滨海运动 ·其次导入精英运动产品
文化旅游	·岁月流金——永宁老街 ·永宁卫城堡垒 ·艺文沙堤 ·众神居所宗教园	优先发展文史建筑保留较佳且周边已形成旅游版块的区域，其余地区则需依赖前期人气积累再行导入 ·优先发展永宁老街周边（借力黄金海岸） ·其余文旅产品视旅游发展情况逐次开发

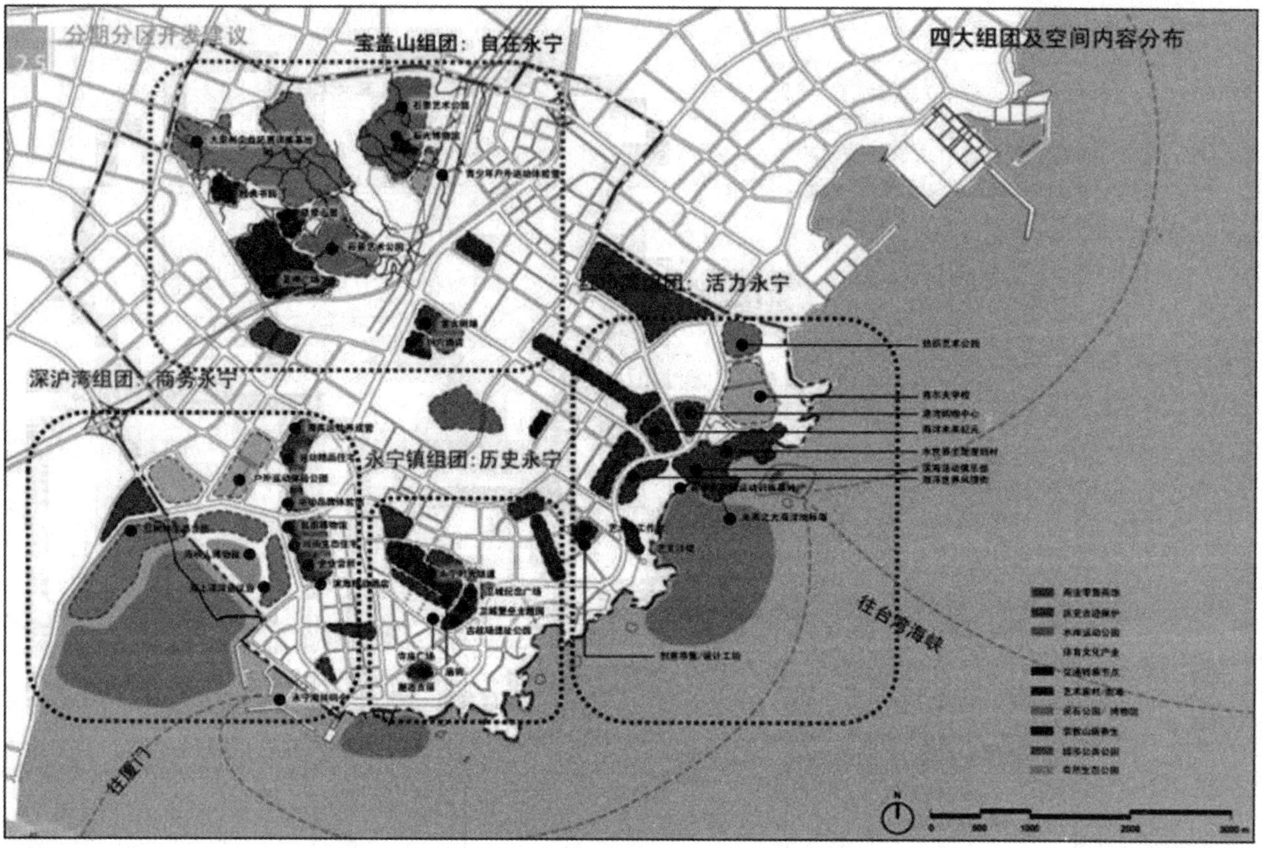

图 5－16 永宁四大组团及空间分布图

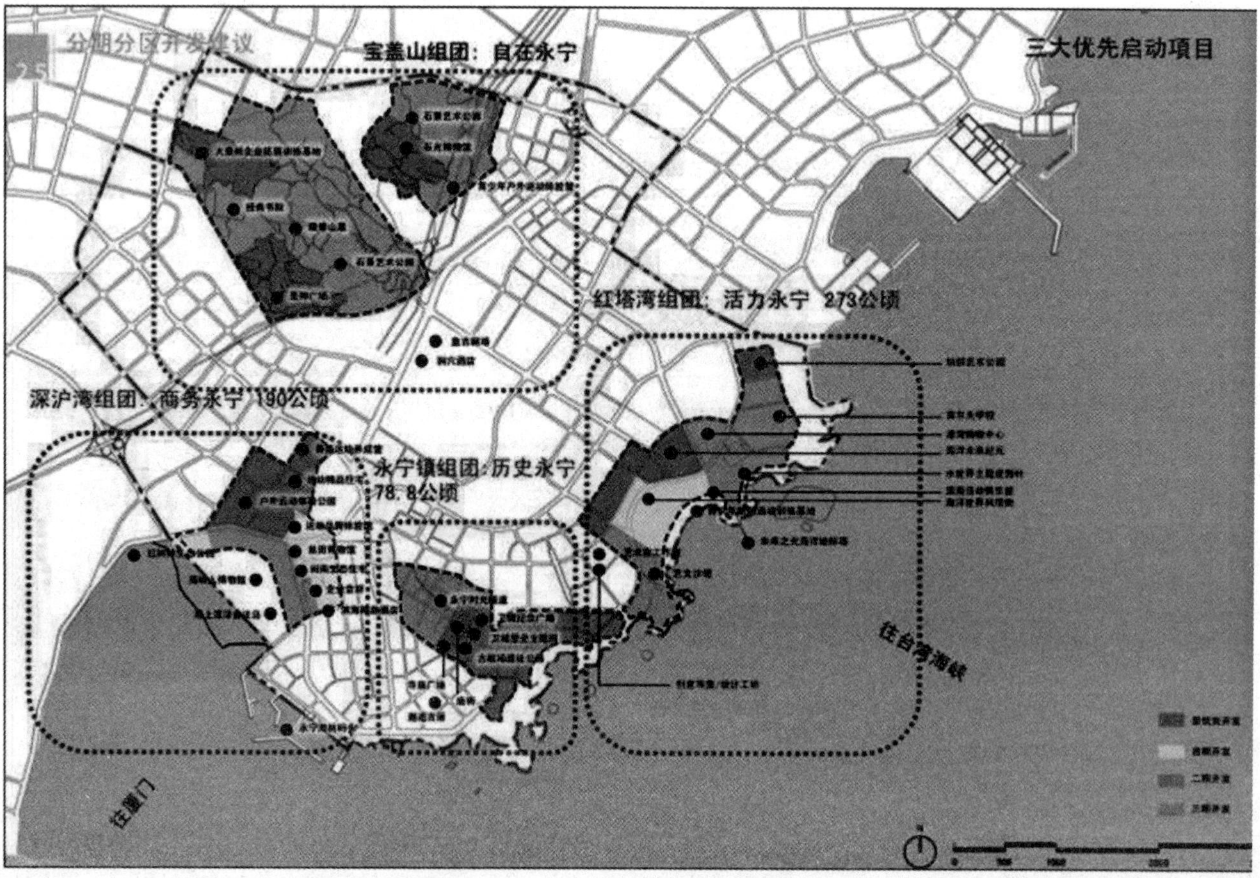

图 5－17 永宁卫城旅游开发三大优先启动项目

5.2.4.5　永宁卫城旅游详细规划

(1) 旅游发展原则和定位

①发展原则

遵循地域旅游发展战略思路，重点在于突出永宁卫城的历史人文特色，与国民经济和社会发展计划相协调，确立发展旅游与卫城保护的正确关系，树立以历史保护促旅游开发，以旅游发展助卫城保护的战略思想。

②主题定位

遵循主题化的发展思路，依据项目的地理特征、文化脉络、主要功能和发展前景，将景区主题确定为：

一级主题：闽海灵秀圣地，东南第一古卫。

二级主题：闽南记忆，永宁古卫；闽南寻根故里，海滨英雄古卫。

③基本功能

内涵：文化观光、军事旅游、节庆旅游。

目的：合理集聚人气，提升项目知名度。

④核心功能

内涵：军事体验、文化休闲、美食娱乐。

目的：提升项目品质，打造旅游形象，提高项目效益。

⑤辅助功能

内涵：古卫人居、传统教育、文化创意。

目的：理性沉淀人口，传承传统文化，拓展产业业态。

(2) 旅游市场定位

①区域市场定位

区域目标市场主要定位于闽台地区，以近程的泉州—厦门都市圈与台湾地区旅游市场为主、中远程市场为辅，以国内市场为主、入境市场为辅。

一级市场(核心市场)以泉州—厦门都市圈与台湾地区为主体的闽台地区；

二级市场(开拓市场)除泉州—厦门以外的整个福建地区、珠三角地区、长三角地区；

三级市场(机会市场)除一、二级市场以外的全国其他地区。

②细分市场定位

消费阶层——主要面向以闽台地区为核心的观光与休闲旅游者，兼顾公关接待和商务会议旅游市场。其消费阶层定位如下：

高端市场——闽台地区富裕阶层、大中型企业高层管理者与私营企业主及其商务会议、境外投资公司及外籍中高层管理者、入境高消费旅游者、政府高层接待与会议、富裕的专业技术人员等。

中端市场——大中型企业中层管理者与小企业主、入境中等消费旅游者、政府一般接待与会议、中初级专业技术人员等、中等家庭或伙伴式自驾车旅游者。

大众市场——个体劳动者，青少年学生，一般工人、农民和商业服务人员，普通家庭旅游者，普通银发旅游者等。

出游方式：团队与散客兼顾，其中散客以自驾车出游、家庭出游或伙伴式出游为主。

专项市场：古卫文化、军事文化与城隍文化爱好者，美食爱好者，古玩与博物爱好者，军事体验旅游者，青少年传统教育旅游者，婚庆旅游者，部分香客，休闲度假旅游者，政府与大中企业会议市场等。

(3) 旅游产品体系建设

遵循“整合与开发并重，优化与创新同步”的旅游产品开发方针，在旅游资源整合的基础上，充分利用古卫文化、城隍文化、节庆民俗、滨海度假等资源优势，遵循主题性、特色性、参与性和创新性的开发原则，开发旅游主导产品和旅游精品，强化产品特色，完善产品功能，形成以古卫观光、文化与军事体验、休闲旅游为主体产品，以商贸购物、节庆旅游、商务会议、宗教旅游和传统教育等专项旅游为辅助产品的旅游产品体系(表 5-4、表 5-5)。

表 5-4 永宁卫城内旅游产品体系设想

旅游产品	内容与特色	市场定位
观光旅游	古卫风貌、城隍庙、慈航庙、文祠、大夫第、文化表演等	大众观光市场
文化体验	古卫军事体验、城隍文化体验、传统文化体验、节庆民俗体验、作坊体验、民居体验等	大众旅游市场、专项旅游市场
休闲度假	文化休闲、滨海度假、养生运动、海上活动、美食娱乐	中高端休闲度假市场
商务会议	商务活动、企业会所、会议论坛、奖励旅游等	企业市场、政府部门、会议市场
其他产品	商贸购物、军事体验旅游、遗产旅游、传统教育、宗教旅游、考察交流等	旅游者、僧侣信徒、业界同行等

表 5-5 永宁卫城内游憩项目策划

名称	内容	详细说明
展览展示系列	发展优势	永宁历史悠久,有古卫文化、城隍文化、侨乡文化、台海文化等。因此,本系列可呈现地域丰富多彩的文化、艺术魅力,带动商业发展,促进消费,塑造文化游憩、提升知名度
	发展策略	迎合现代人心理,结合现代科技手段,突出参与性,避免静态观赏,不图大,在乎精、巧
	游憩项目	府衙展示馆、城隍文化展示馆、军事知识展示馆、永宁私塾文化展示馆、侨乡文化展示馆、台海文化展示馆、林氏家族变迁历史展示馆、布业服装展示馆、当铺金融展示馆以及一系列地域文化特色的创意手工作坊
	空间位置	卫城府衙、城隍庙、永宁楼、文祠、霞源古厝、大夫第、莺山书院、汉林楼等
古卫军事体验系列	发展优势	永宁卫城曾经是东南沿海拥兵最多的军事堡垒,其历史悠久,城池格局清晰,内容丰富
	发展策略	以富含明清卫所军事文化的体验、感受英雄地的文化特色; 复建小东门城门、城墙、城楼,复建卫城府衙、现代哨所等
	游憩项目	军事演出、军事参与体验、军事庆典活动、军事祭祀活动等
	空间位置	卫城府衙、哨所、城门、城楼、城墙、永宁广场、冷恩公园等
文化休闲系列	发展优势	地域文化类型丰富,文风兴盛; 历史遗存类型众多,内容丰富
	发展策略	以富含明清卫所文化的休闲设施、建筑小品的设计,体现卫所文化底蕴; 拓展城隍庙,形成城隍文化活动区; 修缮大夫第、莺山书院、汉林楼、宁东楼等,形成侨乡文化展示区、台海经贸文化区、军事知识展示馆等
	游憩项目	军事体验、戏曲、歌舞、宗教活动、节庆活动等
	空间位置	小东门卫城军事体验区、城隍文化活动区、永宁老街、侨乡文化展示区、台海经贸文化区等
美食餐饮系列	发展优势	地域美食文化丰富而厚重,海鲜类菜肴品种繁多,饮食业发达,因此,美食激发旅游兴趣、促进零售业发展、增加逗留时间
	发展策略	突出地域美食品牌推广,广泛经营特色小吃,结合现代养生理念
	游憩项目	区域美食、养生药膳、西式餐饮、明清餐饮
	空间位置	老街、观音街等
民俗演艺系列	发展优势	地域民俗文化类型丰富,内涵厚重,艺术人才荟萃,演艺业发展较快,因此本系列将提高游览趣味,展现民间艺术,增加停留时间
	发展策略	发挥民俗文化"富矿区"的特点,将民俗文化融入现代演艺
	游憩项目	戏剧表演(老街布置傀儡馆、戏楼、相贡馆等)、灯谜比赛、南音大赛、狮武大会、军事表演等

在游憩项目策划方面,结合各景区景点设置游憩项目系列、展览展示系列、文化休闲系列、生态休闲系列、亲水体验系列、美食餐饮系列、民俗演绎系列等。

(4) 重要旅游景点规划

历史上永宁曾有十八景,其中卫城内就有八景,大部分景点集中在现在的镇海石公园,如丹凤朝阳、犀牛望月、双鲤浴滩等，其他一部分分散在城内，但因时间久远，一些景已经难寻。据此，根据文献，本次规划在卫城内形成十景：旭日永宁、城隍神佑、象山望月、高阁观海、文昌书香、慈航庙影、霞源古厝、中坊夜话、永清霞辉、莺山书院等，并结合寺庙、古厝、各博物馆、展示馆、戏楼、书场等形成十个小景区。

“老街留晖”：为永宁老街。

“林第恩荣”：以大夫第为中心，包括林氏宗祠、莺山书院等，展示台海经贸文化与林氏家族文化。

“佛香南音”：以慈航庙为中心，结合周边茶座、酒吧等，形成听戏、唱戏、学戏、休闲娱乐的场所。

“城隍神佑”：以城隍庙为核心，结合大爱湖、神佑广场、神佑廊、城隍阁等，打造富有仙境般的城隍文化活动场所。

“聚星揽胜”：以文祠为中心，形成文人墨客聚集场所。

“霞源竞渡”：指霞源古厝为中心，展示海外贸易及其古街历史变迁。

“宴宫瑞祥”：指以宴宫为中心，营造以相贡、傀儡戏等地域特色的娱乐活动区。

“汉林晨烟”：指以汉林为中心，展示侨乡文化。

“中坊人家”：指中开坊周边街巷静谧和谐、生活气息浓郁的带有传统文化色彩的居住景区。

“冷恩圣境”：指以小东门为基础，结合小东门街、永宁广场、冷恩公园等形成卫城入口处旅游景观。

5.3　台湾聚落旅游开发实践

台湾地区的聚落保护在 1980 年代之前，无论在都市计划下的制度制定还是聚落风貌的整治实践中都遵循“现代城市建设”的逻辑，将道路拓宽而拆除聚落街巷两侧的街屋，以此实现“都市更新”，建设国际化、现代化的“进步城市”样式，聚落中的历史街巷不但未能受到重视，反而被视为妨碍市容的都市之瘤。1982 年台湾制定文化资产保存法相关规定，成立专职文化保护机构，学术界和民居爱好地方文史保护团体也开始积极呼吁政府对聚落街巷的保存必须有计划地投入关注，直至此刻台湾地区的聚落保护才正式被关注。鹿港古迹保存区是最早被指定的案例之一。最初，对于聚落保护尚未有基于市镇发展进行整体规划的概念。所谓保存区，即是圈定几个相邻的街区，在这个范围内推行强制保存建筑的政策，激起了相当居民的反感，而后才逐步完善了古迹或历史建筑修缮补助、容积率转移和容积率补偿等规定，为保存古迹和历史建筑或者维护历史聚落空间格局的行为提供了经济补偿和鼓励。

到了 20 世纪末和 21 世纪初，在台湾地区独特的政治及文化环境下，城乡差距不均等发展，小区意识高涨，本土文化认同的氛围方兴未艾，民间团体和知识分子大力推展文化保存与小区营造活动，促使政府开启对聚落保存计划的推动，以弥补城乡差距扩大的裂痕。初期聚落保存选择远离大都市的偏远地区进行，以历史老街保存为对象，如澎湖二崁聚落、新竹湖口老街、台南新港老街等。因政府经费投入有限，这些聚落及其老街的整治只是对聚落老街外观和硬体的修复以及基础设施的改善，缺乏长远的产业辅导和地方再发展的软体规划，未能给聚落及其街区注入新的生命力❶。

台湾岛内的历史聚落现在基本完成了着眼于永续发展的规划，台北迪化街的保存历史生动地记录了这个过程。古迹、历史建筑，尤其是聚落这样的整体人居环境，其保护手段不可能是单纯地保存，发掘其自身蕴含的经济增长点，将其纳入社会整体发展的轨道，才能使其存活，而非“标本”式的保存，而后续的维护管理将使这个过程可控，避免出现社会文化发展的突变和断层。在这个指导思想下，居民参与就变得相当重要，居民就是聚落的本体和保存发展的推动力。

21 世纪以降，台湾文化游憩产业兴起，强调文化体验的民宿和旅游欣欣向荣，对于具有历史人文内涵的历史老街的聚落本土风格再造，逐渐成为政府公共建设的主要施政主轴。早年因追求聚落效率与土地高强度商业使用而推行的将老街区拓宽道路、拆除老街的都市计划策略开始被修正，认为在都

---

❶ 引自：李乾朗，阎亚宁，徐裕建. 台湾民居[M]. 北京：中国建筑工业出版社，2009：276.

市发展主轴下应平行实施“历史特定风貌发展区”的另类城市规划。台北市政府于 2000 年推出“轴线翻转”计划，将淡水河沿岸清代河港旧街区的整修发展列为城市核心规划重点区，1992 年万华都市再造行动将视野放在历史街区的再发展上，包含龙山寺周边和剥皮寮清代老街的再生计划。剥皮寮老街的再利用，以历史老街空间配合万华地区生活故事，以地方义工导览与小学乡土教学结合，成为老城区的乡土教育中心。

5.4 案例分析：金门琼林聚落旅游规划

因特殊的时代背景与历史原因，整个金门县留存有大量的聚落，其历史文化遗产极其丰富。其中号称拥有千年历史，以文风鼎盛、人才辈出而闻名的琼林，遵循风水原则布局的珠山，建筑风貌中西合璧的水头，整体规划营建的山后以及历经战火洗礼的南山、北山与林厝等都是金门聚落的典型代表。对于金门聚落的保护与发展，有其独特的借鉴与启发价值。前面已对金门琼林聚落空间形态演变、居住建筑形态等展开了研究，本节就其保护与开发进行探讨。

5.4.1 琼林聚落现状分析

(1) 聚落发展定位与方向

首先，上位计划主要为金门特定区计划。1964 年，台湾颁布《都市计划法》。1982 年后，开始规划“金门特定区计划”，并于 1985 年 1 月公告实施。琼林聚落属于金门自然村住宅区，但因位于后来建立的“金门公园”内，根据“金门公园土地使用分区图”，而被划为“金门公园”内住宅农业及景观用地。所谓“金门公园”计划指 1995 年台湾当局行政主管部门公布“金门公园计划”，其计划范围涵盖金门本岛及烈屿(小金门)的局部区域，所划入范围拥有重要战役史迹、人文资产及自然景观，且为较低密度的非都市发展地区。范围包括太武山区、古宁头区、古岗区、马山区、烈屿区等五个区域。其计划原则包括：(1) 凸显“战役纪念之特色”；(2) 兼顾史迹保育及城乡发展；(3) 重点保存聚落之建筑景观及古迹遗址；(4) 适度保存自然生态复育区；(5) 区分金门公园区域与邻近都市计划区的发展原则。琼林聚落位于太武山区范围内，以维护既有建筑风貌为主旨，可提供解说服务设施、建筑景观赏景步道、文化商品街等服务设施，以鼓励维护及活化传统建筑的再利用，并研究建筑设计规范供居民改建参考，以维存本区特殊建筑景观风貌，供观赏、品味与研究，且细部计划中聚落的土地使用分区管制为规范聚落内未来的土地发展与使用模式。

琼林聚落在“金门公园土地使用分区图”中被划定为“第一类一般管制区”(简称“管一”)内的聚落，其土地分区使用计划依循《金门公园保护利用管制原则》，而非《金门自然村土地利用分区管制规则》。

据此，琼林聚落环境规划理念与构想以“金门公园计划”为基础，其一对聚落小区发展进行细部的规划设计，其二贯彻“生态博物馆”理念。其中，聚落小区细部规划设计基于琼林的三项主要特色：战役史迹、宗祠与自然村传统空间等。根据 1984 年的《金门公园区内聚落小区细部计划》报告，琼林聚落在“金门公园”的保护区内的未来发展方向与功能角色定位为：以居住活动为主的农村集居中心，展示丰富的人文生活史迹的聚落，规模完整且具有社会力强的自然村❶。

生态博物馆的规划理念的依据为 2002 年新制订的“金门公园计划”，计划提出“金门公园”内的聚落以生态博物馆为发展方向，尝试以“生态博物馆”概念建构“金门公园”聚落的发展机制，将“金门公园”视为一座生态博物馆，分成生活圈、中心博物馆、卫星博物馆、次卫星群、通道五种层级单元，并组织这五项单元，使其成为完整的系统。琼林聚落属于卫星博物馆，其规划强调地方社群及生态的关系以及居民参与及自我管理的精神(图 5-18、表 5-6)。

❶ 引自：蔡显恭. 金门传统民居再利用之研究——以琼林聚落为例[D]. 台南：成功大学建筑研究所，2006.

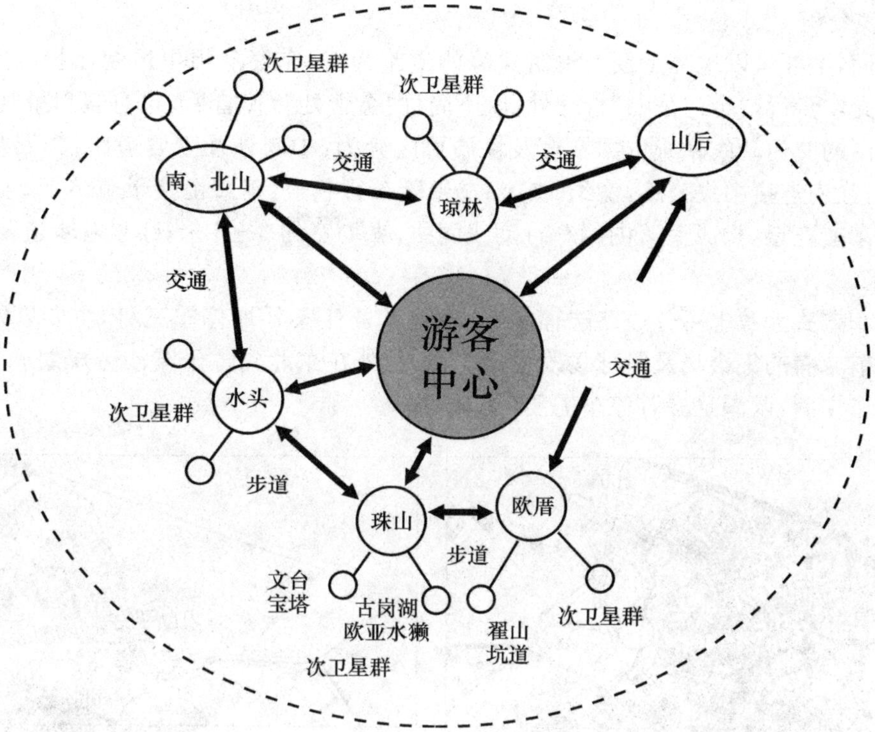

图5-18 "金门公园"聚落生态博物馆组织层级单元示意图❶

表5-6 "金门公园"聚落生态博物馆组织层级单元内容

层级单元	内容
生活圈	以整个聚落分布区域,配置相关设施,以强化游憩来访者的可达性、便利性及舒适性,包括停车场、信息旅游中心、民宿等
中心博物馆	为"金门公园"游客中心,肩负文史教育、地区导览、掌控总量承载、视讯管理、信息网络、倡导传播等功能
卫星博物馆	周围网络相连的据点,包括山后、琼林、南山、北山、水头、珠山、欧厝七个聚落,除做学术性的收藏、展示或解说教育活动,还需要与在地住民合作,反映他们探索、收藏及解释自己历史的需求
次卫星群	聚落周边生态、人文景观、战役史迹,例如邻近珠山欧厝的古岗湖、欧亚水獭、文台宝塔、翟山坑道及南北山附近的双鲤湖湿地中心、水尾塔等
通道	将七个聚落以观光街车路线结合成一体,在沿观光街车路线的适合位置上规划停车站,以便参观者上、下车。既成具有历史性街区以徒步道联系,并连接外环道路及通往森林、海岸之木栈步道以便于生态休憩活动

(2)聚落区位及周边环境分析

琼林村位于金门岛中央,是金门东西往来交通的必经之地。由于历史悠久且明清时期出仕甚多,其昔日活动种作范围甚广❷,居住范围以传统五方为界。如按现行行政区划分,琼林聚落设置于"琼林里"之下,琼林里包括琼林、小径及珩厝三个自然村。聚落外围的东方设置出入口,聚落南、北方在中央公路、环岛北路与琼林路的交叉聚落入口处,各有一军营与一座机枪堡。

自然环境方面,琼林聚落位于太武山西麓,地势外高内低。琼林内有一条小溪流"溪沙",现在因琼林水库的兴建,成为聚落内的排水沟。聚落内外有大大小小人工开凿的蓄水池数处,在西南角外围有琼林水库,东北角保护庙前有一印月池。聚落内少有植栽,树木较少。

❶ 图片来源:蔡显恭.金门传统民居再利用之研究——以琼林聚落为例[D].台南:成功大学建筑研究所,2006.

❷ 聚落昔日八方界线为:东,石船头;西,后盘路;东南,前江海之陈坑石壁沟;北西,后江海之龙口;南,前江海之昔果山;北,后江海之浦方边大海;西南,双乳山之沉太武沟;东北,猫冈山(汉宝德,1989:3).

(3) 交通系统分析

动线系统方面,主要是以琼林街及沿聚落边缘的道路为主,在聚落历史风貌保护区内则保有狭窄的巷弄供人行及观光客步行,“金门公园”管理处(以下简称“金管处”)接管后,也有规划景观步道,并以铺面材料区分。聚落内的交通动线系统依据宽度及性质可区分为:①联外及主要道路:由聚落内的琼林街往北连接环岛北路,往南连接中央公路,宽约 12 米;②聚落车行巷道:垂直衔接于琼林街,东西向贯穿聚落,与聚落边缘外环车道连接,构成聚落内的车行动线网络,平均宽约 3～5 米;③景观步道及聚落人行巷道,一般宽约 1～2 米。

聚落内的停车方式大致上可分成路边停车、空地停车及住家外埕停车三种,主要以路边及空地停车为主。在村公所前原有的集会场及篮球场改成停车场,另外在东北角位于溪沙旁规划一处供游览车等大型车辆停放的停车空间,以满足旅游停车需要(图 5－19)。

图 5－19　琼林聚落交通分析图

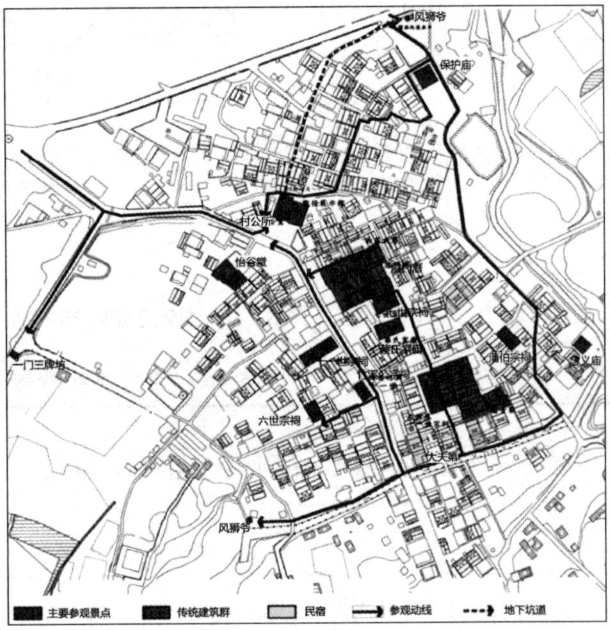

图 5－20　琼林聚落观光路线分析图

(4) 观光系统

琼林位于金门岛的中心点,可发展低密度的旅馆,结合聚落外围的自然景观,成为一个农村风光形态的度假胜地。但是自从金门整体观光质量下滑,聚落内的观光只剩下“琼林地下坑道”与“风狮爷”,缺乏有深度的参观导览。“金门公园”重新规划及小众旅游推广后,聚落除了对原有古迹及历史建筑进行整修外,还建立了解说步道,使观光系统在硬件设施上有了基本改善。

在观光资源方面,古迹有七座八祠、风狮爷、一门三节坊、保护庙、忠义庙、怡谷堂,历史性建筑包括进士第与六路大厝等。在大宅甲及楼仔下各有一处隘门群,以工整的梳式布局构成,在狭窄的巷道设置隘门,昔日为了防御盗贼,现已成为观光客体验闽南传统生活场所的观光据点。另外,还有战役景观,即由村公所进入的地下坑道,通往保护庙后方的防空洞,这是聚落内尚未坍塌的地下坑道之一,也是目前最主要的观光景点,在村公所旁设有“战役展示馆”(图 5－20)。

古厝民宿方面,目前琼林聚落已有四栋传统民居完成整修,并委外经营民宿,分别为琼林大夫第、琼林 153 号蔡氏祖厝(十三间民宿)、琼林蔡氏钰永祖厝及琼林 100 号蔡氏祖厝等。

(5) 聚落人口及产业

琼林聚落目前约有 593 户,总计 1 483 人,是金门地区规模较大的聚落之一。但由于金门属于小岛型经济形态,聚落内缺乏具有吸引力的产业,年轻人皆向外发展谋生,人口外流使得聚落渐渐成为老人村。

聚落居民中从事军、公、教的人数较多,且多中年以上,部分以营建业为主,年轻人大多选择居留台湾工作。聚落传统的农耕以及瓷土工业已经衰落，整个琼林聚落没有相当规模的产业支撑。目前琼林聚落依托的是新兴的观光产业与传统农渔业。近年来琼林聚落的观光产业，经过市场的一度萎缩后，尚处于零星的发展中，与观光产业有直接关系的包括特产店 1 家、民宿 4 家以及收费的地下坑道。

（6）土地使用现状

为了保护聚落的传统风貌并兼顾人口的发展需要，“金门公园”将琼林聚落的土地分成三种用地类型来管理，即历史风貌用地、生活发展用地与外围缓冲用地（图 5－21、图 5－22）。

历史风貌用地主要是聚落中重要地域特色的传统建筑或地景，范围内包含了蔡氏宗祠寺庙群（七座八祠）与其周围广场、若干隘门防御性空间的古厝群落、怡谷堂、村里办公室、展示馆等。生活发展用地则为现有居民居住地区，以包围历史风貌区的民宅及其间夹杂的空间为主，大致以环岛北路、溪沙、聚落内环道路及林地边缘为界，约与传统五方所划设之范围相同。外围缓冲用地以生活发展用地外围的林地、田地为主，亦是聚落（管一）与其他分区的缓冲地带。划分此三种用地的目的是引导未来聚落人口发展由生活发展区渐次地扩散至外围缓冲区，而历史风貌区内以原样修缮为原则。

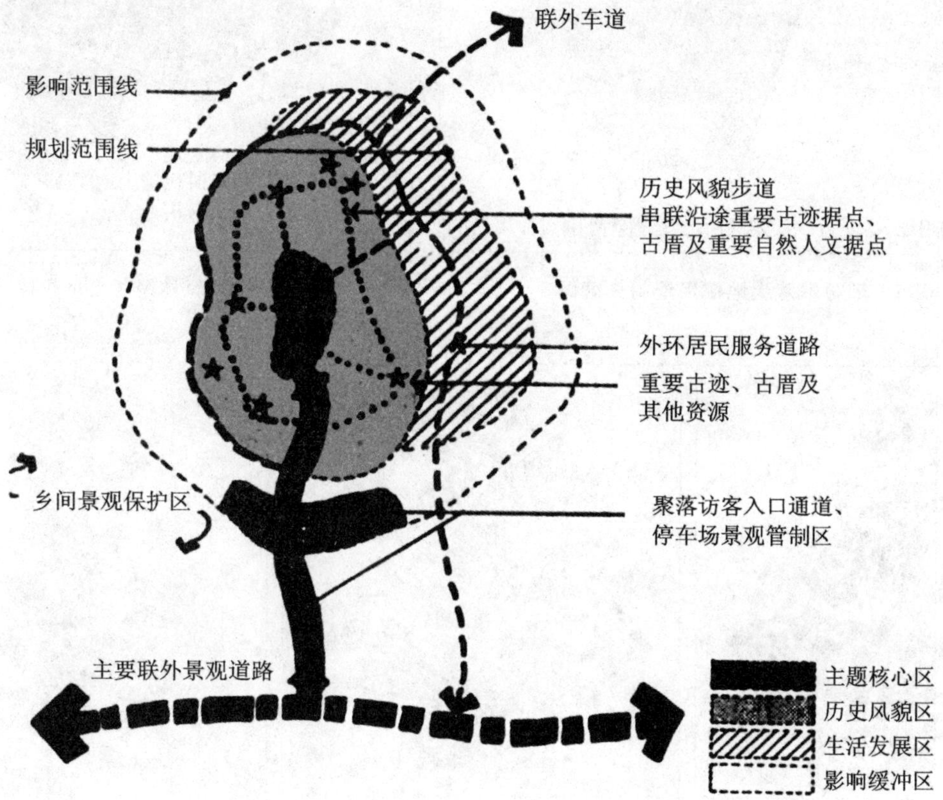

图 5－21　琼林聚落土地使用分区概念图

在土地权属方面，依据地籍资料统计，琼林土地面积约为 15 公顷，其中大部分为住宅用地；土地持有权在分类上有以下几种：公有土地（包括：台湾当局所有土地、金门县政府所有土地、“金门公园”暂时代管土地）、私有土地（包括：私人团体—宗教庙产、财团法人、私人企业、私人所有—私人民宅之土地）。其中，公有土地占 18%，财团法人蔡氏宗亲会拥有土地占 8%，私人土地占 74%（图 5－23）。

（7）聚落建筑物现况调查

①建筑类型

琼林聚落建筑按建筑式样分类，可分为传统闽南式、洋楼立面、楼仔厝（无任何装饰）、传统风貌新建筑（运用传统闽南建筑语汇装饰等类型）；按空间形式分类，可分为传统合院、透天、店屋和其他等类型；按使用机能分类，可分为住宅、宗教庙宇、店家、公家机关和其他等类型（图 5－24）。

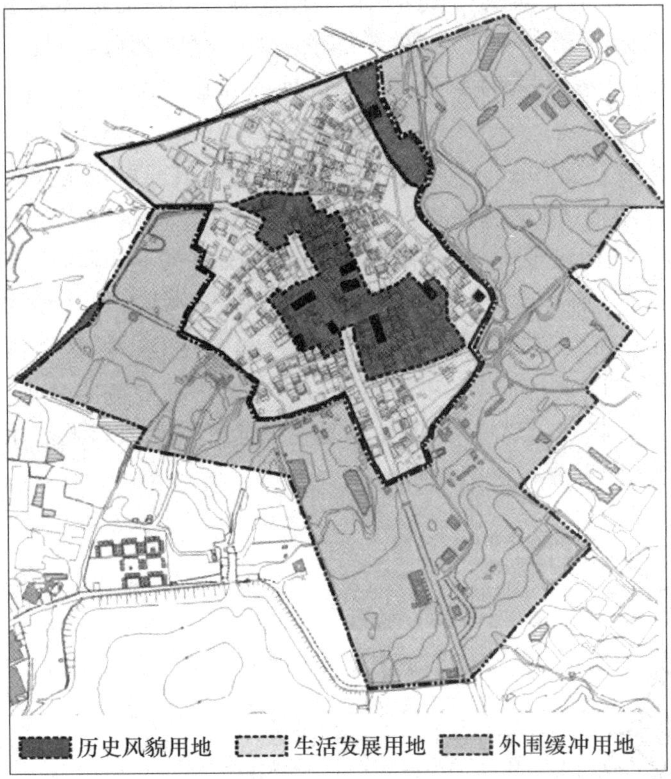

图 5－22 琼林聚落土地使用管制分区图

图 5－23 琼林聚落土地权属分析图

图 5－24 琼林聚落建筑类型分析：传统合院民居分布(左)、楼仔厝住宅分布(中)、新式民居分布(右)

综合前文，本书将其分成七类：传统合院民居、宗祠、寺庙与古迹；洋楼、店屋、楼仔厝住宅(无装饰)、传统风貌新式民居及其他(仓储、农舍)等。

就民居而言，目前琼林聚落仍以传统合院民居为最多，它是构成聚落的主要建筑类别。其次为对聚落风貌影响最大的楼仔厝(无任何装饰)住宅，主要分布于聚落外围或临琼林街兴建，亦有零星者位于聚落核心区，其主要功能为住宅，仅有琼林街旁者为住商混合。传统风貌新式民居是近期因奖励补助而逐渐兴建的，目前没有形成群聚的区域，但其兴建速度较快，主要分布于聚落外围，也有少数出现于聚落核心区。

对于聚落的整体风貌而言，除了积极维护原有的传统合院民居外，对于既有与传统风貌格格不入的楼仔厝应改善其建筑外观，以减少对于聚落整体景观的冲击，对于聚落内逐渐兴建的传统风貌新建筑，应加强对建筑高度的管制以及外观材料、色彩、装饰等的要求。

②在建造年代

琼林聚落建筑从建造年代上划分可分成：明清时期、侨汇时期、军管戒严时期及“金门公园”时期四个阶段。其中，约 1900 年前的建筑物全都是传统民居及宗祠庙宇，大部分建筑的内部已经过无数次的修建，但是可以从外墙面大致判断其年代❶。1900—1949 年（侨汇时期）兴建的建筑物包含传统合院式民居以及洋楼，在质量上比起 1900 前兴建的民居要精致，但数量上最少。其传统民居以二落大厝之类型居多。可以从外墙装饰判断，以彩瓷装饰凹进的入口墙面者即为侨汇时期所兴建。1949—1992 年间（军管戒严时期）的建筑物，以钢筋混凝土构造为主，无任何装饰的平屋顶“楼仔厝”即是此一时期的代表性产物，另外还有仿传统民居格局兴建的“颠倒厝”❷以及大厝身二楼化之传统民居等。

③建筑物使用状况

建筑物使用类别可分为住宅、民宿、商店、公家机关、宗祠庙宇、展览与闲置等七种。传统民居仍然是聚落居住的重要空间，绝大部分为住家使用，但由于人口外流严重，加上传统民居老旧不堪等因素的影响，现存 168 栋传统民居中有高达 56 栋处于闲置状态，而闲置的民居缺乏使用与维护，多数处于任其毁坏的状况。“金门公园”在积极鼓励修复的同时也推广“古厝民宿”度假旅游的计划，通过取得传统民居管理权的方式，委托他方经营民宿，目前聚落中有 4 栋传统民居已改为民宿使用。此外少数具有历史价值或建筑特殊性的建筑被指定为历史建筑，成为聚落的观光景点之一，其功能以展览为主。

④建筑物结构现状

传统建筑结构现状（图 5 - 25）可归纳为：

其一，保存良好而完整。由于长期居住，居民不定期地进行维护及整理，故此类建筑保护十分完整。

其二，原样完整，但部分毁坏。使用了传统工法及材料修复，大部分仍维持住家使用，亦有闲置者当仓库使用。

其三，严重毁坏，但可修复。严重毁坏，大部分无人居住，主要破坏出现在木屋架构上，长期以来屋顶产生坍塌现象，而墙身仍保持其原有结构强度。

其四，几乎全毁者。系指只剩下残缺的墙面屋顶，整个建筑不完整，须采用重建的方式才能恢复其风貌。

其五，古厝已部分自行修复，尚能使用。是指居民仍居住在其中，但是由于经费或其他因素，对于破损的传统民居仅能以现代的营建材料修护，如屋顶用铁皮修补，或非结构墙用钢混结构取代等。

图 5 - 25　建筑结构保存状况

其六，“金门公园”补助完成整修。“金门公园”计划实施期间，于 1999 年通过《奖励补助维护传统建筑风貌实施要点》，针对聚落内的传统民居修复提供金额不等的补助，对聚落保护与传统建筑发展产生具体的效益。琼林村通过申请补助至今已完成约 30 栋民居的修复（不包括宗教性建筑），从外观上即可明

---

❶ 外墙的构造方式是“砖墙加上乱石砌”或是“出砖入石”的建筑绝大部分都有百年以上的历史。这类建筑是聚落悠久历史的见证，也是聚落保存与再利用的重点。

❷ 颠倒厝：平面格局与一落二、四榉头相似，但无深井，以传统的背面为正面，大门设置于大厝身。

显看出修复与未修复的差异。

其七,钢混建筑结构。系指传统民居早期修复时,希望以一劳永逸的方式解决问题,通常会改为平屋顶的方式,格局上仍维持原样。另外1971—1981年兴建的"颠倒厝",也是以钢混为主体结构的传统样式建筑物。其他则泛指聚落内以钢混建筑结构兴建的住宅或公共设施。

5.4.2 聚落民居产权问题分析

金门传统民居大部分属于"祖公厝",家族代代相传的结果,往往造成房屋产权的共同持有现象,农渔社会时可能是两三户共处一个屋檐下,各自有独立的生活范围,也有共同使用的区域,时至今日产权更加复杂,且使用方式也与以往不尽相同。目前,琼林聚落产权持有方式主要有如下几种:

①单一持有:在目前聚落内所有的传统民居中,单一持有的数量占24%,相较于共同持有者差距明显,持有者以老年人居多。

②共同持有:共同持有的传统民居比例高达55%,这是由于早期农渔经济时,大多数人的资产就是土地与房子,且发展到1900年之前聚落早已经饱和,在人口扩张压力和土地限制等因素影响下,聚落采取分家产方式,依照建物、土地、产业的总和平均分配给子孙。房屋通常以男丁为单位划分,一般分成2~4份。以一落四榉头为例,若分为2份,则祖公厅与深井共享,其余大房及榉头以左右分配(图5-26);若分为4份,同样以祖公厅与深井共有的原则,左右大房各一份,左右二榉各一份,并维持"灶脚"的尾榉空间共同使用(图5-27)。上述两者是一般的划分方式,经历数代后,房屋的划分经过协商合并或再分后,一般多至五六份,规模大者可至十余份,其共同持有的方式不尽相同。

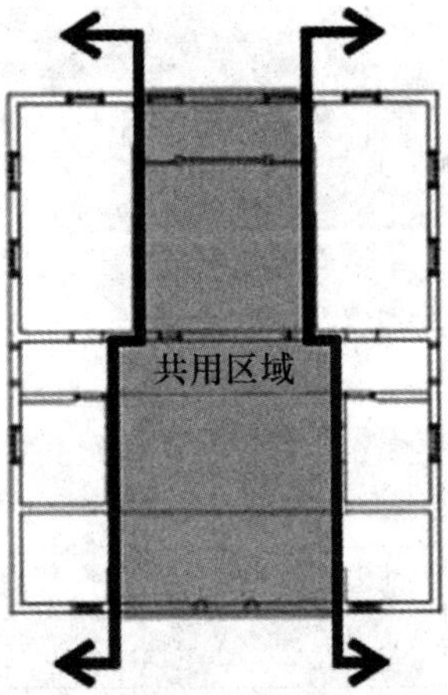

图5-26 产权2份分割方式

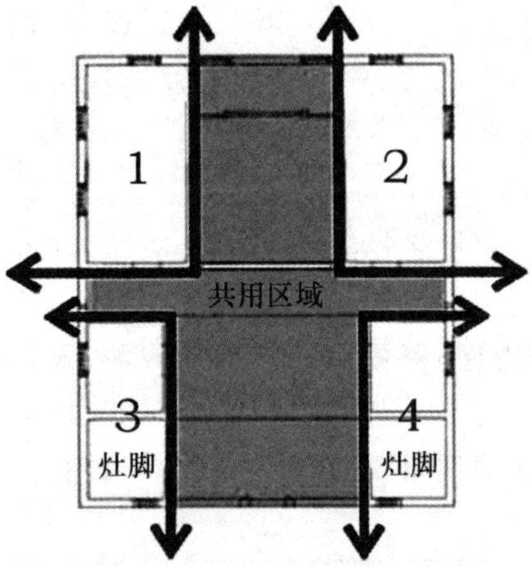

图5-27 产权4份分割方式

产权共同持有,除了形式上是以土地分割为依据外,最重要的是共同维护祖产的传统家族观念的延续,故有些传统民居并无实际的土地分割方式。

③产权不明:即产权未登记所有人或无法联系上登记所有人。琼林聚落的传统民居产权不明者有13栋之多,占8%。

④委托管理:指传统民居的原持有人因移居他处而将房屋委托邻居或亲戚代为管理维护,有的甚至连同土地权状等证明文件也代为保管。这类传统民居在琼林聚落有4栋,有的是侨汇时期原持有人至南洋工作定居,委托族人管理维护,如琼林20号,因其持有人定居新加坡,目前由居住于20-1号的亲戚管理使用;也有的是原持有者战后移居台湾工作而将产权委托给亲戚保管(表5-7、表5-8)。

表5-7 琼林传统民居产权持有方式数量比例分析

类型	单一持有	共同持有	产权不明	委托管理	无法得知
数量(168)	40	93	13	4	18
百分比(100%)	24	55	8	2	11

表 5－8　琼林聚落传统民居产权与居住现况统计表

居住方式		无人居住	单一户居住全部使用	单一户居住部分使用其余闲置	两户以上居住，共同使用
数量(168)		64	87	12	5
比例(100%)		38	52	7	3
产权持有方式	单一	6	33	0	0
	共有	24	54	12	5
	不明	13	0	0	0
	委托	3	0	1	0
	不知	18	0	0	0

产权问题造成传统民居保护的困境，主要在于政策规定必须明确取得土地使用权方能为建筑行为申请，以保障地主权益，多数产权不明的传统民居在此一情况下无法进行修复，建筑物的损毁无法及时补救。在共同持有者意见出现分歧的情况下，传统民居修复也无法进行，通常建筑物也只能闲置任凭毁坏。

琼林是传统单一姓氏血缘聚落，产权复杂的问题尤其严重，其产权产生的传统民居保护问题可归纳为 4 个类型：

①传统民居持续闲置毁坏。目前，传统民居持续闲置毁坏者有 26 栋，其中因为产权问题毁坏者有 16 栋，产权不明者 13 栋，产权共有者 3 栋。产权不明的形成因素是闲置毁坏的问题根源，无代管人且无法联络到产权持有人的情况下，纵使"金管处"想出资修复，但碍于政策限制，只能任其闲置毁坏。对于共同持有的情况，当共同持有人在追求利益时，会产生意见分歧，令毁坏无法居住的民居无法集资修复，甚至简易搭建可供祭祖的临时空间，这类民居多是规模较大者。如琼林 229 号，由于已严重毁坏，且所有持有人早已搬迁至他处，对于祖厝修缮不甚关心，仅仅祭祖时才会开门(图 5－28)。

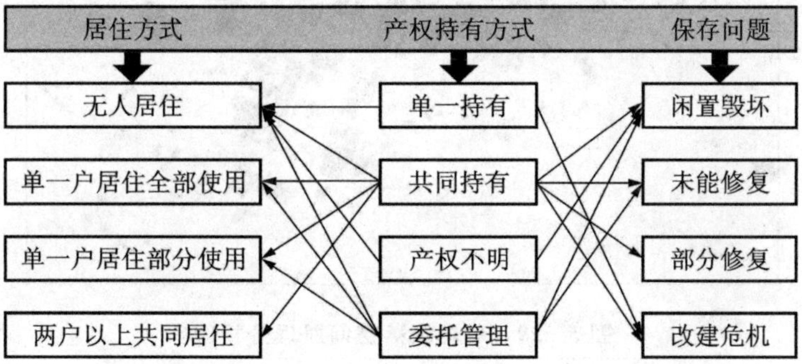

图 5－28　产权持有方式所衍生之居住方式与保存问题

②传统民居有人居住却未能修复。目前仍有住人的传统民居中，有 24 栋是需要修复及 4 栋急需修复，其中有少数因为产权的问题未能修复，可分为产权共有与委托管理两种情形。产权共同持有如琼林 216 号，居住者仅持有部分产权，而其他产权持有者居住在外地，且认为出钱修房子也是别人使用，不愿意出资修复，这时居住者则会消极地面对修复。产权委托的民居以琼林聚落 20 号为例，目前在此居住的仅剩一位老翁，一心想申请"金门公园"的补助修复，但碍于房子的产权不属于自己，产权持有人远住新加坡又无意修复，只好将就住下去。

③传统民居仅有部分修复。以琼林 157 号为例，产权共分为 3 份，右边凸规一份，正身右侧一份，正身左侧及左侧凸规一份，只有右侧凸规的部分完成修复，而正身的左侧严重毁坏，正身的厅及右侧空间住了一家人，且急需修复。

④传统民居面临改建危机。主要体现在共同持有的传统民居在整修维护时，都会面临修复经费负担比例的问题。

5.4.3 琼林聚落整体性保护原则

基于上文对琼林聚落历史变迁及现状的分析，可知聚落保护的价值与现阶段保护与发展的要求，以此确定聚落整体性保护的原则。其主要内容有：

(1) 保护聚落传统风貌与空间肌理。传统风貌是聚落保护最基本的价值之一，琼林聚落至今仍保有完整的成片的传统建筑群，为此，必须保护好这一建筑群，除了保护好由屋顶形式、墙体构造等空间元素构成的传统风貌以外，还要保护好经过数百年形成的空间肌理(图 5 - 29)。

图 5 - 29 琼林聚落空间肌理分析图

(2) 维持聚落居住人口强度及活动力。聚落保护不仅仅是"硬件"的保护工作，更重要的对象是居住于聚落内的"人"。由于人口外流，琼林聚落的人口结构呈现老化的现象，随着年老者的消逝，聚落必将丧失原有的活动力，无形的文化也将无法代代传承。聚落开发必须以居住人口为后盾，规划的落实应借由聚落居民的参与，以单姓血缘聚落的凝聚力，达成聚落保护及再利用的目标。维持聚落居住人口强度与活动力，是聚落开发的方向，也是最终的目标。

(3) 复苏地方产业，带动观光产业的发展。聚落原本是一安居乐业的生活环境，但随着传统农业的日益没落以及社会形态的改变，聚落空间转变成仅提供安居功能的"传统小区"。开发的目的在于地方产业的复苏并带动观光产业的发展。琼林聚落拥有广大的农地以及丰富的海洋资源，对于农渔业的再发展有绝佳的条件，聚落内大量保护良好的传统民居更是重要的观光资源，因此，可配合观光政策与民宿旅游，发展休闲农业。

(4) 以居住为主、观光为辅的空间营造。聚落在强调发展的过程中，应以改善居民生活空间质量为主，以完善、便利的生活空间为基础，发展适合观光的相关设施。

5.4.4 聚落保护与旅游发展具体规划

(1) 土地使用规划

基于目前以聚落风貌维护为目标的使用分区，即整个聚落“一般管制区一”(管一)，聚落区分成“历史风貌用地”“生活发展用地”及“外围缓冲用地”，同时兼顾观光发展、使用用途等因素，强化聚落核心区域的观光活动，设定“观光主题设施用地”(表5-9、图5-30)。

表5-9 琼林土地规划分区

类别	分区目的	分区范围	保护与发展设想
历史风貌用地	维护聚落核心区域的空间结构、肌理、传统风貌，作为地方认同、文化教育的空间	以琼林路从怡谷堂、村里办公室至溪沙的一段为主轴，以部分的溪沙及聚落内环道为边界，范围包含了蔡氏宗庙群与其周围广场，若干具有隘门防御性空间的传统民居群、怡谷堂	(1) 整合区域内的观光景点，如七座八祠等，加强历史文化的解说及导览设施。 (2) 维护传统民居的历史风貌，导入现代化的居住功能，避免过度强调观光活动，以维持原有居住文化为原则，必要时可导入民宿等居住性的观光设施
生活发展用地	提供地方持续性发展所需的土地，在维持聚落空间肌理下，引入现代化居住单元及居民所需的公共设施	包围着历史风貌区的民宅及其夹杂的空间，约略相当于传统五方所构成的范围	(1) 提供居民现代生活所需的便利性、休闲性、公共设施或商业服务等设施。 (2) 改善现有的景观风貌，使之延续历史风貌用地的景观特色
外围缓冲用地	提供聚落成长所需的生活用地，作为聚落发展的缓冲空间	以生活发展用地外围的林地、田地为主，作为聚落发展的缓冲带	(1) 发展聚落外围的休闲农业，并保育现有的生态环境，结合聚落的观光发展，提供游客与居民绿色的休憩场所。 (2) 管制目前农舍兴建对于地景空间的破坏
观光主题设施用地	强化聚落的观光活动，提供游客消费、举办活动等用地	以琼林商店街为核心，包含两侧的商业店面，以及延伸至巷道旧有的店面，以及琼林村公所、文化展示馆及其所面对的广场	(1) 集中聚落观光消费性设施，复苏琼林街的商业活动，包含发展目前的店屋以及由传统民居改建的餐饮店、主题艺品商行、解说中心等。 (2) 以村公所及广场作为迎接游客的大厅，强化目前的导览及解说，并有效运用广场空间

(2) 交通系统计划

交通系统规划的原则与策略有：其一，道路层级的明确区分，强调居民的便利性，对于车辆进行管制。其二，人车适度分离，创造景观步道及车道。其三，维持原有聚落居民生活的步道网以及建构适合观光游客的导览路径。其四，对于停车空间则依据道路的使用方式及其宽度设置。

琼林聚落内的交通系统规划主要包含六类：其一，区域性外环道路。由琼林西南边的计划道路(连接中央公路)、环岛北路(联络金城与沙美)与其间之联络道路共同构成，供参观游客的车辆与南北向穿越性车辆使用。原有的琼林路，仅供居住于聚落内居民使用，以景观道路取代现有连接道路的功能。其二，聚落内环道路。由聚落边缘两条约略南北走向的环道构成，路宽2～6米不等，以提供聚落居民日常生活使用为主，外部车辆与游客车辆不得进入。其三，服务道路。包括由聚落内环道延伸出的既有车道与琼林路，仅供居民与服务性车辆(如垃圾车、救护车、消防车等)使用，严禁外部车辆与游客车辆进入。琼林路除了在特定时间提供沿路两旁商店进出货使用外，主要服务于游客与居民的行人徒步区。其四，聚落巷道。基于现有步道进行改造，因受限于既有尺度，均以行人徒步为主，主要服务对象以居民为主。作为游客导览系统的一部分，用既有的巷道串联参观点，强化景观与服务设施，成为一自导式步道，除满足游客需求外，亦作为居民户外休憩空间的一部分。其五，景观自行车道。主要以聚落内环道路为主，连接至琼林路的景观道路，延伸至琼林水库，沿着聚落西边通往恩主公庙的道路绕回聚落内部，成为一环状的景观自行车道。其六，停车空间。在确保游客车辆不进入聚落内部的原则下，将游客停车场规划在区域外环

图 5－30 琼林聚落土地使用计划

道与琼林路交接处，以满足游客的停车需求。由于聚落拥有自用车比例较低，居民维持目前自家门前空地停车的方式即可满足需求，不必另行设置集中式停车场(图 5－31)。

(3) 开放空间规划

聚落多数的开放空间并非由规划设计形成，而是随着时间演变，因为土地产权、宗族关系、外力介入等因素逐渐形成，故其开放空间均有经年累月所发展出的独特性，与聚落生活形成一紧密的关系。所以，开放空间规划并非在创造开放空间，而是找回或提升开放空间原有的特性。主要策略包括：其一，整合目前聚落内的开放空间；其二，利用修景而非造景的方式改善开放空间的景观与使用；其三，以聚落居民生活为主、观光游客导览为辅进行开放空间的改造。

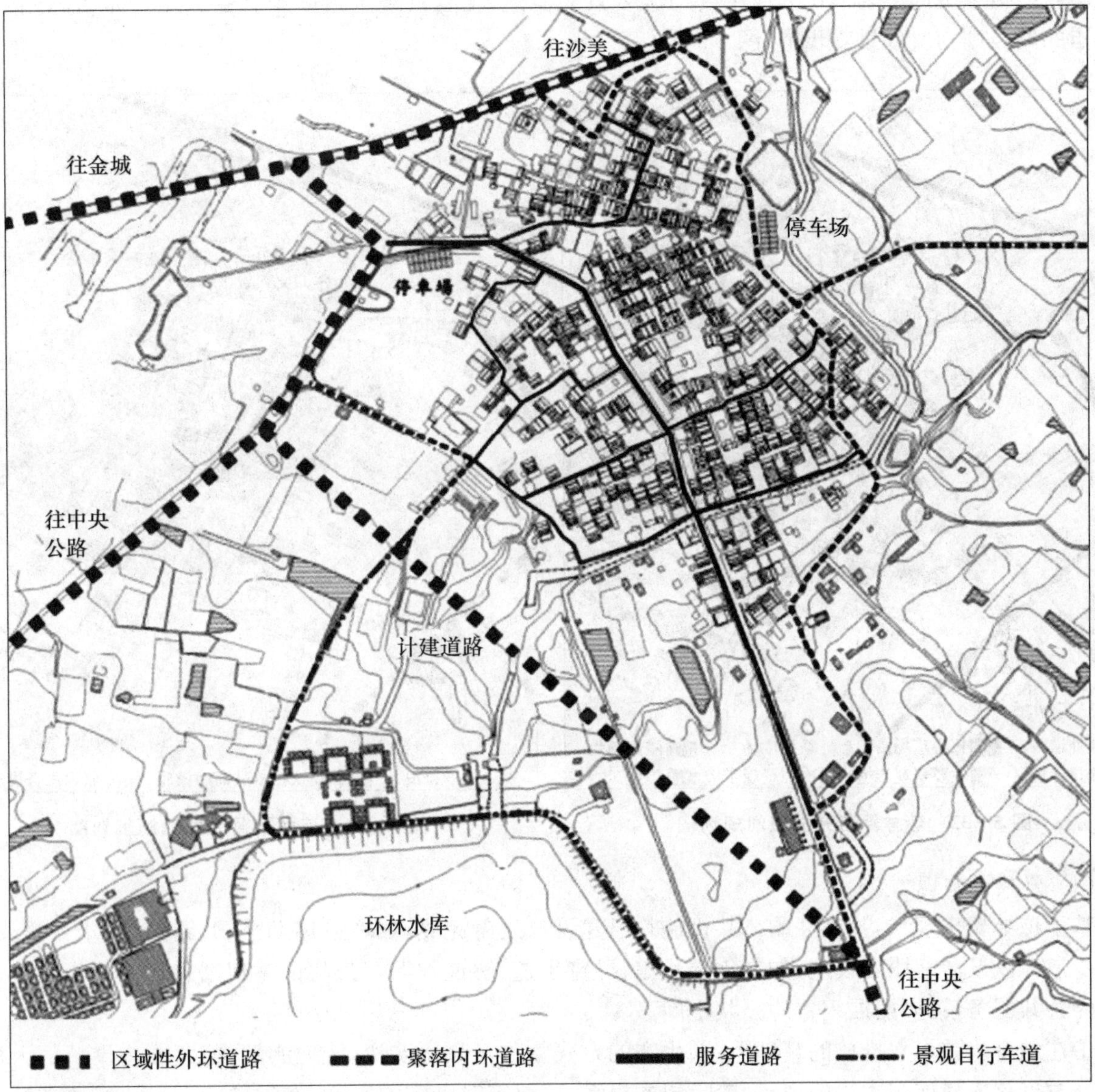

图 5－31　琼林道路系统规划

琼林聚落内的户外开放空间除满足一般日常生活所需的休憩空间外，另需提供游客服务设施与休憩、停留的空间。目前，只服务于居民的外部空间有五处，包括已完工的琼林苑运动公园以及聚落北边的儿童公园和大厝甲、东南边楼仔下甲与西边大宅甲三处作为邻里广场的公有地，提供居民休憩与集会的场所。同时服务于游客与居民两者的开放空间有：①核心广场。包含原农会谷仓（现为聚落文化展示馆）、洋楼、怡谷堂与其间广场，整修成公园广场、媒体解说中心、文物展示与艺品贩卖中心及训练教室，作为提供游客信息服务的休憩空间。②休憩区。一处是六世竹溪公宗祠前的广场结合琼林路旁商店，提供停留休息、餐饮、购买特产艺术品、与居民交谈的场所，另外一处是环岛北路旁的风狮爷与地下坑道出口处，以修景的方式整合周围自然环境，提供绿意盎然的休憩区。③传统风貌巷道。位于大厝甲，是一条仍保有原始历史风貌的巷道，宽仅约 1 米，沿巷道两旁的建筑物仍保留有古风。④隘门建筑群前埕。琼林目前仍有三处保留具有防御性隘门空间的建筑群组，其中位于大厝甲者由多类型的传统民居构成，位于楼仔下者由历史建筑“蔡翰举人宅”及其他传统民居组成，仍保有旗杆座等历史遗迹。未来在建筑物开放参观时，前埕可成为游客休憩与体验居民生活的空间。⑤祭祀广场，包括保护庙、忠义庙、六世乐圃公暨十世延辅公宗祠、蔡氏家庙、十世柏崖公宗祠与十一世荣生公宗祠等六处广场，均是游客参观的重点，当有祭祀活动时，即为聚落居民的主要活动场所。⑥景观步道，系指连接各参观点的自导式步道，沿路设有解说牌以服务参观的游客。可分成主要与次要景观步道，主要景观步道以琼林路为主要范围，连接各观光景点的路径则为次要景观步道(图 5 - 32)。

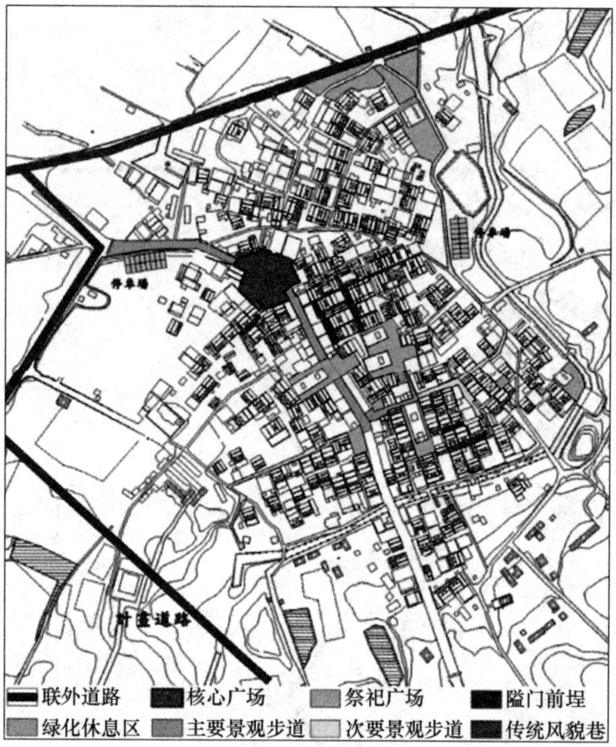

图 5 - 32　琼林聚落开放空间规划图

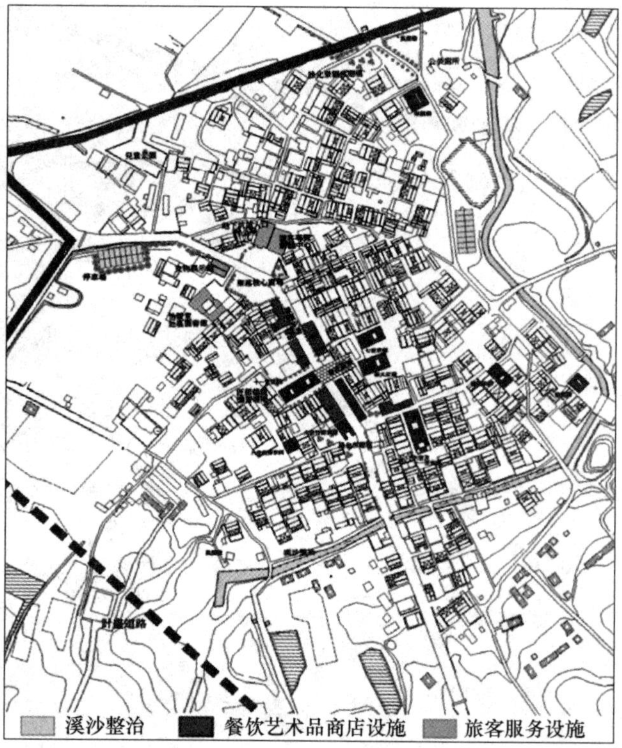

图 5 - 33　琼林聚落公共设施规划图

(4) 公共设施规划

基于琼林聚落现状，基础性的公共设施均已建设与改善完成，如增设运动公园、路灯、排水设施、儿童上课步道等以及游客服务设施，如文化展示馆、导览步道、解说牌等。公共设施规划总体策略为整合目前已有的公共服务设施，发展闲置的公共空间。

①在结合当前污水排放的基础上，以生态的方式整治与绿化溪沙，清理淤泥，使之成为聚落的大排水沟。针对聚落内目前树木少的现状，消除树木根系、白蚁等对民宅的影响，在重要的广场边缘或道路边缘种植树木，一方面恢复原有的自然风貌，另一方面增加带树荫的休憩空间。

②修建小区型图书馆。恢复怡谷堂教育的原始功能，赋予其图书与教育空间，同时融入蔡献臣文史展示馆的功能。在保证宗祠祭祀等宗族功能的基础上，在宗祠内增设训练未来传统营建工匠与居民解说人才的场所，定期举办研习活动。

③改善景观道路与步道系统。目前聚落内的道路与巷道虽大都已完成地铺面的改善，但缺乏系统性，故将琼林路改善为聚落的主要景观道路，连接游客导览路径构成的景观步道系统，并规划出自行车通道，增加景观道路与步道系统的功能。

④提升餐饮艺术品商店街。应鼓励民众配合聚落发展经营餐饮、艺术品、特产贩卖等商店，以此满足游客与居民多样化的消费需求，提升聚落经济，规划琼林街两旁的店面作为主要线型发展区域(图 5 - 33)。

5.4.5　传统民居保护与再利用规划

(1) 规划目标

传统民居再利用对于聚落保护而言，是一发展传统民居的保护概念；对于聚落发展而言，则是保护传统民居的发展策略。传统民居保护与再利用的主要目标在于衔接聚落保护与发展的关联性，据此确定琼林聚落传统民居保护与再利用的基本目标为：

①改善传统民居居住质量，实现永续居住及传承文化。相对于现代居住空间，传统民居最大的问题在于现代化不足，且以聚落传统风貌为前提的保护修复未考虑居民生活空间再使用的问题，内部空间施工质量不良与空间无法弹性使用均造成使用者极大的不便。故传统民居在保护与再利用时，必须注重使用者的意愿，提出保护的发展概念，在传统民居发展之前厘清“现代化更新”与“原貌保护”的区别与范围。影响层面除了有形建筑构造体外，更不可忽略的是民居无形的生活文化。永续居住及传承文化即是居民的永续居住，居民展开充满朝气的生活，才能使传统建筑获得新生。

②发展与整合传统民居资源，发展地方与观光产业。琼林聚落 168 栋传统民居中，仅有 62%维持使用，其余 38%包含损坏与闲置者，而后者的比例仅在逐年扩大，对于聚落保护或发展都是需解决的问题。聚落的保护强调的是动态保护，以新的使用带动聚落的发展。以发展与整合传统民居资源的概念积极推动空屋再利用计划，在保护原有住宅特色的基础上，调查屋主的意愿，结合琼林小区发展协会的意见，将有意再利用的空屋发展为小卖店、民宿、餐饮店、民俗馆、旅游服务站、工艺坊等，为提供游客必要的公共设施，并增进地方居民的收益，以此维护聚落风貌的完整性，兼顾地方与观光产业结合传统民居共同发展，实现历史文化与观光产业的结合。

③多元化的保护修复方式，维护并建立地域性景观特色。“金门公园”现行的奖助传统建筑原貌修复的政策均以“原貌修复”为原则，但往往囿于保护方式造成修复的样板化，部分居民甚至出现自行二次修复的情况，对于琼林传统风貌的保存造成消极的影响。因此，应强调传统民居多元化的保护修复方式，注重平民文化经过历史岁月洗涤而留存在传统民居外观风貌上的痕迹。建筑的外观是生活渗透的结果，往往影响着环境的质量；所以，须以积极的态度结合新旧建材，区分历史风貌保护区与生活发展区的恢复策略，以维护与建立琼林聚落的地域性特色。

(2) 保护与再利用的层级设定

如前所述再利用的目标在于发展与整合聚落内的传统民居资源，但聚落内传统民居众多，且每一栋的情况皆不同，当再利用规划设计执行时，不能以单线式的思维处理所有传统民居，必须考虑诸多因素，以建立于再利用目标架构下的层级体系的概念来发展与整合聚落的所有传统民居资源。

首先，琼林聚落内的传统民居分布于“历史风貌用地”及“生活发展用地”内，因此，传统民居再利用应依据区划范围及其对于建筑物的保护管制原则，建立再利用的区域层级概念。

比较大陆聚落保护规划，台湾的历史风貌用地等同于核心保护范围内的区域，其内的传统民居以隘门传统建筑群为主，包括围绕在宗祠周围的传统建筑群。对于传统民居以原貌保护为最主要原则，再利用概念则以维持原使用方式及原传统风貌为原则，对于闲置的传统民居以积极的态度恢复其住家使用功能或植入新机能，并以原貌复原方式修复毁坏的传统民居，以恢复核心区的活力。

生活发展用地内的传统民居以建筑外观及造型语汇管制的保护方式为原则，由于本区范围内的传统民居较多，再利用概念以维护与改善为主要原则，对于原住家使用者鼓励其修缮并改善生活机能，对于闲置或毁坏者以维护其传统风貌为主，对于具有特殊保护价值的传统民居则需积极修复，并且使之发展(表 5－10)。

表 5－10　琼林聚落传统民居再利用之所在分区层级概念

层级	设定目的	保护管制原则	再利用概念
历史风貌用地	维护聚落空间结构、肌理与风貌，塑造地方特性，以作为地方认同、历史文化保护、永续发展的所在地	以维持原使用类别以及其容积率与外观风貌为原则。非经审议通过不得新建、增建任何建筑物及设施	以维持原使用方式及原传统风貌为原则，对于闲置的传统民居以积极的态度恢复其住家使用功能或植入新机能，并以原貌复原方式修复毁坏的传统民居，以恢复核心区的活力

续表 5-10

层级	设定目的	保护管制原则	再利用概念
生活发展用地	为使聚落范围内已有建筑物分布的地区，积极引导整体聚落形式及风貌的维持，容许并奖励建筑物外观依传统建筑形式兴建，鼓励符合现代生活机能而设计，只需符合容许的使用组别	范围内之建筑物以维持原容积率为原则。 新建、增建部分以附属建筑物（如护龙、凸规、倒座等）为优先，尽可能保护中轴在线的主屋部分，且外观需配合周遭环境的景观	以维护与改善为主要原则，对于原住家使用者鼓励其修缮并改善生活机能，对于闲置或毁坏者以维护其传统风貌为主，对于具有特殊保护价值的传统民居则需积极修复，且使之发展

其次，琼林聚落内的传统民居与大陆聚落中的传统民居一样，绝大部分为非指定古迹者，但在聚落保护的前提下，所有的传统民居都具有保护的价值。由此，传统民居的价值成为保护需要评价的对象。这一方面可以运用再利用的方式重新定义这些民居保护的价值，成为聚落的观光资源，另一方面可避免传统民居因修复或发展的关系，减损其原有的保护价值。传统民居的保护价值主要有两个取向，即历史价值与建筑特色，以此二项为评估标准，将聚落内的传统民居保护价值区分为高、普通与低三个等级进行价值评估（图 5-34）。

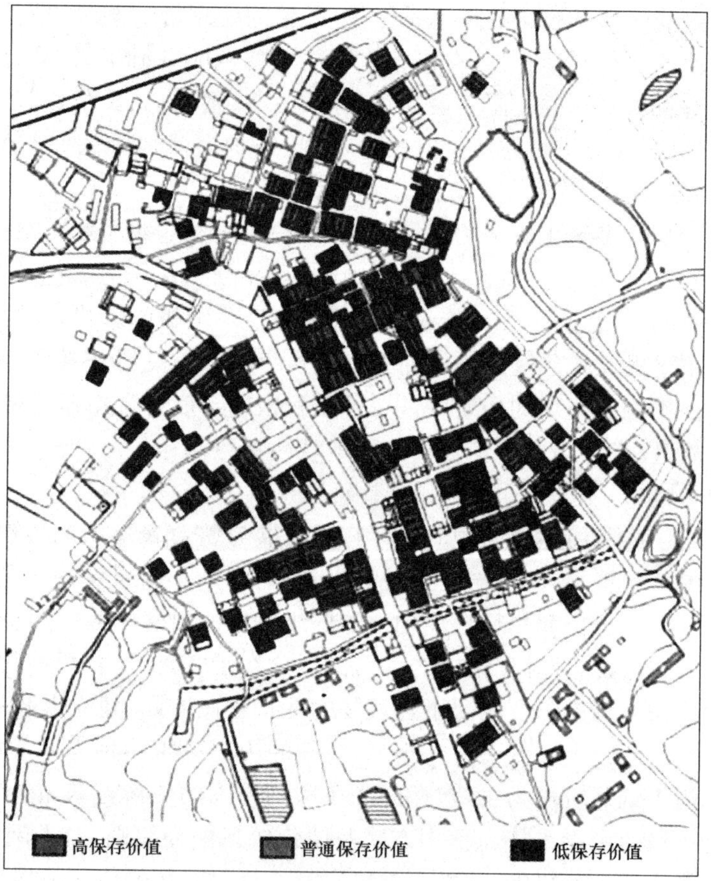

图 5-34　琼林聚落建筑保存价值评估

传统民居使用现状是再利用考虑的最直接因素，可分成住家使用、闲置无用、毁坏废弃三种状况，目前维持住家使用者占 62%，闲置无用者占 21%，废弃毁坏者占 17%。其中，住家使用的民居以维持原住家使用为最优先考虑，同时，强调无形的文化传承，延续聚落传统文化与常民文化。尊重居住者的生活方式，以维护传统建筑风貌为原则，在保护与发展之间取得适当的改善方式。此外除了建筑本体之外，民居与民居间的生活空间、隘门空间、口井等聚落居民生活空间，必须一同保护并再利用为聚落的观光休憩资源。而闲置无用的民居应该都是聚落发展可利用的资源。这类的传统民居不应静态保护处理，而需要更多的发展机制。只要有人使用，建筑就会被关心及维修，旧建筑就不会因为被闲置而加速损毁。因此，对于这些闲置者，必须以积极的态度发展与再利用，以维护传统风貌为原则，以恢复为住家使用为优先考量。或者经过局部整修维护后，将传统建筑改建成地方民宿、解说点、茶馆、餐厅、博物馆、展示馆等，一方面可以继续维护聚落景观的整体性，另一方面可以增加游憩的经济价值。但需考虑建筑物所在区位，避免不适当的机能。另外，在聚落中随处可见屋顶塌陷或墙壁倾颓的传统民居，往往碍于经济、产权等因素无法对其进行积极的维护改善，对于聚落保护与发展来说是一大障碍与困境。但这类传统民居也是聚落的重要资源，其再利用概念主要有两个方向：复原与残迹保留。复原方面，以恢复原有传统风貌为原则，加以发展利用，以维持住家使用为优先考虑，也可植入其他机能，增加其使用价值。残迹保留方面，倾倒的残迹在整体的景观特色上可以增加地方的历史与景观价值，这也是聚落保护上的一项资源。除了上述两个方向之外，必须尊重传统民居的产权持有者，若建筑物无特殊保护价值，且所在区位非传统风貌用地，亦可同意其拆除重建。

(3) 建筑规模

一般历史建筑保护与再利用所面对最实际的问题即是建筑空间与功能需求的关系，据此，需要考虑建筑的规模与格局。传统民居各类型的格局差异不大，所构成的动线亦大同小异，主要的差别在于规模，基本类型的规模相差不大，差别主要呈现在有无增建或附属建筑。据此，以水平增建为例，将建筑规模分成基本类型、单侧增建、双侧增建三个层级。

基本类型除了单伸手以外，包含一落二榉头、一落四榉头、三盖廊与二落大厝等基本类型，聚落内传统民居以此类居多，目前的家庭形态，以小家庭为主，基本规模的传统民居仅需对居住空间加以改善。

单侧增建为基本类型加上单侧的护龙、凸规或后落等传统增建类型，此规模类别的传统民居，在使用上往往因为居住人数减少或正身与增建产权上分割，造成正身或增建其中一部分闲置。再在利用上应以积极的态度发展闲置部分，如护龙或后落等增建独立的出入口，将其与正身分开使用，提高其使用率。

双侧增建为基本类型加上双侧的护龙、凸规或后落等传统增建类型，聚落内仅有少数传统民居属于此一规模，而且由于居住人口少，且规模大者修复维护的经费过高，故通常居住者使用范围仅有一小角，大部分因为年久失修而毁坏闲置。对于此规模之传统民居应优先修复，并赋予新的机能，但由于规模较大，可考虑复合机能的使用，如住家与民宿。

(4) 产权状况

产权主要针对闲置或毁坏的传统民居，产权厘清是传统民居再利用的先决条件，如果无法取得产权持有者的同意，则无法进行修复或整修，更无法发展再利用。聚落内目前闲置毁坏的传统民居基于前文产权状况可分成三种：有人登记与管理、不明或有人登记无人管理、已设定地上权(图 5－35)。

图 5－35　琼林聚落传统民居使用现状

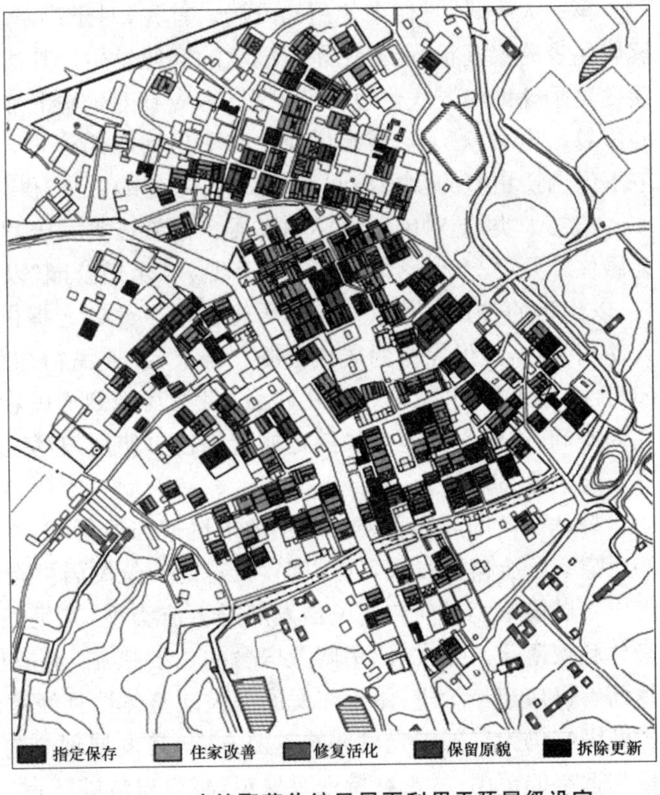

图 5－36　琼林聚落传统民居再利用干预层级设定

闲置或毁坏的传统民居多数为有人登记，持有人无使用需求或搬迁等因素导致闲置而失修毁坏等问题出现。部分虽已完成修复,却仅维持祭祖使用,此类闲置的民居较多。对于再利用而言,持有人是发展利用的关键,“金管处”或小区发展协会应积极与持有人协商,避免传统民居的拆除改建。对于产权通常为多人共同持有的问题,应由“金门公园”以地上权设定的方式,取得维修与使用之权力。

产权不明或有人登记无人管理的传统民居,长久以来处于闲置失修的状态,多半早已严重毁坏。但由于无法得知或联系持有人,导致修复不能进行。目前无有效方法管理这类问题,“金门公园”应尽可能找寻持有人或继承者,与其协商签订使用借贷与地上权设定契约,取得维修与使用之权力,应尽可能维护重要且具有保护价值之传统民居,避免其遭受严重破坏。

已设定地上权的传统民居,目前聚落内共有五栋,四栋已完成修复并成为民宿,一栋仍未修复。对于这些已设定地上权的传统民居,“金门公园”应尽可能提高建筑物之使用率。

对于聚落而言,聚落保护或传统民居再利用皆为对原有营建环境的干预,然而传统民居再利用干预层级的选择必须考虑上文所探讨的再利用评估因素:建筑状况、保护价值、使用现况、建筑规模与产权状况。同时,依据传统民居现状的保护程度,将再利用分成指定保存、住家改善、修复发展、原貌保留、拆除更新五种干预层级类型(图 5 - 36)。

5.4.6 民居保护与再利用方法与策略

(1) 总体思路

传统民居发展主要依循聚落自然发展方向,即围绕永续居住与观光发展两个主轴开展。

①永续居住计划

传统民居最基本的用途即为生活居住,但随着聚落人口外流及结构老化的现象,加上社会价值观的改变,不少传统民居无法传承至下一代,失去其居住的意义。永续居住强调的是在保护传统民居的同时,也能保留并延续其生活文化,进而成为传承聚落文化的一份力量。为此,针对住家使用者与闲置毁坏者两大类进行规划。

第一大类,针对住家使用的民居。首先,对于高龄独居者应落实社会照顾,改善其居住环境,主动了解居住者的家庭状况,避免无人继承的问题发生。其次,对于居住质量不佳,现代化不足的民居。除了持续以奖励补助的方式修复传统民居外,应针对部分目前无法负担修复费用者,应提供借贷或小金额补助的修复。再次,对于目前有居住空间不足问题的住户,应详细了解其需求,然后提出改善计划,在有限的范围内创造更多的使用空间,或提供可增建的方案,供住户选择。

第二大类,针对闲置毁坏的民居。目前该类民居发展方向倾向以观光发展为主轴,同时,以传统民居为居住单元,配合聚落发展长寿村计划。“金门公园”以地上权设定或租借契约的方式取得传统民居使用权,以出租的方式为有意愿长期居住或返乡养老者提供颐养天年的住所,但相对的居住空间应以便于老人使用为佳,提供完善的居住设施。其次,发展民宿与住家双重使用功能目的的居住空间,即由“金门公园”经由地上权设定,取得使用权后,将将其规划成民宿供平常日使用,当年节之时可成为返乡者短期居住的空间,亦可作为有意长期定居者的租屋使用,避免过量兴建新式民居。

②观光发展计划

琼林聚落的观光主要集中于地下坑道与风狮爷,其次为宗祠庙宇,聚落内的传统民居鲜少成为观光的对象。配合观光发展,处于闲置状态的传统民居可修复发展成为观光系统中的单元。

古厝民宿为目前传统民居发展的主流类型,其延续了传统民居的居住特色。民宿的引进,不仅是游客体验聚落生活方式、活用闲置房舍的重要措施,也是观光利益平均分配的重要做法。古厝民宿对于琼林而言仍属起步阶段,由于在发展上欠缺整体性且经营管理上欠缺专业性等而营运状况不佳。未来数年古厝民宿仍为聚落观光发展的主要方向,其发展理念与规划设计必须考虑以下原则:要有相当的民宿数量与适当的范围;尽量维持现有景观,减少自然破坏;维护或发扬传统特色;强化小区组织功能,改善小区环境;配合当地特殊自然资源、观光及产业,创造农村民宿特色。

琼林聚落的古厝民宿设置区位应以“历史风貌用地”优先于“生活发展用地”为原则,“历史风貌用地”

以大厝房十世宗祠北侧的隘门建筑群为范围。隘门建筑群由六栋传统民居构成，目前仅有两栋在使用，其余皆闲置，极需发展。“生活发展用地”范围包括“琼林 153 号”及“琼林 159 号”两栋民宿周边的闲置传统民居，应使其成为一完整的古厝民宿区。

在民俗的经营管理方面，坚持五项基本原则中第四点“强化小区组织功能，改善小区环境”与第五点“配合当地特殊自然资源、观光及产业，创造农村民宿特色”为原则。优先考虑以小区发展协会为经营单位，其下设置专职的经营者，避免古厝民宿因个人因素而成为闲置空间，如“琼林大夫第”民宿只剩下管理员而无经营者。

(2) 相关观光发展设施规划

①展示性的观光设施。琼林聚落规划以村公所旁的东区管理站为“琼林聚落文化展示馆”，怡谷堂等公共空间可规划为展示使用。传统民居展示类型的观光设施的设置考虑到聚落整体的发展需求，观光设施的选址以“历史风貌用地”优先于“生活发展用地”为原则。观光设施应具有特殊历史价值与建筑特色，如位于楼仔下“琼林 104 号”的蔡翰举人宅与“105 号-1”[1]的旧书房，因具有相当悠久的历史且建筑特色鲜明而再利用成为展示馆。展示类型还包括“残迹展示”，是以建筑残迹为主体的展示方式，可增添聚落景观上的历史感。其设置原则以生活发展用地为优先考虑，所选择的建筑物为几乎全毁的传统民居，以具有历史背景者为佳，如炮弹击中等因素，如琼林聚落靠近北边的一处残迹。

②商业性类型的观光设施。该类型的再利用可创造自给自足的再利用模式，是最佳的永续保护方法。该类设施主要可分成餐饮类型与特产商店。其中，餐饮类设施须注意：一、建筑的选择以靠近观光动线之区域范围为佳，且可方便停车；二、建筑格局以有门口埕空间为佳，三、应避免餐饮厨余等对于周遭环境的污染。对于特产艺术品商店必须考虑：一、建筑的选择以邻近琼林商店街者为佳；二、以规模较大的建筑格局为优先考虑；三、应尽量与住家机能结合，避免以商店为主的功能。

③小区类型的观光设施。以促进地方文化发展为目标，通过建立地方文史搜集汇整的资料空间、小区发展活动场所或小区纪念性机构等方式，增加小区凝聚力。由于琼林聚落本身已有村办公室作为“琼林小区发展协会”的集会所以及以六世竹溪公宗祠作为“琼林老人会”的休憩场所，因此，小区发展应避免再利用为大型小区团体之活动空间。发展为小区类型的传统民居需考虑：一、以设置小型工作室优先，并结合展示功能；二、建筑选择以“历史风貌用地”内为佳；三、建筑规模以中小型为主（图 5-37）。

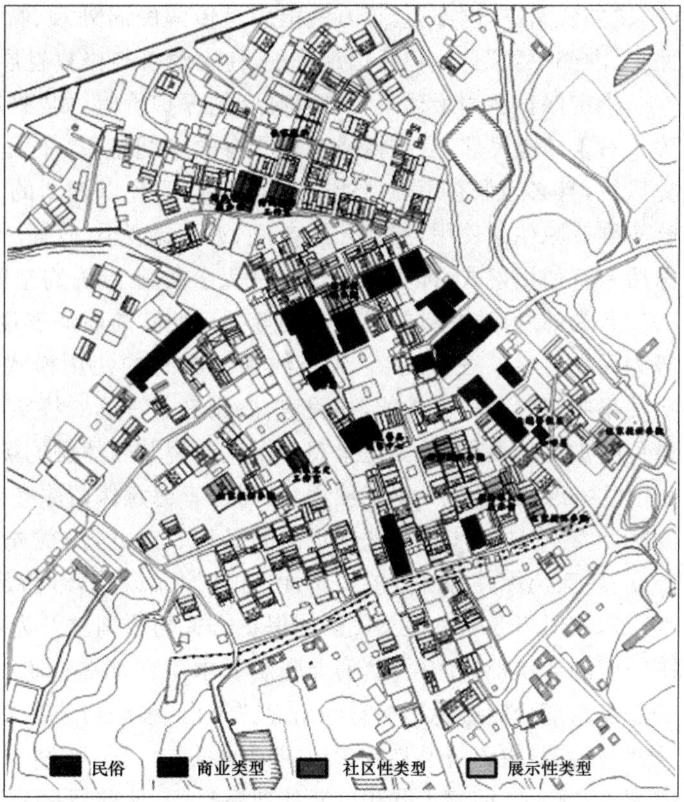

图 5-37　琼林聚落传统民居再利用观光发展计划图

(3) 传统民居保护与再利用具体方法

一般而言，传统建筑保护与再利用对策可分为九种方式。传统风貌的维护强调的即是传统民居外貌的保护，以此为基本原则，其中，以“外貌保护，内部更新”的再利用方式最为适合一般传统民居，而“增建”

---

[1] “琼林 104 号”的蔡翰举人宅相传是清雍正年间蔡翰中举后所建，属于一落二榉头，燕尾造型，门楣上有“副魁”匾额，大厅的神龛保留相当完整。“105-1 号”类似一条龙的民居单元，为蔡翰当年埋首苦读的书房。

与“外貌改修，内部局部保护”由于对于传统风貌构成直接的影响，是其次考虑的方式(表5－11)。

表5－11 传统建筑保护与再利用对策

再利用策略	保护再利用方式
完全保护	即博物馆式的保护模式，采用的原因在于该历史性建筑的特质与价值不应该变更，而且需要加以整体保护
原形态移筑	由于该建筑的所在地不适合做保护式的发展，所以将其原封不动地移到合适的场所安置
增建	因空间量不能满足新的机能需求时所做的因应对策
外貌保护，内部更新	传统建筑物的外貌完全加以保护，而内部因应新的机能需求加以更新
外貌改修，内部局部保护	外貌做部分的修改，内部空间加以部分保护
内部局部空间保护	仅针对建筑物中某些重要的空间单元加以保护
立面保护	仅留下建筑物的立面，其他完全拆除
元素保护	针对该建筑物中较有价值的元素加以保护，如雕塑精美的柱饰等
记录保护	最低程度的保护态度，将历史性建筑物的图面、施工记录与相关文献记载加以搜集保护

资料来源：巫基福．历史性建筑空间型态之再利用研究——以台湾日治时期公共建筑为例[D]．台南：成功大学建筑研究所，1995：91．

传统民居再利用方式根据保护程度，可分成“外貌保护，内部不变”“外貌改修，内部局部保护”与“增建”三种主要方式。

①“外貌保护，内部更新”方式

“外貌保护，内部更新”方式指的是传统民居外观、特色等维持原貌，内部空间格局少作变动。“外貌保护、内部更新”具体包括指定保护、住家改善与修复发展(民宿)等。

指定保护适用于建筑物具有高度的保护价值，如“蔡翰举人宅”；或独具建筑特色，如“琼林六路大厝”等。对于该类民居，应维持或恢复原有的空间格局，不可以轻易改变。建筑外观应尽可能回复原有的历史风貌，且必须保有历史性建筑的真实性，避免以翻新的方式重建，强调修复而非更新。对于建筑内部功能应维持原住家使用，局部开放参观，亦可改为民宿等。该类民居的保护方式与原则主要为：一、正厅。保留原有使用模式，神明桌、子孙灯、天公炉等传统的空间元素应避免移除，以符合参观的需求。二、大房。若为前后房的格局，可于隔间墙开口使其前后房连通，但不得设置浴厕空间，家具使用上以传统高架床为优先考虑。三、深井。维持或恢复原有的使用模式，避免加盖屋檐，且应摆设传统石花椅。四、榉头。集中布置服务性功能，如厨房、浴厕等。一落二榉头者可增设隔间墙区隔成浴厕与厨房。五、前埕。避免附加物的增建，以美化景观并提供参观游客休憩的场所。

住家改善适用于：仍在使用，且居住者愿意保留原空间格局，但由于内部生活空间不能达到现代生活的标准，存在进一步空间改善可能的民居。对此，应优先考虑：保持传统民居中轴对称的空间形式，保持正厅、巷头与深井等部分的完整性，维持原始模式，维持建筑外观或恢复传统样式，内部空间则根据使用的需求做适当改变。该类民居的保护方式与原则主要为：一、深井。深井的改善应以适当的遮檐空间，解决一般的现状使用的问题，而非强制要求不得加盖遮檐。但必须以维持中轴对称的空间形式为原则，且加盖遮檐部分应避免影响室内采光、“见白”禁忌与建筑外观。二、正厅。对于正厅空间，应区分客厅与餐厅使用范围，避免将家具放置于中轴动线上。三、大房。若有分隔前后大房的，则使用上可调整前后房间的间隔，或于隔间墙上开门以联结前后空间，使前后房分别成为睡眠区与储藏或浴厕，也可拆除间隔合并前后房空间。四、夹层。可增设固定式楼梯，以方便年老者使用，可采用钢架及替代板材等材料设置夹层，以供储藏或阁楼通铺、起居的使用。五、榉头。尾榉与二榉间的间隔墙，由于无结构安全上的影响，可适度调整其位置，改变二榉及尾榉的空间大小，以满足功能的需求，如尾榉缩小以适合浴厕使用，二榉扩大以适合客房使用。此外也可将间隔拆除，使尾榉与二榉合并为一完整的空间，如民宿的套房设计。

修复发展(民宿)适用于闲置或毁坏弃置的且位于历史风貌用地内的传统民居，或建筑群的重要组成部分。为维护整体景观的完整性、恢复核心区的活力，在外观上给予原貌修复，内部空间可以适度发展。据此，保留原有空间基本格局，根据发展的功能需求进行空间调整，改善室内的构造，使其符合家居使用者或住宿旅客的心理需求。但须维持中轴对称的空间形式,维持原出入口,保留或修复建筑的传统风貌,根据精致整修的情况,改善外观。在功能上以民宿为主,也可为展示馆、特产艺品店、餐饮等观光发展相关的功能。

②“外貌改修,内部局部保护”方式

“外貌改修,内部局部保护”方式即仅保留外墙体不动,其他做一定的改修,内部空间格局可依居住者或用途不同而调整。传统民居于空间格局上多不符合现代人的居住需求,过度的保护限制反而局限了发展的可能性。故以维持基本格局为原则,采用更具弹性的再利用方式,可以为供居住者提供更多元的选择。该类民居适用对象为:目前仍为住家使用,居住者对于空间格局有改建的强烈要求;未修复闲置或毁坏弃置的传统民居,在维护聚落风貌并发展机能的同时,采用较具创意的再利用方式。其改造的原则为:维持建筑外观的完整性,在符合结构安全的条件下,对室内的空间格局进行改造,以满足现代生活的需求,但应尽可能保留重要的空间元素。

③“增建”方式

“增建”是针对住家空间量不足的民居的再利用方式之一,其目的在于避免传统民居被拆除改建为新式楼房。增建一方面增加居住者的使用空间,另一方面对于聚落整体风貌保护是一种折衷保护的对策。传统民居增建可分成水平与垂直增建两种,一般采用水平增建的方式,如护龙、凸规、三落、回向等传统的增建模式,垂直增建则较少见,如侨汇时期的大厝身二楼与前落增建塔楼。增建的再利用方式必须了解建筑物与土地的关系,根据两者关系,可分成三类:侧边空地、前埕空地与无空地。前两者为水平增建,后者为垂直增建。一、侧边空地增建。适用对象为传统民居左右两侧有可兴建的空地,或原为凸规或护龙增建的民居(半毁),因居住空间不足或使用功能的需求,予以增扩建。其增建形态,由于侧边可增建空地的大小不尽相同,增建时宜考虑原正身部分的格局类型以及其建筑样式、开窗、采光等因素,以兴建符合居住使用与外貌和谐为基本原则。二、前埕空地增建。其适用对象为传统民居具有前埕的空地,或原回向增建已毁坏不堪的,因居住空间不足或使用功能的需求,予以增扩建(隘门的建筑群则不予以增建)。由于前埕空间深度其增建形态不一,但其基本原则为顺应原有的空间肌理增建,避免出现过大的量体,外观上讲求创新与和谐,避免仿古矫饰。三、无空地垂直增建,其适用对象为传统民居无多余的空地可扩建,且为一落二或四榉头者(三盖廊与二落大厝数量较少,应避免垂直增建),由于生活空间不足或结构状态属于应拆除改建的,予以垂直增改建。其增建形态应尽可能保留原建筑外观,如增建时可以搭建的方式保留原有外墙体。

基于上述,琼林聚落传统民居保护与再利用并非仅是单纯的建筑物改造工程,涉及包含聚落保护与发展、民居修复等各层面的内容。聚落整体性开发规划主要依据目前琼林聚落的现状,提出开发的构想,在确立发展方向后,对于聚落的土地使用、交通系统、开放空间、公共设施等提出整体性的规划方案。再者,以琼林聚落内所有的传统民居为对象,提出整体性的开发计划,以聚落保护与发展为脉络设定再利用的目标,以传统民居的建筑区位、保护价值、使用现状、建筑规模与产权状况作为再利用的评估因子,建立传统民居保护再利用层级,在此基础上,建构传统民居再利用的永续居住计划与观光发展计划。

5.4.7 金门聚落开发的特殊性

金门聚落保护的行政主体有两个:“金门公园”和金门县政府。两者分而治之,负责金门不同区域聚落的保护,分别实施两套保护制度:“金门公园计划”和“金门特定区计划”。

“金门公园”是台湾第一个以保护人文遗迹为目的而设立的公园,在此之前,台湾的“国家公园”都以保护自然生态和景观为目的。1992年金门解除了1949年以来长达43年的“军事政务”,三年后依据所谓《国家公园法》成立“金门公园”,隶属于台湾当局内政主管部门“营建署”。决策者起初的设想是将它作为一个军事纪念公园,保存古宁头战役和后来两岸长期对峙中所遗留的军事遗迹。最终,它的定位被调整为“保存金门地区特有之人文史迹、战役史迹、自然生态等珍贵资产”。根据这一定位,划出了总面积为

3 528.74 公顷、约占全金门四分之一面积的五片不相连的区域——古宁头区、太武山区、古岗区、马山区、烈屿区——作为“金门公园”的范围，对其上除民政（由金门县政府管理）之外的所有事务行使管辖权，其中，包括 12 个被认为最具有保存价值的聚落。

但是，在台湾的“国家公园”管理制度中，并没有对“聚落”这一概念的法律定义。“金门公园”为了建立能有效地开展聚落保护的制度工具，首先必须为“聚落”找到一个法律身份。在所谓《国家公园法》中，对公园内区域性质的定义只有四种：“特别景观区”“史迹保存区”“游憩区”和“一般管制区”，其中只有所谓“一般管制区”尚且适合被用来作为聚落的法律身份。于是，“金门公园”的管理者即“金门公园管理处”发明了“第一类一般管制区”这一概念，从而在制度上给“聚落”落实了一个身份。在聚落外围的农业、林业和道路等，则被称为“第二类一般管制区”。

“金门公园”占金门面积的四分之一，在它之外，还有更多的村庄聚落同样承载着闽南传统文化，具备传统风貌，值得善加保存。据此，金门县政府也同样通过制度创新，为自己所辖的其他聚落找到了法律身份。

“金门特定区计划”建立依据是较早的《都市计划法》。虽然名挂“都市”，但该法不仅管城市，也管乡村，还管一些为了发展工业或保护自然和古迹而设立的“特定区”。上世纪 80 年代金门县政府借用了《都市计划法》中“特定区”概念，为它辖下的聚落创造出了“金门特定区自然村专用区”这样一个法律身份，并将它的宗旨设定为：“维护传统闽南建筑与自然形成之现有聚落特色，并维持良好生活环境品质”，这实际上为金门聚落遗产保护与开发创造了有利条件。

因此，“金门公园第一类一般管制区”和“金门特定区自然村专用区”两者，都体现了金门在聚落保护领域的制度创新。它将原本局限于单体建筑和史迹的视野和经验，拓展到对承载着社区生活，并具有空间延展性的“聚落”的保护，而且使聚落保护真正具有了可操作性（图 5-38）。

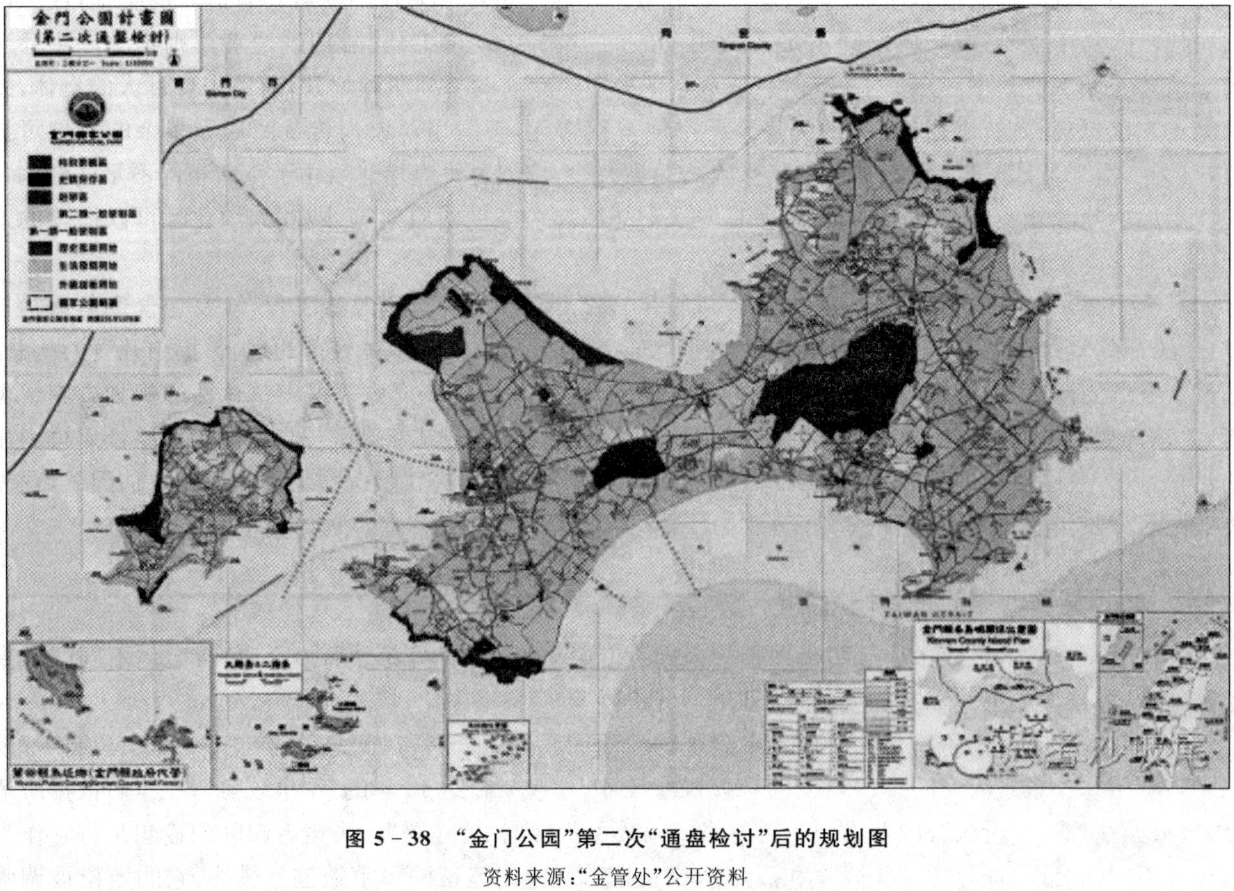

图 5-38 “金门公园”第二次“通盘检讨”后的规划图

资料来源：“金管处”公开资料

在台湾这段不长的聚落保护史上，“三峡老街保护事件”是教训深刻的另一课。三峡老街又名“民权老街”，是位于今天新北市三峡区内的一条建成于日据时期的商业街，街两侧排着布富有特色的混合汉、日、西洋风格的红砖拱廊商铺建筑，是台湾北部现存最长的老街之一。1991 年，台北县的三峡老街依据所谓《文化资产保护法》登录为三级古迹。但是，古迹身份限制了对街区的开发，限制了居民的获利前景，同时也使得对老建筑的维修变得困难重重，无助于改善居民的居住品质，因此引起居民的强烈不满，强烈反对将老街列为古迹。两年后，主管部门迫于压力，解除了对三峡老街的古迹指定，自此再也没有对建筑群的古迹指定。从 2002 年起，政府转而采用较早的都市计划（即城市规划）的制度工具，赋予老街“历史风貌特定专用区”身份，用奖励补助的方式，使居民逐渐接受对老街的保存。这种尊重受保护建筑居民权利的“奖励补助”以及其他几种激励机制，在三峡老街保护之前就早已为“金门公园”所采用。

5.4.7.1　容积移转：对聚落限制开发的经济补偿

金门对传统聚落的保护，主要体现于对拆建的管制和对老建筑的维修两个方面。拆建管制的基础是划分聚落土地类型，再进行分级管制。以“金门公园”为例，在 2006 年完成的《金门公园保护利用管制原则》中，公园内 12 个聚落的土地被逐一细分为保护强度逐级递减的三类用地——历史风貌用地、生活发展用地和外围缓冲用地。其中，最核心的“历史风貌用地”是传统建筑较为密集的地带，实施最严格的拆建限制，不仅保护建筑，也保护景观；处于中间的“生活发展用地”是传统建筑较疏落，但是仍然具有特色的地带，对它的管控是防止新式建筑贸然入侵聚落；最外围的“外围缓冲用地”主要由聚落现有的田地和林地构成，一方面是为聚落提供景观和休憩环境，同时也是备用的建设用地。对上述每一类用地，都有相应的关于建蔽率、容积率、建筑高度以及建筑材料和当地“建筑语汇”的明确规定。

这种整体的管制性规划，保护着聚落的整体风貌不受贸然拆建的破坏。但是，严格的管制政策事实上剥夺了居民处置自己的房屋和土地的权利，就像大陆地区的文物保护制度在某种程度上也限制了居民对自住房屋的处置一样。因此，一个极富特色的制度被适时引入，这就是“容积移转”制度。

台湾的“容积移转”制度，并非原创。学界中一说其来源于英国的“开发权移转”制度（Transfer of Development Rights，缩写 TDR），它把土地所有权和对土地的开发权进行剥离，让开发权成为一种可以单独让渡的权利。当有古迹或公共设施需要保持一片土地不被随意开发，却又无法实施土地征收的情况下，政府可以选择把这块土地的开发权接管下来，同时对土地所有者给予相应的补偿❶。1989 年 3 月出台了《都市更新建筑容积率奖励办法》。办法规定奖励容积率可以达到建筑基地法定容积率的 1.5 倍或建筑基地的 0.3 倍法定容积率加上原来的建筑容积率。

金门的“容积移转”制度，限制房屋和土地所有者改造自家的老建筑或开发自家的空地，同时补偿给他们在聚落外围缓冲用地上建造房屋的容积。“金门公园”的容积移转制度规定：只要产权人能保证所拥有的土地上的建筑物保有原有风貌，且其中的空地未被占用，就可以获准在外围缓冲用地上建造房屋。若这块宅基地或空地坐落在历史风貌用地上，获准建造的新屋的总楼地板面积最高可达到它的 180%；若在生活发展用地上，则这个上限是 100%。县府的版本则规定：办理经县政府认定的历史建筑的容积移转者，最高能获得比原先多出 70%的面积。容积移转限、偿并举，体现着一种保护所有者权利、权责对等的管理思想。

仅仅限制拆建是不足以保护聚落的，特别是对金门这些饱经战火摧残，并持续经历着人口外迁的聚落而言。为了让聚落重现光华，必须不断地修复聚落中损坏、老化的建筑物。为此，金管处和县政府都采取了一套“奖励补助”制度，与民众协力维修老建筑。

“奖励补助”制度，即“金门公园维护传统建筑风貌奖励补助”❷，它将聚落内建筑物按其文物和风貌价

---

❶ 引自：覃俊翰. 借鉴台湾经验的历史街区保护视角下的容积移转制度研究[D]. 广州：华南理工大学，2012：64－68.

❷ 金门金管处的版本叫做“金门公园维护传统建筑风貌奖励补助”。金门县政府的另一个版本叫做“金门县维护传统建筑风貌奖助自治措施”，与金管处的版本大同小异，只是对建筑的文物和风貌价值的认定和补助金额的设定，不如金管处细分。由于开展较晚，修复的建筑也远远少于金管处，自县府于 2007 年开始受理补助申请以来，共有 11 栋建筑获得批准，截至 2013 年 9 月，其中 7 栋完成了修复。

值,分为从高到低三等,每一等所能接受的补助上限也拉开明显的差距。第一等为依据台湾所谓《文化资产保存法》登记在册的历史建筑。所谓《文化资产保存法》定义的"文化资产"有七类:古迹、遗址、文化景观、传统艺术、民俗及有关文物、古物、自然地景,"历史建筑"是"古迹"的一种。金门公园要求对这类建筑的保存必须依照原样,且修复设计图纸必须经过金管处批准。产权所有者自行维修此类房屋,可以根据建筑的形制和规模,最多从金管处获得 500 万、400 万和 250 万元新台币的补助。第二等为传统闽南式建筑及其地方特色的华洋混合建筑。对这类建筑的维护,以维持原貌为原则,修复设计图须经金管处批准。可对它们进行增建和改建,但必须保留建筑特色,维持周边整体建筑景观。这类建筑若坐落于历史风貌用地上或具有较大规模形制,补助的上限为 200 万新台币,否则,上限为 160 万新台币。第三等为结合传统建筑语汇,并符合聚落整体风貌的新建、增建、改建或修建建筑。对于这一类工程,《金门公园保存维护传统建筑设计基准》有细化的规定——坐落、外形、屋顶、女儿墙、骑楼、门窗、色彩、建筑与周边景观的关系等等,都有具体要求,总之,须具备闽南建筑语汇,并与周边环境协调。对它们的补助上限为 80 万新台币。这就是说,即便是造新房子,只要具有能与聚落整体风貌相协调的传统建筑风格,也能拿到一笔数额可观的补助。

上述各等级的补助都有一个前提条件:业主必须自筹工程总费用的至少一半,这也是为什么这项计划被称做"补助"而非"资助",它强调官民的协力。

据"金管处"统计,自"金门公园"成立以来,已经对 291 栋各类房屋给予了维修奖励补助,为此投入了 2.1 亿元新台币的资金(图 5-39)。

5.4.7.2 地上权设定:官修民营的"一举四得"之利

促进老建筑维修的另一种模式叫做"地上权设定",专门用来处理业主已经不再需要使用一处房屋、自己又无法参与维修的情况。

针对这种情况,"金门公园"在 1997 年引入了"地上权设定"制度——土地所有人保留地权,而将 30 年内土地上的建筑物的用益物权转让给"金管处"。初期,"金管处"在获得地上权之后,主要将修复的建筑物作为展示馆来"发展利用"。随着建筑增多,展示馆需求饱和,同时"金管处"也需要开辟一定的财源来投入于维修工程,因此 2005 年起,"金管处"对所修复建筑的经营权进行公开招标,遴选有资质的第三方经营者利用它们开办民宿(家庭旅馆)或商店,自己则从中收取租金,投入老建筑的修复中去,30 年后,连地带房完璧归赵。

自从"金门公园"成立以来,"金管处"已经取得 70 栋房屋的地上权,投入维修资金 8.8 亿元新台币。这些房屋中,有 61 栋成为民宿,2 栋成为商店,7 栋成为展示馆。如今,金门的传统风貌建筑民宿在碧海蓝天的映照下成为金门的一张名闻遐迩、熠熠生辉的海岛旅游名片。

金门古厝民宿的兴起,不仅仅是因为地上权设定让发展经营成为可能,更因为"金管处"对民宿的经营进行密切的监督和指导,一方面防止经营活动伤害传统建筑和聚落,另一方面让民宿经营出利益、经营出水平,让地上权设定成为一套能有效运转的制度。

5.4.7.3 金门聚落开发经验与启发

金门聚落开发的容积移转、维修奖励补助、地上权设定等制度都体现着"金门公园"在保护聚落中官民协力、权责对等的务实精神。"金管处"为了让制度能顺利运转而不因僵化的程序要求而受阻,也采用了多种弹性处理手法,为自己精心设计的制度适当"解套",使之具有一定弹性。

(1) 产权认定的弹性处理

金门作为一个宗族社会,大量的房屋和土地属于家族共有,产权复杂,权利人众多,在这个侨乡和曾经的战地,很难找齐全体权利人,甚至有时房产的实际使用者根本就不具备所有权。面对这种状况,在"奖励补助"制度中"金管处"要求:如果当前使用者不能出具完整的产权证明,则可通过签署"切结书"来申请补助。即承诺万一真正产权人突然出现并宣称对地产、房产的权利,自己将承担全部责任,免除"金管处"的一切责任。在"地上权设定"制度中,若出现土地所有权不确凿、不完整的情况,"金管处"允许其

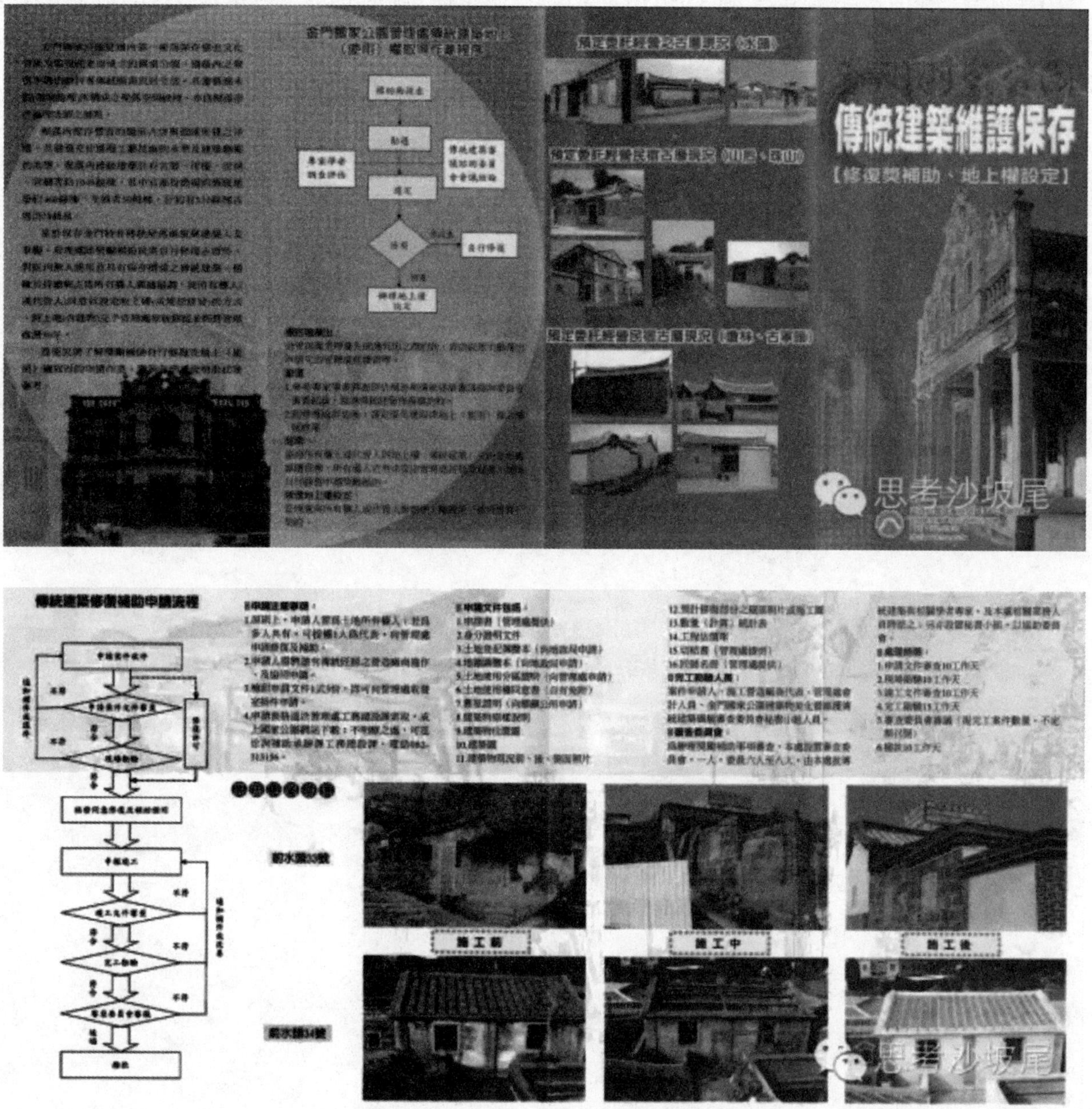

图 5－39　“金管处”印发的关于修复补助和地上权设定的资讯单(据“金管处”公开资料)

实际的管理者，或从家族脉络中可以推衍而得的继承人，出面与自己签订土地与房屋的“租借合约”，以“使用借贷”而非“设定地上权”的方式获得土地的使用权，随后修复房屋，进行发展经营。

一种极端的情况是：一栋房屋亟待维修，却找不到哪怕一个实际管理者或可推定的继承人，这时，“金管处”就会与聚落的宗亲组织签订“使用借贷”合约来进行修缮，万一出现纠纷，责任将由签约的宗亲组织来承担。这些组织往往在宗族内部具有强大的协调能力。这种操作既体现了聚落对“金管处”的信任，也体现了“金管处”对本地文化的充分了解和娴熟利用。

(2) 简化营建手续

台湾所谓《建筑法》规定：对建筑物主要构件修复过半即视为“建造”，需要申请建筑执照。很多金门老建筑损毁严重，对它们的维修难免“过半”。但由于产权常常不完整，难以申请到建筑执照，而且建筑执照申请复杂，也涉及高额费用。面对这些障碍，“金管处”以自己的行政权力核发“修复工程许可”来替代建筑执照，并将维修工程皆视为不过半，以此规避了大量制度牵绊。

另外值得一提的是：在操作“奖励补助”中，“金管处”不把接受补助的业主对维修服务的购买纳入“政府采购”，他们因此可以将维修工程委托给通常无营业执照的本地传统建筑匠师班底，而不必去找具有正式经营资格却未必有当地传统技艺的建造商。这对维持传统匠师体系、传承传统建筑技术都大有裨益。

我们可以看到这些“权宜之计”如同安放在制度下面的条条滚木让制度安然运转前行，从中透出的不仅是“金管处”的积极进取，更是灵活的务实精神。他们以一切可行的方式来履行一个文化遗产保护职能部门的使命和担当。

第 6 章 闽台聚落保护与发展比较及启发

6.1 闽台地区聚落保护与发展比较

闽台两地聚落保护经验可以互相借鉴的根本原因在于闽台文化的同根同源性。闽台两地区的聚落景观之所以如此相同，是因为聚落作为闽台文化的重要载体，在文化景观传承或传播的过程中总是保持其固有文化"基因"的遗传特征；同时，由于时间和空间的变化，又导致了聚落景观在传播的过程中出现一定的变化，即为了适应环境而产生必要的变异。这也是两地聚落文化演变发展的内在逻辑。

6.1.1 如何保护与发展聚落本身？

台湾地区和大陆聚落保护与发展涉及的主体主要包括社区居民、政府、第三部门、设计者四种群体。但是每个群体的权利大小不同，发挥作用差别很大。台湾的聚落保护与发展主要是社区居民主导整个过程，大陆则主要是政府或企业起到决定性作用(图 6－1)。

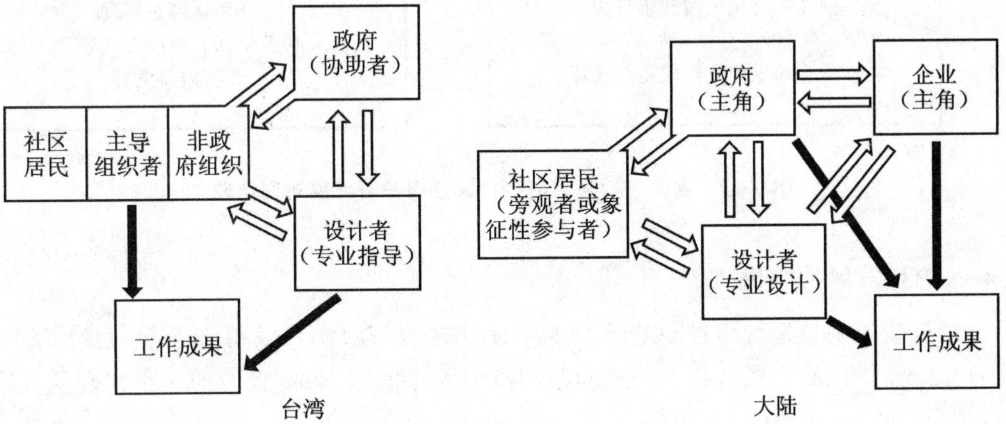

图 6－1 大陆与台湾聚落保护与发展主体比较

台湾在聚落保护与发展中有一个特殊的职业，叫"社区规划师"，社区规划师是介于政府和民众之间的角色。台北市政府在 1999 年创设"社区规划师制度"，以鼓励具有奉献热诚、熟知地区环境状况的规划专业者走入社区，与社区结合，担当起社区空间营造经理人的角色，为社区提供相关专业咨询服务，并协助社区提出城市规划或者环境改造方案。

6.1.2 聚落保护与发展的机制

在台湾，聚落保护与发展经常提到的一个词是"推动"，政府或者学者提出某种理念，并向大众宣传，当民众觉得理念适合自身需求的时候，就会主动进行自我改变和改善周边环境，当面临比较大的情况较为复杂的改造工程的时候，往往会寻求专业人员的帮助。这些专业人员长时间和居民接触，将居民的思想融汇，提出一些表达手法供居民自行选择。居民参与社区各种活动，例如社区休闲角落的打造或者居民画展等等。总之，这是一种自下而上的过程，是居民自我意识的表达。

比较之下，大陆的聚落保护与发展的方法常常为政府引导性的，即由于市场作用、产业转型的需求，各地争相发展旅游业，政府依托现有的聚落资源，请规划设计者进行保护规划、修缮房屋、改造立面等，拆改留全由规划师决定，政府部门决定建设的项目通过传达思想给规划师，最终得到落实。居民在聚落保护与发展的过程中话语权较小，几乎“一言不发”。自上而下的保护与发展机制往往忽视了居民自身意愿、最确切的资料和一些市井文化、民俗活动、历史故事等等，整个过程主要是规划师和政府意识的表达（图 6－2）。

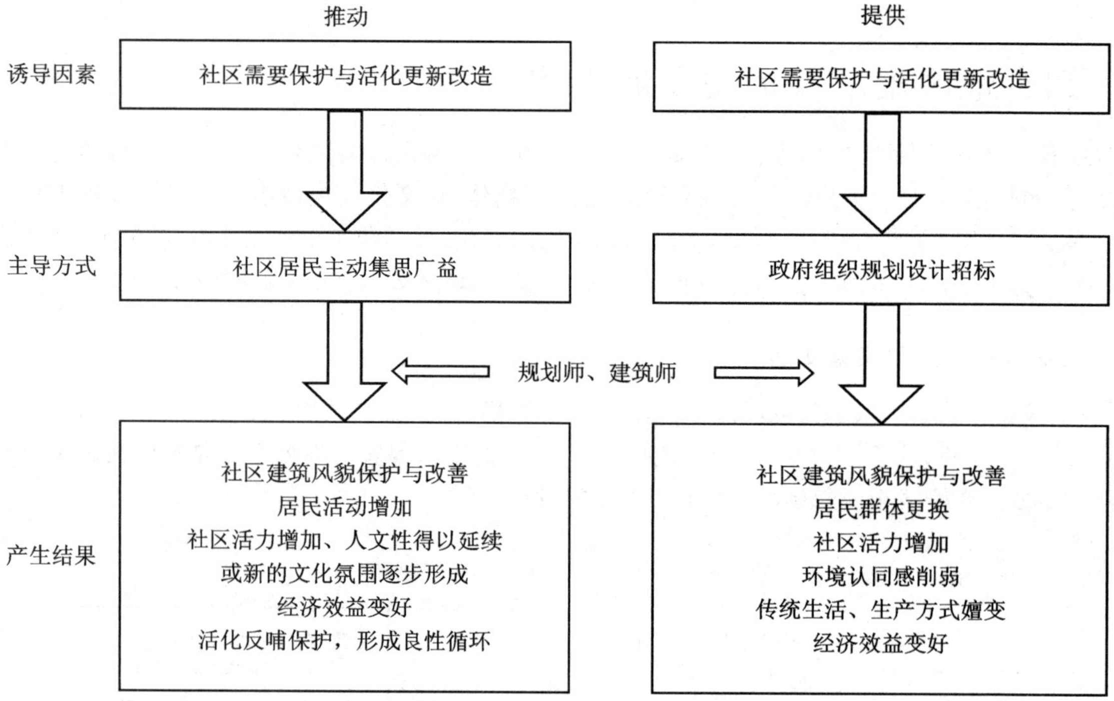

图 6－2 台湾（左）与大陆（右）聚落保护与发展机制比较

6.1.3 聚落保护与发展的结果

大陆和台湾聚落保护与发展结果的不同点主要体现在：利益、实惠获得者不同，台湾为当地居民，大陆主要为政府和企业。核心问题是权力归属问题和权力大小问题，居民权力的大小体现了社区参与的不同层次。

1969 年，阿恩斯坦（Arnstein）在《公民参与的阶梯》一文中根据公民权力的大小将公民参与分为三个层次八种形式❶。根据这一理论模型，台湾地区聚落保护与发展中居民参与处于该阶梯的第三个层次，即公民与政府之间是伙伴关系或者居民享有委任权。随着时间的推移，大陆的公众参与中假性参与情况减少，多数地区处于象征性参与阶段(图 6－3)。

基于上述的论述，从台湾地区聚落的保护与发展过程中可以得到的启示：(1) 激励社区参与聚落保护与发展，为聚落发展集思广益，变政府意志为居民自身意志，让权力主要掌握在居民手中。(2) 开展多渠道集资，通过优惠政策等手段吸引民间力量，积极鼓励非政府组织开展保护活动。(3) 充分挖掘文化价值，注重非物质文化的保护，变“死保”为“活宝”。文化的挖掘和弘扬主要包括：宗教文化、市井文化、建筑文化、自然生态文化、历史故事历史人物、手工技艺、特色产业、民俗节庆等。(4) 注重人才培养和社区居

❶ S. R. Arnstein. A Ladder of Citizen Participation—South East European. Journal of the American Institute Planners[J]. 1969，35(4)：216－224.

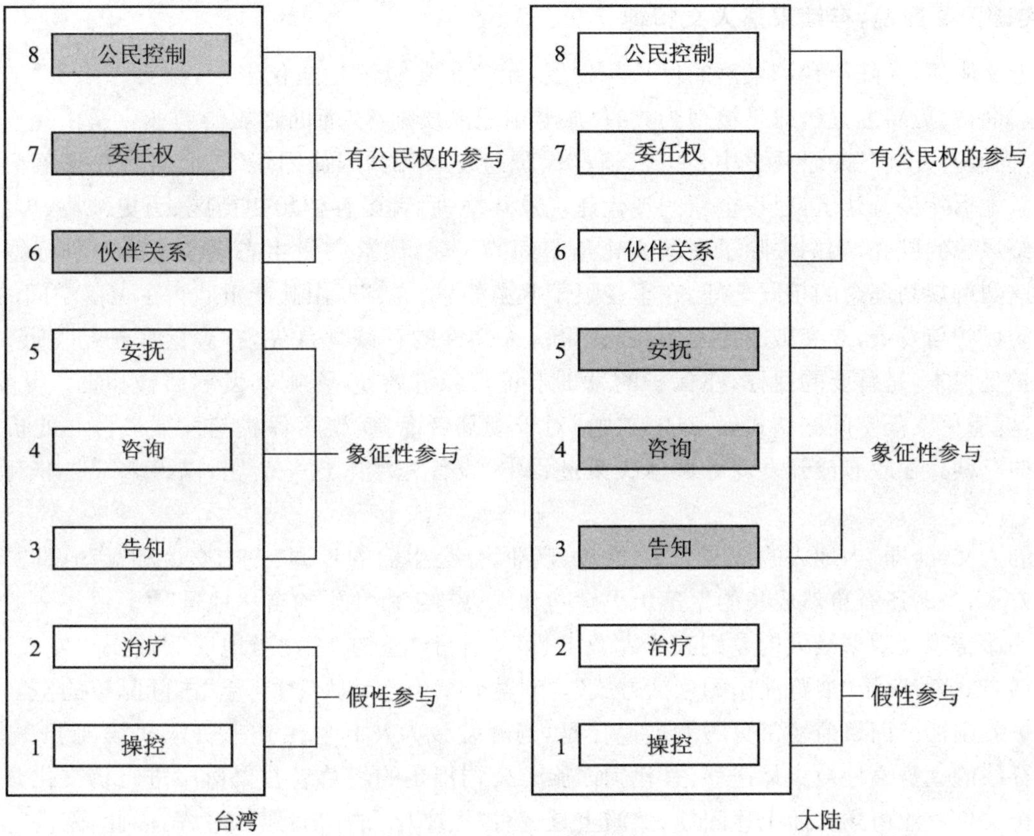

图 6-3　台湾与大陆公众参与不同阶段对比

民保护意识的提高。只有提高了居民的意识，才能形成聚落保护与发展的强大动力和工作热忱，才能让聚落保护事业在全国范围内普及，减少特色聚落资源的特色消失。(5) 作为规划师，应更多地做到以当地居民为本，放低姿态，走入社区，把改造更新地段当做自己的家园，为当地居民谋福利，为传承当地文化做贡献。

6.2　闽台聚落保护与旅游发展的启发

台湾聚落的保存经历了从保存为主到保存与再利用并重的转变，在此过程中，聚落保护并不是单纯依靠政府的力量，由政府来主导一切，而是紧随社会的发展而探求社区层面能否达成共识，鼓励居民参与，跳出单一的聚落物质空间层面的保护与发展，寻找聚落产业的升级与更新，科学引导、重振产业对聚落的支撑作用，是聚落保护和发展的根本，也是解决聚落面临当前困境的钥匙。同时，基于聚落产业的探究、发展再利用聚落物质空间、加强聚落建筑的维护与管理将成为保护与激发聚落文化生态系统活力之间新的平衡的不变砝码。

回顾台湾聚落的保存，特别是聚落中历史老街、历史街区的保存与发展过程，招致不同价值观冲突导致许多失败的教训值得我们反思，并启发闽南地区的聚落保护。具体体现在：(1) 居民的私有权利与民居利益、不动产开发利益遭到损失，政府给予的不对称的补偿政策；(2) 民众对政府的信心不足、对遗产保护的热情不足，是引发抗争、纠纷的重要因子；(3) 各级政府、各个部门之间制度与管理机制间的不合引发的制度冲突、制度矛盾以及管理机制重叠、缺位等，都是促使保护与发展效率低下、滋生民怨的原因所在；(4) 保护遗产的目标应积极突破旅游的羁绊，朝向居民自主性的永续经营模式，达成主体“人”与客体“遗产”整合性的保存目标。

6.2.1 突破囚徒困境，存续聚落人文精神

基于上文所述，大陆与台湾聚落的保护与发展，无论是乌镇还是迪化老街，都有深陷于“把聚落作为‘落后地区’而被‘更新发展’，或是被视为具有‘旅游商业潜质地区’而面临旅游商业化及由此引发的资本逻辑的‘全面改造发展’”的矛盾之中，形成“遗产保护与发展”的“囚徒困境”。而前者在聚落更新发展中往往是粗暴地拆除传统建筑，建设全新的现代建筑及环境；后者虽存留历史街区、历史地块、传统风貌区，但仅剩传统风貌的躯壳，实则去除了聚落文化与空间的灵魂，聚落文化生态系统成为一种标签而非实质的存在。这两种规划理念的相同之处，在于受限于旅游的思维禁锢，由此严重戕害了聚落空间的人文性。

聚落的保护与发展，应突破囚徒困境，探究聚落人文性的存续。首先，在聚落保护与发展的目标上，要明确保护是根本，是首要的目标，在保护的基础上正视经济效益，否则其发展将被扭曲。其次，在保护的方式上，要避免聚落空间冻结式保存的方式。对于规划者而言，聚落保护与发展最核心的价值就是空间人文性的存续。在政府或开发商等群体决策过程中，应首先注入这一命题，以谋求一些非利益的价值理念，得以存续下来。

聚落的人文性，即“当地人的地方工艺、饮食、产业、社会生活的步调、人的交谈和互动，真实的日常及节庆活动方式，当然还有自然成长的聚落历史意向和周边与生命共生的自然地景”❶。这与一般以文化消费为着眼的旅游观光规划最大的差别在于：“真实性”对比于“虚构性”，“当地性”对比于“外来性”，“自然而然的生活方式”对比于“展览演出的生活方式”，“利益分享于当地人”对比于“国际品位的空间性”，要充分认知这一差别性。而目前较常见的发展途径是，当开发权力及利益由外来资本家结合于一身之后，当地人赖以存续的立身之地被集体迁移，替代为以旅游公司指定的经营者在聚落中进行伪文化开发、包装，形成一个个文化商业市场。而上述困境，实质上是一种“去文化”的空间建构过程，因此，聚落的保护与发展必须注重人文性的存续。

聚落不同于大型城市，一些经营城市的思路难以适应聚落的文化生态系统的发展规律，全盘模仿城市，将丢弃聚落应有的特色，损坏其环境和文化。聚落的自然和文化生态都十分脆弱，保护与发展好地域文化与环境，让它们可持续地流传下去，不仅仅是一个技术问题，更是一个文化问题，需要慎重地考虑整个聚落的文化生态系统。

在探寻聚落人文性时，现代的生活方式与生产方式是聚落居民获得幸福感的基本保障，但聚落具有现代城市不可以替代的物质，即人文性，因此，在注入城市现代生活方式时应该考虑到当地的习俗与传统，盲目地将城市人的生活全盘引入聚落之中，只能邯郸学步而打破聚落中原有的文化生态系统。

例如，聚落中极具特色的书院，是现代人比较陌生的场所，却是古代耕读文化中“读”的场所。在闽南永宁聚落中的村落宗祠祠规规定，本族子弟除了平日读书予以祠产收入进行资助外，凡进县府学读书和赴府、省应试，一切费用由祠产公助；中试以后，祭祖和各方打点等求学应试之开销，也由宗祠支付，族中公有学田收入全用于兴学。正是由于各族把兴学作为本宗族光耀门庭、取得显赫社会地位的主要途径，因而各宗族才会真正把“万般皆下品，唯有读书高”的儒家理念贯穿，各地书院、学堂才会如此兴旺，从一定程度上促进了中国基层传统教育的发展。

6.2.2 建构整体性保护、探寻聚落发展着力点

聚落的保护，应突破单栋建筑物保护的局限性，从建筑的领域延伸到历史地段乃至整个聚落，因此，保护的目标应该是聚落整体的保护。只有这样才能维系聚落整个文化生态系统，才能保护所在地域发展历史上的完整轮廓，才能维护并有效呈现地方生活文化特质的空间特质，才能延续或恢复当地人经营具有地方色彩的产业，以原貌或转化方式呈现出来，才能建立起持续自力永续经营的有记性、自发性效果，

❶ 引自：李乾朗，阎亚宁，徐裕建．台湾民居[M]．北京：中国建筑工业出版社，2009：291.

才能选择可以联络未来文化休闲生活的相容性并控制其生长激素，以平衡过度的不正常增生，以诱导有机性的自发性效果，寻求聚落生活模式的真实性。

随着城镇化进程的迅猛推进，城镇的日益现代化，聚落及聚落内的历史遗存的完整性受到被破坏的威胁，聚落要保存其历史遗存的完整性，急需必要的管理维护、修复以及转让的限制规定。1975年欧洲议会部长委员会通过的《建筑遗产的欧洲宪章》中特别强调了“建筑遗产是‘人类记忆’的重要部分，它提供了一个均衡和完美生活所不能或缺的环境条件”。城镇历史地区的保护必须作为整个规划政策中的一部分；这些地区具有历史的、艺术的、实用的价值，应该受到特殊的对待，不能把它从原有环境中分离出来，而要把它看做整体的一部分，尽量尊重其文化价值。欧洲宪章指出：“在历史进程中，城镇中心和一些村落都在逐渐衰退，变成了质量低劣的住宅区。处理这种衰退问题必须基于社会公正，而不是让那些较贫穷的居民搬离”，“所有的城市和区域规划必须把保护作为首要考虑的因素之一”❶。

众所周知，聚落往往是一个完整不可随意分割的文化生态系统。我们的祖先在聚落选址上，已经形成了一套理念，即充满智慧的风水理论，并将此理论灵活运用到聚落、民居、祠堂、寺庙的选址、建设、管理之中，讲究方位、植被的种植、祠堂的修建、居民的建造过程及其日后的管理，如金井福全古村落，在村落西南林地处，立“禁约”碑刻，提醒后人严禁砍伐林木，维系古村落良好的风水环境。这些都体现了人与自然和谐相处，彰显了“天人合一”的生态理念。所以，在保护上，除了主体的建筑遗址外，要从整体的视角，保护聚落的整体格局、风貌、环境。

同时，无形的文化财富是聚落文化生态系统的重要组成部分，是聚落文明的灵魂。无形的遗产的概念“包括构成社会或社会团体特性的精神、物质、知识和感情特点的文化复合物”，它“不仅包括艺术品和文字，而且包括生活方式、人类的基本权利、价值体系、传统和信仰”❷。因此，聚落保护不单单意味着聚落的物质文化遗产的保护，还包括物质文化遗产背后的非物质文化遗产的保护，两者结合才是整体的保护，全面的保护，才能真正维系好聚落的文化生态系统。

在现实中，历史建筑或聚落的保护不仅包括保护对象自身，而且包括保护对象所处的环境；不仅包括对物质对象的保护，而且包括对非物质对象的保护；不仅要严格保护，而且要适度发展，充分发挥聚落社会和文化传统中的各种积极因素。不论是有形的还是无形的遗产保护，“人”都是核心和根本。这里的“人”的因素应该包括以下几个主体：一是当地出生长期居住的少数民族，这些人中还包含文化遗产的传承人；二是从事文化遗产管理和保护的工作人员。城镇化的浪潮下，农村人口不断流向城市。传统村镇人口大量缺失，原本活跃的乡村生产生活日趋沉寂，乡土文明失去了勃发的土壤，这是对聚落传统社会和文化保护极大的挑战。

综上所述，整合性的保护，就是在考虑聚落这一复杂精妙系统的基础上，处理好“传统生产、传统文化、传统环境”三大关系，即保护聚落的自然山水环境、整体风貌格局、传统建筑、历史环境要素等有形的物质环境，保护与传承传统生产生活方式；着眼于长远，修复或重建文化共同体、新中华文化的养成等。这是构建整合保护系统的三大核心，也是探寻聚落发展的着力点、出发点。

6.2.3　维系聚落核心价值，发展聚落旅游

闽台两地的聚落保护与发展过程中，都存在聚落产业经济开发超负荷、聚落过度商业化、旅游发展过度等问题。鉴于此，必须清晰地认识到，聚落保护与发展的核心价值在于包括传统生产、生活方式在内的文化血脉，聚落的旅游只是聚落发展的一种途径，因此聚落旅游发展、商业经营等绝不能离开这个基本点。

聚落蕴藏着的丰富文化内涵是聚落存在的基础，好好发掘、展示、弘扬其优秀文化不但是聚落保护与发展的重要目的，也是能让旅游更加有吸引力的特色所在。因此，必须完整地保护并发挥聚落的社会、文

---

❶ 引自：张松. 城市文化遗产保护国际宪章与国内法规选编[M]. 上海：同济大学出版社，2007：14.

❷ 引自：张松. 历史城市保护学导论[M]. 上海：同济大学出版社，2008：11.

化、科学、艺术、情感等价值。尤其是在整个传统文化几乎流失殆尽的大背景下，经济价值只应该是聚落综合价值中的一部分，只是传统文化的保护和发扬中产生的附加的、额外的收获，而绝不能将其作为主要甚至唯一追求。所以，聚落的保护与发展必须摈弃在格式化的旅游路径下格式化聚落。聚落的保护与发展的核心价值应不改初心，保护其文化，存续和弘扬优秀文化基因，旅游只是发挥其价值的手段之一，而不是唯一。不能为迎合一段时期内某些低层次的旅游需求而损害聚落的核心价值。聚落旅游应以其价值传播和发挥为出发点，以乡土教育为重要内容，努力通过旅游这种外来刺激，服务于重启聚落内源发展动力、再建村落文化共同体、传承延续优秀文化的目标。

在维系聚落保护与发展的核心价值的基础上发展旅游的过程中，资本是撬动其运作的钥匙。面对资本应保持聚落保护的初心不改。资本的天性是嗜血，指望它自发主动地保护聚落文化，基本上是与虎谋皮。如果不严格控制资本对传统资源的又一次扫荡，那将是聚落的一次劫难。聚落旅游可能成为城市资本的又一次饕餮盛筵，千城一面之后是千村一面。因此，面对资本下乡，基层管理者必须着眼长远，既要看到资本带来的规模效益和短时效益，也要保持理性。即要允许一些聚落的现时“落后”，不是所有的聚落都需要按照社会的成功观加速发展，必须基于聚落的历史、现状，综合各方因素思量其未来。

6.2.4 肃清思维盲点和认识误区，直面传统

近几年来，国家、社会为了聚落的保护投入了巨大的力量，取得了历史性的巨大成就。但是，仍然暴露出诸多问题。例如，对实现聚落完整、真实、可持续的要求，至关紧要的传统生产方式的保护等方面还没有得到足够的重视，还需要去探寻多元的保护与发展策略。

当前，规划者在开展聚落保护发展的实际工作的时候，很少顾及传统生产方式，仅有少部分作为非物质文化遗产的代表性项目才被纳入保护的视野。在各种评价体系中，基本上缺乏对具有传统生产技能的人的评价(非物质遗产代表性项目传承人除外)，缺少对传统生产方式延续程度和可能性的评价。聚落保护更看重的是植被、古树名木、小街深巷、红砖白石、街楼、燕尾脊、深井、戏台、宫庙、美食、手工艺、小吃、邻里、诗词、绘画、戏曲、民歌、野趣、掌故传说、名人等等，而非聚落传统生活与生产方式。由此，导致了聚落保护的虚饰，成为旅游发展的“布景”，而非聚落自身的“主景”。文化保护呈现为虚无的、没有基础的保护，聚落保护就只剩颜值，聚落的发展靠的也就只有颜值。设计师、开发商、地方政府等等大部分的思维、精力、资金的投入，都局限于“表皮”“颜值”的美学上，规划措施里关注的更多是“风貌协调”，而对传统的生活与生产则被压制在“落后”的禁锢之中。没有了传统的生产，也就没有了传统的生活，传统建筑保存就成为一个个躯壳，失去在当代生活中的使用功能。在投入非常有限的情况下，传统文化的保护只能集中在非遗代表性项目上，而且又常常被开发成收门票的舞台化表演❶。传统生产方式更是无法顾及，为了“发展”迫不及待地搞出各种“创意”，而从文化人类学的角度，这种“旧瓶装新酒”的结果，却把长期酝酿而出的“原始生活文化”完全予以斩除，割裂了空间与文化的脐带。

聚落空间需要保护，需要修补，需要再生，其含义从空间层面而言是指每个历史时期都会有新的意义叠加在原有意义之上，而这种“叠加”，如果与原初的空间意义有着相当的关联，那么新的“环境意义”即是协调而相容的，新的意义是由老干上长出的新枝，基本上是有机成长的，这种意义的转化是支撑历史连续性的新动力，对于原有的族群生活具有积极性的加分效果。反之，如果再生是建立在完全转变，甚至摧毁消灭历史内涵的基础之上，则再生的意义即沦为“摧毁性的创造”，这种再生是反历史的行为，对于原有空间文化而言，是“去文化”的负面实践。

聚落是传统生产方式的产物。传统生产方式的消亡，使聚落失去了生存发展的基础；没有了内在的生产活力，保护发展就只能是在外在的皮相上做工夫，投入再多也无济于事。要更好地保护发展聚落，就必须正视和直面传统生产方式的保护。

---

❶ 李华东. 传统村落：仅有“皮囊”是活不下去的[N]. 中国传统村落保护与发展中心，2016-05-24.

传统农业、传统手工业本身是生产方式，也是一种遗产，农耕文明的一切成果，包括哲学这样层次的成就，都是这些传统生产方式的产物。聚落里的农业生产价值不能以单纯的经济价值来判断。它不仅产生了独具特色的美学景观，还维持了具有全球意义的农业生物多样性、具有自我调节能力的生态系统和具有重要价值的文化遗产，而且最重要的是为人类持续提供了多样化的产品和服务。

从生态文明的视角来看，传统的生产方式让居民们通过较低水平的技术，利用有限的资源，就可以将自然灾害所造成的损失降到最小，并长期保持较为稳定的产量，获得最大的收益。此外，这种生产技能还促进了饮食结构的多样化，采用极少使用化学物品的传统种植方式，形成多种多样、高度异质的生态景观。

综上，思维理念的肃清，要求树立新观念，允许乡村现状和“落后”。这是生物多样性的要求，也是文化多样性的意义所在。在聚落保护与发展的过程中，允许甚至鼓励一些聚落走另类的“发展”道路，认可一些聚落在生产上的“落后”、在生活上的“落后”、在文化上的“落后”，并想办法为保护这些“落后”提供观念上、政策上、技术上、资金上的支撑，以此保存住真正的聚落与聚落文化生态。

据此寻找多元的保护与发展策略。针对闽台地区在“分类指导、重点保护”的基础上，按照上述的思维路径，从传统生产方式留存现状的角度，将闽台聚落进一步划分为原真型、蜕变型、异质型三种，针对不同类型的聚落应采取不同的保护方针、投入方向和投入力度，便于突出工作重点、集中使用资源，并且在国土、农业、文化、财政、建设、旅游等政策的制定中，对不同类型的聚落采取不同的、有针对性的政策。

原真型：即生产生活方式仍然比较“落后”的村落。这类聚落主要分布于区位交通相对落后的山陵地区，受“现代化”影响相对较弱。对于这种聚落，应由各级政府负担，结合传统农业保护区、原种保护区、生态博物馆等等，尽力维持传统的生产方式。首先要在观念上容忍这种“落后”，小心翼翼地避免它遭受外来的侵袭和扰动，其次是要防止那些雄心勃勃的资本进入这些聚落，谨慎地改善其居住生活环境，原汁原味地保护这些聚落。

蜕变型：是指传统的生产方式虽然遭到较大冲击，但还有碎片化的留存的聚落。这类聚落数量最多，覆盖面最广，而且还可以进一步细分，比如按照农业生产、手工艺等等留存程度的不同细分。对已经蜕变了的聚落，首选应该是在现有的条件下尽量地修补甚至恢复传统生产方式，尽量将碎片化的遗存连缀成一个系统，进而发挥其在聚落经济文化发展中的作用；对于蜕变较为严重的聚落，则尽量保护残存的部分，控制其过快的突变。

异质型：是指只剩下物质遗存，且多数为闲置、传统生产生活方式已经基本消失的村落。如聚落居民的生产生活方式都基本走上“现代化”的村落、少数民族都已经被置换成了外来客商的聚落、资本占据后根据市场的需求“打造”出来的旅游聚落、商业集聚的聚落、度假聚落等等。对于这些聚落，首先，应该强化对物质遗存的保护，因为活力已经失去，留给后人的只有物化了的记忆，这种记忆不能被扭曲、变造。其次，可以考虑在产权等方面制定出有针对性的政策，保障新的继承者能够进入这些聚落，在原有记忆的基础上形成新的文化继承者。为此要有机制的变革，让喜欢高楼大厦和霓虹灯的人能够进城，让喜欢满天星斗、日出而作、日落而息的人到聚落里去。这些人进村的目的应该是传习、发展传统的文化和智慧，从而成为香火传承的新一代居民。这些新一代的居民将会建立新的文化共同体，把聚落当成自己真正的家园，而不是将民居改造成现代化的民宿，他们的根基将在聚落里，而不是将聚落的生活当成拓展自己人生“广度”的一种游戏，或者当成逃避城市生活短暂的避难所。

6.2.5　探寻多元之策、构筑新型的组织机制

综上所述，闽台聚落保护与发展常用的策略包括：(1) 同一物种的“接枝再生”法，即保有原初真实生活文化，以协调的、较少干预的新文化生活予以外接，作生物性的有机移植；(2) 不同物种的“接枝寄生”法，以较不相容的再利用，依附在原有的生活文化上，形成一种寄生现象；(3) 以不同物种的新枝芽附着在断根的枯枝之上的“附生”法，原有躯壳已经死亡，而以新芽移植其上；(4) 以类似物种的标本，绑扎于断根

枯枝之上的"标本"展示法，即已经不是生物，只是一种仿真样态的"假植物"❶。

充分发挥自组织机制，他组织机制适度介入。从乡建理论层面剖析，近几年来聚落保护与发展暴露出的诸多问题，都可以从自组织机制和他组织机制的冲突中找到原因。因地理环境等诸多要素的作用，千百年来聚落秩序的维系都是依靠聚落本身，即自组织机制的作用。聚落文化是在漫长的历史长河里逐渐形成的，外部力量过度介入，往往导致聚落文化的断裂。在现时代的环境下，现代化、城市化实际上和传统是有冲突的，这种冲突不会自发弥合，因此，聚落自组织机制应延续其机能，在弥合多元冲突中发挥应有的作用。通过上述台湾聚落保护与发展案例的剖析，他组织机制也对聚落保护产生一定的积极作用。如前文的大溪镇的爱镇协会就是非政府组织（NGO）、非营利性组织（NPO），在大溪镇的日常运营中起到重要的作用。据此，构建新型的组织机制，维护聚落社会生态链，促使聚落保护与发展的有序发展。

聚落的保存与发展不仅需要提升其文化品质，还关系到整个社会文化的多元化发展。因地理位置、交通不便，流动人口不足，大多数聚落的旅游业不能成为支柱产业，旅游收入无法支持全村居民生活水平的提高。在此情况下，不仅不能大搞旅游，也不能在每一个古村落旁边建一个新村落，但我们仍需要认清这些古村落的建筑遗产依然是可持续发展的重要资源。国际社会、联合国教科文组织等更为关注的是建筑遗产如何在当地居民的社会生活中获得利用，除了用作旅游、观光、影视拍摄之外，更重要的是创造高质量文化环境和生动而丰富地传达历史信息，使之成为人文教育的一部分，以造就高文化人才。正是从这一点上看，古村落及其所承载的历史信息同样是教育等第三产业的资源，是社会的共享的财富。大量的非物质文化遗产散落民间，也是宝贵的精神财富。通过当地传承人的传承和表演活动而活化，是非物质文化遗产转型为教育、展示、旅游产品最具创意的一种模式。

鼓励和支持社区全面参与聚落保护与开发，通过政策支持、资金扶持使他们广泛参与到文化、旅游服务、政策规划的制定等工作中。政府部门应加大培训力度，提高社区居民的参与能力。一是整体培训，普遍提高他们的参与意识、环境意识、服务意识。二是分层次、有针对性培训，提高不同类别人群的参与能力。因此，探寻通过以社区居民记忆为主参与式设计的聚落保护规划，可以避免资本主义生产方式所造成的空间与文化的单一化。一个地方的文化并不仅局限于特定精神层面，更重要的是当地居民沟通与表达的方式，在当前全球经济化发展中这种特有的地方文化在本地化发展中越来越受到各界人士的重视。

❶ 引自：李乾朗，阎亚宁，徐裕建．台湾民居[M]．北京：中国建筑工业出版社，2009：292.

参考文献

1 著作类

[1] 蒋毓英,陈碧笙校注.台湾府志[M].厦门:厦门大学出版社,1985.

[2] 曹永和.台湾早期历史研究[M].台北:联经出版社,1985.

[3] 陈其南.家族与社会:台湾与中国社会研究的基础理念[M].台北:联经出版社,1990.

[4] 陈孔立.清代台湾移民社会研究[M].厦门:厦门大学出版社,1990.

[5] 刘子民.寻根揽胜漳州府[M].北京:华艺出版社,1990.

[6] 陈亦荣.清代汉人在台湾地区迁徙之研究[M].台北:东吴大学出版社,1991.

[7] 刘益昌.台湾的考古遗址[M].台北:台北县立文化中心,1992.

[8] 陆元鼎.中国传统民居与文化第二辑——中国民居第二次学术会议论文集[C].北京:中国建筑工业出版社,1992.

[9] 保继刚,楚义芳.旅游地理学[M].北京:高等教育出版社,1993.

[10] 董鉴泓,阮仪三.名城文化鉴赏与保护[M].上海:同济大学出版社,1993.

[11] 邹统钎.旅游开发与规划[M].北京:旅游教育出版社,1993.

[12] 高亦兰.建筑形态与文化研讨会论文集[M].北京:北京航空航天大学出版社,1993.

[13] 宋光宇.重利与显亲:有关"台湾经验"各家理论的检讨和历史文化论的提出[A]//台湾经验——历史经济篇[C].台北:台北东大图书公司,1993.

[14] 张胜彦.清代台湾县厅制度之研究[M].台北:华世,1993.

[15] 王其均.民居城镇[M].上海:上海人民美术出版社,1996.

[16] 李先逵.中国传统民居与文化第五辑——中国民居第五次学术会议论文集[C].北京:中国建筑工业出版社,1997.

[17] 张千秋,等.泉州民居[M].福州:海风出版社,1996.

[18] 林仁川,黄福才.闽台文化交融史[M].福州:福建人民教育出版社,1997.

[19] 刘沛林.古村落:和谐的人居空间[M].上海:上海三联书店,1997.

[20] 王景慧,阮仪三,王林.历史文化名城保护理论与规划[M].上海:同济大学出版社,1999.

[21] 黄秀政.台湾史志论丛[M].福州:海峡文艺出版社,1999.

[22] 陈志华.楠溪江中游古村落(第一版)[M].北京:三联书店,1999.

[23] 周振东.旅游经济学[M].大连:东北财经大学出版社,1999.

[24] 古鸿廷,黄书林,颜清芩.台湾历史与文化(四)[M].台北:稻香出版社,2000.

[25] 杨正泰,张帆.旅游景点景区开发与管理[M].福州:福建人民出版社,2000.

[26] 陆志刚.江南水乡历史城镇保护与发展[M].南京:东南大学出版社,2001.

[27] 阮仪三.护城踪录——阮仪三作品集[M].上海:同济大学出版社,2001.

[28] 张小林.乡村空间系统及其演变研究:以苏南为例[M].南京:南京师范大学出版社,1999.

[29] 张松.历史城市保护学导论——文化遗产和历史环境保护的一种整体性方法[M].上海:上海科学技术出版社,2001.

[30] 萧百兴,施长安.石碇乡志[Z].台北:台北县石碇乡公所,2001.

[31] 刘登翰.中华文化与闽台社会[M].福州:福建人民出版社,2002.

[32] 林国平.闽台民间信仰源流[M].福州:福建人民出版社,2002.

[33] 朱晓明.历史、环境、生机——古村落的世界[M].北京:中国建材工业出版社,2002.

[34] 林嘉书.生命的风水——台湾人的漳州祖祠[M].台北:海峡学术出版社,2002.
[35] 戴志坚.闽台民居建筑的渊源与形态[M].福州:福建人民出版社,2003.
[36] 谢重光.闽台客家社会与文化[M].福州:福建人民出版社,2003.
[37] 萧秀玲.高雄市的社区发展——从家族社会到公民社会[R].高雄市政府研究发展考核委员会委托研究,2003.
[38] 陆元鼎,杨谷生.中国民居建筑(共三卷)[M].广州:华南理工大学出版社,2004.
[39] 何绵山.闽台文化探略[M].厦门:厦门大学出版社,2005.
[40] 林嘉书.闽台移民系谱与民系文化研究[M].合肥:黄山书社,2006.
[41] 李立.乡村聚落:形态、类型与演变[M].南京:东南大学出版社,2007.
[42] 王衍用,殷平.旅游规划与开发[M].北京:北京大学出版社,2007.
[43] 赵勇.中国历史文化名镇名村保护理论与方法[M].北京:中国建筑工业出版社,2008.
[44] 黄少廷.古厝台湾:住宅风貌[M].台北:台湾书房出版有限公司,2008.
[45] 唐次妹.清代台湾城镇研究[M].北京:九州出版社,2008.
[46] 吴庆洲.中国客家建筑文化(下)[M].武汉:湖北教育出版社,2008.
[47] 段进,邱国潮.国外城市形态学概论[M].南京:东南大学出版社,2009.
[48] 李乾朗,闫亚宁,徐裕健.台湾民居[M].北京:中国建筑工业出版社,2009.
[49] 郑振满.乡族与国家——多元视野中的闽台传统社会[M].北京:三联书店,2009.
[50] 江新兴.近代日本家族制度研究[M].北京:旅游教育出版社,2008.
[51] 连横.台湾通史[M].北京:商务印书馆,2010.
[52] [日]佐藤滋.社区营造的方法[M].陈金顺,译.台北:台湾行政主管部门文化建设委员会文化资产总管理处筹备处出版,2010.
[53] 苏黎明.家族缘:闽南与台湾[M].厦门:厦门大学出版社,2011.
[54] 李乾朗,胡先福.台湾建筑史[M].北京:电子工业出版社,2012.
[55] 龙花楼.中国乡村转型发展与土地利用[M].北京:科学出版社,2012.
[56] [东晋]郭璞.葬经[M].郑州:中州古籍出版社,2013.
[57] 费孝通.乡土中国[M].北京:中华书局,2013.
[58] 张杰.海防古所——福全历史文化名村空间解析[M].南京:东南大学出版社,2014.
[59] 张杰.穿越永宁卫[M].福州:海峡文艺出版社,2016.
[60] 黄昭瑾.休闲农业园区之理念与营造[A]//海峡两岸观光休闲农业与乡村民俗旅游研讨会论文集(下)[C].2002.

2 期刊

[1] 文崇一.万华地区的群体与权力结构[J].台北:"中央"研究院民族研究所集刊,1975,39:19-56.
[2] 施添福.清代在台汉人的祖籍分布和原乡生活方式[J].台北:台湾师范大学,1987.
[3] 高峻,俞如先.清代福建汀州人入台垦殖及文化拓展[J].福建师范大学学报(哲学社会科学版),1994(1):109-113.
[4] 张燕.经济的追求和文化的维护同样重要——日本"造乡运动"和台湾"社区营造"的启迪[J].装饰,1996(1):50-53.
[5] 董卫.自由市场经济驱动下的城市变革——西安回民区自建更新研究初探[J].城市规划,1996(5):42-45.
[6] 朱光亚,黄滋.古村落保护与发展问题[J].建筑学报,1999(4):56-57.
[7] 陈犀吉,黄士哲,林俊男.社区教育与社区永续生命力的营造[J].世新大学人文社会学报,2000(2):7-38.
[8] 李祖基.论清代移民台湾之政策[J].历史研究,2001(3):156-163.
[9] 胡道生.古村落旅游开发的初步研究——以安徽黟县古村落为例[J].人文地理,2002,1717(4):47-50.
[10] 吴文智.旅游地的保护和开发研究——安徽古村落(宏村、西递)实证分析[J].旅游学刊,2002,17(6):49-53.
[11] 卢松,陆林.皖南古村落旅游开发的初步研究[J].国土与自然资源研究,2003(4):71-72.
[12] 吴冰,马耀峰.古村落旅游资源评价与保护研究——以陕西省韩城市党家村为例[J].陕西师范大学学报(自然科学版),2004,32(1):121-124.
[13] 张振.传统聚落的类型学分析[J].南方建筑,2005(1):14-16.

[14] 刘健哲. 台湾之农村社区更新[J]. 土壤,2005(2):7-10.

[15] 余向洋. 古村落社区旅游的另一种思路——借鉴台湾社区营造经验[J]. 黄山学院学报,2005(5):42-44.

[16] 陈腊娇,冯利华,沈红,等. 古村落旅游开发模式的比较——金华市诸葛八卦村和郭洞村实证研究[J]. 国土与自然资源研究,2005(4):58-59.

[17] 曹海林. 乡村社会变迁中的村落公共空间——以苏北窑村为例考察村庄秩序重构的一项经验研究[J]. 中国农村观察,2005(6):61-73.

[18] 尹贻梅,刘志高,陆玉麒. 旅游目的地发展新思维:来自演化经济学的启示[J]. 地理与地理信息科学,2006(1):84-88.

[19] 邹统钎. 中国乡村旅游发展模式研究——成都农家乐与北京民俗村的比较与对策分析[J]. 旅游学刊,2005,20(3):63-68.

[20] 戴斌,周晓歌,梁壮平. 中国与国外乡村旅游发展模式比较研究[J]. 江西科技师范学院学报,2006(1):16-23.

[21] 冯淑华,沙润. 乡村旅游的乡村性测评模型——以江西婺源为例[J]. 地理研究,2007,26(3):616-624.

[22] 黄凯南. 共同演化理论研究评述[J]. 中国地质大学学报(社会科学版),2008(4):97-101.

[23] 龙花楼,刘彦随,邹健. 中国东部沿海地区乡村发展类型及其乡村行评价[J]. 地理学报,2009,64(4):426-434.

[24] 张骁鸣,保继刚. 旅游发展与乡村变迁:"起点——动力"假说[J]. 旅游学刊,2009(6):1924.

[25] 王志弘. 多重的辩证:列斐伏尔空间生产概念的三元组演绎与引申[J]. 地理学报(台湾),2009(55):124.

[26] 吴丽娟,李洪波. 乡村旅游目的地乡村性非使用价值评估——以福建永春北溪村为例[J]. 地理科学进展,2010,29(12):1606-1612.

[27] 刘莎,王彬. 闽台古市镇的时空分布及形成机制[J]. 山西师范大学学报(自然科学版),2012(1):100-106.

[28] 朴松爱,樊友猛. 文化空间理论与遗址旅游资源保护开发——以曲阜片区遗址为例[J]. 旅游学刊,2012(4):39-47.

[29] 景秀艳,Timothy J T. 权力关系、社区空间与乡村旅游利益获取——基于福建省泰宁县五个乡村社区的实证研究[J]. 旅游科学,2012(5):20-29.

[30] 刘沛林,于海波. 旅游开发中的古村落乡村性传承评价[J]. 地理科学,2012(11):1305-1310.

[31] 江柏炜. 金门洋楼:一个近代闽南侨乡文化变迁的案例分析[J]. 台湾大学建筑与城乡研究学报,2012(20):1-24.

[32] 徐海英,朱国传. 西方经济地理学对"嵌入"的研究及其启示[J]. 人文地理,2012(3):18-22.

[33] 龙花楼. 论土地整治与乡村空间重构[J]. 地理学报,2013,68(8):1019-1028.

[34] 倪赤丹,苏敏. 英国社区发展经验及对当代中国的借鉴[J]. 理论界,2013(1):53-56.

3 学位论文

[1] 闫亚明. 台湾传统建筑的基型与衍化现象[D]. 南京:东南大学,1996.

[2] 蔡显恭. 金门传统民居再利用之研究——以琼林聚落为例[D]. 台南:成功大学建筑研究所,2006.

[3] 吴素萍. 屏东县新埤乡建功村的聚落拓垦与社区营造历程[D]. 高雄:高雄师范大学,2007.

[4] 许嘉文. 庙宇在都市发展历程之意义与价值探讨——以西门町台北天后宫为例[D]. 台北:台北大学,2009.

[5] 丁淑婉. 日治时期台湾边际土地的开发与利用——以云林地区为例[D]. 新北:淡江大学,2010.

[6] 覃俊翰. 借鉴台湾经验的历史街区保护视角下的容积移转制度研究[D]. 广州:华南理工大学,2012.

[7] 卢盈文. 以生活博物馆观点规划万华地区常民文化园区之设计[D]. 台北:台北科技大学建筑与都市设计研究所,2012.

后　记

对于自幼生活在农村的人来说，乡村是我们十分熟悉的，对乡村的感情可谓五味杂陈，乡村有自然美、人情美，但乡村相对贫穷闭塞，观念陈旧。因而，村里人要去城市寻找生活与出路，乡村留不住村里的年轻人。

当前的传统聚落、古村落旅游满足了浮躁繁忙的都市人渴望回归最自然、最淳朴的精神需求。物质极大丰富之后的都市人所渴望体验简朴物质生活的回归，从钢筋水泥城市森林向田园美地的自然回归。那种乡间野舍的闲适，那种舒展身心的家园情感，谁不愿回到乡村呢？就个人认知，所谓美满的人生，不过是择一乡野，田园幽居，让老有所养，老有所归。这就是我们的新乡愁吧。

但在目前国内的乡村，人民生活水平普遍不高，不能提供现代化的生活设施和服务。乡村的系统管理缺失，医疗、治安、卫生服务远远跟不上城市的发展。原住居民、政府、企业、游客在面对同一个聚落乡村时，各自的想法是不一样的，多方利益关联复杂，从观念、技术到行动都需要反复沟通和权衡，如何破解这一系列难题，也是需要进行长期探索的理论问题。

笔者从事传统聚落保护与旅游的研究，可追溯到上世纪 90 年代初期或更早。从大学本科到研究生阶段的历史文化科研考察，到后来的国内外的游历考察，对乡村的记忆尤其深刻。早年的导师刘伟航先生、黎虎先生带着我考察四川、陕西、山东、广东等地的历史文化名胜，穿行于城市乡野，感受到历史学与田野考古结合的生动有趣。后来在东南大学博士后流动站跟着潘谷西先生、朱光亚先生、董卫先生等导师做调研，聆听他们的保护与规划案例，从安徽旌德的江村，到浙江的永昌堡、南阁村、景德镇陶瓷博物馆等，听得津津有味，看得半懂不懂，十分神往古人在天地间选择生养休憩的那片吉祥福地。诸位先生知识渊博，业务精深，但都为人谦逊，对中国传统地理、乡土文化、历史文化城镇等研究皆有很高的造诣。正是在先生们的启发和引导下，我对传统文化保护与开发研究产生了浓厚的兴趣，并作为持续探索耕耘的方向。为此，我要特别感谢我的诸位恩师，是他们的指引让我走上了探索历史文化保护之路。

本书是在近几年的闽台多地实地科研考察的基础上写成的，刚开始时由于考察游历引发的研究兴趣甚是激越、盎然，以为能轻松成书；但在实际写作过程中，反复调整、几易其稿，无论是理论分析框架的搭建还是技术层面的求证，都需要认真而长期的思考。尤其是涉及我们大陆学者并不太熟悉的台湾地区的聚落文化变迁和他们不断调整的文化保护制度，需要我们细致地比较分析，限于个人精力和学力，书中存在的问题只能见教于广大读者了。

庞　骏
2018 年春于沪上